"2011计划"司法文明协同创新中心经费资助

Zhongguo Susong Fazhi Fazhan Baogao

中国诉讼法治发展报告

（2016）

顾　　问　陈光中

主　　编　卞建林

执行编辑　高伟佳

编　　辑　张　璐　王贞会

撰 稿 人　（以姓氏拼音为序）

卞建林　高家伟　顾永忠　何　锋

胡思博　黄　河　李本森　栗　峥

罗海敏　倪　润　施鹏鹏　谭秋桂

汪诸豪　王万华　王贞会　肖建华

杨宇冠　张　璐

中国政法大学出版社

2017·北京

图书在版编目（ＣＩＰ）数据

中国诉讼法治发展报告.2016/卞建林主编. —北京：中国政法大学出版社,2017.6
ISBN 978-7-5620-7575-2

Ⅰ.①中⋯　Ⅱ.①卞⋯　Ⅲ.①诉讼法-研究报告-中国-2016　Ⅳ.①D925.04

中国版本图书馆CIP数据核字(2017)第138633号

出　版　者	中国政法大学出版社
地　　　址	北京市海淀区西土城路 25 号
邮　　　箱	fadapress@163.com
网　　　址	http://www.cuplpress.com（网络实名：中国政法大学出版社）
电　　　话	010-58908435(第一编辑部)　58908334(邮购部)
承　　　印	固安华明印业有限公司
开　　　本	720mm×960mm　1/16
印　　　张	20.75
字　　　数	430 千字
版　　　次	2017 年 6 月第 1 版
印　　　次	2017 年 6 月第 1 次印刷
定　　　价	52.00 元

编写
说明

　　诉讼法是中国特色社会主义法律体系的重要组成部分，在我国法律体系中居于基本法律之列，由刑事诉讼法、民事诉讼法和行政诉讼法三大支柱组成。诉讼法是实现宪法规范实定化与具体化的桥梁，上通宪法，是宪法的权威注脚；下贯司法解释，是司法解释的标准尺度。诉讼法是沟通国家与公民、权力与权利的纽带，在规范国家权力行使、保障公民合法权益、维护社会公平正义、实现社会和谐稳定等方面起着决定性作用，具有不可替代的社会价值。

　　诉讼法治是中国特色社会主义法治体系不可缺少的重要内容，是建设社会主义法治国家的司法根基和程序保障。发展与完善中国特色社会主义司法制度与诉讼法治，有助于全面深化司法体制改革，有助于建立健全中国特色社会主义司法制度与法治体系，对于协调推进全面建成小康社会、全面深化改革、全面推进依法治国、全面从严治党的"四个全面"战略布局，实现国家繁荣富强和中华民族伟大复兴具有重要意义。2016 年是决胜全面小康开局之年、推进结构性改革攻坚之年。在这一年，党中央坚定不移推进供给侧结构性改革，我国经济社会发展实现"十三五"良好开局。[1] 在诉讼法治领域，2016 年同样是取得斐然成绩的重要一年。在这一年，司法改革继续攻坚

---

〔1〕 参见韩洁、安蓓、王希、陈炜伟："实现良好开局奋进全面小康——以习近平同志为核心的党中央引领经济社会发展一年间"，载《人民日报》2016 年 12 月 14 日。

克难、稳步推进。一批重大改革方案陆续出台，重点领域和关键环节改革取得重大突破，司法改革主体框架基本搭建完成。[1] 司法改革的全面推进，对我国诉讼法治理论和诉讼法治实践产生深刻影响。在理论研究方面，学者们立足中国、放眼世界，关注司法实践，突出问题意识，强化理论阐释，解析司法规律，探索中国特色社会主义司法制度，创造出一大批优秀的学术成果，积极发挥理论供给司法改革与实践需求的应有贡献。在法治实践方面，办案机关更新司法理念，规范司法行为，积极回应社会关注，依法纠正聂树斌等重大冤错案件，司法公信力得到进一步提升。

为了客观全面地记录和描述 2016 年我国诉讼法治发展的整体状况，跟进立法脚步，追踪司法轨迹，展现研究成果，根据国家"2011 计划"司法文明协同创新中心的总体要求和教育部人文社会科学重点研究基地中国政法大学诉讼法学研究院的发展规划，中国政法大学诉讼法学研究院继续汇聚全院科研之力，在有关院校诉讼法学科的支持下，精心编制《中国诉讼法治发展报告（2016）》，旨在为全国的法学研究者、司法实务工作者以及广大读者概要介绍 2016 年我国诉讼法治发展的基本状况和诉讼法学理论研究的主要成果，并为诉讼法学的教学科研人员和广大学生学习研究提供必要的参考资料。

在体例结构上，本书首先对 2016 年司法体制改革的基本内容作了梳理和盘点，然后分章节阐述了 2016 年刑事诉讼法、民事诉讼法和行政诉讼法的立法进展、实践状况、研究状况和国际发展。值得说明的是：为了更好地使读者了解国外诉讼法领域的最新发展动态，本书邀请有相关国家法律学习背景或者熟悉相关国家立法司法的学者，概括介绍了英国、美国、法国、德国和日本等国家诉讼法治方面的改革动向和研究状况，以期开拓读者视野。最后，本书以"附录"形式列举诉讼法学领域的重要学术论文、著作、项目、相关高校博士学位论文等基础数据，供读者参考。

不忘初心，继续前进。我们希冀《中国诉讼法治发展报告（2016）》在保证体系连贯性、内容完整性与资料权威性的同时，将 2016 年度诉讼法治发展的精华予以汇总、整理、归纳、提炼，清晰地呈现给广大读者，省却法律研习者、应用者查找之苦、检索之累、摘录之耗。

---

[1] 胡仕浩、马渊杰："2016：人民法院司法改革综论（上）"，载《人民法院报》2016 年 12 月 31 日。

本书出版得到中国政法大学出版社的大力支持，在此表示感谢。对于本书编撰中的不足和疏漏之处，敬请各位批评指正。

中国政法大学诉讼法学研究院

2017 年 4 月

目录

第一章
司法体制改革盘点*

第一节　司法体制改革概览

　　2016 年是"十三五"规划和全面建成小康社会决胜阶段的开局之年，也是本轮司法体制改革的攻坚之年。这一年，多项司法改革举措的试点、实施进入关键阶段，同时也有一系列新的改革举措陆续出台和启动。

一、中央深改组有关司法体制改革的部署

　　2016 年，中央全面深化改革领导小组共召开 12 次会议，其中 10 次会议都涉及司法体制改革的相关内容。在各次会议中，习近平总书记每次都发表了重要讲话，为改革总体设计、统筹协调、整体推进、督促落实提供了思想工具和实践指引。

　　1 月 11 日，中央全面深化改革领导小组召开第 20 次会议，审议通过了《关于完善国家工作人员学法用法制度的意见》《关于保护、奖励职务犯罪举报人的若干规定》《关于规范公安机关警务辅助人员管理工作的意见》等文件。会议强调，完善国家工作人员学法用法制度，要适应全面依法治国要求，坚持学法用法相结合，提高国家工作人员法治素养和依法办事能力；各级领导干部要做遵法学法守法用法的模范，带头学习宪法和法律，带头厉行法治、依法办事；国家工作人员要牢固树立法治观念，把学到的法律知识转化为依法办事的能力；要加强对国家工作人员学法用法工作的考核评估，把能不能遵守法律、依法办事作为考察干部的重要依据。会议指出，举报工作是依靠群众查办职务犯罪的重要环节，也是反腐败斗争的重要组成部分。完善国家保护、奖励职务犯罪举报人制度，有利于更好地调动和保护人民群众的举报积极性，对在全社会弘扬正气、维护法律尊严具有重要意义。要制定对举

---

　　* 本部分执笔人：卞建林教授、罗海敏副教授。

报人保护工作的保密和保护措施,明确举报奖励的范围、奖励金额,做好保障监督工作,并积极预防和严肃处理对举报人的打击报复行为。

2月23日,中央全面深化改革领导小组召开第21次会议。会议听取了社会体制改革专项小组关于司法体制改革推进落实情况汇报等工作汇报,并对全面深化改革提出了抓主体责任、抓督办协调、抓督查落实、抓完善机制、抓改革成效以及抓成果巩固等六个方面的具体要求。

3月22日,中央全面深化改革领导小组召开第22次会议,审议通过了《关于推行法律顾问制度和公职律师公司律师制度的意见》《关于建立法官检察官逐级遴选制度的意见》《关于从律师和法学专家中公开选拔立法工作者、法官、检察官的意见》等文件。会议强调,在党政机关、人民团体、国有企事业单位普遍建立法律顾问制度和公职律师、公司律师制度,是落实全面依法治国的重要举措。要坚持从实际出发,选择符合实际的组织形式、工作模式、管理办法,突出重点、分类施策,体现科学性、针对性、可操作性,积极稳妥组织实施。要重视发挥法律顾问和公职律师、公司律师的作用,健全相关工作规则,严格责任制。会议指出,建立法官、检察官逐级遴选制度以及从律师和法学专家中公开选拔立法工作者、法官、检察官,是加强法治专门队伍正规化、专业化、职业化建设的重要举措。要遵循司法规律,坚持正确的选人用人导向,建立公开、公平、公正的遴选和公开选拔机制,规范遴选和公开选拔条件、标准和程序,真正把政治素质好、业务能力强、职业操守正的优秀法治人才培养好、使用好。要坚持稳妥有序推进,注重制度衔接,确保队伍稳定。

4月18日,中央全面深化改革领导小组召开第23次会议,审议通过了《保护司法人员依法履行法定职责的规定》等多项文件。围绕司法人员依法履行法定职责这一问题,会议指出,保护司法人员履行法定职责,是加强司法人员职业保障、确保依法独立公正行使审判权和检察权的重要举措。要严格保护措施,任何单位或者个人不得要求法官、检察官从事超出法定职责范围的事务,非因法定事由、非经法定程序,不得将法官、检察官调离、免职、辞退或者作出降级、撤职等处分。对干扰阻碍司法活动、暴力伤害司法人员及其近亲属的行为,要依法从严惩处。

5月20日,中央全面深化改革领导小组召开第24次会议,审议通过了《关于深化公安执法规范化建设的意见》等文件。会议强调,深化公安执法规范化建设,要着眼于完善公安执法权力运行机制,构建完备的执法制度体系、规范的执法办案体系、系统的执法管理体系、实战的执法培训体系、有力的执法保障体系,实现执法队伍专业化、执法行为标准化、执法管理系统化、执法流程信息化,保障执法质量和执法公信力不断提高。要增强执法主体依法履职能力,树立执法为民理念,严格执法监督,解决执法突出问题,努力让人民群众在每一项执法活动、每一起案件办理中都能感受到社会公平正义。

6月27日,中央全面深化改革领导小组第25次会议,审议通过了《关于推进以审判为中心的刑事诉讼制度改革的意见》。会议强调,推进以审判为中心的诉讼制度改革，要立足我国国情和司法实际，发挥好审判（特别是庭审）在查明事实、认定证据、保护诉权、公正裁判中的重要作用，促使办案人员树立办案必须经得起法律检验的理念，通过法庭审判的程序公正实现案件裁判的实体公正，防范冤假错案发生，促进司法公正。要着眼于解决影响刑事司法公正的突出问题，把证据裁判要求贯彻到刑事诉讼各环节，健全非法证据排除制度，严格落实证人、鉴定人出庭作证制度，完善刑事法律援助制度，推进案件繁简分流，建立更加符合司法规律的刑事诉讼制度。

7 月 22 日，中央全面深化改革领导小组召开第 26 次会议，审议通过了《关于认罪认罚从宽制度改革试点方案》《关于建立法官、检察官惩戒制度的意见（试行）》等文件。会议指出，完善刑事诉讼中认罪认罚从宽制度，涉及侦查、审查起诉、审判等各个诉讼环节，要明确法律依据、适用条件，明确撤案和不起诉程序，规范审前和庭审程序，完善法律援助制度；选择部分地区依法有序稳步推进试点工作。关于法官、检察官惩戒制度，会议强调，建立法官、检察官惩戒制度，对落实法官、检察官办案责任制，促进法官、检察官依法行使职权，维护社会公平正义具有重要意义。要坚持党管干部原则，尊重司法规律，体现司法职业特点，坚持实事求是、客观公正，坚持责任和过错相结合，坚持惩戒和教育相结合，规范法官、检察官惩戒的范围、组织机构、工作程序、权利保障等，发挥惩戒委员会在审查认定方面的作用。

8 月 30 日，中央全面深化改革领导小组召开第 27 次会议，审议通过了《关于完善产权保护制度依法保护产权的意见》等文件。关于产权保护，会议强调，产权制度是社会主义市场经济的基石。完善产权保护制度、依法保护产权，关键是要在事关产权保护的立法、执法、司法、守法等各领域体现法治理念，坚持平等保护、全面保护、依法保护。要在加强各种所有制经济产权保护，完善平等保护产权的法律制度，严格规范涉案财产处置的法律程序，完善政府守信践诺机制，完善财产征收征用制度，加大知识产权保护力度，健全增加城乡居民财产性收入的各项制度等方面，加大改革力度，不断取得工作实效。

10 月 11 日，中央全面深化改革领导小组召开第 28 次会议，审议通过了《关于进一步把社会主义核心价值观融入法治建设的指导意见》等多个文件。会议强调，把社会主义核心价值观融入法治建设，是坚持依法治国和以德治国相结合的必然要求。要将社会主义核心价值观融入法治国家、法治政府、法治社会建设全过程，融入科学立法、严格执法、公正司法、全民守法各环节，把社会主义核心价值观的要求体现到宪法、法律、行政法规、部门规章和公共政策中，以法治体现道德理念，强化法律对道德建设的促进作用，推动社会主义核心价值观更加深入人心。

11 月 1 日，中央全面深化改革领导小组召开第 29 次会议，审议通过了《关于最高人民法院增设巡回法庭的请示》等多个文件。会议同意最高人民法院在深圳市、沈阳市设立第一、第二巡回法庭的基础上，在重庆市、西安市、南京市、郑州市增设巡回法庭。会议强调，要注意把握好巡回法庭的定位，处理好巡回法庭同所在地、巡回区以及最高人民法院本部的关系，发挥跨行政区域审理重大行政和民商事案件的作用，更好地满足群众司法需求，公正高效审理案件，提高司法公信力。

二、司法体制改革具体推进情况

（一）以司法责任制为核心的四项改革

完善司法人员分类管理、完善司法责任制、健全司法人员职业保障、推动省以下地方法院、检察院人财物统一管理这四项改革是此轮司法体制改革最主要的基础性、制度性措施。其中，司法责任制改革是司法体制改革的基石，是建设中国特色社会主义法治体系、推进国家治理体系和治理能力现代化的重要组成部分。根据中央政法委书记孟建柱 2016 年 7 月在全国司法体制改革推进会上的讲话，2016 年全面推开司法责任制改革。

根据全国司法体制改革推进会相关会议精神，2016 年以司法责任制为核心的四项改革基本思路如下：

第一，完善员额制改革政策，适当增加基层法院检察院员额比例。对"案多人少"矛盾突出的区、县法院、检察院，允许把事业编制人员纳入员额比例的基数，以留住原来在一线办案的业务骨干。在此基础上，如果这些地区仍存在案件多、办案人员不够的现象，可考虑把员额比例提高到 40% 左右。针对法院、检察院领导干部如何入额问题，提出对领导干部入额要从工作需要出发，严格把握，入额后要亲自办理一定数量的案件，不允许领导干部不按照标准和程序直接入额。针对法官、检察官遴选问题，提出要以考核为主、考试为辅，保证入额法官、检察官政治素养、专业素质、办案能力、职业操守过硬，防止简单以考分划线，防止论资排辈。针对未入额法官、检察官安置问题，明确其原来享有的津补贴保留不变，积极通过单位内部转任、提前退休、跨单位交流等多种方式分流安置。

第二，完善工资制度改革政策，形成向基层一线办案人员倾斜的激励机制。为了落实责权利相统一原则，增强改革的内生动力，根据实践情况对 2015 年印发的《法官、检察官工资制度改革试点方案》的工资政策进行调整：一是除司法警察外，法院内部实行三类人员、两种待遇，员额法官工资收入高于当地其他公务员一定比例，司法行政人员工资收入在实际操作中按司法辅助人员的政策办理。二是对法院工作人员现有的审判津贴、办案岗位津贴、法定工作日之外加班补贴额度予以保留。三是在个别地区，如果改革后发现员额法官平均工资收入水平低于司法警察的，要托到略高于司法警察平均工资收入水平。

第三，完善职务序列改革政策，进一步拓宽基层一线办案人员职业发展空间。法官、检察官职务序列改革的目标，是建立有别于其他公务员的晋升制度，实行按期晋升、择优选升，从源头解决一线办案人员职级低、发展空间有限——职业尊荣感不强等问题。

第四，在艰苦边远和民族地区，适当降低司法考试门槛。在艰苦边远和民族地区，进一步探索实行与内地有一定差异的政策，适当降低司法考试门槛，让当地符合条件的人才进得来。同时，对按特殊政策招录的司法人员，在任职地域上应有所限制，主要在招录地任职。

第五，坚持问责和免责相结合，完善司法责任追究制度。制定科学合理的司法责任追究制度，是确保办案质量、提高司法公信力的必然选择。对故意违反法律法规规定或因重大过失造成错案或其他严重后果的，特别是对因刑讯逼供、打击报复、徇私枉法等情形造成冤假错案的，必须依法追究司法责任。但根据司法职业特点，对办案中存在的瑕疵，如果不影响案件结论正确性的，不宜追究司法责任。

第六，坚持从实际出发，因地制宜地实行人财物统一管理。在推动省以下地方法院、检察院人财物统一管理方面，强调从实际出发，因地制宜。条件具备的，由省级统一管理或以地市为单位实行统一管理；条件不具备的，可暂缓实行。但无论是否实行省级统一管理，市、县党委及其政法委对政法机关的思想、政治领导不变，市、县法院、检察院党组仍要向同级党委定期汇报工作，法院院长、检察院检察长仍是同级党委政法委员会成员。

根据中央以及全国司法体制改革推进会有关司法责任制等四项改革任务的部署，中央各部门在 2016 年出台、实施了多项改革举措。例如，围绕工资制度改革，人力资源和社会保障部、财政部在 7 月 22 日印发了《法官、检察官和司法辅助人员工资制度改革试点实施办法》。9 月 30 日，最高人民法院印发了《法官、审判辅助人员绩效考核及奖金分配指导意见（试行）》。根据该指导意见，绩效考核奖金的发放，不与法官职务等级挂钩，主要依据责任轻重、办案质效、办案数量和办案难度等因素，体现工作实绩，向一线办案人员倾斜。针对职务序列改革实施过程中的具体问题，经党中央组织部同意，最高人民法院、最高人民检察院于 7 月 6 日联合印发《关于〈法官、检察官单独职务序列改革试点方案〉若干问题的答复意见》，明确了员额内法官单独职务序列等级确定、任职时间确定、基层法院法官晋升二级高级法官的程序以及副省级城市、市（地）级中级法院一级高级法官数额的确定等问题。围绕司法责任追究问题，最高人民法院、最高人民检察院于 2016 年 7 月研究制定了《关于建立法官、检察官惩戒制度的意见（试行）》，明确规定由省一级法官、检察官惩戒委员会负责对法官、检察官是否承担司法责任提出建议。

从 2016 年四项改革的试点情况来看，已取得一系列积极进展。截至 2016 年底，全国已有 2978 家法院、3053 家检察院完成入额遴选，分别占全国法院、检察院总数的 84.9% 和 85.1%，产生入额法官 10.44 万名、检察官 7.26 万名；85% 以上的人员配置到办案岗位，众多办案能力突出、司法业绩优秀的法官、检察官进入员额，一线办案人员增加 20% 左右；同时，上海、浙江、青海等地由法官、合议庭直接裁判的案件达到 98% 以上，由检察官审查决定的公诉案件占 90% 以上，使得"让审理者裁判、由裁判者负责"的改革目标正成为现实。[1] 另外，司法人员各归其位、各尽其职，推动责任分工明确、协作紧密的办案团队加速形成。例如，连续多年收案数全国第一的江苏法院今年收案增长 9.4%，结案同比增长 16.4%；吉林全省检察院侦查、批捕、公诉时限分别缩短 26%、14.5%、21.3%；海南等地涉法涉诉信访案件下降 30% 左右。[2]

（二）人民法院司法改革举措

除上述四项改革以外，人民法院在 2016 年重点实施的司法改革举措主要包括以下几个方面：[3]

1. 深化执行体制机制改革。"执行难"是人民群众反映最强烈、最集中的问题之一，执行体制机制改革是法院系统司法体制改革的重要任务之一。3 月 13 日，最高人民法院院长周强在十二届全国人大四次会议上庄严承诺："用两到三年时间基本解决执行难问题。"4 月 29 日，最高人民法院印发《关于落实"用两到三年时间基本解决执行难问题"的工作纲要》。根据该工作纲要，人民法院深化执行体制机制改革的思路和举措如下：

第一，推进审执分离体制改革。即在人民法院内部实行审判权和执行权的科学合理分离，将执行机构及其他审判庭行使的涉执行裁判职能剥离整合，交由各级人民法院设立的执行裁判庭或专门合议庭统一行使，强化审判权对执行权的监督制约；同时进一步强化全国四级法院统一管理、统一指挥、统一协调的执行工作管理体制，规范指定执行、提级执行、异地交叉执行的提起和审批程序，提高执行实施效率。

第二，推进失信被执行人信用惩戒机制改革。2016 年 1 月，最高人民法院和国家发改委等 44 家单位联合签署了《关于对失信被执行人实施联合惩戒的合作备忘录》。6 月 27 日，中央深改组第 25 次会议审议通过《关于加快推进失信被执行人信用监督、警示和惩戒机制建设的意见》，该文件于 9 月以中办、国办名义印发。近一年，全国各级法院累计公布失信被执行人 589 万例，限制 730 多万人次购买机票、190 多万人次购买火车票，58 万余名失信被执行人主动履行了法律义务。[4]

第三，推进司法拍卖机制改革。开展网络司法拍卖是破解实践中执行财产处置过程不透明、不规范、变现难等问题的有效途径，目前全国已有 1400 家法院开通网上司法拍卖平台。8 月 2 日，最高人民法院发布《关于人民法院网络司法拍卖若干问题的规定》，明确以拍卖方式处置财产必须采取网络司法拍卖方式，并向社会全程、全面、全网络公开。

---

〔1〕 彭波："司法体制改革：守住公平正义的司法防线"，载《人民日报》2017 年 1 月 12 日，第 6 版。

〔2〕 彭波："司法体制改革：守住公平正义的司法防线"，载《人民日报》2017 年 1 月 12 日，第 6 版。

〔3〕 参见胡仕浩、马渊杰："2016：人民法院司法改革综论（上）"，载《人民法院报》2016 年 12 月 31 日，第 1 版；胡仕浩、马渊杰："2016：人民法院司法改革综论（下）"，载《人民法院报》2017 年 1 月 1 日，第 1 版。

〔4〕 彭波："司法体制改革：守住公平正义的司法防线"，载《人民日报》2017 年 1 月 12 日，第 6 版。

2. 推进审判机构改革。2016 年，在审判机构改革方面，法院系统采取的改革举措主要包括以下几个方面：

第一，推进巡回法庭建设工作。2016 年，最高人民法院在第一、第二巡回法庭的基础上，在南京市、郑州市、重庆市、西安市增设第三、第四、第五、第六巡回法庭。这标志着全国六个巡回法庭的整体布局得以确立，有利于更好地满足群众司法需求、更好地提高司法公信力。

第二，推进知识产权案件审判"三合一"工作。2016 年 7 月，最高人民法院出台《关于在全国法院推进知识产权民事、行政和刑事案件审判"三合一"工作的意见》，要求除北京、上海、广州知识产权法院外，各级法院要积极推进知识产权审判庭统一审理知识产权民事、行政和刑事案件。该意见的出台，对于统一司法标准、促进审判专业化、优化审判资源配置、增强司法机关和行政执法机关的执法合力具有重要价值，有利于提高知识产权司法保护力度，服务创新驱动发展战略实施。

第三，探索公益诉讼和环境资源审判改革。2016 年 2 月，最高人民法院出台《人民法院审理人民检察院提起公益诉讼案件试点工作实施办法》；4 月，出台《最高人民法院关于审理消费民事公益诉讼案件适用法律若干问题的解释》。这两项司法解释的出台，对于推进公益诉讼制度改革、维护环境正义和代际公平具有重要意义。

第四，探索破产审判机构改革。2016 年 6 月 21 日，最高人民法院印发《关于在中级人民法院设立清算与破产审判庭的工作方案》，要求直辖市应当至少明确一个中院设立清算与破产审判庭，省会城市、副省级城市所在地中院应当设立清算与破产审判庭。该方案的出台，对于落实中央关于推进供给侧结构性改革决策部署，健全公司强制清算与企业破产案件审判组织，推进审判专业化，提高破产案件审判质效具有创新意义。

3. 完善司法便民举措和司法民主机制。2016 年，在完善司法便民举措和司法民主机制方面，法院系统主要采取了以下措施：

第一，继续完善立案登记制度。在 2015 年立案登记制度改革的基础上，最高人民法院在 2016 年开展了立案登记制改革"回头看"活动，同时积极探索"立案登记改革 + 互联网 + 诉讼服务"，努力提升诉讼过程的便民性。通过简化立案程序，全国法院当场登记立案率超过 95%。[1]

第二，推进家事审判改革。4 月 21 日，最高人民法院印发《关于开展家事审判方式和工作机制改革试点工作的意见》，确立了指导原则和工作理念，提出要探索家事纠纷的专业化、社会化和人性化解决方式。同时，北京市东城区人民法院等 100 个人民法院，自 2016 年 6 月 1 日起，将开展为期 2 年的家事审判改革试点工作。

---

〔1〕　周强："最高人民法院工作报告——2017 年 3 月 12 日在第十二届全国人民代表大会第五次会议上"，载中国人大网，http://www.npc.gov.cn/npc/xinwen/2017 - 03/15/content_2018938.htm，最后访问日期：2017 年 3 月 16 日。

第三，完善司法救助制度。7 月，最高人民法院印发《关于加强和规范人民法院国家司法救助工作的意见》。9 月 18 日，最高人民法院成立司法救助委员会，负责国家司法救助工作，健全司法救助经费保障机制、监督机制和信息共享机制，建立统一的国家司法救助处理机制、受案范围和救助标准，畅通国家司法救助申请渠道，完善救助的听证程序，加大救助公开力度，有效促进司法救助工作的健康发展。

第四，继续推进人民陪审员改革试点。2016 年，最高人民法院下发《关于进一步加强和改进人民陪审员制度改革试点工作的通知》《人民陪审员履职读本》，及时纠正改革试点中存在的问题，对落实随机抽选、规范陪审案件范围、加强大合议庭陪审机制、探索事实审和法律审分离、加强陪审工作保障、提升陪审员履职能力等提出明确要求。按照全国人大常委会授权，全国共有 50 个法院积极开展改革试点，完善陪审员参审机制，通过网络进行随机抽选、推行大合议制等举措，以更好地发挥陪审员作用；全国 22 万名人民陪审员共参审案件 306.3 万件，占一审普通程序案件的 77.2%。[1] 2016 年底，根据试点等情况，最高人民法院确定对人民陪审员制度改革延长试点一年，进一步研究完善制度，推进改革。

4. 推进司法公开，努力建立公开透明的审判权运行机制。2016 年，人民法院在推进司法公开方面主要采取了以下改革措施：

第一，修订《最高人民法院关于人民法院在互联网公布裁判文书的规定》，明确了"依法、全面、及时、规范"的裁判文书公开原则，同时扩大了应当公开的裁判文书范围、规范了裁判文书不公开情形、健全了裁判文书公开工作机制，并要求建立裁判文书公开工作督导机制。目前，中国裁判文书网公开裁判文书超过 2680 万份，访问量突破 62 亿人次，覆盖 210 多个国家和地区，成为全球最有影响的裁判文书网。[2]

第二，建成"中国庭审公开网"。9 月 27 日，"中国庭审公开网"正式上线运行，该网是继中国审判流程公开网、中国裁判文书公开网、中国执行信息公开网之后建立的司法公开第四大平台，标志着司法公开进入新的历史阶段。截至 12 月 20日，庭审直播网访问量达 10.78 亿次，全国累计直播案件 91 941 件，其中，最高人民法院累计直播 322 件。

第三，推进电子卷宗随案同步生成和深度应用。2016 年 7 月 28 日，最高人民法院印发《关于全面推进人民法院电子卷宗随案同步生成和深度应用的指导意见》，着力推进诉讼电子卷宗随案同步生成，全面开发和支持电子卷宗在案件办理、诉讼服

---

〔1〕　周强："最高人民法院工作报告——2017 年 3 月 12 日在第十二届全国人民代表大会第五次会议上"，载中国人大网，http：//www. npc. gov. cn/npc/xinwen/2017 - 03/15/content_ 2018938. htm，最后访问日期：2017 年 3 月 16 日。

〔2〕　最高人民法院自去年 7 月 1 日起所有公开开庭案件都上网直播，各级法院直播庭审 62.5 万次，观看量达到 20.7 亿人次。截至 2016 年 2 月底，中国裁判文书网公开裁判文书超过 2680 万份，访问量突破 62 亿人次，覆盖 210 多个国家和地区，成为全球最有影响的裁判文书网。

务和司法管理中的深度应用。

第四，修改《中华人民共和国人民法院法庭规则》。此次修改在促进审判公开方面作出了大量新规定，例如，设置专门的媒体记者席，公开旁听席位数量，优先保障当事人近亲属或其他利害关系人的旁听权，庭审全程录音录像，允许庭审直播活动，记者经许可对庭审录音录像拍照，外国人、无国籍人旁听庭审，外国记者报道庭审，等等。

5. 推动案件处理与分流机制改革，着力解决"案多人少"矛盾。在这方面，法院系统采取的改革举措主要包括以下几个方面：

第一，推进多元化纠纷解决机制改革。6 月 29 日，最高人民法院发布《关于人民法院进一步深化多元化纠纷解决机制改革的若干意见》《人民法院特邀调解规定》，明确了人民法院深化多元化纠纷解决机制改革的指导思想、基本原则和目标任务，对加强诉调对接平台建设、健全制度机制、完善程序安排、加强工作保障等作了规定。目前，全国建立了 2338 个专门诉调对接中心、419 个法院开通在线调解平台；依法确认调解协议有效 15.3 万件；各级法院以调解方式处理案件 532.1 万件。[1]

第二，推进繁简分流机制改革。9 月 12 日，最高人民法院出台《关于进一步推进案件繁简分流优化司法资源配置的若干意见》，提出了发挥多层次诉讼制度体系的整体效能、解决制约审判效率的主要问题、注重创新工作机制、进一步优化司法资源配置以及重视信息化建设对提高审判质效的支持保障等多项举措。其中，全国基层法院适用民商事简易程序和小额诉讼程序审结案件 717.9 万件，占一审民商事案件的 66.7%。[2]

6. 推进法院内设机构和人员管理制度改革。2016 年，人民法院在推进司法人员分类管理、法官单独职务序列、法官职业资格准入等方面采取了多项措施，主要包括：

第一，推进内设机构改革试点。8 月 18 日，中央机构编制委员会办公室与最高人民法院共同印发《省以下人民法院内设机构改革试点方案》，突出审判庭的扁平化管理、突出非审判业务机构服务审判的特点以及从严控制的导向。

第二，建立法官逐级遴选制度。5 月 13 日，中央组织部、最高人民法院、最高人民检察院印发《关于建立法官、检察官逐级遴选制度的意见》，明确了地市级以上人民法院法官一般通过逐级遴选方式产生，经最高人民法院决定或者批准，上级人民法院可以在下两级人民法院范围内择优遴选法官，明确了遴选到地市级省级人民

〔1〕　周强："最高人民法院工作报告——2017 年 3 月 12 日在第十二届全国人民代表大会第五次会议上"，载中国人大网，http：//www. npc. gov. cn/npc/xinwen/2017 - 03/15/content_ 2018938. htm，最后访问日期：2017 年 3 月 16 日。

〔2〕　周强："最高人民法院工作报告——2017 年 3 月 12 日在第十二届全国人民代表大会第五次会议上"，载中国人大网，http：//www. npc. gov. cn/npc/xinwen/2017 - 03/15/content_ 2018938. htm，最后访问日期：2017 年 3 月 16 日。

法院和最高人民法院法官的不同条件，明确了地市级法院法官助理初任法官的，应当到基层法院任职，省级以上法院法官助理初任法官的，一般到基层法院任职。

第三，建立从律师和法学专家中公开选拔法官机制。6月2日，中央办公厅印发《从律师和法学专家中公开选拔立法工作者、法官、检察官办法》，进一步明确了参加公开选拔的律师、法学专家应当符合的条件、程序、应遵守的规定等。

第四，改革审判辅助人员管理制度。为切实解决法官助理、书记员管理制度中的问题，6月27日，中央组织部、中央政法委、最高人民法院、最高人民检察院出台《法官助理、检察官助理和书记员职务序列改革试点方案》，明确编制内法官助理、书记员原则上按综合管理类进行管理，对法官助理和书记员分别设置单独的职务层次，规定职务晋升和职数比例，畅通这类人员发展通道。对聘用制书记员管理，最高人民法院正会同中央有关部门抓紧研究意见。

（三）人民检察院司法改革举措

除四项改革以外，人民检察院在2016年重点推进的司法改革举措主要包括以下几个方面：

1. 检察改革与检察机制创新。在检察改革与检察机制创新方面，检察系统主要采取了以下几方面措施：

第一，推动未成年人检察工作。继2015年12月最高人民检察院未成年人检察工作办公室正式成立之后，中国检察学研究会未成年人检察专业委员会成立大会暨构建中国特色未成年人检察制度体系研讨会于2016年10月17日在北京举行，这是检察系统加强未成年人检察工作的又一重大举措。

第二，开展检察机关提起公益诉讼的实践探索。2016年11月5日，最高人民检察院检察长曹建明在十二届全国人大常委会第二十四次会议上作了《最高人民检察院关于检察机关提起公益诉讼试点工作情况的中期报告》。据统计，自2015年7月十二届全国人大常委会第十五次会议通过决定，授权最高检在北京等13个省、自治区、直辖市开展为期2年的提起公益诉讼试点以来，试点地区检察机关充分发挥法律监督职能作用，牢牢抓住公益这个核心，严格把握试点案件范围，试点工作进展顺利。截至2016年12月底，试点地区检察机关共办理公益诉讼案件4378件，其中，诉前程序案件3883件，提起诉讼案件495件。在提起诉讼案件495件中，有民事公益诉讼57件、行政公益诉讼437件、行政公益附带民事公益诉讼1件。[1]

第三，参与国家监察体制改革试点。2016年12月25日，十二届全国人大常委会第二十五次会议25日表决通过《全国人民代表大会常务委员会关于在北京市、山西省、浙江省开展国家监察体制改革试点工作的决定》。根据该决定，在北京市、山西省、浙江省及所辖县、市、市辖区设立监察委员会，行使监察职权。试点地区人

---

[1] 参见周斌："检察机关提起公益诉讼试点一年半办案4378件，已决案件检察机关均获支持"，载《法制日报》2017年1月5日，第1版。

民政府的监察厅（局）、预防腐败局及人民检察院查处贪污贿赂、失职渎职以及预防职务犯罪等部门的相关职能将整合至监察委员会。根据该决定，试点地区检察机关全力配合做好试点工作，积极探索建立检察机关与监察委员会的工作衔接机制，确保党中央决策部署在检察机关全面实现。

第四，深化人民监督员制度改革。最高人民检察院会同司法部制定人民监督员选任管理办法，人民监督员一律由司法行政机关选任，新选任人民监督员 15 903 名；制定监督工作规定，确保应接受监督的 11 类案件一律进入监督程序，参加监督评议的人民监督员一律由司法行政机关随机抽选产生；改革以来，人民监督员已监督案件 5474 件。[1]

2. 检察监督体系改革。在完善检察监督体系方面，检察系统采取的主要改革措施包括以下几个方面：

第一，加强刑事检察监督，特别是对公安机关侦查活动的监督。2016 年，督促侦查机关立案 14 650 件，追加逮捕、追加起诉 43 960 人，监督纠正违法取证、违法适用强制措施、刑讯逼供等侦查活动违法情形 34 230 件次，同比分别上升 1%、4.9% 和 7.4%。[2] 在完善对侦查活动监督制约机制方面，最高人民检察院与公安部合作，共同推进三项改革[3]：一是探索建立对公安派出所刑事侦查活动监督机制，部署在 10 个省份开展为期 2 年的试点。其中，山西、宁夏等地检察机关在市、县公安局设立检察室，及时了解派出所办理刑事案件信息；内蒙古自治区检察院会同自治区公安厅对 440 个派出所刑事执法情况开展专项检查；北京市海淀区公安分局执法办案管理中心检察室于 2016 年 11 月 24 日揭牌成立，成为全国首家派驻公安机关执法办案管理中心检察室。二是探索建立对限制人身自由司法措施和侦查手段的司法监督机制。内蒙古、江西等地检察机关开展刑事拘留未报请审查逮捕案件专项监督，重点纠正不应当拘留而拘留等问题。浙江等省级检察院与公安机关共同制定加强刑事拘留监督工作的规定。三是探索建立重大疑难案件侦查机关听取检察机关意见和建议制度。江苏、云南等地检察机关主动与公安机关协调，开展改革探索。北京、湖北、贵州等地针对命案等重大案件建立检察机关介入侦查、引导取证制度。此外，检察机关也进一步完善了刑事审判监督机制，严格落实《关于加强和改进刑

---

〔1〕 曹建明："最高人民检察院工作报告——2017 年 3 月 12 日在第十二届全国人民代表大会第五次会议上"，载中国人大网，http：//www. npc. gov. cn/npc/xinwen/2017－03/15/content＿2018937. htm，最后访问日期：2017 年 3 月 16 日。

〔2〕 曹建明："最高人民检察院工作报告——2017 年 3 月 12 日在第十二届全国人民代表大会第五次会议上"，载中国人大网，http：//www. npc. gov. cn/npc/xinwen/2017－03/15/content＿2018937. htm，最后访问日期：2017 年 3 月 16 日。

〔3〕 王治国、戴佳："最高检公安部推进三项改革完善对侦查活动监督制约机制"，载正义网，http：//www. jcrb. com/xztpd/dkf/201610/jcjdgzbg/zcjdyw/201611/t20161106＿1670714. html，最后访问日期：2017 年 2 月 16 日。

事抗诉工作的意见》；开展了集中清理判处实刑罪犯未执行刑罚专项活动、财产刑执行专项检察，并持续监督纠正久押不决案件。在诉辩关系方面，认真落实保障律师执业权利的规定，充分发挥辩护律师在全面查清案件事实、保障公民诉讼权利等方面的作用。

第二，加强民事检察监督，特别是对民事执行活动的监督。2016 年 12 月 20 日，最高人民法院、最高人民检察院联合召开新闻发布会，发布《最高人民法院、最高人民检察院关于民事执行活动法律监督若干问题的规定》。根据该规定，检察院对法院执行生效民事判决、裁定、调解书、支付令、仲裁裁决以及公证债权文书等法律文书的活动实施法律监督。这一司法解释的出台，对于加强和规范民事执行监督工作、促进法院依法执行、维护当事人合法权益、提高司法公信力具有重要意义。

第三，加强行政检察监督，特别是对行政诉讼的监督。2016 年 3 月，最高人民检察院出台《人民检察院行政诉讼监督规则（试行）》，规定了行政诉讼监督的范围、对象、方式、手段和程序；5 月，最高人民检察院发布了十件带有很强指导性的行政诉讼监督典型案例，标志着检察机关的行政诉讼监督进入全面规范阶段，多元化行政诉讼监督格局基本形成。此外，针对行政违法行为的司法监督制度、针对行政强制措施的司法监督制度这两项改革试点方案也正在制定中。

此外，检察系统在 2016 年继续推进内设机构、案件管理机制以及检务公开等方面的改革和创新。例如，在内设机构改革方面，全国 24 个省份 700 多个检察院按照最高检和中编办联合下发的《省以下人民检察院内设机构改革试点方案》开展内设机构改革，吉林、海南检察机关的做法受到中央政法委领导的肯定[1] 在案件管理机制改革方面，最高检案管办制定印发了《人民检察院案件流程监控工作规定（试行）》，明确和完善了流程监控工作机制及操作规程，为加强和规范流程监控工作提供了重要的制度依据。同时，最高检开发了新的统计子系统，形成了办案、管理和统计"三位一体"的业务应用系统；该系统全面使用后，传统统计逐级汇总、报送、录入等事务性活动转变为技术手段自动完成，人工提供数据转变为用户网络查询，滞后的统计周期转变为动态实时的数据获取[2] 在检务公开方面，检察系统也在贯彻《关于全面推进检务公开工作的意见》的基础上积极探索新的平台和载体。2016年，全国检察机关通过案件信息公开系统，共公开案件程序性信息1 927 311件，重要案件信息108 100件，相关法律文书832 059件，接受辩护人和诉讼代理人预约申请55 317次[3] 应最高检之邀，来自全国人大 30 余个代表团的 325 人次的全国人大代

---

〔1〕 郭宏平："检察官权力清单，一份沉甸甸的司法责任"，载《检察日报》2017 年 2 月 27 日，第 1 版。

〔2〕 于潇、安伟光："最高检：提升案件管理科学化、精细化、专业化水平"，载正义网，http：//news. jcrb. com/jszx/201702/t20170224_ 1720543. html，最后访问日期：2017 年 2 月 25 日。

〔3〕 于潇、安伟光："最高检：提升案件管理科学化、精细化、专业化水平"，载正义网，http：//news. jcrb. com/jszx/201702/t20170224_ 1720543. html，最后访问日期：2017 年 2 月 25 日。

表，在 2016 年分赴全国 21 个省、直辖市、自治区，就当地检察工作进行了 24 次视察。[1] 此外，最高检还采取了开设案件信息公开微信平台、设立检察开放日等多项措施。

（四）公安改革与司法行政改革举措

公安改革、司法行政改革是司法体制改革的重要组成部分。

2016 年，公安机关积极探索设立执法办案管理中心等改革举措。作为全新执法办案平台，公安机关执法办案管理中心主要承担"辅助办案、支撑办案、监督办案"三项基本职能。设立执法办案管理中心，有助于整合资源、合成作战，是全面深化公安改革中探索实行执法办案全要素统筹管理的一站式、集约化办案机制的重要举措之一。此外，公安机关结合贯彻落实公安改革"1+3"意见方案，推出了户籍制度、居住证制度、异地挂失补办身份证、跨省缴纳交通违法罚款、方便群众办事创业等一大批便民利民的改革措施，增强了人民群众获得感，推动提高公安工作整体效能。

2016 年，司法行政各项改革任务进展顺利，中央部署的 16 项改革任务及其他司法行政改革任务全面完成，共制定出台 21 个改革文件，同时开展了改革评估和督察。[2] 例如，在社区矫正工作方面，司法部会同最高人民法院、最高人民检察院、公安部印发了《关于进一步加强社区矫正工作衔接配合管理的意见》，以确保社区矫正依法适用、规范运行。在依法保障律师执业方面，设立律师"绿色通道"，解决律师执业中的困难和问题；修订了《律师执业管理办法》和《律师事务所管理办法》，出台了《关于进一步加强律师协会建设的意见》等多项文件。在法律援助制度方面，研究起草了《关于律师开展法律援助工作的意见》《关于开展法律援助值班律师工作的意见》等文件；积极参与刑事案件速裁程序试点工作，在 18 个试点城市的法院、看守所派驻法律援助值班律师，为犯罪嫌疑人、被告人提供法律帮助；会同最高人民法院研究提出法律援助参与申诉案件代理和死刑复核案件办理工作机制、措施等。此外，司法行政部门在深化监狱制度改革，完善国家统一法律职业资格制度工作，完善司法鉴定管理体制，推进人民监督员选任管理方式改革，推进公证、仲裁制度改革等方面也采取了多项举措。[3]

第二节　以审判为中心的诉讼制度改革

党的十八届四中全会提出，推进以审判为中心的诉讼制度改革，确保侦查、审

---

〔1〕　张羽："24 次出发，见证检察新变化"，载《检察日报》2017 年 2 月 27 日，第 6 版。
〔2〕　李豪："去年完成 16 项改革任务"，载《法制日报》2017 年 2 月 9 日，第 1 版。
〔3〕　参见李豪："去年完成 16 项改革任务"，载《法制日报》2017 年 2 月 9 日，第 1 版。

查起诉的案件事实证据经得起法律的检验。推进以审判为中心的诉讼制度改革，是司法改革的一项重大任务，也是2016年司法体制改革的重点之一。2016年6月27日，中央全面深化改革领导小组第25次会议审议通过《关于推进以审判为中心的刑事诉讼制度改革的意见》。7月20日，最高人民法院、最高人民检察院、公安部、国家安全部、司法部印发该意见，就完善刑事诉讼制度、规范执法行为、推进案件繁简分流等提出明确要求。

一、以审判为中心的改革要义

由于职权配置、运行机制、程序设置等方面存在的不足，使我国的刑事诉讼呈现以"侦查为中心"的实践样态。侦查机关满足于破案抓人，不能全面客观及时地收集证据，给后续的审查起诉和审判工作造成很大困扰。检察机关对侦查监督乏力，法院对审前程序无所作为。检察机关的审查起诉和法院的法庭审判，主要依据侦查收集的证据和形成的卷宗，实际成为对侦查结论的确认和维护。既造成审查和庭审走过场、流于形式，也难以防范和纠正冤错案件，出现"起点错、跟着错、错到底"的奇特现象。在此背景下，推进以审判为中心的刑事诉讼制度改革意义重大。此项改革，要求"确保侦查、审查起诉的案件事实证据经得起法律的检验。全面贯彻证据裁判原则，严格依法收集、固定、保存、审查、运用证据，完善证人、鉴定人出庭作证制度，保证庭审在查明事实、认定证据、保护诉权、公正裁判中发挥决定性作用"。这是一项事关全局的改革部署，体现了现代刑事司法规律的内在要求，明确了我国刑事诉讼制度的发展方向。

"以审判为中心"，涵义丰富，内容博大，其核心要义体现在以下方面：强调法官在定罪科刑方面的唯一性和权威性，法治国家唯有法官有权对被告人定罪并科以刑罚；强调审判特别是庭审在刑事诉讼中的核心地位，通过建立公开、理性、对抗的平台，贯彻证据裁判原则，在证据审查的基础上对指控进行判定，实现追究犯罪的正当性和合法性；强调法庭审理的实质意义，一切与定罪量刑有关的证据都要在审判中提交和质证，所有与判决有关的事项都要经过法庭辩论，法官判决必须建立在法庭审理基础之上；强调对被告人辩护权的保障，特别是被告人对不利自己的证人当庭对质的权利；强调重视律师的辩护作用，切实保障辩护律师合法权利，认真听取律师辩护意见；强调发挥审判对审前诉讼行为的指引作用，规范侦查取证工作及审查起诉工作；强调推进案件繁简分流，优化司法资源配置，实现公正与效率的统一。

二、以审判为中心的改革方案

为了实现有效惩治犯罪和切实保障人权相统一，需要充分发挥审判特别是庭审的作用，将其作为确保案件处理质量和司法公正的重要环节。对此，《关于推进以审判为中心的刑事诉讼制度改革的意见》（以下简称《意见》）确定了具体的改革方案，要点如下：

第一，所有定罪的事实证据都要经得起法律检验。要坚持以审判为中心，突出审判程序在刑事诉讼中的中心地位，所有定罪的事实证据都要经过法庭质证，确保侦查、起诉、审判的案件事实证据经得起法律检验。犯罪嫌疑人、被告人有罪无罪，不是由侦查机关、人民检察院决定，而是由人民法院审判决定，靠证据说了算。侦查、起诉阶段要向审判阶段看齐，适用统一的法定证明标准。

第二，严格落实疑罪从无。疑罪从无是现代刑事司法的重要原则，对保障司法人权、防范冤假错案具有积极作用。审判阶段要严格落实疑罪从无，对定罪证据不足的案件，要依法作出无罪判决。起诉阶段，对经过两次补充侦查后，证据仍然不足的，应当作出不起诉决定。侦查阶段，要全面客观及时地收集各种证据，尽可能查明案件事实真相。

第三，推进庭审实质化。推进庭审实质化，是以审判为中心的诉讼制度改革的关键环节。要贯彻证据裁判原则，确保庭审在查明事实、认定证据、保护诉权、公正裁判上发挥决定性作用。对此，《意见》作出了一系列指引，包括"规范法庭调查程序，确保诉讼证据出示在法庭、案件事实查明在法庭"，"完善对证人、鉴定人的法庭质证规则"，"完善法庭辩论规则，确保控辩意见发表在法庭"，"完善当庭宣判制度，确保裁判结果形成在法庭"，"严格依法裁判"，等等。确保通过庭审的方式认定案件事实，并在此基础上决定被告人的定罪量刑，即"事实证据调查在法庭、定罪量刑辩论在法庭、裁判结果形成于法庭"。

第四，健全当事人和其他诉讼参与人权利保障制度。依法保障当事人和其他诉讼参与人的知情权、陈述权、辩论辩护权、申请权、申诉权。犯罪嫌疑人、被告人有权获得辩护，人民法院、人民检察院、公安机关、国家安全机关有义务保证犯罪嫌疑人、被告人获得辩护。依法保障辩护人会见、阅卷、收集证据和发问、质证、辩论辩护等权利，完善便利辩护人参与诉讼的工作机制。充分发挥辩护人依法维护当事人权益、实现司法公正的作用，依法保障辩护人在庭审中的合法诉讼权利，认真听取辩护意见。

第五，推进案件繁简分流。完善刑事案件速裁程序和认罪认罚从宽制度，对案件事实清楚、证据充分的轻微刑事案件，或者犯罪嫌疑人、被告人自愿认罪认罚的，可以适用速裁程序、简易程序或者普通程序简化审理。过去两年的刑事案件速裁程序试点取得显著效果。在此基础之上，2016 年 9 月 3 日，全国人大常委会通过《关于授权最高人民法院、最高人民检察院在部分地区开展刑事案件认罪认罚从宽制度试点工作的决定》，授权在北京等 18 个地区开展刑事案件认罪认罚从宽制度试点工作。对犯罪嫌疑人、刑事被告人自愿如实供述自己的罪行，对指控的犯罪事实没有异议，同意人民检察院量刑建议并签署具结书的案件，可以依法从宽处理。

三、以审判为中心的改革实践

根据中央有关司法改革任务的总体部署以及《关于推进以审判为中心的刑事诉讼制度改革的意见》确定的具体方案，最高人民法院、最高人民检察院等部门采取了多项措施，积极推进以审判为中心的刑事诉讼制度改革。

例如，通过出台《关于推进以审判为中心的刑事诉讼制度改革的意见》，最高人民法院进一步落实了罪刑法定、证据裁判、非法证据排除、疑罪从无等原则，充分发挥庭审的决定性作用。四川成都、浙江温州法院大力推进侦查人员、鉴定人、证人出庭作证，充分发挥律师辩护作用，促进庭审实质化。贵州法院推动公检法三机关数据共享，积极探索统一证据标准。扩大量刑规范化范围，适用罪名达到 23 种，覆盖全国基层法院 90% 的刑事案件，规范刑罚裁量权。[1]

最高人民检察院在刑事检察工作中，充分发挥审前主导和过滤作用，探索建立重大疑难案件侦查机关听取检察机关意见和建议制度，对侦查机关不应当立案而立案的，督促撤案 10 661 件。全面贯彻证据裁判规则，对不构成犯罪或证据不足的，不批准逮捕 132 081 人、不起诉 26 670 人，其中，因排除非法证据不批准逮捕 560 人、不起诉 169 人，保障无罪的人不受刑事追究。依法保障律师执业权利，认真听取辩护律师提出的无罪或罪轻等意见，依法审查核实处理；对阻碍律师依法行使诉讼权利的，监督相关政法机关纠正 946 件。对人民法院作出无罪判决的公诉案件逐案剖析通报。强化刑事审判监督，对认为确有错误的刑事裁判提出抗诉 7185 件。[2]

第三节　认罪认罚从宽制度改革试点

在总结刑事速裁改革经验基础上，中央作出了推进认罪认罚从宽制度改革的部署。7 月 22 日，中央深改组第 26 次会议审议通过《关于认罪认罚从宽制度改革试点方案》；9 月 3 日，十二届全国人大常委会第 22 次会议作出决定，授权最高人民法院、最高人民检察院在北京等 18 个地区开展刑事案件认罪认罚从宽制度试点工作；11 月 16 日，最高人民法院、最高人民检察院、公安部、国家安全部、司法部印发《关于在部分地区开展刑事案件认罪认罚从宽制度试点工作的办法》（以下简称《试点办法》）。可以说，2016 年是认罪认罚从宽制度改革试点正式启动并向纵深推进之年。

一、认罪认罚从宽制度改革试点的必要性

根据最高人民法院院长周强代表最高人民法院并受最高人民检察院委托，在第十二届全国人民代表大会常务委员会第二十二次会议上所做的《关于授权在部分地区开展刑事案件认罪认罚从宽制度试点工作的决定（草案)》的说明，开展认罪认罚

---

〔1〕 周强："最高人民法院工作报告——2017 年 3 月 12 日在第十二届全国人民代表大会第五次会议上"，载中国人大网，http：//www.npc.gov.cn/npc/xinwen/2017 - 03/15/content_ 2018938. htm，最后访问日期：2017 年 3 月 16 日。

〔2〕 曹建明："最高人民检察院工作报告——2017 年 3 月 12 日在第十二届全国人民代表大会第五次会议上"，载中国人大网，http：//www.npc.gov.cn/npc/xinwen/2017 - 03/15/content_ 2018937. htm，最后访问日期：2017 年 3 月 16 日。

从宽制度改革试点的必要性主要体现在以下四个方面：[1]

第一，是及时有效惩罚犯罪、维护社会稳定的需要。根据刑事诉讼法关于疑罪从无的原则，凡是证据不足、指控的犯罪不能成立的，都不能定罪。为确保严格公正司法，既及时有力惩罚犯罪，又防范通过刑讯逼供等非法方法获取证据，需要鼓励引导犯罪嫌疑人、刑事被告人自愿如实供述罪行。试点认罪认罚从宽制度，依法适用速裁、简易程序并从轻处罚，有利于更加及时、有效地惩罚犯罪，维护社会稳定。

第二，是落实宽严相济刑事政策、加强人权司法保障的需要。试点认罪认罚从宽制度，有利于贯彻宽严相济刑事政策和罪责刑相适应原则，推动坦白从宽制度化，完善法律援助制度，充分保障刑事被告人的各项诉讼权利和实体权利，尊重刑事被告人的诉讼主体地位和程序选择权，同时强调被害人的有效参与，切实加强人权司法保障。

第三，是优化司法资源配置、提升司法公正效率的需要。当前，严重危害社会治安犯罪案件呈下降趋势，但轻微刑事案件的数量仍在高位徘徊，司法机关"案多人少"矛盾突出。试点认罪认罚从宽制度，与《关于推进以审判为中心的刑事诉讼制度改革的意见》在内容和制度上进行配套衔接，实现认罪认罚案件快速办理，是合理配置司法资源的有效方法和必然要求，有利于在确保司法公正基础上进一步提高司法效率。

第四，是深化刑事诉讼制度改革、构建科学刑事诉讼体系的需要。对认罪认罚案件依法从简、从快、从宽处理，有利于推动刑事诉讼程序制度的层次化改造，根据刑事被告人认罪与否、案件难易、刑罚轻重等情况，探索速裁程序、简易程序、普通程序有序衔接、繁简分流的多层次诉讼制度体系，推进以审判为中心的诉讼制度改革，为完善刑事诉讼程序制度提供实践基础。

二、认罪认罚从宽制度改革试点的主要内容

根据《试点办法》，有关认罪认罚从宽制度改革试点的主要规定包括：

1. 关于案件适用范围的规定。根据《试点办法》第 1 条、第 2 条，试点案件限于犯罪嫌疑人、被告人自愿如实供述自己的罪行，对指控的犯罪事实没有异议，同意量刑建议，签署具结书的，可以依法从宽处理。具有下列情形之一的，不适用认罪认罚从宽制度：①犯罪嫌疑人、被告人是尚未完全丧失辩认或者控制自己行为能力的精神病人的；②未成年犯罪嫌疑人、被告人的法定代理人、辩护人对未成年人认罪认罚有异议的；③犯罪嫌疑人、被告人行为不构成犯罪的；④其他不宜适用的情形。

---

[1] 周强："关于《关于授权在部分地区开展刑事案件认罪认罚从宽制度试点工作的决定（草案）》的说明"，载中国人大网，http://www.npc.gov.cn/npc/xinwen/2016 - 10/12/content_ 1998977. htm，最后访问日期：2017 年 2 月 17 日。

2. 关于诉讼程序的规定。

（1）有关审前程序的规定：为确保犯罪嫌疑人自愿认罪认罚，侦查机关、人民检察院应当告知犯罪嫌疑人享有的诉讼权利和认罪认罚可能导致的法律后果，听取犯罪嫌疑人及其辩护人或者值班律师的意见。人民检察院应就指控罪名及从宽处罚建议等事项听取犯罪嫌疑人及其辩护人或者值班律师的意见。

（2）有关不起诉的规定：犯罪嫌疑人自愿如实供述涉嫌犯罪的事实，有重大立功或者案件涉及国家重大利益的，经最高人民检察院批准，人民检察院可以作出不起诉决定，也可以对涉嫌数罪中的一项或者多项提起公诉。具有法律规定不起诉情形的，依照法律规定办理。

（3）有关程序从简的规定：对于基层人民法院管辖的可能判处 3 年有期徒刑以下刑罚的案件，事实清楚、证据充分，当事人对适用法律没有争议，被告人认罪认罚并同意适用速裁程序的，可以适用速裁程序，由审判员独任审判，送达期限不受刑事诉讼法规定的限制，不进行法庭调查、法庭辩论，当庭宣判，但在判决宣告前应当听取被告人的最后陈述。适用速裁程序审理案件，人民法院一般应当在 10 日内审结；对可能判处的有期徒刑超过 1 年的，可以延长至 15 日。对于基层人民法院管辖的可能判处 3 年有期徒刑以上刑罚的案件，被告人认罪认罚的，可以依法适用简易程序审判，在判决宣告前应当听取被告人的最后陈述，一般应当当庭宣判。

（4）有关从宽处理的规定：对于认罪认罚案件，人民法院作出判决时，一般应当采纳人民检察院指控的罪名和量刑建议，但刑事被告人不构成犯罪或者不应当追究刑事责任、被告人违背意愿认罪认罚、被告人否认指控犯罪事实、起诉指控罪名与审理认定罪名不一致以及其他可能影响公正审判的情形除外。对不具有法定减轻处罚情节的认罪认罚案件，应当在法定刑的限度以内从轻判处刑罚，犯罪情节轻微不需要判处刑罚的，可以依法免予刑事处罚，确实需要在法定刑以下判处刑罚的，应当层报最高人民法院核准。

（5）关于完善法律援助的规定：办理认罪认罚案件，应当保障犯罪嫌疑人、被告人获得有效法律帮助，确保其了解认罪认罚的性质和法律后果，自愿认罪认罚。法律援助机构可以根据人民法院、看守所的实际工作需要，通过设立法律援助工作站派驻值班律师、及时安排值班律师等形式提供法律帮助。人民法院、看守所应当为值班律师开展工作提供便利工作场所和必要办公设施，简化会见程序，保障值班律师依法履行职责。犯罪嫌疑人、被告人自愿认罪认罚，没有辩护人的，人民法院、人民检察院、公安机关应当通知值班律师为其提供法律咨询、程序选择、申请变更强制措施等法律帮助。人民法院、人民检察院、公安机关应当告知犯罪嫌疑人、被告人申请法律援助的权利。符合应当通知辩护条件的，依法通知法律援助机构指派律师为其提供辩护。

3. 关于监督制约措施的规定。根据《试点办法》第 9 条、第 13 条的规定，犯罪嫌疑人自愿如实供述涉嫌犯罪的事实，有重大立功或者案件涉及国家重大利益，侦查阶段需要撤销案件的，应当层报公安部，由公安部提请最高人民检察院批准；审查起诉阶段需要不起诉，应经最高人民检察院批准。此外，根据《试点办法》第 20 条、第 21 条，对于认罪认罚案件，人民法院依法作出判决时，一般应当采纳人民检察院指控的罪名和量刑建议，但同时列举了 5 种除外的情形，并规定人民检察院的量刑建议明显不当或者被告人、辩护人对量刑建议提出异议的，人民法院可以对建议人民检察院调整量刑建议，人民检察院不同意调整量刑建议或者调整量刑建议后被告人、辩护人仍有异议的，人民法院应当依法作出判决。同时，为确保认罪认罚从宽制度公正执行，防止产生司法腐败问题，《试点办法》对办案人员有刑讯逼供、暴力取证或者权钱交易、放纵罪犯等滥用职权、徇私枉法情形的，明确规定严格依法追究刑事责任、行政责任。

4. 关于试点地区的规定。根据《试点办法》第 28 条，确定在北京、天津、上海、重庆、沈阳、大连、南京、杭州、福州、厦门、济南、青岛、郑州、武汉、长沙、广州、深圳、西安等 18 个城市进行试点。

5. 关于试行期限的规定。根据《试点办法》第 29 条，认罪认罚从宽制度的改革试点自《试点办法》印发之日起试行 2 年时间。

第二章

中国诉讼法的立法发展

第一节 刑事诉讼法的立法发展[1]

一、《关于授权最高人民法院、最高人民检察院在部分地区开展刑事案件认罪认罚从宽制度试点工作的决定》

"为进一步落实宽严相济刑事政策，完善刑事诉讼程序，合理配置司法资源，提高办理刑事案件的质量与效率，确保无罪的人不受刑事追究，有罪的人受到公正惩罚，维护当事人的合法权益，促进司法公正"，2016 年 9 月 3 日第十二届全国人民代表大会常务委员会第二十二次会议通过了《关于授权最高人民法院、最高人民检察院在部分地区开展刑事案件认罪认罚从宽制度试点工作的决定》，主要内容是：

1. 授权最高人民法院、最高人民检察院在北京、天津、上海、重庆、沈阳、大连、南京、杭州、福州、厦门、济南、青岛、郑州、武汉、长沙、广州、深圳、西安开展刑事案件认罪认罚从宽试点工作。

2. 试点内容是"对犯罪嫌疑人、刑事被告人自愿如实供述自己的罪行，对指控的犯罪事实没有异议，同意人民检察院量刑建议并签署具结书的案件，可以依法从宽处理"。

3. 对于 2014 年 6 月 27 日第十二届全国人民代表大会常务委员会第九次会议授权最高人民法院、最高人民检察院在上述地区开展的刑事案件速裁程序试点工作，按照新的试点办法继续试行。

4. 最高人民法院、最高人民检察院会同有关部门根据本决定，遵循刑法、刑事诉讼法的基本原则，制定试点办法，对适用条件、从宽副度、办理程序、证据标准、

---

〔1〕 本部分执笔人：顾永忠教授。

律师参与等作出具体规定，报全国人民代表大会常务委员会备案。

5. 本项试点期限为 2 年，自试点办法印发之日起算。试点期间，最高人民法院、最高人民检察院应当加强对试点工作的组织领导和监督检查，保证试点工作积极、稳妥、有序进行。试点过程中，应当向全国人大常委会作出中期报告。试点期满后，对实践证明可行的，应当修改完善有关法律，对实践证明不宜调整的，恢复施行有关法律规定。

二、《关于在北京市、山西省、浙江省开展国家监察体制改革试点工作的决定》

根据中共中央确定的《关于在北京市、山西省、浙江省开展国家监察体制改革试点方案》，为在全国推进国家监察体制改革探索积累经验，2016 年 12 月 25 日第十二届全国人民代表大会常务委员会第二十五次会议通过了《关于在北京市、山西省、浙江省开展国家监察体制改革试点工作的决定》，主要内容是：

1. 在北京市、山西省、浙江省及所辖县、市、市辖区设立监察委员会，行使监察职权。将试点地区人民政府的监察厅（局）、预防腐败局及人民检察院查处贪污贿赂、失职渎职以及预防职务犯罪等部门的相关职能整合至监察委员会。

2. 试点地区监察委员会由本级人民代表大会选举产生，监察委员会副主任、委员，由监察委员会主任提请本级人民代表大会常务委员会任免。监察委员会对本级人民代表大会及其常务委员会和上一级监察委员会负责，并接受监督。

3. 试点地区监察委员会按照管理权限，对本地区所有行使公权力的公职人员依法实施监察；履行监督、调查、处置职责，监督检查公职人员依法履职、秉公用权、廉洁从政以及道德操守情况，调查涉嫌贪污贿赂、滥用职权、玩忽职守、权力寻租、利益输送、徇私舞弊以及浪费国家资财等职务违法和职务犯罪行为，并作出处置决定，对涉嫌犯罪的，移送检察机关依法提起公诉。为履行上述职权，监察委员会可以采取谈话、讯问、询问、查询、冻结、调取、查封、扣押、搜查、勘验检查、鉴定、留置等措施。

4. 在以上试点地区暂时调整或者暂时停止适用《行政监察法》《刑事诉讼法》《人民检察院组织法》《检察官法》《地方各级人大代表大会和地方各级人民政府组织法》的相关规定。其他法律中规定由行政监察机关行使的监察职责，一并调整由监察委员会行使。

5. 本决定自 2016 年 12 月 26 日起施行。

三、最高人民法院、最高人民检察院司法解释及规范性文件

（一）《最高人民法院关于修改〈中华人民共和国人民法院法庭规则〉的决定》

《中华人民共和国人民法院法庭规则》系 1993 年 11 月 26 日最高人民法院审判委员会第 617 次会议通过，于 2015 年 12 月 21 日最高人民法院审判委员会第 1673 次会议通过修改决定，自 2016 年 5 月 1 日起施行。修改内容主要是：

1. 将第 1 条立法目的和根据修改为："为了维护法庭安全和秩序，保障庭审活动正常进行，保障诉讼参与人依法行使诉讼权利，方便公众旁听，促进司法公正，彰显司法权威，根据《中华人民共和国人民法院组织法》《中华人民共和国刑事诉讼法》《中华人民共和国民事诉讼法》《中华人民共和国行政诉讼法》等有关法律规定，制定本规则。"

2. 对法庭及其相关场所的设置规定进行了修改：第 2 条 "法庭是人民法院代表国家依法审判各类案件的专门场所"，"法庭正面上方应当悬挂国徽"；第 3 条 "法庭分设审判活动区和旁听区，两区以栏杆等进行隔离"，"审理未成年人案件的法庭应当根据未成年人身心发展特点设置区域和席位"，"有新闻媒体旁听或报道庭审活动时，旁听区可以设置专门的媒体记者席"；第 4 条 "刑事法庭可以配置同步视频作证室，供依法应当保护或其他确有保护必要的证人、鉴定人、被害人在庭审作证时使用"；第 5 条 "法庭应当设置残疾人无障碍设施；根据需要配备合议庭合议室，检察人员、律师及其他诉讼参与人休息室，被告人羁押室等附属场所"。

3. 对出庭人员着装规定进行了修改：第 12 条 "出庭履行职务的人员，按照职业着装规定着装。但是，具有下列情形之一的，着正装：①没有职业着装规定；②侦查人员出庭作证；③所在单位系案件当事人。非履行职务的出庭人员及旁听人员，应当文明着装"。

4. 对出庭礼仪及法庭纪律规定进行了修改：第 15 条 "审判人员进入法庭以及审判长或独任审判员宣告判决、裁定、决定时，全体人员应当起立"；第 17 条 "全体人员在庭审活动中应当服从审判长或独任审判员的指挥，尊重司法礼仪，遵守法庭纪律，不得实施下列行为：①鼓掌、喧哗；②吸烟、进食；③拨打或接听电话；④对庭审活动进行录音、录像、拍照或使用移动通信工具等传播庭审活动；⑤其他危害法庭安全或妨害法庭秩序的行为"，"检察人员、诉讼参与人发言或提问，应当经审判长或独任审判员许可"，"旁听人员不得进入审判活动区，不得随意站立、走动，不得发言和提问"，"媒体记者经许可实施第 1 款第 4 项规定的行为，应当在指定的时间及区域进行，不得影响或干扰庭审活动"。

5. 对旁听规定进行了修改：第 8 条 "人民法院应当通过官方网站、电子显示屏、公告栏等向公众公开各法庭的编号、具体位置以及旁听席位数量等信息"；第 9 条 "公开的庭审活动，公民可以旁听"，"下列人员不得旁听：①证人、鉴定人以及准备出庭提出意见的有专门知识的人；②未获得人民法院批准的未成年人；③拒绝接受安全检查的人；④醉酒的人、精神病人或其他精神状态异常的人；⑤其他有可能危害法庭安全或妨害法庭秩序的人"，"旁听席位不能满足需要时，人民法院可以根据申请的先后顺序或者通过抽签、摇号等方式发放旁听证，但应当优先安排当事人的近亲属或其他与案件有利害关系的人旁听"，"依法有可能封存犯罪记录的公开庭审活动，任何单位或个人不得组织人员旁听"，"依法不公开的庭审活动，除法律另有规定外，任何人不得旁听"；第 26 条 "外国人、无国籍人旁听庭审活动，外国媒体记者报道庭审活动，应当遵守本规则"。

6. 对于出庭人员及旁听人员进入法庭及携带物品作出规定：第 6 条 "进入法庭

的人员应当出示有效身份证件，并接受人身及携带物品的安全检查"，"持有效工作证件和出庭通知履行职务的检察人员、律师可以通过专门通道进入法庭。需要安全检查的，人民法院对检察人员和律师平等对待"；第7条"除经人民法院许可，需要在法庭上出示的证据外，下列物品不得携带进入法庭：①枪支、弹药、管制刀具以及其他具有杀伤力的器具；②易燃易爆物、疑似爆炸物；③放射性、毒害性、腐蚀性、强气味性物质以及传染病病原体；④液体及胶状、粉末状物品；⑤标语、条幅、传单；⑥其他可能危害法庭安全或妨害法庭秩序的物品"。

7. 对庭审活动的相关规定进行了修改：第10条"人民法院应当对庭审活动进行全程录像或录音"；第11条"依法公开进行的庭审活动，具有下列情形之一的，人民法院可以通过电视、互联网或其他公共媒体进行图文、音频、视频直播或录播：①公众关注度较高；②社会影响较大；③法治宣传教育意义较强"；第13条"刑事在押被告人或上诉人出庭受审时，着正装或便装，不着监管机构的识别服"，"人民法院在庭审活动中不得对被告人或上诉人使用戒具，但认为其人身危险性大，可能危害法庭安全的除外"；第14条"庭审活动开始前，书记员应当宣布本规则第17条规定的法庭纪律"；第16条"人民法院开庭审判案件应当严格按照法律规定的诉讼程序进行"，"审判人员在庭审活动中应当平等对待诉讼各方"；第18条"审判长或独任审判员主持庭审活动时，依照规定使用法槌"。

8. 对违反法庭纪律扰乱法庭秩序的规定进行了修改：第19条"审判长或独任审判员对违反法庭纪律的人员应当予以警告；对不听警告的，予以训诫；对训诫无效的，责令其退出法庭；对拒不退出法庭的，指令司法警察将其强行带出法庭"，"行为人违反本规则第17条第1款第4项规定的，人民法院可以暂扣其使用的设备及存储介质，删除相关内容"；第20条"行为人实施下列行为之一，危及法庭安全或扰乱法庭秩序的，根据相关法律规定，予以罚款、拘留；构成犯罪的，依法追究其刑事责任：①非法携带枪支、弹药、管制刀具或者爆炸性、易燃性、放射性、毒害性、腐蚀性物品以及传染病病原体进入法庭；②哄闹、冲击法庭；③侮辱、诽谤、威胁、殴打司法工作人员或诉讼参与人；④毁坏法庭设施，抢夺、损毁诉讼文书、证据；⑤其他危害法庭安全或扰乱法庭秩序的行为"；第21条"司法警察依照审判长或独任审判员的指令维持法庭秩序"，"出现危及法庭内人员人身安全或者严重扰乱法庭秩序等紧急情况时，司法警察可以直接采取必要的处置措施"，"人民法院依法对违反法庭纪律的人采取的扣押物品、强行带出法庭以及罚款、拘留等强制措施，由司法警察执行"。

9. 对出庭各方相互监督作出了规定：第22条"人民检察院认为审判人员违反本规则的，可以在庭审活动结束后向人民法院提出处理建议"，"诉讼参与人、旁听人员认为审判人员、书记员、司法警察违反本规则的，可以在庭审活动结束后向人民法院反映"；第23条"检察人员违反本规则的，人民法院可以向人民检察院通报情况并提出处理建议"；第24条"律师违反本规则的，人民法院可以向司法行政机关及律师协会通报情况并提出处理建议"。

10. 对本规则的适用范围作出了规定:第 25 条"人民法院进行案件听证、国家赔偿案件质证、网络视频远程审理以及在法院以外的场所巡回审判等,参照适用本规则"。

(二)《最高人民法院关于人民法院办理接收在台湾地区服刑的大陆居民回大陆服刑案件的规定》

该规定于 2015 年 6 月 2 日由最高人民法院审判委员会第 1653 次会议通过,于 2016 年 4 月 27 日公布,自 2016 年 5 月 1 日起施行。主要内容是:

1. 该规定是为落实《海峡两岸共同打击犯罪及司法互助协议》,保障接收在台湾地区服刑的大陆居民回大陆服刑工作顺利进行,根据《中华人民共和国刑法》《中华人民共和国刑事诉讼法》等有关法律制定的。

2. 该规定的适用原则是:人民法院办理接收在我国台湾地区服刑的大陆居民(以下简称"被判刑人")回大陆服刑案件(以下简称"接收被判刑人案件"),应当遵循一个中国原则,遵守国家法律的基本原则,秉持人道和互惠原则,不得违反社会公共利益。

3. 该规定的管辖机关和适用条件是:接收被判刑人案件由最高人民法院指定的中级人民法院管辖。申请机关向人民法院申请接收被判刑人回大陆服刑,应当同时提交以下材料:

(1)申请机关制作的接收被判刑人申请书,其中应当载明:①我国台湾地区法院认定的被判刑人实施的犯罪行为及判决依据的具体条文内容;②该行为在大陆依据刑法也构成犯罪、相应的刑法条文、罪名及该行为未进入大陆刑事诉讼程序的说明;③建议转换的具体刑罚;④其他需要说明的事项。

(2)被判刑人系大陆居民的身份证明。

(3)我国台湾地区法院对被判刑人定罪处刑的裁判文书、生效证明和执行文书。

(4)被判刑人或其法定代理人申请或者同意回大陆服刑的书面意见,且法定代理人与被判刑人的意思表示一致。

(5)被判刑人或其法定代理人所作的关于被判刑人在我国台湾地区接受公正审判的权利已获得保障的书面声明。

(6)两岸有关业务主管部门均同意被判刑人回大陆服刑的书面意见。

(7)我国台湾地区业务主管部门出具的有关刑罚执行情况的说明,包括被判刑人交付执行前的羁押期、已服刑期、剩余刑期,被判刑人服刑期间的表现、退赃退赔情况,被判刑人的健康状况、疾病与治疗情况。

(8)根据案件具体情况需要提交的其他材料。

申请机关提交材料齐全的,人民法院应当在 7 日内立案。提交材料不全的,应当通知申请机关在 15 日内补送,至迟不能超过 2 个月;逾期未补送的,不予立案,并于 7 日内书面告知申请机关。

4. 人民法院审理此类案件的程序是：应当组成合议庭审理接收被判刑人案件，并应当在立案后 1 个月内就是否准予接收被判刑人作出裁定，情况复杂、特殊的，可以延长 1 个月。

5. 人民法院对此类案件的处理是：经审理裁定准予接收的，应当依据我国台湾地区法院判决认定的事实并参考其所定罪名，根据《刑法》就相同或者最相似犯罪行为规定的法定刑，按照下列原则对我国台湾地区法院确定的无期徒刑或者有期徒刑予以转换：①原判处刑罚未超过刑法规定的最高刑，包括原判处刑罚低于刑法规定的最低刑的，以原判处刑罚作为转换后的刑罚；②原判处刑罚超过刑法规定的最高刑的，以刑法规定的最高刑作为转换后的刑罚；③转换后的刑罚不附加适用剥夺政治权利。其中所称的最高刑，如我国台湾地区法院认定的事实依据刑法应当认定为一个犯罪的，是指刑法对该犯罪规定的最高刑；如应当认定为多个犯罪的，是指刑法对数罪并罚规定的最高刑。

对人民法院立案前，我国台湾地区有关业务主管部门对被判刑人在服刑期间作出的减轻刑罚决定，人民法院应当一并予以转换，并就最终应当执行的刑罚作出裁定。

被判刑人被接收回大陆服刑前被实际羁押的期间，应当以 1 日折抵转换后的刑期 1 日。被判刑人被接收回大陆前已在我国台湾地区被假释或保外就医的，或者被判刑人或其法定代理人在申请或者同意回大陆服刑的书面意见中同时申请暂予监外执行的，人民法院应当根据《刑法》《刑事诉讼法》的规定一并审查，并作出是否假释或者暂予监外执行的决定。

6. 裁定的生效与执行：人民法院作出裁定后，应当在 7 日内送达申请机关。裁定一经送达，立即生效。被判刑人回大陆服刑后，有关减刑、假释、暂予监外执行、赦免等事项，适用刑法、刑事诉讼法及相关司法解释的规定。被判刑人回大陆服刑后，对其在我国台湾地区已被判处刑罚的行为，人民法院不再审理。

（三）《最高人民法院关于适用刑事诉讼法第二百二十五条第二款有关问题的批复》

该批复于 2016 年 6 月 6 日由最高人民法院审判委员会第 1686 次会议通过，6 月 24 日起施行。内容如下：

河南省高级人民法院：你院关于适用《中华人民共和国刑事诉讼法》第 225 条第 2 款有关问题的请示收悉。经研究，批复如下：

一、对于最高人民法院依据《中华人民共和国刑事诉讼法》第 239 条和《最高人民法院关于适用〈中华人民共和国刑事诉讼法〉的解释》第 353 条裁定不予核准死刑，发回第二审人民法院重新审判的案件，无论此前第二审人民法院是否曾以原判决事实不清楚或者证据不足为由发回重新审判，原则上不得再发回第一审人民法院重新审判；有特殊情况确需发回第一审人民法院重新审判的，需报请最高人民法院批准。

二、对于最高人民法院裁定不予核准死刑,发回第二审人民法院重新审判的案件,第二审人民法院根据案件特殊情况,又发回第一审人民法院重新审判的,第一审人民法院作出判决后,被告人提出上诉或者人民检察院提出抗诉的,第二审人民法院应当依法作出判决或者裁定,不得再发回重新审判。

(四)《最高人民法院关于人民法院在互联网公布裁判文书的规定》

该规定于 2016 年 7 月 25 日由最高人民法院审判委员会第 1689 次会议通过,10 月 1 日起施行。主要内容是:

1. 中国裁判文书网是全国法院公布裁判文书的统一平台。各级人民法院在本院政务网站及司法公开平台设置中国裁判文书网的链接。在互联网公布裁判文书,应当依法、全面、及时、规范。

2. 人民法院作出的下列裁判文书应当在互联网公布:①刑事、民事、行政判决书;②刑事、民事、行政、执行裁定书;③支付令;④刑事、民事、行政、执行驳回申诉通知书;⑤国家赔偿决定书;⑥强制医疗决定书或者驳回强制医疗申请的决定书;⑦刑罚执行与变更决定书;⑧对妨害诉讼行为、执行行为作出的拘留、罚款决定书,提前解除拘留决定书,因对不服拘留、罚款等制裁决定申请复议而作出的复议决定书;⑨行政调解书、民事公益诉讼调解书;⑩其他有中止、终结诉讼程序作用或者对当事人实体权益有影响、对当事人程序权益有重大影响的裁判文书。

裁判文书有下列情形之一的,不在互联网公布:①涉及国家秘密的;②未成年人犯罪的;③以调解方式结案或者确认人民调解协议效力的,但为保护国家利益、社会公共利益、他人合法权益确有必要公开的除外;④离婚诉讼或者涉及未成年子女抚养、监护的;⑤人民法院认为不宜在互联网公布的其他情形。不在互联网公布的裁判文书,应当公布案号、审理法院、裁判日期及不公开理由,但公布上述信息可能泄露国家秘密的除外。

3. 发生法律效力的裁判文书,应当在裁判文书生效之日起 7 个工作日内在互联网公布。依法提起抗诉或者上诉的一审判决书、裁定书,应当在二审裁判生效后 7 个工作日内在互联网公布。

4. 人民法院在互联网公布裁判文书应当对下列人员的姓名进行隐名处理:①婚姻家庭、继承纠纷案件中的当事人及其法定代理人;②刑事案件被害人及其法定代理人,附带民事诉讼原告人及其法定代理人、证人、鉴定人;③未成年人及其法定代理人。进行隐名处理时,应当按以下情形处理:①保留姓氏,名字以"某"替代;②对于少数民族姓名,保留第一个字,其余内容以"某"替代;③对于外国人、无国籍人姓名的中文译文,保留第一个字,其余内容以"某"替代;对于外国人、无国籍人的英文姓名,保留第一个英文字母,删除其他内容。对不同姓名隐名处理后发生重复的,通过在姓名后增加阿拉伯数字进行区分。

5. 人民法院在互联网公布裁判文书应当删除下列信息:①自然人的家庭住址、通讯方式、身份证号码、银行账号、健康状况、车牌号码、动产或不动产权属证书编号等个人信息；②法人以及其他组织的银行账号、车牌号码、动产或不动产权属证书编号等信息；③涉及商业秘密的信息；④家事、人格权益等纠纷中涉及个人隐私的信息；⑤涉及技术侦查措施的信息；⑥人民法院认为不宜公开的其他信息。如果按照本规定第 10 条第 1 款删除信息影响对裁判文书正确理解的，用符号"×"作部分替代。

6. 人民法院在互联网公布裁判文书，应当保留当事人、法定代理人、委托代理人、辩护人的下列信息：①除根据本规定进行隐名处理的以外，当事人及其法定代理人是自然人的，保留姓名、出生日期、性别、住所地所属县、区；当事人及其法定代理人是法人或其他组织的，保留名称、住所地、组织机构代码，以及法定代表人或主要负责人的姓名、职务；②委托代理人、辩护人是律师或者基层法律服务工作者的，保留姓名、执业证号和律师事务所、基层法律服务机构名称；委托代理人、辩护人是其他人员的，保留姓名、出生日期、性别、住所地所属县、区，以及与当事人的关系。

7. 办案法官认为裁判文书具有本规定第 4 条第 5 项不宜在互联网公布情形的，应当提出书面意见及理由，由部门负责人审查后报主管副院长审定。

8. 最高人民法院监督指导全国法院在互联网公布裁判文书的工作。高级、中级人民法院监督指导辖区法院在互联网公布裁判文书的工作。各级人民法院审判管理办公室或者承担审判管理职能的其他机构负责本院在互联网公布裁判文书的管理工作，履行以下职责：①组织、指导在互联网公布裁判文书；②监督、考核在互联网公布裁判文书的工作；③协调处理社会公众对裁判文书公开的投诉和意见；④协调技术部门做好技术支持和保障；⑤其他相关管理工作。

9. 在互联网公布的裁判文书，除依照本规定要求进行技术处理的以外，应当与裁判文书的原本一致。人民法院对裁判文书中的笔误进行补正的，应当及时在互联网公布补正笔误的裁定书。办案法官对在互联网公布的裁判文书与裁判文书原本的一致性，以及技术处理的规范性负责。在互联网公布的裁判文书与裁判文书原本不一致或者技术处理不当的，应当及时撤回并在纠正后重新公布。在互联网公布的裁判文书，经审查存在本规定第 4 条列明情形的，应当及时撤回，并按照本规定第 6 条处理。

（五）《关于推进以审判为中心的刑事诉讼制度改革的意见》

为贯彻落实《中共中央关于全面推进依法治国若干重大问题的决定》的有关要求，推进以审判为中心的刑事诉讼制度改革，2016 年 10 月 10 日，最高人民法院、最高人民检察院、公安部、国家安全部、司法部依据宪法、法律的有关规定，结合司法工作实际，制定、发布《关于推进以审判为中心的刑事诉讼制度改革的意见》。

《关于推进以审判为中心的刑事诉讼制度改革的意见》共 21 条，围绕"以审判为中心"的改革思路，对刑事诉讼全过程如何推进此项改革提出了相关要求：

1. 在宏观上，重申"未经人民法院依法判决，对任何人都不得确定有罪。人民法院、人民检察院和公安机关办理刑事案件，应当分工负责，互相配合，互相制约，保证准确、及时地查明犯罪事实，正确应用法律，惩罚犯罪分子，保障无罪的人不受刑事追究"。

2. 在事实认定和证明标准上，强调"严格按照法律规定的证据裁判要求，没有证据不得认定犯罪事实。侦查机关侦查终结，人民检察院提起公诉，人民法院作出有罪判决，都应当做到犯罪事实清楚，证据确实、充分"，要求"侦查机关、人民检察院应当按照裁判的要求和标准收集、固定、审查、运用证据，人民法院应当按照法定程序认定证据，依法作出裁判"，"人民法院作出有罪判决，对于证明犯罪构成要件的事实，应当综合全案证据排除合理怀疑，对于量刑证据存疑的，应当作出有利于被告人的认定"。

3. 对于侦查活动，明确提出"建立健全符合裁判要求、适应各类案件特点的证据收集指引。探索建立命案等重大案件检查、搜查、辨认、指认等过程录音录像制度。完善技术侦查证据的移送、审查、法庭调查和使用规则以及庭外核实程序。统一司法鉴定标准和程序。完善见证人制度"，强调侦查机关应当依法、全面、客观、及时收集与案件有关的证据。对采取刑讯逼供、暴力、威胁等非法方法收集的言词证据，应当依法予以排除。侦查机关收集物证、书证不符合法定程序，可能严重影响司法公正，不能补正或者作出合理解释的，应当依法予以排除。对物证、书证等实物证据，一般应当提取原物、原件，确保证据的真实性。需要鉴定的，应当及时送检。证据之间有矛盾的，应当及时查证。所有证据应当妥善保管，随案移送。

4. 针对讯问犯罪嫌疑人过程中以往出现的突出问题，明确要求"完善讯问制度，防止刑讯逼供，不得强迫任何人证实自己有罪。严格按照有关规定要求，在规范的讯问场所讯问犯罪嫌疑人。严格依照法律规定对讯问过程全程同步录音录像，逐步实行对所有案件的讯问过程全程同步录音录像"。此外还提出"探索建立重大案件侦查终结前对讯问合法性进行核查制度。对公安机关、国家安全机关和人民检察院侦查的重大案件，由人民检察院驻看守所检察人员询问犯罪嫌疑人，核查是否存在刑讯逼供、非法取证情形，并同步录音录像。经核查，确有刑讯逼供、非法取证情形的，侦查机关应当及时排除非法证据，不得作为提请批准逮捕、移送审查起诉的根据"。

5. 为了强化审查起诉制度，提出"完善补充侦查制度。进一步明确退回补充侦查的条件，建立人民检察院退回补充侦查引导和说理机制，明确补充侦查方向、标准和要求。规范补充侦查行为，对于确实无法查明的事项，公安机关、国家安全机关应当书面向人民检察院说明理由。对于二次退回补充侦查后，仍然证据不足、不符合起诉条件的，依法作出不起诉决定"。为此指出"完善不起诉制度，对未达到法定证明标准的案件，人民检察院应当依法作出不起诉决定，防止事实不清、证据不足的案件进入审判程序"。

6. 对于提起公诉的案件，要求"进一步完善公诉机制，被告人有罪的举证责任，由人民检察院承担。对被告人不认罪的，人民检察院应当强化庭前准备和当庭讯问、举证、质证"。针对以往撤回起诉中存在的问题，还要求"完善撤回起诉制度，规范撤回起诉的条件和程序"。

7. "以审判为中心"的核心是强化审判功能，为此从多方面提出改革举措：①完善庭前会议程序，对适用普通程序审理的案件，健全庭前证据展示制度，听取出庭证人名单、非法证据排除等方面的意见。②规范法庭调查程序，确保诉讼证据出示在法庭、案件事实查明在法庭。证明被告人有罪或者无罪、罪轻或者罪重的证据，都应当在法庭上出示，依法保障控辩双方的质证权利。对定罪量刑的证据，控辩双方存在争议的，应当单独质证；对庭前会议中控辩双方没有异议的证据，可以简化举证、质证。③完善对证人、鉴定人的法庭质证规则。落实证人、鉴定人、侦查人员出庭作证制度，提高出庭作证率。公诉人、当事人或者辩护人、诉讼代理人对证人证言有异议，人民法院认为该证人证言对案件定罪量刑有重大影响的，证人应当出庭作证。同时要求健全证人保护工作机制，对因作证面临人身安全等危险的人员依法采取保护措施。建立证人、鉴定人等作证补助专项经费划拨机制。完善强制证人到庭制度。④完善法庭辩论规则，确保控辩意见发表在法庭。法庭辩论应当围绕定罪、量刑分别进行，对被告人认罪的案件，主要围绕量刑进行。法庭应当充分听取控辩双方意见，依法保障被告人及其辩护人的辩论辩护权。⑤完善当庭宣判制度，确保裁判结果形成在法庭。适用速裁程序审理的案件，除附带民事诉讼的案件以外，一律当庭宣判；适用简易程序审理的案件一般应当当庭宣判；适用普通程序审理的案件逐步提高当庭宣判率。规范定期宣判制度。

8. 完善人民检察院对侦查活动和刑事审判活动的监督机制。建立健全对强制措施的监督机制。加强人民检察院对逮捕后羁押必要性的审查，规范非羁押性强制措施的适用。进一步规范和加强人民检察院对人民法院确有错误的刑事判决和裁定的抗诉工作，保证刑事抗诉的及时性、准确性和全面性。

9. 健全当事人、辩护人和其他诉讼参与人的权利保障制度。在案件侦查终结前，犯罪嫌疑人提出无罪或者罪轻的辩解，辩护律师提出犯罪嫌疑人无罪或者依法不应追究刑事责任的意见，侦查机关应当依法予以核实。依法保障当事人和其他诉讼参与人的知情权、陈述权、辩论辩护权、申请权、申诉权。人民法院、人民检察院、公安机关、国家安全机关有义务保证犯罪嫌疑人、被告人获得辩护。依法保障辩护人会见、阅卷、收集证据和发问、质证、辩论辩护等权利，完善便利辩护人参与诉讼的工作机制。

针对司法实践中律师辩护率比较低的问题，提出建立法律援助值班律师制度，法律援助机构在看守所、人民法院派驻值班律师，为犯罪嫌疑人、被告人提供法律帮助。完善法律援助制度，健全依申请法律援助工作机制和办案机关通知辩护工作机制。对未履行通知或者指派辩护职责的办案人员，严格实行责任追究。

10. 鉴于刑事案件的多样性，提出"推进案件繁简分流，优化司法资源配置。完善刑事案件速裁程序和认罪认罚从宽制度，对案件事实清楚、证据充分的轻微刑事案件，或者犯罪嫌疑人、被告人自愿认罪认罚的，可以适用速裁程序、简易程序或者普通程序简化审理"。

（六）《最高人民法院关于办理减刑、假释案件具体应用法律的规定》

该规定于 2016 年 9 月 19 日最高人民法院审判委员会第 1693 次会议通过，自 2017 年 1 月 1 日起施行。主要内容是：

1. 对于办理罪犯符合《刑法》第 78 条第 1 款规定"可以减刑"条件的案件，要求"应当综合考察罪犯犯罪的性质和具体情节、社会危害程度、原判刑罚及生效裁判中财产性判项的履行情况、交付执行后的一贯表现等因素"。

2. 对影响减刑、假释的"确有悔改表现"作出界定，是指"同时具备以下条件：①认罪悔罪；②遵守法律法规及监规，接受教育改造；③积极参加思想、文化、职业技术教育；④积极参加劳动，努力完成劳动任务"。同时又规定："对职务犯罪、破坏金融管理秩序和金融诈骗犯罪、组织（领导、参加、包庇、纵容）黑社会性质组织犯罪等罪犯，不积极退赃、协助追缴赃款赃物、赔偿损失，或者服刑期间利用个人影响力和社会关系等不正当手段意图获得减刑、假释的，不认定其'确有悔改表现'。"但是，"罪犯在刑罚执行期间的申诉权利应当依法保护，对其正当申诉不能不加分析地认为是不认罪悔罪"。

3. 对"立功表现"作出界定，是指"具有下列情形之一：①阻止他人实施犯罪活动的；②检举、揭发监狱内外犯罪活动，或者提供重要的破案线索，经查证属实的；③协助司法机关抓捕其他犯罪嫌疑人的；④在生产、科研中进行技术革新，成绩突出的；⑤在抗御自然灾害或者排除重大事故中，表现积极的；⑥对国家和社会有其他较大贡献的"。

4. 对"重大立功表现"作出界定，是指"具有下列情形之一：①阻止他人实施重大犯罪活动的；②检举监狱内外重大犯罪活动，经查证属实的；③协助司法机关抓捕其他重大犯罪嫌疑人的；④有发明创造或者重大技术革新的；⑤在日常生产、生活中舍己救人的；⑥在抗御自然灾害或者排除重大事故中，有突出表现的；⑦对国家和社会有其他重大贡献的"。

5. 对被判处有期徒刑的罪犯减刑的起始时间规定为："不满 5 年有期徒刑的，应当执行 1 年以上方可减刑；5 年以上不满 10 年有期徒刑的，应当执行 1 年 6 个月以上方可减刑；10 年以上有期徒刑的，应当执行 2 年以上方可减刑。有期徒刑减刑的起始时间自判决执行之日起计算。"不仅如此，还对每次减刑的幅度以及两次减刑的间隔时间作出规定："确有悔改表现或者有立功表现的，一次减刑不超过 9 个月有期徒刑；确有悔改表现并有立功表现的，一次减刑不超过 1 年有期徒刑；有重大立功表现的，一次减刑不超过 1 年 6 个月有期徒刑；确有悔改表现并有重大立功表现的，一次减刑不超过 2 年有期徒刑。被判处不满 10 年有期徒刑的罪犯，两次减刑间隔时间不得少于 1 年；被判处 10 年以上有期徒刑的罪犯，两次减刑间隔时间不得少于 1 年

6 个月。减刑间隔时间不得低于上次减刑减去的刑期。"但是，"罪犯有重大立功表现的，可以不受上述减刑起始时间和间隔时间的限制"。

但是，对特殊罪犯的减刑作出特别规定：符合减刑条件的职务犯罪罪犯，破坏金融管理秩序和金融诈骗犯罪罪犯，组织、领导、参加、包庇、纵容黑社会性质组织犯罪罪犯，危害国家安全犯罪罪犯，恐怖活动犯罪罪犯，毒品犯罪集团的首要分子及毒品再犯，累犯，确有履行能力而不履行或者不全部履行生效裁判中财产性判项的罪犯，被判处 10 年以下有期徒刑的，执行 2 年以上方可减刑，减刑幅度应当比照本规定第 6 条从严掌握，一次减刑不超过 1 年有期徒刑，两次减刑之间应当间隔 1 年以上。对被判处 10 年以上有期徒刑的上述罪犯，以及因故意杀人、强奸、抢劫、绑架、放火、爆炸、投放危险物质或者有组织的暴力性犯罪被判处 10 年以上有期徒刑的罪犯，数罪并罚且其中两罪以上被判处 10 年以上有期徒刑的罪犯，执行 2 年以上方可减刑，减刑幅度应当比照本规定第 6 条从严掌握，一次减刑不超过 1 年有期徒刑，两次减刑之间应当间隔 1 年 6 个月以上。但是，"罪犯有重大立功表现的，可以不受上述减刑起始时间和间隔时间的限制"。

6. 对被判处无期徒刑的罪犯的减刑规定为"在刑罚执行期间，符合减刑条件的，执行 2 年以上，可以减刑。减刑幅度为：确有悔改表现或者有立功表现的，可以减为 22 年有期徒刑；确有悔改表现并有立功表现的，可以减为 21 年以上 22 年以下有期徒刑；有重大立功表现的，可以减为 20 年以上 21 年以下有期徒刑；确有悔改表现并有重大立功表现的，可以减为 19 年以上 20 年以下有期徒刑。无期徒刑罪犯减为有期徒刑后再减刑时，减刑幅度依照本规定第 6 条的规定执行。两次减刑间隔时间不得少于 2 年"。但是，"罪犯有重大立功表现的，可以不受上述减刑起始时间和间隔时间的限制"。

但是，对被判处无期徒刑的以下罪犯的减刑专门规定为：职务犯罪罪犯，破坏金融管理秩序和金融诈骗犯罪罪犯，组织、领导、参加、包庇、纵容黑社会性质组织犯罪罪犯，危害国家安全犯罪罪犯，恐怖活动犯罪罪犯，毒品犯罪集团的首要分子及毒品再犯，累犯以及因故意杀人、强奸、抢劫、绑架、放火、爆炸、投放危险物质或者有组织的暴力性犯罪的罪犯，确有履行能力而不履行或者不全部履行生效裁判中财产性判项的罪犯，数罪并罚被判处无期徒刑的罪犯，符合减刑条件的，执行 3 年以上方可减刑，减刑幅度应当比照本规定第 8 条从严掌握，减刑后的刑期最低不得少于 20 年有期徒刑；减为有期徒刑后再减刑时，减刑幅度比照本规定第六条从严掌握，一次不超过 1 年有期徒刑，两次减刑之间应当间隔 2 年以上。同样，"罪犯有重大立功表现的，可以不受上述减刑起始时间和间隔时间的限制"。

7. 对被判处死刑缓期执行的罪犯的减刑规定为：减为无期徒刑后，符合减刑条件的，执行 3 年以上方可减刑。减刑幅度为：确有悔改表现或者有立功表现的，可以减为 25 年有期徒刑；确有悔改表现并有立功表现的，可以减为 24 年以上 25 年以下有期徒刑；有重大立功表现的，可以减为 23 年以上 24 年以下有期徒刑；确有悔改表现并有重大立功表现的，可以减为 22 年以上 23 年以下有期徒刑。被判处死刑缓期执行的罪犯减为有期徒刑后再减刑时，比照本规定第 8 条的规定办理。

对被判处死刑缓期执行的以下罪犯的减刑专门规定为：职务犯罪罪犯，破坏金融管理秩序和金融诈骗犯罪罪犯，组织、领导、参加、包庇、纵容黑社会性质组织犯罪罪犯，危害国家安全犯罪罪犯，恐怖活动犯罪罪犯，毒品犯罪集团的首要分子及毒品再犯，累犯以及因故意杀人、强奸、抢劫、绑架、放火、爆炸、投放危险物质或者有组织的暴力性犯罪的罪犯，确有履行能力而不履行或者不全部履行生效裁判中财产性判项的罪犯，数罪并罚被判处死刑缓期执行的罪犯，减为无期徒刑后，符合减刑条件的，执行 3 年以上方可减刑，一般减为 25 年有期徒刑，有立功表现或者重大立功表现的，可以比照本规定第 10 条减为 23 年以上 25 年以下有期徒刑；减为有期徒刑后再减刑时，减刑幅度比照本规定第 6 条从严掌握，一次不超过 1 年有期徒刑，两次减刑之间应当间隔 2 年以上。

此外，还规定：被判处死刑缓期执行的罪犯经过一次或者几次减刑后，其实际执行的刑期不得少于 15 年，死刑缓期执行期间不包括在内；死刑缓期执行罪犯在缓期执行期间不服从监管、抗拒改造，尚未构成犯罪的，在减为无期徒刑后再减刑时应当适当从严；被限制减刑的死刑缓期执行罪犯，减为无期徒刑后，符合减刑条件的，执行 5 年以上方可减刑，减刑间隔时间和减刑幅度依照本规定第 11 条的规定执行；被限制减刑的死刑缓期执行罪犯，减为有期徒刑后再减刑时，一次减刑不超过 6 个月有期徒刑，两次减刑间隔时间不得少于 2 年；有重大立功表现的，间隔时间可以适当缩短，但一次减刑不超过 1 年有期徒刑。

8. 对其他罪犯的减刑以及与减刑相关的问题分别作了如下规定：对被判处终身监禁的罪犯，在死刑缓期执行期满依法减为无期徒刑的裁定中，应当明确终身监禁，不得再减刑或者假释；被判处管制、拘役的罪犯，以及判决生效后剩余刑期不满 2 年有期徒刑的罪犯，符合减刑条件的，可以酌情减刑，减刑起始时间可以适当缩短，但实际执行的刑期不得少于原判刑期的 1/2；被判处有期徒刑罪犯减刑时，对附加剥夺政治权利的期限可以酌减。酌减后剥夺政治权利的期限，不得少于 1 年；被判处死刑缓期执行、无期徒刑的罪犯减为有期徒刑时，应当将附加剥夺政治权利的期限减为 7 年以上 10 年以下，经过一次或者几次减刑后，最终剥夺政治权利的期限不得少于 3 年；被判处拘役或者 3 年以下有期徒刑，并宣告缓刑的罪犯，一般不适用减刑。

9. 对罪犯的假释分别不同情况作了不同规定：被判处无期徒刑的罪犯假释时，刑法中关于实际执行刑期不得少于 13 年的时间，应当从判决生效之日起计算。判决生效以前先行羁押的时间不予折抵。

被判处死刑缓期执行的罪犯减为无期徒刑或者有期徒刑后，实际执行 15 年以上，方可假释，该实际执行时间应当从死刑缓期执行期满之日起计算。死刑缓期执行期间不包括在内，判决确定以前先行羁押的时间不予折抵。对累犯以及因故意杀人、强奸、抢劫、绑架、放火、爆炸、投放危险物质或者有组织的暴力性犯罪被判处 10 年以上有期徒刑、无期徒刑的罪犯，不得假释。

对以下罪犯适用假释时可以依法从宽掌握：①过失犯罪的罪犯、中止犯罪的罪犯、被胁迫参加犯罪的罪犯；②因防卫过当或者紧急避险过当而被判处有期徒刑以上刑罚的罪犯；③犯罪时未满 18 周岁的罪犯；④基本丧失劳动能力、生活难以自理，假释后生活确有着落的老年罪犯、患严重疾病罪犯或者身体残疾罪犯；⑤服刑期间改造表现特别突出的罪犯；⑥具有其他可以从宽假释情形的罪犯。

10. 对减刑和假释的交叉适用规定为：罪犯既符合法定减刑条件，又符合法定假释条件的，可以优先适用假释。罪犯减刑后又假释的，间隔时间不得少于 1 年；对一次减去 1 年以上有期徒刑后，决定假释的，间隔时间不得少于 1 年 6 个月。罪犯减刑后余刑不足 2 年，决定假释的，可以适当缩短间隔时间。

11. 对撤销假释规定为：罪犯在假释考验期内违反法律、行政法规或者国务院有关部门关于假释的监督管理规定的，作出假释裁定的人民法院，应当在收到报请机关或者检察机关撤销假释建议书后及时审查，作出是否撤销假释的裁定，并送达报请机关，同时抄送人民检察院、公安机关和原刑罚执行机关。罪犯在逃的，撤销假释裁定书可以作为对罪犯进行追捕的依据。依照规定被撤销假释的罪犯，一般不得再假释。但依照《刑法》第 86 条第 2 款被撤销假释的罪犯，如果罪犯对漏罪曾作如实供述但原判未予认定，或者漏罪系其自首，符合假释条件的，可以再假释。被撤销假释的罪犯，收监后符合减刑条件的，可以减刑，但减刑起始时间自收监之日起计算。

（七）最高人民法院、最高人民检察院、公安部、国家安全部、司法部《关于在部分地区开展刑事案件认罪认罚从宽制度试点工作的办法》

该办法于 2016 年 11 月 16 日印发执行，主要是根据《全国人民代表大会常务委员会关于授权最高人民法院、最高人民检察院在部分地区开展刑事案件认罪认罚从宽制度试点工作的决定》，对试点工作如何开展作了细化的规定，主要是：

1. 强调办理认罪认罚案件，应当坚持下列原则：贯彻宽严相济刑事政策；坚持罪责刑相适应；坚持证据裁判。

2. 对试点工作中如何保障犯罪嫌疑人、被告人获得律师帮助作出明确规定：应当保障犯罪嫌疑人、被告人获得有效法律帮助，确保其了解认罪认罚的性质和法律后果，自愿认罪认罚。法律援助机构可以根据人民法院、看守所的实际工作需要，通过设立法律援助工作站派驻值班律师、及时安排值班律师等形式提供法律帮助。人民法院、看守所应当为值班律师开展工作提供便利的工作场所和必要的办公设施，简化会见程序，保障值班律师依法履行职责。犯罪嫌疑人、被告人自愿认罪认罚，没有辩护人的，人民法院、人民检察院、公安机关应当通知值班律师为其提供法律咨询、程序选择、申请变更强制措施等法律帮助。人民法院、人民检察院、公安机关应当告知犯罪嫌疑人、被告人申请法律援助的权利。符合应当通知辩护条件的，依法通知法律援助机构指派律师为其提供辩护。

3. 在适用强制措施上要体现对认罪认罚案件的从宽精神：人民法院、人民检察院、公安机关应当将犯罪嫌疑人、被告人认罪认罚作为其是否具有社会危害性的重要考虑因素，对于没有社会危险性的犯罪嫌疑人、被告人，应当取保候审、监视居住。

4. 要求办理认罪认罚案件应当听取被害人及其代理人意见，并将犯罪嫌疑人、被告人是否与被害人达成和解协议或者赔偿被害人损失，取得被害人谅解，作为量刑的重要考虑因素。

5. 对侦查过程中办理认罪认罚案件提出要求，侦查机关应当告知犯罪嫌疑人享有的诉讼权利和认罪认罚可能导致的法律后果，听取犯罪嫌疑人及其辩护人或者值班律师的意见，犯罪嫌疑人自愿认罪认罚的，记录在案并附卷。犯罪嫌疑人向看守所工作人员或辩护人、值班律师表示愿意认罪认罚的，有关人员应当及时书面告知办案单位。

对拟移送审查起诉的案件，侦查机关应当在起诉意见中写明犯罪嫌疑人自愿认罪认罚情况。犯罪嫌疑人自愿如实供述涉嫌犯罪的事实，有重大立功或者案件涉及国家重大利益，需要撤销案件的，办理案件的公安机关应当层报公安部，由公安部提请最高人民检察院批准。

6. 对审查起诉过程中办理认罪认罚案件提出要求，人民检察院应当告知犯罪嫌疑人享有的诉讼权利和认罪认罚可能导致的法律后果，就下列事项听取犯罪嫌疑人及其辩护人或者值班律师的意见，记录在案并附卷：①指控的罪名及适用的法律条款；②从轻、减轻或者免除处罚等从宽处罚的建议；③认罪认罚后案件审查适用的程序；④其他需要听取意见的情形。犯罪嫌疑人自愿认罪，同意量刑建议和程序适用的，应当在辩护人或者值班律师在场的情况下签署具结书。人民检察院向人民法院提起公诉的，应当在起诉书中写明被告人认罪认罚情况，提出量刑建议，并同时移送被告人的认罪认罚具结书等材料。量刑建议一般应当包括主刑、附加刑，并明确刑罚执行方式。可以提出相对明确的量刑幅度，也可以根据案件具体情况，提出确定刑期的量刑建议。建议判处财产刑的，一般应当提出确定的数额。对适用速裁程序的案件，人民检察院一般应当在受理后10日内作出是否提起公诉的决定；对可能判处的有期徒刑超过1年的，可以延长至15日。

7. 对人民法院审理认罪认罚案件的适用程序、范围提出要求，应当告知被告人享有的诉讼权利和认罪认罚可能导致的法律后果，审查认罪认罚的自愿性和认罪认罚具结书内容的真实性、合法性。对于基层人民法院管辖的可能判处3年有期徒刑以下刑罚的案件，事实清楚、证据充分，当事人对适用法律没有争议，被告人认罪认罚并同意适用速裁程序的，可以适用速裁程序，由审判员独任审判，送达期限不受刑事诉讼法规定的限制，不进行法庭调查、法庭辩论，当庭宣判，但在判决宣告前应当听取被告人的最后陈述。适用速裁程序审理案件，人民法院一般应当在10日内审结；对可能判处的有期徒刑超过 1 年的，可以延长至 15 日。对于基层人民法院管辖的可能判处 3 年有期徒刑以上刑罚的案件，被告人认罪认罚的，可以依法适用简易程序审判，在判决宣告前应当听取被告人的最后陈述，一般应当当庭宣判。

但是，具有下列情形之一的，不适用速裁程序审理：①被告人是盲、聋、哑人的；②案件疑难、复杂，或者有重大社会影响的；③共同犯罪案件中部分被告人对指控事实、罪名、量刑建议有异议的；④被告人与被害人或者其代理人没有就附带民事赔偿等事项达成调解或者和解协议的；⑤他不宜适用速裁程序的情形。

此外，人民法院适用速裁程序或者简易程序审查的认罪认罚案件，有下列情形之一的，应当转为普通程序审理：①被告人违背意愿认罪认罚的；②被告人否认指控的犯罪事实的；③其他不宜适用速裁程序或者简易程序审理的情形。

8. 对于人民法院如何对认罪认罚案件"从宽"也作出规定：对于认罪认罚案件，人民法院依法作出判决时，一般应当采纳人民检察院指控的罪名和量刑建议，但具有下列情形的除外：①被告人不构成犯罪或者不应当追究刑事责任的；②被告人违背意愿认罪认罚的；③被告人否认指控的犯罪事实的；④起诉指控的罪名与审理认定的罪名不一致的；⑤其他可能影响公正审判的情形。

但是，人民法院经审理认为，人民检察院的量刑建议明显不当，或者被告人、辩护人对量刑建议提出异议的，人民法院可以建议人民检察院调整量刑建议，人民检察院不同意调整量刑建议或者调整量刑建议后被告人、辩护人仍有异议的，人民法院应当依法作出判决。对不具有法定减轻处罚情节的认罪认罚案件，应当在法定刑的限度以内从轻判处刑罚，犯罪情节轻微不需要判处刑罚的，可以依法免予刑事处罚，确实需要在法定刑以下判处刑罚的，应当层报最高人民法院核准。

9. 为了保障认罪认罚的自愿性和具有事实依据，要求人民法院、人民检察院、公安机关工作人员在办理认罪认罚案件中，有刑讯逼供、暴力取证或者权钱交易、放纵罪犯等滥用职权、徇私枉法情形，构成犯罪的，依法追究刑事责任；尚不构成犯罪的，依法给予行政处分或者纪律处分。

（八）《最高人民法院关于修改〈最高人民法院关于巡回法庭审理案件若干问题的规定〉的决定》

《最高人民法院关于巡回法庭审理案件若干问题的规定》最初是 2015 年 1 月 5 日最高人民法院审判委员会第 1640 次会议通过的，2016 年 12 月 19 日最高人民法院审判委员会第 1704 次会议通过决定，对巡回法庭在全国的设立修改为："最高人民法院设立巡回法庭，受理巡回区内相关案件。第一巡回法庭设在广东省深圳市，巡回区为广东、广西、海南、湖南四省区。第二巡回法庭设在辽宁省沈阳市，巡回区为辽宁、吉林、黑龙江三省。第三巡回法庭设在江苏省南京市，巡回区为江苏、上海、浙江、福建、江西五省市。第四巡回法庭设在河南省郑州市，巡回区为河南、山西、湖北、安徽四省。第五巡回法庭设在重庆市，巡回区为重庆、四川、贵州、云南、西藏五省区。第六巡回法庭设在陕西省西安市，巡回区为陕西、甘肃、青海、宁夏、新疆五省区。最高人民法院本部直接受理北京、天津、河北、山东、内蒙古五省区市有关案件。"该决定通过后,最高人民法院的巡回法庭从最初的 2 个增加为 6 个,完成了在全国范围的布局。

第二节 民事诉讼法的立法发展[1]

一、民事诉讼立法发展概况

2016 年,我国立法机关没有制定或者修改《民事诉讼法》及其相关法。为了满足司法实践的需要,最高人民法院在 2016 年公布并实施了 11 项有关民事诉讼和执行程序的司法解释,公布并实施了 2 项具有司法解释效力的有关民事执行程序的批复。总的来看,我国自 2012 年修改《民事诉讼法》以来,狭义的民事诉讼立法活动较少,广义的民事诉讼立法活动主要体现为最高人民法院公布和实施有关民事诉讼和民事执行的司法解释。随着最高人民法院公布和实施的有关民事诉讼和民事执行的司法解释涉及的问题越来越细化,我国民事诉讼程序越来越科学与完善。

二、最高人民法院公布并实施的有关民事诉讼的司法解释

(一)《最高人民法院关于审理消费民事公益诉讼案件适用法律若干问题的解释》(法释〔2016〕10 号)

2012 年修改的《民事诉讼法》新设了消费民事公益诉讼制度,但是并没有规定消费民事公益诉讼的具体程序。为了满足司法实践的需要,正确审理消费民事公益诉讼案件,2016 年 2 月 1 日最高人民法院审判委员会第 1677 次会议通过了《最高人民法院关于审理消费民事公益诉讼案件适用法律若干问题的解释》(以下简称《解释》),2016 年 4 月 24 日最高人民法院公告公布了该《解释》并规定自 2016 年 5 月 1 日起施行。

《解释》共 19 条,分别规定了消费民事公益诉讼的适用范围、案件管辖、提起诉讼应当提交的材料、诉讼请求的释明、受理案件的公告、其他具有原告资格的主体申请参加诉讼的处理、证据保全、消费民事公益诉讼与消费民事私益诉讼案件关系的处理、被告反诉和原告承认的限制、审理法院告知相关行政主管部门的义务、消费民事公益诉讼裁判认定事实的预决效力及例外、原告主张的合理费用的处理等内容。

《解释》对于人民法院规范审理消费民事公益诉讼案件、引导具有法定主体资格的原告依法提起消费民事公益诉讼、发挥消费民事公益诉讼在社会生活中的作用具有重要的意义。

---

〔1〕 本部分执笔人:谭秋桂教授。

（二）《最高人民法院关于人民法院办理财产保全案件若干问题的规定》（法释〔2016〕22号）

为依法保护当事人、利害关系人的合法权益，规范人民法院办理财产保全案件，2016年10月17日最高人民法院审判委员会第1696次会议通过《最高人民法院关于人民法院办理财产保全案件若干问题的规定》（以下简称《规定》），2016年11月7日最高人民法院公告公布该《规定》并规定自2016年12月1日起施行。

《规定》共29条，分别规定了财产保全申请书应当包括的内容，财产保全的裁定和实施机构，作出财产保全裁定的期限，担保的数额标准，担保书或者保证书应当载明的内容和应附的材料，可以免于担保的情形，申请人提供保全财产信息或者线索的义务，人民法院对被保全人财产信息的保密义务，保全财产的确定与被申请人的使用权，诉前保全措施与诉讼保全措施以及执行中查封、扣押、冻结措施的衔接，续行保全的条件与程序，再审程序保全的特别规定，保全期间被申请人自行处分保全财产的条件与办法，解除财产保全的条件与程序，当事人对财产保全裁定不服的救济等内容。

与原有的财产保全制度规范相比，《规定》最大的变化是明确了担保数额的上限并丰富了担保的类型，例如，规定诉讼保全的担保数额不超过请求保全数额的30%，申请保全的财产系争议标的的，担保数额不超过争议标的价值的30%；规定保险人也可以作为担保人，同时应当准许金融监管部门批准设立的金融机构以独立保函形式为财产保全提供的担保；等等。这些规定解决了实践中存在的比较严重的因保全担保数额过高而造成财产保全难的问题。此外，《规定》规定了诉前保全措施与诉讼保全措施以及执行中的查封、扣押、冻结措施的衔接，明确了财产保全的救济程序。这些变化对于充分发挥财产保全的制度功能，尤其是发挥财产保全制度在预防民事执行难问题上的作用具有重大的现实意义。

（三）《最高人民法院关于人民法院特邀调解的规定》（法释〔2016〕14号）

为健全多元化纠纷解决机制，加强诉讼与非诉讼纠纷解决方式的有效衔接，规范人民法院特邀调解工作，维护当事人合法权益，2016年5月23日最高人民法院审判委员会第1684次会议通过《最高人民法院关于人民法院特邀调解的规定》（以下简称《规定》），2016年6月28日最高人民法院公告公布了该《规定》并规定自2016年7月1日起施行。

《规定》共30条，分别规定了特邀调解的概念和原则，人民法院在特邀调解工作中的职责，特邀调解组织和特邀调解员名册的建立和管理，特邀调解程序的启动、进行，特邀调解的地点，特邀调解中的回避，委派调解协议和委托调解协议的效力，委派或者委托调解未达成协议的处理，调解协议书的内容、制作程序和效力，特邀调解程序的终止，特邀调解的期间，特邀调解员的权利和义务等内容。

调解是适合中国文化传统的一种纠纷解决方式，不仅历史悠久，而且法律效果和社会效果好。2012年修改的《民事诉讼法》确立了先行调解制度，但是没有规定具体可操作的程序，实践中，一些地方法院尝试借鉴美国的 ADR 制度，吸收法官以外的人员参与法院调解工作，并取得了一定的效果。《规定》将实践中的一些试点工作系统化、规范化，形成了特邀调解制度。特邀调解制度的建立和完善，对于我国构建多元化纠纷解决机制、推动调解制度的发展具有重大的理论和实践意义。

（四）《最高人民法院关于人民法院在互联网公布裁判文书的规定》（法释〔2016〕19 号）

2016 年 7 月 25 日最高人民法院审判委员会第 1689 次会议审议通过了《最高人民法院关于人民法院在互联网公布裁判文书的规定》（以下简称《规定》），2016 年 8 月 29 日最高人民法院公告公布了该《规定》并规定自 2016 年 10 月 1 日起施行。

《规定》共 18 条，分别规定了通过互联网公布裁判文书的原则、平台、范围及例外，法院的告知义务，公布的时间，公布的内容，对有关信息的技术处理范围与方法，公布时应当删除的信息，监督指导和管理，管理机构及其职责等内容。

《规定》的公布与实施，对于贯彻落实审判公开原则、规范人民法院在互联网公布裁判文书工作、促进司法公正、提升司法公信力具有重大的意义。人民法院通过互联网公布裁判文书，是我国司法实践的重大进步。

三、最高人民法院发布的有关海事诉讼的司法解释

（一）《最高人民法院关于海事法院受理案件范围的规定》（法释〔2016〕4 号）

为了明确海事法院的职责，2015 年 12 月 28 日最高人民法院审判委员会第 1674 次会议通过《最高人民法院关于海事法院受理案件范围的规定》（以下简称《规定》），2016 年 2 月 24 日最高人民法院公告公布该《规定》并规定自 2016 年 3 月 1 日起施行。

根据《规定》，海事法院共受理 108 种案件。其中，海事侵权案件 10 种，海商合同纠纷案件 42 种，海洋及通海可航水域开发利用与环境保护相关纠纷案件 15 种，其他海事海商纠纷案件 11 种，海事行政案件 7 种，海事特别程序案件 23 种。同时，《规定》明确，当事人提起的民商事诉讼、行政诉讼包含《规定》所涉海事纠纷以及当事人就《规定》中有关合同所涉事由引起的纠纷，以侵权等非合同诉由提起诉讼的，由海事法院受理。法律、司法解释规定或者上级人民法院指定海事法院管辖其他案件的，从其规定或者指定。

《规定》自 2016 年 3 月 1 日起施行，最高人民法院于 2001 年 9 月 11 日公布的《关于海事法院受理案件范围的若干规定》（法释〔2001〕27 号）同时废止。最高人民法院以前作出的有关规定与该《规定》不一致的，以《规定》为准。

（二）《最高人民法院关于海事诉讼管辖问题的规定》（法释〔2016〕2 号）

为推进"一带一路"建设、海洋强国战略、京津冀一体化、长江经济带发展规划的实施，促进海洋经济发展，及时化解海事纠纷，保证海事法院正确行使海事诉讼管辖权，依法审理海事案件，根据《中华人民共和国民事诉讼法》《中华人民共和国海事诉讼特别程序法》《中华人民共和国行政诉讼法》以及全国人民代表大会常务

委员会《关于在沿海港口城市设立海事法院的决定》等法律规定，2015 年 12 月 28 日最高人民法院审判委员会第 1674 次会议通过《最高人民法院关于海事诉讼管辖问题的规定》（以下简称《规定》），2016 年 2 月 24 日最高人民法院公告公布该《规定》并规定自 2016 年 3 月 1 日起施行。

《规定》分为四个部分：关于管辖区域的调整，关于海事行政案件的管辖，关于海事海商纠纷管辖权异议案件的审理，其他规定。

《规定》对大连和武汉海事法院的管辖区域进行了调整。大连海事法院管辖下列区域：南自辽宁省与河北省的交界处，东至鸭绿江口的延伸海域和鸭绿江水域，其中包括黄海一部分、渤海一部分、海上岛屿；吉林省的松花江、图们江等通海可航水域及港口；黑龙江省的黑龙江、松花江、乌苏里江等通海可航水域及港口。武汉海事法院管辖下列区域：自四川省宜宾市合江门至江苏省浏河口之间长江干线及支线水域，包括宜宾、泸州、重庆、涪陵、万州、宜昌、荆州、城陵矶、武汉、九江、安庆、芜湖、马鞍山、南京、扬州、镇江、江阴、张家港、南通等主要港口。其他各海事法院依据此前最高人民法院发布的决定或通知确定的管辖区域对海事案件行使管辖权。

关于海事行政案件的管辖，《规定》作出了 2 条规定：①海事法院审理第一审海事行政案件。海事法院所在地的高级人民法院审理海事行政上诉案件，由行政审判庭负责审理。②海事行政案件由最初作出行政行为的行政机关所在地海事法院管辖。经复议的案件，由复议机关所在地海事法院管辖。对限制人身自由的行政强制措施不服提起的诉讼，由被告所在地或者原告所在地海事法院管辖。前述行政机关所在地或者原告所在地不在海事法院管辖区域内的，由行政执法行为实施地海事法院管辖。

关于海事海商纠纷管辖权异议案件的审理，《规定》明确：当事人不服管辖权异议裁定的上诉案件由海事法院所在地的高级人民法院负责海事海商案件的审判庭审理；发生法律效力的管辖权异议裁定违反海事案件专门管辖确需纠正的，人民法院可依照《中华人民共和国民事诉讼法》第 198 条规定再审。

（三）《最高人民法院关于审理发生在我国管辖海域相关案件若干问题的规定（一）》（法释〔2016〕16 号）

为维护我国领土主权、海洋权益，平等保护中外当事人合法权利，明确我国管辖海域的司法管辖与法律适用，根据《中华人民共和国领海及毗连区法》《中华人民共和国专属经济区和大陆架法》《中华人民共和国刑法》《中华人民共和国出境入境管理法》《中华人民共和国治安管理处罚法》《中华人民共和国刑事诉讼法》《中华人民共和国民事诉讼法》《中华人民共和国海事诉讼特别程序法》《中华人民共和国行政诉讼法》及中华人民共和国缔结或者参加的有关国际条约，结合审判实际，2015 年 12 月 28 日由最高人民法院审判委员会第 1674 次会议通过《最高人民法院关于审理发生在我国管辖海域相关案件若干问题的规定（一）》（以下简称《规定

(一)》),2016 年 8 月 1 日最高人民法院公告公布《规定（一）》并规定自 2016 年 8 月 2 日起施行。

《规定（一）》共 8 条，分别规定了我国管辖海域的范围、适用范围以及在我国管辖海域发生的刑事、民事、行政案件确定地域管辖的方法。

根据《规定（一）》第 1 条，我国管辖海域是指中华人民共和国内水、领海、毗连区、专属经济区、大陆架，以及中华人民共和国管辖的其他海域。

《规定（一）》第 2 条和第 3 条规定，中国公民或组织在我国与有关国家缔结的协定确定的共同管理的渔区或公海从事捕捞等作业的，适用本规定；中国公民或者外国人在我国管辖海域实施非法猎捕、杀害珍贵濒危野生动物或者非法捕捞水产品等犯罪的，依照我国刑法追究刑事责任。

《规定（一）》第 4 条规定："有关部门依据出境入境管理法、治安管理处罚法，对非法进入我国内水从事渔业生产或者渔业资源调查的外国人，作出行政强制措施或行政处罚决定，行政相对人不服的，可分别依据出境入境管理法第 64 条和治安管理处罚法第 102 条的规定，向有关机关申请复议或向有管辖权的人民法院提起行政诉讼。"

《规定（一）》第 5 条规定，因在我国管辖海域内发生海损事故，请求损害赔偿提起的诉讼，由管辖该海域的海事法院、事故船舶最先到达地的海事法院、船舶被扣押地或者被告住所地海事法院管辖。因在公海等我国管辖海域外发生海损事故，请求损害赔偿在我国法院提起的诉讼，由事故船舶最先到达地、船舶被扣押地或者被告住所地海事法院管辖。事故船舶为中华人民共和国船舶的，还可以由船籍港所在地海事法院管辖。

《规定（一）》第 6 条规定，在我国管辖海域内，因海上航运、渔业生产及其他海上作业造成污染，破坏海洋生态环境，请求损害赔偿提起的诉讼，由管辖该海域的海事法院管辖。污染事故发生在我国管辖海域外，对我国管辖海域造成污染或污染威胁，请求损害赔偿或者预防措施费用提起的诉讼，由管辖该海域的海事法院或采取预防措施地的海事法院管辖。

（四）《最高人民法院关于审理发生在我国管辖海域相关案件若干问题的规定（二）》（法释〔2016〕17 号）

为正确审理发生在我国管辖海域相关案件，维护当事人合法权益，根据《中华人民共和国刑法》《中华人民共和国渔业法》《中华人民共和国民事诉讼法》《中华人民共和国刑事诉讼法》《中华人民共和国行政诉讼法》，结合审判实际，2016 年 5 月 9 日最高人民法院审判委员会第 1682 次会议通过《最高人民法院关于审理发生在我国管辖海域相关案件若干问题的规定（二）》（以下简称《规定（二）》），2016 年 8 月 1 日最高人民法院公告公布《规定（二）》并规定自 2016 年 8 月 2 日起施行。

《规定（二）》共 16 条，分别规定了人民法院审理发生在我国管辖海域的民事、刑事、行政案件的标准，包括民事赔偿范围、刑事追责标准、对具体行政行为合理性和合法性的审查标准等。

《规定（二）》对于统一发生在我国管辖海域的民事、刑事、行政案件的裁判标准、规范人民法院审判行为、维护当事人合法权益，具有重大的现实意义。

四、最高人民法院公布并实施的有关民事执行的司法解释

（一）《最高人民法院关于对人民法院终结执行行为提出执行异议期限问题的批复》（法释〔2016〕3号）

2015年11月30日最高人民法院审判委员会第1668次会议通过《最高人民法院关于对人民法院终结执行行为提出执行异议期限问题的批复》（以下简称《批复》），2016年2月14日最高人民法院公告公布该《批复》并规定自2016年2月15日起施行。

针对湖北省高级人民法院《关于咸宁市广泰置业有限公司与咸宁市枫丹置业有限公司房地产开发经营合同纠纷案的请示》（鄂高法〔2015〕295号），最高人民法院批复认为，当事人、利害关系人依照《民事诉讼法》第225条规定对终结执行行为提出异议的，应当自收到终结执行法律文书之日起60日内提出；未收到法律文书的，应当自知道或者应当知道人民法院终结执行之日起60日内提出。批复发布前终结执行的，自批复发布之日起60日内提出。超出该期限提出执行异议的，人民法院不予受理。

《批复》对于规范人民法院的异议审查行为，促使当事人、利害关系人对终结执行行为及时提出异议，维护司法文书的稳定性和执行行为的权威性，统一司法标准具有现实意义。

（二）《最高人民法院关于首先查封法院与优先债权执行法院处分查封财产有关问题的批复》（法释〔2016〕6号）

2015年12月16日最高人民法院审判委员会第1672次会议通过《最高人民法院关于首先查封法院与优先债权执行法院处分查封财产有关问题的批复》（以下简称《批复》），2016年4月12日最高人民法院公告公布该《批复》并规定自2016年4月14日起施行。

针对福建省高级人民法院《关于解决法院首封处分权与债权人行使优先受偿债权冲突问题的请示》（闽高法〔2015〕261号），最高人民法院批复认为：①执行过程中，应当由首先查封、扣押、冻结（以下简称查封）法院负责处分查封财产。但已进入其他法院执行程序的债权对查封财产有顺位在先的担保物权、优先权（该债权以下简称优先债权），自首先查封之日起已超过60日，且首先查封法院就该查封财产尚未发布拍卖公告或者进入变卖程序的，优先债权执行法院可以要求将该查封财产移送执行。②优先债权执行法院要求首先查封法院将查封财产移送执行的，应当出具商请移送执行函，并附确认优先债权的生效法律文书及案件情况说明。首先查封法院应当在收到优先债权执行法院商请移送执行函之日起15日内出具移送执行函，将查封财产移送优先债权执行法院执行，并告知当事人。移送执行函应当载明将查封财产移送执行及首先查封债权的相关情况等内容。③财产移送执行后，优先债权执行法院在处分或继续查封该财产时，可以持首先查封法院移送执行函办理相关手续。优先债权执行法院对移送的财产变价后，应当按照法律规定的清偿顺序分配，并将相关情况告知首先查封法院。首先查封债权尚未经生效法律文书确认的，应当按照首先查封债权的清偿顺位，预留相应份额。④首先查封法院与优先债权执行法院就移送查封财产发生争议的，可以逐级报请双方共同的上级法院指定该财产的执行法院。共同的上级法院根据首先查封债权所处的诉讼阶段、查封财产的种类及所在地、各债权数额与查封财产价值之间的关系等案件具体情况，认为由首先查封法院执行更为妥当的，也可以决定由首先查封法院继续执行，但应当督促其在指定期限内处分查封财产。

关于查封财产的处分权问题，尤其是首封法院与轮候查封的、具有优先受偿权的债权执行法院的处分权冲突，实践中一直争议激烈。《批复》的公布施行，对于规范执行行为、解决执行法院之间的争议具有重要的现实意义。

（三）《最高人民法院关于民事执行中变更、追加当事人若干问题的规定》（法释〔2016〕21号）

为正确处理民事执行中变更、追加当事人问题，维护当事人、利害关系人的合法权益，根据《中华人民共和国民事诉讼法》等法律规定，结合执行实践，2016年8月29日最高人民法院审判委员会第1691次会议通过《最高人民法院关于民事执行中变更、追加当事人若干问题的规定》（以下简称《规定》），2016年11月7日最高人民法院公告公布该《规定》并规定自2016年12月1日起施行。

《规定》共35条，分别规定了申请执行人、被执行人的变更或者追加的事由、申请变更或者追加当事人应当提交的材料、审查方式、救济方式与程序等。

《规定》首先规定了可以变更、追加申请执行人的9种情形：①作为申请执行人的公民死亡或被宣告死亡，该公民的遗嘱执行人、受遗赠人、继承人或其他因该公民死亡或被宣告死亡依法承受生效法律文书确定权利的主体，申请变更、追加其为申请执行人的；②作为申请执行人的公民被宣告失踪，该公民的财产代管人申请变更、追加其为申请执行人的；③作为申请执行人的公民离婚时，生效法律文书确定的权利全部或部分分割给其配偶，该配偶申请变更、追加其为申请执行人的；④作为申请执行人的法人或其他组织终止，因该法人或其他组织终止依法承受生效法律文书确定权利的主体，申请变更、追加其为申请执行人的；⑤作为申请执行人的法人或其他组织因合并而终止，合并后存续或新设的法人、其他组织申请变更其为申请执行人的；⑥作为申请执行人的法人或其他组织分立，依分立协议约定承受生效法律文书确定权利的新设法人或其他组织，申请变更、追加其为申请执行人的；⑦作为申请执行人的法人或其他组织清算或破产时，生效法律文书确定的权利依法分配给第三人，该第三人申请变更、追加其为申请执行人的；⑧作为申请执行人的机关法人被撤销，继续履行其职能的主体申请变更、追加其为申请执行人的，但生效法律文书确定的权利依法应由其他主体承受的除外；没有继续履行其职能的主体，且生效法律文书确定权利的承受主体不明确，作出撤销决定的主体申请变更、追加其为申请执行人的；⑨申请执行人将生效法律文书确定的债权依法转让给第三人，且书面认可第三人取得该债权，该第三人申请变更、追加其为申请执行人的。

《规定》规定了18种可以变更、追加被执行人的情形：①作为被执行人的公民死亡或被宣告死亡，申请执行人申请变更、追加该公民的遗嘱执行人、继承人、受遗赠人或其他因该公民死亡或被宣告死亡取得遗产的主体为被执行人，在遗产范围内承担责任的；②作为被执行人的公民被宣告失踪，申请执行人申请变更该公民的财产代管人为被执行人，在代管的财产范围内承担责任的；③作为被执行人的法人或其他组织因合并而终止，申请执行人申请变更合并后存续或新设的法人、其他组织为被执行人的；④作为被执行人的法人或其他组织分立，申请执行人申请变更、追加分立后新设的法人或其他组织为被执行人，对生效法律文书确定的债务承担连带责任的，但被执行人在分立前与申请执行人就债务清偿达成的书面协议另有约定的除外；⑤作为被执行人的个人独资企业，不能清偿生效法律文书确定的债务，申请执行人申请变更、追加其投资人为被执行人的；⑥作为被执行人的合伙企业，不能清偿生效法律文书确定的债务，申请执行人申请变更、追加普通合伙人为被执行人的；⑦作为被执行人的有限合伙企业，财产不足以清偿生效法律文书确定的债务，申请执行人申请变更、追加未按期足额缴纳出资的有限合伙人为被执行人，在未足额缴纳出资的范围内承担责任的；⑧作为被执行人的法人分支机构，不能清偿生效法律文书确定的债务，申请执行人申请变更、追加该法人为被执行人的；⑨个人独资企业、合伙企业、法人分支机构以外的其他组织作为被执行人，不能清偿生效法律文书确定的债务，申请执行人申请变更、追加依法对该其他组织的债务承担责任的主体为被执行人的；⑩作为被执行人的企业法人，财产不足以清偿生效法律文书确定的债务，申请执行人申请变更、追加未缴纳或未足额缴纳出资的股东、出资人或依公司法规定对该出资承担连带责任的发起人为被执行人，在尚未缴纳出资的范围内依法承担责任的；⑪作为被执行人的企业法人，财产不足以清偿生效法律文书确定的债务，申请执行人申请变更、追加抽逃出资的股东、出资人为被执行人，在抽逃出资的范围内承担责任的；⑫作为被执行人的公司，财产不足以清偿生效法律文书确定的债务，其股东未依法履行出资义务即转让股权，申请执行人申请变更、追加该原股东或依公司法规定对该出资承担连带责任的发起人为被执行人，在未依法出资的范围内承担责任的；⑬作为被执行人的一人有限责任公司，财产不足以清偿生效法律文书确定的债务，股东不能证明公司财产独立于自己的财产，申请执行人申请变更、追加该股东为被执行人，对公司债务承担连带责任的；⑭作为被执行人的公司，未经清算即办理注销登记，导致公司无法进行清算，申请执行人申请变更、追加有限责任公司的股东、股份有限公司的董事和控股股东为被执行人，对公司债务承担连带清偿责任的；⑮作为被执行人的法人或其他组织，被注销或出现被吊销营业执照、被撤销、被责令关闭、歇业等解散事由后，其股东、出资人或主管部门无偿接受其财产，致使该被执行人无遗留财产或遗留财产不足以清偿债务，申请执行人申请变更、追加该股东、出资人或主管部门为被执行人，在接受的财产范围内承担责任的；⑯作为被执行人的法人或其他组织，未经依法清算即办理注销登记，在登记机关办理注销登记时，第三人书面承诺对被执行人的债务承担清偿责任，申请执行人申请变更、追加该第三人为被执行人，在承诺范围内承担清偿责任的；⑰执行过程中，第三人向执行法院书面承诺自愿代被执行人履行生效法律文书确定的债务，申请执行人申请变更、追加该第三人为被执行人，在承诺范围内承担责任的；⑱作为被执行人的法人或其他组织，财产依行政命令被无偿调拨、划转给第三人，致使该被执行人财产不足以清偿生效法律文书确定的债务，申请执行人申请变更、追加该第三人为被执行人，在接受的财产范围内承担责任的。

根据《规定》，申请人申请变更、追加执行当事人，应当向执行法院提交书面申请及相关证据材料。除事实清楚、权利义务关系明确、争议不大的案件外，执行法院应当组成合议庭审查并公开听证。经审查，理由成立的，裁定变更、追加；理由不成立的，裁定驳回。执行法院应当自收到书面申请之日起 60 日内作出裁定。有特殊情况需要延长的，由本院院长批准。执行法院审查变更、追加被执行人申请期间，申请人申请对被申请人的财产采取查封、扣押、冻结措施的，执行法院应当参照《民事诉讼法》第 100 条的规定办理。申请执行人在申请变更、追加第三人前，向执行法院申请查封、扣押、冻结该第三人财产的，执行法院应当参照《民事诉讼法》第 101 条的规定办理。

《规定》明确了变更、追加执行当事人的两种救济方式：执行复议和执行异议之诉。执行复议就是除依据规定应当提起执行异议之诉的外，被申请人、申请人或其他执行当事人对执行法院作出的变更、追加裁定或驳回申请裁定不服的，可以自裁定书送达之日起 10 日内向上一级人民法院申请复议；上一级人民法院对复议申请应当组成合议庭审查，并自收到申请之日起 60 日内作出复议裁定。有特殊情况需要延长的，由本院院长批准。被裁定变更、追加的被申请人申请复议的，复议期间，人民法院不得对其争议范围内的财产进行处分。申请人请求人民法院继续执行并提供相应担保的，人民法院可以准许。

被申请人或申请人对执行法院依据上述变更、追加被执行人的第⑦、⑩～⑭种事由作出的变更、追加裁定或驳回申请裁定不服的，可以自裁定书送达之日起 15 日内，向执行法院提起执行异议之诉。被申请人提起执行异议之诉的，以申请人为被告；申请人提起执行异议之诉的，以被申请人为被告。被申请人提起的执行异议之诉，人民法院经审理，按照下列情形分别处理：①理由成立的，判决不得变更、追加被申请人为被执行人或者判决变更责任范围；②理由不成立的，判决驳回诉讼请求。诉讼期间，人民法院不得对被申请人争议范围内的财产进行处分。申请人请求人民法院继续执行并提供相应担保的，人民法院可以准许。申请人提起的执行异议之诉，人民法院经审理，按照下列情形分别处理：①理由成立的，判决变更、追加被申请人为被执行人并承担相应责任或者判决变更责任范围；②理由不成立的，判决驳回诉讼请求。

在民事执行程序中裁定变更、追加申请执行人，一直是我国民事执行实践的一道难题，理论上争议也很大。最高人民法院公布施行的《规定》，尽管仍有不完善之处，但还是能够满足实践的部分需要，对于规范执行行为、解决部分执行难问题具有重大的现实意义。

（四）《最高人民法院关于人民法院网络司法拍卖若干问题的规定》

为了规范网络司法拍卖行为，保障网络司法拍卖公开、公平、公正、安全、高效，维护当事人的合法权益，根据《中华人民共和国民事诉讼法》等法律的规定，结合人民法院执行工作的实际，2016 年 5 月 30 日最高人民法院审判委员会第 1685 次会议通过《最高人民法院关于人民法院网络司法拍卖若干问题的规定》（以下简称《规定》），2016 年 8 月 2 日最高人民法院公告公布该《规定》并规定自 2017 年 1 月 1 日起施行。

《规定》共 38 条，分别规定了网络司法拍卖的定义和原则，网络服务提供者的范围、选定办法和除名办法，人民法院在网络司法拍卖中的职责，人民法院可以委托社会机构或者组织承担的拍卖辅助工作事项范围，网络司法拍卖过程中网络服务提供者应当承担的事项及其义务，保留价和起拍价的确定，成交规则，公告规则及内容，应当特别提示的事项范围，通知当事人和已经优先购买权人的程序和方式，保证金的数额确定方式、标准、交纳及退还方式，优先购买权人竞买方式，竞价规则，优先购买权的保护方式，拍卖成交后悔拍的处理，拍卖价款的交纳时间与方式，流拍的处理，拍卖过程中暂缓、中止执行的处理，因系统故障、安全隐患等紧急情况的处理程序，网络拍卖电子数据的保存期限，因网络司法拍卖本身形成的税费的承担，网络司法拍卖的撤销事项与损害赔偿，竞买人的限制，等等。

网络司法拍卖成本低、安全性强，有利于预防串拍等损害执行当事人合法权益的行为，已经成为我国司法拍卖的主要方式。《规定》的公布与施行，对于规范执行行为和网络司法拍卖行为、维护当事人合法权益具有重大的现实意义。

（五）《最高人民法院、最高人民检察院关于民事执行活动法律监督若干问题的规定》

为促进人民法院依法执行，规范人民检察院民事执行法律监督活动，根据《中华人民共和国民事诉讼法》和其他有关法律规定，结合人民法院民事执行和人民检察院民事执行法律监督工作实际，2016 年 11 月 2 日，最高人民法院、最高人民检察院会签了《关于民事执行活动法律监督若干问题的规定》（法发〔2016〕30 号）（以下简称《规定》），该《规定》于 2017 年 1 月 1 日起施行。

《规定》共 22 条，分别规定了民事执行检察监督的基本原则、范围、管辖，当事人、利害关系人、案外人申请民事执行检察监督的条件、应当提交的材料，人民检察院依职权监督的范围，人民检察院办理执行监督案件的调卷程序，提起民事执行检察建议的程序，人民法院对民事执行检察建议的处理程序，人民检察院对有关国家机关不依法履行生效法律文书确定的执行义务或者协助执行义务的处理方法与程序，人民检察院民事检察部门在办案中发现被执行人涉嫌构成拒不执行判决、裁定罪且公安机关不予立案侦查的处理方法与程序等内容。

根据《规定》第2条，人民检察院办理民事执行监督案件，应当以事实为依据，以法律为准绳，坚持公开、公平、公正和诚实信用原则，尊重和保障当事人的诉讼权利，监督和支持人民法院依法行使执行权。

关于民事执行检察监督的范围，《规定》第3条规定，人民检察院对人民法院执行生效民事判决、裁定、调解书、支付令、仲裁裁决以及公证债权文书等法律文书的活动实施法律监督。也就是人民检察院有权对人民法院所有的民事执行活动实行法律监督。

关于管辖，根据《规定》第4条的规定，民事执行检察监督以同级监督为原则，即由执行法院的同级人民检察院进行监督。但是，上级人民检察院认为确有必要的，可以办理下级人民检察院管辖的民事执行监督案件；下级人民检察院对有管辖权的民事执行监督案件，认为需要上级人民检察院办理的，可以报请上级人民检察院办理。

根据《规定》第5条的规定，当事人、利害关系人、案外人认为人民法院的民事执行活动存在违法情形向人民检察院申请监督，应当提交监督申请书、身份证明、相关法律文书及证据材料。提交证据材料的，应当附证据清单。申请监督材料不齐备的，人民检察院应当要求申请人限期补齐，并明确告知应补齐的全部材料。申请人逾期未补齐的，视为撤回监督申请。《规定》第6条规定，当事人、利害关系人、案外人认为民事执行活动存在违法情形，向人民检察院申请监督，法律规定可以提出异议、复议或者提起诉讼，当事人、利害关系人、案外人没有提出异议、申请复议或者提起诉讼的，人民检察院不予受理，但有正当理由的除外。当事人、利害关系人、案外人已经向人民法院提出执行异议或者申请复议，人民法院审查异议、复议期间，当事人、利害关系人、案外人又向人民检察院申请监督的，人民检察院不予受理，但申请对人民法院的异议、复议程序进行监督的除外。

《规定》第7条规定，具有下列情形之一的民事执行案件，人民检察院应当依职权进行监督：①损害国家利益或者社会公共利益的；②执行人员在执行该案时有贪污受贿、徇私舞弊、枉法执行等违法行为、司法机关已经立案的；③造成重大社会影响的；④需要跟进监督的。

《规定》第11条规定，人民检察院向人民法院提出民事执行监督检察建议，应当经检察长批准或者检察委员会决定，制作检察建议书，在决定之日起15日内将检察建议书连同案件卷宗移送同级人民法院。检察建议书应当载明检察机关查明的事实、监督理由、依据以及建议内容等。

根据《规定》第 12~14 条，人民检察院提出的民事执行监督检察建议，统一由同级人民法院立案受理。人民法院收到人民检察院的检察建议书后，应当在 3 个月内将审查处理情况以回复意见函的形式回复人民检察院，并附裁定、决定等相关法律文书。有特殊情况需要延长的，经本院院长批准，可以延长 1 个月。回复意见函应当载明人民法院查明的事实、回复意见和理由并加盖院章。不采纳检察建议的，应当说明理由。人民法院收到检察建议后逾期未回复或者处理结果不当的，提出检察建议的人民检察院可以依职权提请上一级人民检察院向其同级人民法院提出检察建议。上一级人民检察院认为应当跟进监督的，应当向其同级人民法院提出检察建议。人民法院应当在 3 个月内提出审查处理意见并以回复意见函的形式回复人民检察院，认为人民检察院的意见正确的，应当监督下级人民法院及时纠正。

《规定》第 17 条规定，人民法院认为检察监督行为违反法律规定的，可以向人民检察院提出书面建议。人民检察院应当在收到书面建议后 3 个月内作出处理并将处理情况书面回复人民法院；人民法院对于人民检察院的回复有异议的，可以通过上一级人民法院向上一级人民检察院提出。上一级人民检察院认为人民法院建议正确的，应当要求下级人民检察院及时纠正。

根据《规定》第 18 条和第 19 条的规定，有关国家机关不依法履行生效法律文书确定的执行义务或者协助执行义务的，人民检察院可以向相关国家机关提出检察建议；人民检察院民事检察部门在办案中发现被执行人涉嫌构成拒不执行判决、裁定罪且公安机关不予立案侦查的，应当移送侦查监督部门处理。

《规定》第 20 条规定，人民法院、人民检察院应当建立完善沟通联系机制，密切配合，互相支持，促进民事执行法律监督工作依法有序稳妥开展。

2012 年修改的《民事诉讼法》第 235 条规定，人民检察院有权对民事执行活动实行法律监督，但是《民事诉讼法》并没有规定民事执行检察监督的具体程序。与《人民检察院民事诉讼监督规则（试行）》规定的执行活动监督规则相比，《规定》在管辖、监督程序、对其他机关的监督等方面有了较大的发展。《规定》的公布与施行，对于落实《民事诉讼法》的规定、规范民事执行检察监督活动、发挥检察机关在民事执行活动中的职能作用具有重要的现实意义。

第三节　行政诉讼法的立法发展[1]

2014 年修订的《行政诉讼法》于 2015 年 5 月 1 日开始实施。为配合新法的实施，2016 年行政诉讼立法主要针对规范行政机关应诉的问题，由国务院办公厅和最高人民法院先后发布《关于加强和改进行政应诉工作的意见》与《最高人民法院关

---

〔1〕　本部分执笔人：王万华教授、刘群。

于行政诉讼应诉若干问题的通知》。此外，最高人民法院还发布了《最高人民法院关于审理民事、行政诉讼中司法赔偿案件适用法律若干问题的解释》。现将三份文件的主要内容综述如下：

一、《国务院办公厅关于加强和改进行政应诉工作的意见》

为贯彻落实《中共中央关于全面推进依法治国若干重大问题的决定》关于"健全行政机关依法出庭应诉、支持法院受理行政案件、尊重并执行法院生效裁判的制度"的要求，国务院办公厅于2016年6月27日发布《国务院办公厅关于加强和改进行政应诉工作的意见》（国办发〔2016〕54号）（以下简称《意见》）。《意见》提出：行政机关应该依法履行行政应诉职责，避免"消极对待行政应诉、干预人民法院受理和审理行政案件、执行人民法院生效裁判不到位、行政应诉能力不强"等问题。《意见》具体提出了以下加强和改进行政应诉工作的要求。

（一）支持人民法院受理行政案件

《意见》要求行政机关支持人民法院依法受理和审理行政案件，尊重人民法院依法登记立案，积极支持人民法院保障行政相对人诉权，接受人民法院监督；行政机关不得借促进经济发展、维护社会稳定等名义，以开协调会、发文件或者口头要求等任何形式，明示或者暗示人民法院不受理依法应当受理的行政案件。

（二）完善行政应诉工作的保障机制

1. 明确行政机关负责人出庭应诉机制的具体要求。《意见》要求：①被诉行政机关负责人要带头履行行政应诉职责，积极出庭应诉。对涉及重大公共利益、社会高度关注或者可能引发群体性事件等案件以及人民法院书面建议行政机关负责人出庭的案件，被诉行政机关负责人应当出庭。②被诉行政机关负责人不能出庭的，应当委托相应的工作人员出庭，不得仅委托律师出庭。

2. 厘清行政应诉工作的职责分工。《意见》提出要强化被诉行政行为承办机关或者机构的行政应诉责任，同时发挥法制工作机构或者负责法制工作的机构在行政应诉工作中的组织、协调、指导作用。行政复议机关和作出原行政行为的行政机关为共同被告的，应当共同做好原行政行为的应诉举证工作，可以根据具体情况确定由一个机关实施。

3. 提高行政应诉能力的保障机制。包括：①积极发挥政府法律顾问和公职律师作用，确保行政应诉工作力量与工作任务相适应。②切实保障行政应诉工作经费、装备和其他必要的工作条件。③建立行政应诉培训制度，每年开展1～2次集中培训、旁听庭审和案例研讨等活动，提高行政机关负责人、行政执法人员等相关人员的行政应诉能力。

（三）积极做好行政应诉工作

1. 认真做好答辩举证工作。被诉行政机关按照法律规定提交答辩状和相关证据。

2. 配合法院开展调解工作。行政机关要积极协助人民法院依法开展调解工作，促进案结事了，不得以欺骗、胁迫等非法手段使原告撤诉。

3. 遵守法院审理和法庭纪律。《意见》要求行政机关不得借促进经济发展、维护社会稳定等名义，以开协调会、发文件或者口头要求等任何形式，明示或者暗示人民法院对依法应当判决行政机关败诉的行政案件不判决行政机关败诉。经人民法院依法传唤的，行政机关负责人或者其委托的工作人员不得无正当理由拒不到庭，或者未经法庭许可中途退庭。

（四）积极履行生效裁判

《意见》要求被诉行政机关依法自觉履行人民法院生效判决、裁定和调解书。对人民法院作出的责令重新作出行政行为的判决，除原行政行为因程序违法或者法律适用问题被人民法院判决撤销的情形外，不得以同一事实和理由作出与原行政行为基本相同的行政行为。对人民法院作出的行政机关继续履行、采取补救措施或者赔偿、补偿损失的判决，要积极履行义务。

（五）强化对行政应诉工作的监督管理

1. 加强行政应诉工作考核，建立依法行政考核体系，明确行政机关出庭应诉、支持人民法院受理和审理行政案件、执行人民法院生效裁判以及行政应诉能力建设情况等考核内容。

2. 要严格落实行政应诉责任追究制度。对于行政机关干预、阻碍人民法院依法受理和审理行政案件，无正当理由拒不到庭或者未经法庭许可中途退庭，被诉行政机关负责人不出庭应诉也不委托相应的工作人员出庭，拒不履行人民法院对行政案件的判决、裁定或者调解书的，由任免机关或者监察机关依照《行政诉讼法》《行政机关公务员处分条例》《领导干部干预司法活动、插手具体案件处理的记录、通报和责任追究规定》等规定，对相关责任人员严肃处理。

二、《最高人民法院关于行政诉讼应诉若干问题的通知》

国务院办公厅 2016 年 6 月 27 日发布《关于加强和改进行政应诉工作的意见》（以下简称《意见》）之后，为进一步规范和促进行政应诉工作，2016 年 7 月 28 日，最高人民法院下发《最高人民法院关于行政诉讼应诉若干问题的通知》（法〔2016〕260 号）（以下简称《通知》）。《通知》要求各级人民法院要结合《行政诉讼法》的规定精神，全面把握《意见》内容，确保《意见》在人民法院行政审判领域落地生根。《通知》的内容包括"充分认识规范行政诉讼应诉的重大意义""依法做好行政案件受理和审理工作""依法推进行政机关负责人出庭应诉""为行政机关依法履行出庭应诉职责提供必要条件""支持行政机关建立健全依法行政考核体系"等五个方面。现将《通知》规定的主要内容综述如下：

（一）人民法院依法做好行政案件受理和审理工作

为更好保障公民诉权，规范行政案件受理和审理工作，《通知》要求：

1. 依法受理行政案件。《行政诉讼法》第 3 条第 1 款规定："人民法院应当保障公民、法人和其他组织的起诉权利，对应当受理的行政案件依法受理。"对此，《通知》要求人民法院严格执行《行政诉讼法》和《最高人民法院关于人民法院登记立案若干问题的规定》，进一步强化行政诉讼中的诉权保护，不得违法限缩受案范围、违法增设起诉条件，严禁以反复要求起诉人补正起诉材料的方式变相拖延、拒绝立案。

对于不接收起诉状、接收起诉状后不出具书面凭证，以及不一次性告知当事人需要补正的起诉状内容的，《通知》规定，依照《人民法院审判人员违法审判责任追究办法（试行）》《人民法院工作人员处分条例》等相关规定，对直接负责的主管人员和其他直接责任人员依法依纪作出处理。

2. 抵制行政干预，依法审理行政案件。《行政诉讼法》第 2 条第 1 款规定："行政机关及其工作人员不得干预、阻碍人民法院受理行政案件。"对此，《通知》提出人民法院要抵制干扰、阻碍人民法院依法受理和审理行政案件的各种违法行为。对领导干部或者行政机关以开协调会、发文件或者口头要求等任何形式明示或者暗示人民法院不受理案件、不判决行政机关败诉、不履行人民法院生效裁判的，严格贯彻落实《领导干部干预司法活动、插手具体案件处理的记录、通报和责任追究规定》《司法机关内部人员过问案件的记录和责任追究规定》，全面、如实做好记录工作，做到全程留痕、有据可查。

（二）明确行政机关负责人出庭应诉机制的具体要求

《行政诉讼法》第 3 条第 3 款规定："被诉行政机关负责人应当出庭应诉。不能出庭的，应当委托行政机关相应的工作人员出庭。"其中，"负责人"的范围和"相应的工作人员"的范围在《行政诉讼法》的实施中理解出现了较大差异，对此，《通知》明确：

1. 关于"负责人"的范围。出庭应诉的行政机关负责人，既包括正职负责人，也包括副职负责人以及其他参与分管的负责人。

2. 关于"相应的工作人员"的范围。"行政机关相应的工作人员"包括该行政机关具有国家行政编制身份的工作人员以及其他依法履行公职的人员。被诉行政行为是人民政府作出的，人民政府所属法制工作机构的工作人员，以及被诉行政行为具体承办机关的工作人员，也可以视为被诉人民政府相应的工作人员。此外，《通知》还明确了行政机关不得仅委托律师出庭。

3. 不得委托工作人员出庭的情形。涉及重大公共利益、社会高度关注或者可能引发群体性事件等案件以及人民法院书面建议行政机关负责人出庭的案件，被诉行政机关负责人应当出庭。

4. 法律后果。行政机关负责人和行政机关相应的工作人员均不出庭，仅委托律师出庭的；或者人民法院书面建议行政机关负责人出庭应诉，行政机关负责人不出庭应诉的，人民法院应当记录在案并在裁判文书中载明，可以依照《行政诉讼法》第 66 条第 2 款的规定予以公告，建议任免机关、监察机关或者上一级行政机关对相关责任人员严肃处理。

（三）为行政机关依法履行出庭应诉职责提供必要条件

《通知》在规范行政机关应诉的同时，也对法院保障行政机关履行应诉职责作出规定，包括：

1. 探索建立行政审判和行政应诉联络工作机制。《通知》要求各级人民法院在坚持依法独立公正行使审判权、平等保护各方当事人诉讼权利的前提下，加强与政府法制部门和行政执法机关的联系，探索建立行政审判和行政应诉联络工作机制，及时沟通、协调行政机关负责人出庭建议书发送和庭审时间等具体事宜。

2. 为行政机关负责人、工作人员、政府法律顾问和公职律师依法履行出庭应诉职责提供必要的保障和相应的便利。行政复议机关和作出原行政行为的行政机关为共同被告的，可以根据具体情况确定由一个机关实施举证行为，确保庭审的针对性，提高庭审效率。

3. 提高诉讼效率，减轻当事人诉讼负担。《通知》提出改革案件审理模式，推广繁简分流，实现简案快审、繁案精审，减轻当事人的诉讼负担。对符合《最高人民法院关于适用〈中华人民共和国行政诉讼法〉若干问题的解释》第3条第2款规定的案件，人民法院认为不需要开庭审理的，可以径行裁定驳回起诉。

4. 向行政机关提出司法建议。法院及时就行政机关出庭应诉和行政执法工作中的问题和不足提出司法建议，及时向政府法制部门通报司法建议落实和反馈情况，从源头上预防和化解争议。

5. 积极参与行政应诉教育培训工作，提高行政机关负责人、行政执法人员等相关人员的行政应诉能力。

（四）支持行政机关建立健全依法行政考核体系

《通知》提出，人民法院要支持当地党委政府建立和完善依法行政考核体系，结合行政审判工作实际提出加强和改进行政应诉工作的意见和建议。对本地区行政机关出庭应诉工作和依法行政考核指标的实施情况、运行成效等，人民法院可以通过司法建议、白皮书等适当形式，及时向行政机关作出反馈、评价，并可以适当方式将本地区行政机关出庭应诉情况向社会公布，促进发挥考核指标的倒逼作用。

三、《最高人民法院关于审理民事、行政诉讼中司法赔偿案件适用法律若干问题的解释》

最高人民法院于2016年9月7日发布《最高人民法院关于审理民事、行政诉讼中司法赔偿案件适用法律若干问题的解释》（法释〔2016〕20号）（以下简称《若干问题的解释》），于2016年10月1日起施行。《若干问题的解释》共22条，关于行政诉讼中的司法赔偿，主要规定了以下内容：

（一）赔偿范围

1. 人民法院在行政诉讼过程中，违法采取对妨害诉讼的强制措施、保全措施、先予执行措施，或者对判决、裁定及其他生效法律文书执行错误，侵犯公民、法人和其他组织合法权益并造成损害的，赔偿请求人可以依法向人民法院申请赔偿。

（1）违法采取对妨害诉讼的强制措施的情形包括：对没有实施妨害诉讼行为的人采取罚款或者拘留措施的；超过法律规定金额采取罚款措施的；超过法律规定期限采取拘留措施的；对同一妨害诉讼的行为重复采取罚款、拘留措施的；其他违法情形。

（2）违法采取先予执行措施，包括以下情形：违反法律规定的条件和范围先予执行的；超出诉讼请求的范围先予执行的；其他违法情形。

（3）对判决、裁定及其他生效法律文书执行错误，与行政诉讼相关的主要包括以下情形：执行未生效法律文书的；超出生效法律文书确定的数额和范围执行的；对已经发现的被执行人的财产，故意拖延执行或者不执行，导致被执行财产流失的；违法执行案外人财产的；对执行中查封、扣押、冻结的财产不履行监管职责，造成财产毁损、灭失的；其他错误情形。

2. 人民法院工作人员在行政诉讼过程中，有殴打、虐待或者唆使、放纵他人殴打、虐待等行为，以及违法使用武器、警械，造成公民身体伤害或者死亡的，适用《国家赔偿法》第17条第4项、第5项的规定予以赔偿。

3. 不予赔偿的情形。《若干问题的解释》第7条规定，具有下列情形之一的，国家不承担赔偿责任：申请执行人提供执行标的物错误的，但人民法院明知该标的物错误仍予以执行的除外；人民法院依法指定的保管人对查封、扣押、冻结的财产违法动用、隐匿、毁损、转移或者变卖的；人民法院工作人员与行使职权无关的个人行为；因不可抗力、正当防卫和紧急避险造成损害后果的；依法不应由国家承担赔偿责任的其他情形。

4. 按比例承担赔偿责任。《若干问题的解释》第8条规定，因多种原因造成公民、法人和其他组织合法权益损害的，应当根据人民法院及其工作人员行使职权的行为对损害结果的发生或者扩大所起的作用等因素，合理确定赔偿金额。

5. 减轻赔偿责任与免除赔偿责任的情形。受害人对损害结果的发生或者扩大也有过错的，应当根据其过错对损害结果的发生或者扩大所起的作用等因素，依法减轻国家赔偿责任。

公民、法人和其他组织的损失已经在行政诉讼过程中获得赔偿、补偿的，对该部分损失，国家不承担赔偿责任。

（二）赔偿义务机关

根据《国家赔偿法》第21条的规定：行使侦查、检察、审判职权的机关以及看守所、监狱管理机关及其工作人员在行使职权时侵犯公民、法人和其他组织的合法权益造成损害的，该机关为赔偿义务机关。《若干问题的解释》第18条对确定赔偿义务机关的特别规则作了规定，明确了由上一级人民法院作为赔偿义务机关的情形：人民法院在行政诉讼过程中，违法采取对妨害诉讼的强制措施、保全措施、先予执行措施，或者对判决、裁定及其他生效法律文书执行错误，系因上一级人民法院复议改变原裁决所致的，由该上一级人民法院作为赔偿义务机关。

（三）赔偿程序

1. 提出赔偿申请的时间。《若干问题的解释》第 19 条第 1 款规定，公民、法人或者其他组织依据《国家赔偿法》第 38 条规定申请赔偿的，应当在行政诉讼程序或者执行程序终结后提出，但下列情形除外：①人民法院已依法撤销对妨害诉讼的强制措施的；②人民法院采取对妨害诉讼的强制措施，造成公民身体伤害或者死亡的；③经诉讼程序依法确认不属于被保全人或者被执行人的财产，且无法在相关诉讼程序或者执行程序中予以补救的；④人民法院生效法律文书已确认相关行为违法，且无法在相关诉讼程序或者执行程序中予以补救的；⑤赔偿请求人有证据证明其请求与行政诉讼程序或者执行程序无关的；⑥其他情形。

赔偿请求人依据《若干问题的解释》第 19 条第 1 款的规定，在行政诉讼程序或者执行程序终结后申请赔偿的，该诉讼程序或者执行程序期间不计入赔偿请求时效。

2. 不计入审理期限的情形。《若干问题的解释》第 20 条规定，需要向赔偿义务机关、有关人民法院或者其他国家机关调取案卷或者其他材料的以及人民法院赔偿委员会委托鉴定、评估的期限，不计入审理期限。

3. 审查范围。人民法院赔偿委员会审理行政诉讼中的司法赔偿案件，应当对人民法院及其工作人员行使职权的行为是否符合法律规定，赔偿请求人主张的损害事实是否存在，以及该职权行为与损害事实之间是否存在因果关系等事项一并予以审查。

（四）赔偿方式与赔偿标准

解释对《国家赔偿法》的相关规定进行细化，主要内容包括：

1. 对人身损害的赔偿。《若干问题的解释》第 11 条规定，人民法院及其工作人员在行政诉讼过程中，具有本解释第 2 条、第 6 条规定情形，侵犯公民人身权的，应当依照《国家赔偿法》第 33 条、第 34 条的规定计算赔偿金。

2. 对财产损害的赔偿。《若干问题的解释》第 12 条至第 17 条对财产损害赔偿问题作了细化规定，内容包括：

（1）人民法院及其工作人员在行政诉讼过程中，具有《若干问题的解释》第 2 条至第 5 条规定情形，侵犯公民、法人和其他组织的财产权并造成损害的，应当依照《国家赔偿法》第 36 条的规定承担赔偿责任。财产不能恢复原状或者灭失的，应当按照侵权行为发生时的市场价格计算损失；市场价格无法确定或者该价格不足以弥补受害人所受损失的，可以采用其他合理方式计算损失。

（2）人民法院及其工作人员对判决、裁定及其他生效法律文书执行错误，且对公民、法人或者其他组织的财产已经依照法定程序拍卖或者变卖的，应当给付拍卖或者变卖所得的价款。人民法院违法拍卖，或者变卖价款明显低于财产价值的，应当依照《若干问题的解释》第 12 条的规定支付相应的赔偿金。

（3）停产停业期间必要的经常性费用开支，是指法人、其他组织和个体工商户为维系停产停业期间运营所需的基本开支，包括留守职工工资、必须缴纳的税费、水电费、房屋场地租金、设备租金、设备折旧费等必要的经常性费用。

(4)《国家赔偿法》第 36 条第 7 项规定的银行同期存款利息以作出生效赔偿决定时中国人民银行公布的一年期人民币整存整取定期存款基准利率计算,不计算复利。应当返还的财产属于金融机构合法存款的,对存款合同存续期间的利息按照合同约定利率计算。应当返还的财产系现金的,比照《若干问题的解释》第 15 条第 1 款规定支付利息。

(5)依照《国家赔偿法》第 36 条规定返还的财产系国家批准的金融机构贷款的,除贷款本金外,还应当支付该贷款借贷状态下的贷款利息。

3. 对精神损害的赔偿。人民法院及其工作人员在行政诉讼过程中,具有《若干问题的解释》第 2 条、第 6 条规定情形,致人精神损害的,应当依照《国家赔偿法》第 35 条的规定,在侵权行为影响的范围内,为受害人消除影响、恢复名誉、赔礼道歉;造成严重后果的,还应当支付相应的精神损害抚慰金。

第三章
中国诉讼法的实践状况

第一节 刑事诉讼法的实践状况[1]

2016 年是司法改革至关重要的一年。刑事司法实践工作中，各机关全面贯彻党的十八大和十八届三中、四中、五中、六中全会精神，严格落实中央政法工作会议的重要指示，坚持司法为民、公正司法工作主线，各项工作均取得新的进展。本部分拟从刑事司法工作情况、刑事诉讼法的实施状况、刑事诉讼中的热点问题和典型案例共四个部分对本年度刑事诉讼法实践状况进行梳理与总结。

一、刑事司法工作情况

（一）深化司法改革

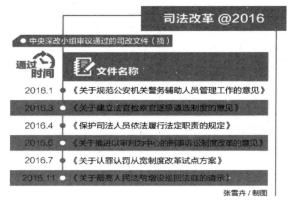

张雪卉/制图

图 3—1 中央深改小组审议通过的重要司法改革文件

---

〔1〕 本部分执笔人：吴宏耀教授、倪润副教授。

司法改革是我国全面深化改革的重要组成部分，是全面推进依法治国的必然要求。人民法院的司法改革始终坚持目标导向、问题导向，紧紧围绕"让人民群众在每一个司法案件中感受到公平正义"的目标，于 2016 年推动出台了一系列具有标志性、引领性的改革举措，改革共识不断凝聚，改革成效逐步显现（参见图 3-1）。主要体现在如下方面：①放权与监督相结合，司法责任制落地生根；②法官员额制改革有序推进；③保障跨区划案件公正审理，探索完善法院组织体系；④立案制度重大变革；⑤加强司法人权保障；⑥依法保障律师权利；⑦司法公开进一步提升；⑧开展人民陪审员制度改革试点；⑨防范内外部干预过问案件等。

此外，国家监察委员会的试点工作，将我国反腐败工作推向了一个新的历史阶段。2016 年 11 月 7 日，中央办公厅印发《关于在北京市、山西省、浙江省开展国家监察体制改革试点方案》，提出了监察委员会的改革思路，并要求三省市的监察体制改革"从体制机制、制度建设上先行先试、探索实践，为在全国推开积累经验"之后，十二届全国人大常委会第二十五次会议于 2016 年 12 月 25 日下午表决通过《全国人民代表大会常务委员会关于在北京市、山西省、浙江省开展国家监察体制改革试点工作的决定》，决定自 2016 年 12 月 26 日起施行。国家监察体制改革是事关全局的重大政治改革，旨在建立党统一领导下的国家反腐败工作机构。

（二）刑事侦查工作

除常规刑事侦查工作外，2016 年的刑事侦查工作还适应社会生活的需要，重点打击了网络犯罪、毒品犯罪和拐骗操纵聋哑人违法犯罪活动。

1. 加大网络犯罪的打击力度。随着网络技术的迅猛发展，虚拟的网络世界已经逐渐深入扩展到社会生活的各个层面，进而影响着整个社会的稳定和运转。为了维护网络秩序和网络安全，2015 年 11 月 1 日起实施的《中华人民共和国刑法修正案（九）》加大了对公民个人信息的保护力度，增加了拒不履行信息网络安全管理义务罪，增设了非法利用信息网络犯罪的相关条款。对此，2016 年公安机关加大了对侵犯公民个人信息犯罪的打击力度，全年共侦破此类案件 1800 余起，抓获犯罪嫌疑人 4200 余人，查获各类公民个人信息 300 余亿条，抓获涉及 40 余个行业和部门的内部人员 390 余人、黑客近百人。[1]

针对网络诈骗案件多发的现实，2016 年 1 月至 11 月，公安机关开展专项活动，全国共破获各类电信网络诈骗案件 9.3 万起，查处违法犯罪人员 5.2 万人，并打掉印尼、马来西亚、柬埔寨、西班牙等一批境外犯罪窝点。[2]

同时，全国各地各级"扫黄打非"部门认真组织开展"净网 2016"专项行动，

---

〔1〕 "提高打击新型犯罪能力增强群众安全感"，载《法制日报》，http：//www. legaldaily. com. cn/zfzz/content/2017-01/18/content_ 6976848. htm.，最后访问时间：2017 年 3 月 18 日。

〔2〕 "'两高一部'出台意见依法严惩电信网络诈骗犯罪"，载《法制日报》，http：//www. mps. gov. cn/n2253534/n2253535/n2253537/c5580590/content. html.，最后访问时间：2017 年 3 月 18 日。

持续深入打击网上淫秽色情信息，分别以网络视频、网络直播、云盘、微领域为重点，进行了多项集中整治。上半年，全国共查办网上"扫黄打非"案件712起，处置网络不良与有害信息86.9万余条，其中淫秽色情信息52.9万余条；取缔关闭不良网站3612个，其中淫秽色情类网站811个。至7月底，全国"扫黄打非"工作小组办公室已挂牌督办浙江丽水"11·16"网络传播淫秽物品案、上海"2·29"网络传播淫秽物品案等34起"净网"案件，占已挂牌督办大要案件总数的近五成。[1]

2. 联合打击毒品犯罪。在毒品犯罪方面，为坚决遏制中越边境地区毒品违法犯罪活动，共同维护两国人民根本利益，2016年9月10日至12月9日，中越双方组织开展了第三届中越边境联合扫毒行动。中方共破获各类涉越或涉中越边境地区毒品刑事案件2530起，抓获毒品犯罪嫌疑人3450名，缴获各类毒品990千克。中方在边境省区设立查缉站点60余个，依托行动机制和毒品查缉站点抓获各类刑事案件在逃人员30余名，包括协助越方抓获国际刑警组织红色通报和越南公安部特别通缉令通缉的涉毒在逃人员邓文龙。[2] 12月20日上午，中老缅泰第53次湄公河联合巡逻执法行动在中国云南西双版纳关累港启动。[3]

3. 严厉打击拐骗操纵聋哑人违法犯罪活动。为严厉打击拐骗操纵聋哑人违法犯罪活动，公安部组织指挥四川、重庆、吉林、甘肃、辽宁、湖南等13省区市公安机关开展打击拐骗操纵聋哑人违法犯罪专案集中收网行动，抓获犯罪嫌疑人464名，解救被拐聋哑人98名，摧毁犯罪团伙75个。[4] 为进一步适应"互联网＋反拐"的时代要求，公安部儿童失踪信息紧急发布平台正式推出，建立儿童失踪信息发布的权威渠道，发动群众搜集拐卖犯罪线索。截至2016年11月，这个被称为中国版"安珀警报"的平台共发布失踪儿童信息286条，找回儿童260名，找回儿童比例达到90.91％。[5]

（三）刑事检察工作

2016年，全国检察机关共批准逮捕电信网络诈骗犯罪19 345人，与公安部联合挂牌督办62起重大典型案件，联合督导7个重点地区打击治理。最高人民检察院与公安部、国家卫生计生委等8部门联合开展"严厉打击涉医违法犯罪专项行动"，检

---

[1] "'扫黄打非·净网2016'专项行动取得阶段性成效"，载《人民日报》，http://www.mps.gov.cn/n2254098/n4904352/c5443064/content.html.，最后访问时间：2017年3月18日。

[2] "第三届中越边境联合扫毒行动总结会召开"，载《人民公安报》，http://news.cpd.com.cn/n3559/c36191053/content.html，最后访问时间：2017年3月18日。

[3] "中老缅泰第53次湄公河联合巡逻执法启动"，载《人民公安报》，http://www.mps.gov.cn/n2254098/n4904352/c5580565/content.html，最后访问时间：2017年3月18日。

[4] "公安部指挥破获拐骗操纵聋哑人违法犯罪专案"，载公安部信息公开栏，http://www.mps.gov.cn/n2253534/n2253535/n2253537/c5563628/content.html，最后访问时间：2017年3月18日。

[5] "2016公安改革：攻坚之年收获耀眼成绩单"，载《人民公安报》，http://www.mps.gov.cn/n2253534/n2253535/n2253537/c5598405/content.html，最后访问时间：2017年3月18日。

察机关挂牌督办山东济南庞红卫等人非法经营疫苗案，批准逮捕 345 人，提起公诉 247 人，立案侦查相关职务犯罪 174 人。

2016 年 2 月 23 日，最高人民检察院与国务院扶贫开发领导小组办公室联合召开会议，部署开展为期 5 年的集中整治和加强预防扶贫领域职务犯罪专项工作，要求各级检察机关切实加大查办和预防扶贫领域职务犯罪力度，服务扶贫攻坚战略。2016 年，全国检察机关共查办虚报冒领、截留私分扶贫资金等职务犯罪 1892 件，同比上升 102.8%。

2016 年 1 月至 11 月，全国检察机关共立案查办职务犯罪案件 33 496 件 45 168 人，其中县处级以上干部 3149 人。依法对 21 名原省部级干部立案侦查，对 48 名原省部级以上干部提起公诉，从美国、加拿大等 37 个国家和地区追捕、劝返 158 人，其中"百名红通人员" 26 人。

全国检察机关深入推进提起公益诉讼试点工作，2015 年 7 月以来，江苏、贵州等 13 个省市试点检察院共办理公益诉讼案件 4378 件，其中向人民法院提起诉讼 495 件。[1]

（四）刑事审判工作

审理刑事案件 2016 年，各级法院共审结一审刑事案件 111.6 万件，同比上升 1.5%；判处罪犯 122 万人，同比下降 1%。其中，严惩危害国家安全犯罪，依法审结周世锋等颠覆国家政权案，加大对暴力恐怖、邪教犯罪等惩治力度，积极参与社会治安综合治理，保障国家长治久安、人民安居乐业。

在贪污贿赂犯罪方面，各级法院审结贪污贿赂等案件 4.5 万件、6.3 万人，其中，被告人原为省部级以上干部 35 人，厅局级干部 240 人。通过依法审理郭伯雄、令计划、苏荣等重大职务犯罪案件；在审判白恩培受贿、巨额财产来源不明案中首次适用终身监禁；强化了对腐败犯罪高压态势，彰显党和国家有腐必惩、有贪必肃的坚强决心。与此同时，加大对行贿犯罪的惩治力度，共判处罪犯 2862 人。为脱贫攻坚提供司法服务，坚决惩处贪污、挪用扶贫资金等犯罪，审结相关案件 1.5 万件。此外，最高人民法院还会同有关部门出台了《最高人民法院、最高人民检察院关于适用犯罪嫌疑人、被告人逃匿、死亡案件违法所得没收程序若干问题的规定》，积极参与海外追逃追赃工作，依法审理"红色通缉令"人员李华波贪污、闫永明职务侵占等案件，对外逃腐败分子虽远必惩，让其难逃法网。完善对职务犯罪罪犯减刑、假释、暂予监外执行工作机制，杜绝暗箱操作。

严惩严重危害群众生命财产安全犯罪。出台审理抢劫等刑事案件适用法律意见，加大打黑除恶工作力度，各级法院审结杀人、抢劫、绑架及盗窃等犯罪案件 22.6 万件。严惩涉医犯罪，积极参与平安医院创建。依法惩治毒品犯罪，审结此类案件

---

[1] "数说 2016 政法成绩单"，载《人民日报》，http：//www.legaldaily.com.cn/zfzz/content/2017 – 01/18/content_ 6985160. htm? node = 81120，最后访问时间：2017 年 3 月 18 日。

11.8万件。审结内幕交易、集资诈骗等案件2.3万件，山东青岛法院审结徐翔等操纵证券市场案，保护投资者合法权益。

严惩侵害妇女儿童权益犯罪。出台审理拐卖妇女儿童犯罪案件司法解释，对偷盗婴幼儿和阻碍解救的被告人依法从严惩处。各级法院审结拐卖、性侵妇女儿童犯罪案件5335件。会同教育部等出台防治中小学生校园欺凌指导意见，审结涉及校园欺凌犯罪案件213件，积极开展以案说法等活动，推进平安校园建设。

严惩电信网络犯罪。最高人民法院会同最高人民检察院、公安部出台适用法律意见，坚决打击电信网络诈骗等犯罪；会同有关部门发布防范和打击电信网络诈骗犯罪通告，对在规定期限内拒不投案自首的依法从严惩处。2016年间，各级人民法院共审结相关案件1726件。北京法院审结"快播"公司传播淫秽物品牟利案，明确网络服务提供者安全管理义务，净化网络空间。

加强人权司法保障。依法保障被告人、被害人各项诉讼权利。坚持宽严相济刑事政策，该严则严，当宽则宽，确保罚当其罪。死刑案件核准权收归最高人民法院统一行使十年来，坚持严格控制和慎重适用死刑，确保死刑只适用于极少数罪行极其严重的犯罪分子。坚持罪刑法定、疑罪从无，保障无罪的人不受刑事追究，对656名公诉案件被告人和420名自诉案件被告人依法宣告无罪。加强审判监督，保障当事人申诉权，各级法院再审改判刑事案件1376件。加强涉未成年人案件审判，完善社会调查、社区矫正机制，保护未成年人合法权益。

坚决防止和纠正冤假错案。坚持实事求是、有错必纠。党的十八大以来，人民法院依法纠正34件重大冤错案件，让正义最终得以实现，以重大案件审判推进法治进步，充分体现了全面依法治国、深化司法改革的成效。对社会广泛关注的聂树斌案，由山东高院异地复查、公开听证，并由最高人民法院第二巡回法庭提审，依法改判聂树斌无罪。落实刑事冤错案件国家赔偿意见，对陈满等冤错案件当事人依法赔偿。冤错案件的发生，让正义蒙羞，教训十分深刻。我们要坚决引以为戒，强化办案责任，健全制度机制，坚决守住防止冤假错案底线。

二、刑事诉讼法的实施状况

（一）律师诉讼权利保障

2016年1月12日，最高人民法院发布了《最高人民法院关于依法切实保障律师诉讼权利的规定》，以三大诉讼法、律师法和相关司法解释为依据，就依法保障律师诉讼权利规定了更加具体的措施，进一步明确了人民法院对律师知情权、阅卷权、出庭权、辩护辩论权、有关申请权等诉讼权利以及人身安全的保障。实践中进行了如下探索：

1. 律师执业环境有所改善。2016年全国法院诉讼服务大厅面积共计110.6万平方米，98.9%的法院建立诉讼服务大厅，2189家法院开通诉讼服务网，781家法院开通诉讼服务手机APP，1734家法院开通12368诉讼服务热线，为当事人及律师提供一站式、全天候、低成本的诉讼服务。开辟律师通道、电子阅卷室，设立专门的律师通道和申诉窗口，通过手机推送立案和流程信息。最高法院在办公一、二区设立了律师会见室，方便律师办理相关诉讼事务。

2. 立案方式更加便捷。上海、江苏等地推行了律师网上立案，现场自助立案，异地法院协助律师立案。

3. 建立全国律师服务平台。2016 年 6 月，最高法院立案庭和有关部门依托各高级人民法院律师信息库，开发了面向全国的律师信息库。律师登录最高法院律师服务平台，根据提示录入完整的信息后，可以享受网上立案、网上阅卷、案件查、电子送达、联系法官等服务。为提高办理效率，对于律师提交的各类申请，一般要在 3 日内进行审核、作出回应。该信息库在适当的时间，将为全国法院律师服务平台提供律师身份验证服务。

值得注意的是，"会见难""阅卷难"问题基本上得到解决，律师对刑事诉讼推进的影响力增强，参与度有了较大提高。但是，一些旧的问题还没有得以解决，新的问题又随之出现。前者例如调查取证难、申请证人出庭作证难、获得权利救济难等传统难题依旧未改变，后者例如涉嫌贿赂犯罪案件侦查阶段律师会见变得更加艰难，办案机关随意扩大"三类案件"的适用范围，公开或变相限制律师会见权等。这些问题的存在严重影响了辩护律师职能作用的发挥，影响了当前正在进行的司法改革的进程，应当引起学界和实务界的高度关注。[1]

（二）刑事法律援助

自 1994 年广州市法律援助中心的挂牌成立以来，我国刑事法律援助制度发展已经过去 22 年，至此基本形成了独具中国特色的刑事法律援助制度框架。2012 年《刑事诉讼法》对法律援助范围、阶段、方式作出了规定，2015 年 6 月 29 日颁布的《关于完善法律援助制度的意见》进一步细化了法律援助的要求。经过一年的实践运作，法律援助工作在以下诸多方面取得的可喜的进展：

1. 在法律援助基础设施建设方面，截至 2016 年 10 月，已在全国 2000 余个看守所设立了法律援助工作站。在经费保障方面，全国已有 95% 的地方将法律援助业务经费纳入财政预算，已有 17 个省份将法律援助纳入本地"十三五"经济社会发展规划，22 个省（区、市）将法律援助工作纳入民生工程、纳入基本公共服务体系、纳入政府绩效考核、社会治安综合治理和平安建设考核体系。

2. 在法律援助事项与受援范围方面，各地进一步扩充法律援助事项范围，包括损害赔偿事项、劳动保障事项以及残疾人、老年人、军人军属等特定群体主张侵权赔偿事项等。进一步放宽经济困难标准，20 余个省份将经济困难标准调整至低收入、最低工资标准或者低保标准的两倍。

3. 在法律援助案件质量管控方面，北京市海淀区作为全市唯一的司法部法律援助案件质量评估试点单位，在全国率先研发了法律援助质量评估系统，实现了信息

---

[1] 韩旭："新《刑事诉讼法》实施以来律师辩护难问题实证研究"，载《法学论坛》2015 年第 3 期。

化、电子化评估，并精细化试点工作方案和 5 大类 11 项评估标准和指标体系；江西省吉安市与市中级人民法院、市人民检察院、市直律师事务所协调，选聘了由资深法官、检察官和社会执业律师为主体的评估专家组，根据不同的办案环节，分别规定了具体的质量评估指标，采用第三方"同行评估"的评查方法，由评估专家组通过查阅案卷资料，确定案件质量高低；浙江省杭州市法律援助中心细化案件质量评估评分标准，增强案件评估工作操作性，打造"杭州市法律援助志愿律师资源库"，同时将资源库志愿律师按执业年限和专业特长进行分门别类，提高援助高质化、专业化。

然而，实践中，法律援助工作仍存在以下问题：①基层法律援助机构人数不足；②刑事法律援助经费分配不合理，主要体现为法律援助经费占全部财政支出的比例太低，国民人均法律援助经费太少，用于办案的案均法律援助经费太少，刑事法律援助与民事法律援助经费分配不合理；③审前刑事法律援助认识不足，主要体现为侦查环节上不少案件违反了刑事诉讼法应当提供法律援助的规定而未提供法律援助；④刑事法律援助区域发展不平衡；⑤值班律师制度亟须明确规制等。

（三）羁押必要性审查制度的完善

2016 年 1 月，最高检通过《人民检察院办理羁押必要性审查案件规定（试行）》（以下简称《规定》），将原来由侦查监督、公诉、刑事执行检察三部门分散办理的羁押必要性审查案件统一归由刑事执行检察部门办理。

根据《规定》第 2 条，羁押必要性审查是指人民检察院对被逮捕的犯罪嫌疑人、被告人有无继续羁押的必要性进行审查，对不需要继续羁押的，建议办案机关予以释放或者变更强制措施的监督活动，其依据为《刑事诉讼法》第 93 条。

根据《刑事诉讼法》第 93 条和《人民检察院刑事诉讼规则（试行）》第 616 条的规定，从犯罪嫌疑人、被告人被逮捕后直至生效判决作出前，也就是在案件的侦查阶段、审查起诉阶段、审判阶段，犯罪嫌疑人、被告人及其法定代理人、近亲属、辩护人均可以向检察机关申请进行羁押必要性审查。申请时，应当说明不需要继续羁押的理由。有相关证明材料的，应当一并提供。根据《规定》，羁押必要性审查案件由办案机关对应的同级检察院刑事执行检察部门统一办理，侦查监督、公诉、侦查、案件管理、检察技术等部门予以配合。

根据《刑事诉讼法》第 93 条之规定，检察机关应当对所有被逮捕的犯罪嫌疑人、被告人进行羁押必要性审查，并且在案件的侦查、审查起诉、审判阶段均可以进行审查。但是，近年来，每年被逮捕的人数在 80 万人以上，如果每名犯罪嫌疑人、被告人在案件的侦查、审查起诉、审判阶段均进行审查，每年的审查数量将在 250 万人次以上。如此数量的案件如果都进行羁押必要性审查，不仅将占用大量的人力物力，也不利于突出审查重点。[1] 因此，《规定》在立案程序前增设了初审程序。经初审，对于犯罪嫌疑人、被告人可能具有《规定》第 17 条、第 18 条规定情形之一的，才予以立案进行正式审查。羁押必要性审查可以采取以下方式：审查犯罪嫌疑人、被告人不需要继续羁押的理由和证明材料；听取犯罪嫌疑人、被告人及其法定代理人、辩护人的意见；听取被害人及其法定代理人、诉讼代理人的意见，了解是否达成和解协议；听取现阶段办案机关的意见；听取侦查监督部门或者公诉部门的意见；调查核实犯罪嫌疑人、被告人的身体状况以及其他方式。

实践中，影响犯罪嫌疑人、被告人有无继续羁押必要性的因素较多，主要因素有犯罪嫌疑人、被告人涉嫌犯罪事实、主观恶性、悔罪表现、身体状况、案件进展情况、可能判处的刑罚和有无再危害社会的危险等。据了解，有的检察机关在评估犯罪嫌疑人、被告人有无继续羁押必要性时采取了量化方式，设置了加分项目、减分项目、否决项目等具体标准，将犯罪嫌疑人、被告人的得分情况作为评估是否继续羁押的参考，《规定》对此也予以规定。一些地方检察机关探索对羁押必要性审查案件进行公开审查，邀请有关人员参加并发表意见，检察机关在听取多方面意见的基础上，对是否有必要继续羁押犯罪嫌疑人、被告人作出判断。《规定》吸纳了这一有益探索，规定羁押必要性审查可以进行公开审查。检察机关经羁押必要性审查，发现犯罪嫌疑人、被告人具有下列情形之一的，应当向办案机关提出释放或者变更强制措施的建议：案件证据发生重大变化，没有证据证明有犯罪事实或者犯罪行为系犯罪嫌疑人、被告人所为的；案件事实或者情节发生变化，犯罪嫌疑人、被告人可能被判处拘役、管制、独立适用附加刑、免予刑事处罚或者判决无罪的；继续羁押犯罪嫌疑人、被告人，羁押期限将超过依法可能判处的刑期的；案件事实基本查清，证据已经收集固定，符合取保候审或者监视居住条件的。如果犯罪嫌疑人、被告人具有上述情形之一，则依法不再符合逮捕条件或者不需要继续被羁押，因此规定检察院应当向办案机关提出释放或者变更强制措施的建议。

自《规定》颁布以来，2016 年 1 月至 11 月，检察机关经羁押必要性审查认为不需要继续羁押的，向办案机关提出释放或者变更强制措施建议后，38 606 人被释放或者变更强制措施，同比上升 60.8%；向办案机关提出释放或者变更强制措施建议 42 159 人，91.6% 的建议被办案机关采纳。2014 年侦查监督部门办理的羁押必要性审查案件数量，全年为 7669 人，而 2016 年全国刑事执行检察部门仅 12 月办案量就达到 8401 人，再次印证了统一归口的必要性。2016 年 5 月至 11 月，最高检会同最高法、公安部、司法部在全国范围内联合部署开展集中清理判处实刑罪犯未执行刑罚专项活动，核查判处实刑罪犯未执行刑罚案件底数，并予以清理纠正。作为专项活动清理纠正工作的重点，最高检、省级院、市级院分别对判处死刑缓期执行和无期

---

〔1〕 于子茹："最高检刑事执行检察厅负责人解读《羁押必要性审查规定》"，http：//news. xinhuanet. com/legal/2016－02/01/c_ 128691601. htm，最后访问时间：2017 年 3 月 18 日。

徒刑罪犯、10 年以上有期徒刑罪犯、3 年以上 10 年以下有期徒刑罪犯未执行刑罚案件进行挂牌督办。7 个月的专项活动中，全国检察机关共核查出未执行刑罚罪犯 11 379 人，督促纠正 6381 人，其中收监执行 5062 人。2016 年是羁押必要性审查案件统一归口办案的第一年，全国检察机关刑事执行检察部门的立案数、建议数、采纳数、占逮捕数比例等核心业务指标均创历史新高。[1]

（四）强制医疗程序的完善

近年来，精神病人危害公共安全事件屡有发生，虽然《刑事诉讼法》设专章对依法不负刑事责任的精神病人的强制医疗程序进行规定，但在实际操作中仍存在一些问题。2016 年，我国的强制医疗程序不断细化、进一步完善，主要体现在《人民检察院强制医疗执行检察办法（试行）》的印发以及《强制医疗所条例（送审稿）》（以下简称《条例》）向社会公开征求意见。

2016 年 6 月 2 日，最高人民检察院印发《人民检察院强制医疗执行检察办法（试行）》（以下简称《办法》）。《办法》分 8 章、共 31 条，明确规定人民检察院强制医疗检察职责是对人民法院、公安机关的交付执行活动和强制医疗机构的收治、医疗、监管等活动进行监督，对强制医疗执行活动中发生的职务犯罪案件进行侦查等，监督强制医疗执行活动由人民检察院刑事执行检察部门负责。此外，《办法》针对实践中出现的问题进行了相关规定，如针对"被精神病""假精神病"的问题，人民检察院应当及时提出纠正意见和转交材料于相关检察院；针对被强制医疗人的合法权益受到侵害的问题，人民检察院也应当及时提出纠正意见；同时，人民检察院将在强制医疗机构设立检察官信箱，更有效地接收控告、举报和申诉等信件，保障被强制医疗人合法权益。

2016 年 6 月 8 日，国务院法制办就《条例》向社会公开征求意见。针对过去强制医疗执行工作不规范的问题，《条例》明确了强制医疗所的设置原则，即原则上由省、自治区、直辖市人民政府设置，同时强制医疗所应由专业工作模式，配备相应的设施与人员。为保障被强制医疗人的合法权益，《条例》另规定了临时请假回家制度、所外就医制度以及死亡立即报告制度。针对《刑事诉讼法》第 285 条第 3 款规定的公安机关采取临时的保护性约束措施执行场所不明确的问题，《条例》也在附则中作出了相关的规定。

（五）庭前会议制度的完善

庭前会议是以审判为中心的刑事司法制度的内在要求，对进一步优化司法资源，提高司法效率，促进司法公正有着显著的作用，我国《最高人民法院关于适用〈刑事诉讼法〉的解释》也对庭前会议的召开情形、会议内容以及效力作了相关规定。

---

〔1〕 齐磊："推动羁押必要性审查案件数量质量稳中有升——最高检刑事执行检察厅厅长袁其国做客高检网正义网接受访谈"，http://newspaper.jcrb.com/2017/20170214/20170214_002/20170214_002_11.htm，最后访问时间：2017 年 3 月 18 日。

2016 年，我国庭前会议功能不断得到重视，主要体现在《最高人民法院、最高人民检察院、公安部、国家安全部、司法部关于推进以审判为中心的刑事诉讼制度改革的意见》和《最高人民法院关于进一步推进案件繁简分流优化司法资源配置的若干意见》两个文件中。

2016 年 7 月 20 日，最高人民法院、最高人民检察院、公安部、国家安全部、司法部联合发布了《关于推进以审判为中心的刑事诉讼制度改革的意见》。该《意见》明确提出应当完善庭前会议程序，对适用普通程序审理的案件还应健全庭前证据展示制度，以推进以审判为中心的刑事诉讼制度改革。

2016 年 9 月 12 日，最高人民法院发布了《最高人民法院关于进一步推进案件繁简分流优化司法资源配置的若干意见》。该《意见》十分重视庭前会议对提高司法效率，优化司法资源配置的作用，并对庭前会议的相关细节进行了明确。其一，庭前会议的主持召开主体，即法官或者受法官指导的法官助理；其二，庭前会议的解决事项，即核对当事人身份、组织交换证据目录、启动非法证据排除等相关程序性事项；其三，庭前会议中的调解，即对于适宜调解的案件，应积极通过庭前会议进行调解或促成和解；其四，庭前会议中的证据问题，即对于庭前会议已确认的无争议事实和证据，在庭审中作出说明后，可以简化庭审举证和质证；对于有争议的事实和证据，应征求当事人意见后归纳争议焦点。

（六）认罪认罚从宽制度试点

2016 年 8 月 30 日提交十二届全国人大常委会第二十二次会议审议的《关于授权在部分地区开展刑事案件认罪认罚从宽制度试点工作的决定（草案）》明确，拟在北京、天津、上海、重庆、沈阳、大连、南京、杭州、福州、厦门、济南、青岛、郑州、武汉、长沙、广州、深圳、西安 18 个城市进行试点，试行期限为 2 年。

2014 年 6 月，全国人大常委会通过决定，授权最高人民法院、最高人民检察院在上述 18 个城市开展刑事案件速裁程序试点。2 年的改革实践证明，速裁程序试点工作符合我国司法实践的需要和刑事诉讼制度的发展规律，对于构建认罪认罚案件的分类处理机制、优化司法资源配置、及时实现公平正义具有重要意义。如今，速裁程序被纳入认罪认罚从宽制度，继续在北京等 18 个城市开展试点，并从以下几个方面对相关诉讼程序进行完善：

1. 规范审前程序。为确保犯罪嫌疑人自愿认罪认罚，侦查机关、人民检察院应当告知犯罪嫌疑人享有的诉讼权利和认罪认罚可能导致的法律后果，听取犯罪嫌疑人及其辩护人或者值班律师的意见。人民检察院应就指控罪名及从宽处罚建议等事项听取犯罪嫌疑人及其辩护人或者值班律师的意见。

2. 明确撤销案件和不起诉程序。犯罪嫌疑人自愿如实供述涉嫌犯罪的事实，有重大立功或者案件涉及国家重大利益的，经公安部或者最高人民检察院批准，侦查机关可以撤销案件，人民检察院可以作出不起诉规定，也可以对涉嫌数罪中的一项或者多项提起公诉。

3. 体现为认罪认罚程序上从简。对于基层人民法院管辖的可能判处 3 年有期徒刑以下刑罚的案件，刑事被告人认罪认罚的，可以适用速裁程序，由审判员独任审判，不进行法庭调查、法庭辩论，当庭宣判，但在判决宣告前应当听取刑事被告人的最后陈述。对于基层人民法院管辖的可能判处 3 年有期徒刑以上刑罚的案件，刑事被告人认罪认罚的，可以适用简易程序审判。

4. 体现为认罪认罚实体上从宽。对于认罪认罚案件，人民法院作出判决时，一般应当采纳人民检察院指控的罪名和量刑建议，但刑事被告人不构成犯罪或者不应当追究刑事责任、违背意愿认罪认罚、否认指控犯罪事实、起诉指控罪名与审理认定罪名不一致以及其他可能影响公正审判的情形除外。

5. 完善法律援助制度。为确保犯罪嫌疑人、刑事被告人在获得及时、充分、有效法律帮助的前提下自愿认罪认罚，防止无辜者受到错误追究，法律援助机构在人民法院、看守所派驻法律援助值班律师，为没有委托辩护人的犯罪嫌疑人、刑事被告人提供法律咨询、程序选择、申请变更强制措施等法律帮助。

6. 强化监督制约。认罪认罚案件，有重大立功或者案件涉及国家重大利益的，侦查阶段撤销案件和审查起诉阶段不起诉，都设置了需经公安部或者最高人民检察院批准的严格监督程序。人民法院的裁判一般应当采纳人民检察院指控的罪名和量刑建议，同时也明确了几种例外情形。总之，认罪认罚后的定罪量刑，仍由人民法院依法判决，最终裁判权仍属于人民法院，公检法机关之间的互相制约关系没有变化。同时，为确保认罪认罚从宽制度公正执行，防止产生"权权交易、权钱交易"等司法腐败问题，认罪认罚从宽制度改革方案对办案人员有刑讯逼供、暴力取证或者权钱交易、放纵罪犯等滥用职权、徇私枉法情形的，明确规定严格依法追究刑事责任、行政责任。

（七）刑事电子证据新规出台

近年来，随着互联网技术的成熟与发展，传统犯罪逐渐向互联网迁移，犯罪手段日益多样，各类刑事案件对电子数据的涉及日益增加。为回应刑事案件中出现的新趋势，我国 2012 年《刑事诉讼法》对电子数据的审判进行了专门规定，并在 2014 年《最高人民法院、最高人民检察院、公安部关于办理网络犯罪案件适用刑事诉讼程序若干问题的意见》中进一步对电子数据的取证原则、移送规则、鉴定与检验进行了更加细致的规定。

2016 年 9 月 20 日，为进一步弥补既有法律法规在操作性问题上的薄弱，不断推进电子数据刑事活动的顺利开展，最高人民法院、最高人民检察院、公安部发布《关于办理刑事案件收集提取和审查判断电子数据若干问题的规定》（以下简称《规定》），该《规定》自 2016 年 10 月 1 日施行。该《规定》从"一般规定""电子数据的收集与提取""电子数据的移送与展示""电子数据的审查与判断""附则"共 5 章、30 个条文对电子数据刑事活动进行了全面规定。该《规定》突出问题导向从而更加具有针对性和操作性，具体来说，在电子数据的界定方面，将博客、微博、朋友圈等具有私人性的领域上发布的信息—并明确归为电子数据；在收集提取方面，规定了扣押封存的具体要求、批准冻结保全的主体和情形以及检查电子数据的具体方法；在移送和展示方面，明确了移送的内容要求和具体情形；在审查与判断方面，强调应围绕真实性、合法性、关联性进行审查判断并细化各项要求。明确电子数据在刑事司法中的法律地位，并将其收集、调取和审查的程序不断予以规范化，是贯彻证据裁判原则的应有之义，同时也为司法机关扫清了立法不明的障碍，必将更有利于案件的顺利办理，助力刑事司法公正。

三、刑事诉讼实践中的热点问题

（一）促进庭审实质化，纠正和防止冤假错案

2016 年，司法机关深入推进以审判为中心的刑事诉讼制度改革，旨在从制度上防止冤假错案发生，集中纠正了聂树斌案、陈满案、刘吉强案等冤假错案。

以审判为中心的刑事诉讼制度改革，庭审实质化是核心。一年来，试点地区努力提高疑难复杂案件证据标准，发挥庭审在查明事实、认定证据、保障诉权、适用法律方面的实质性作用。在全国率先探索改革试点的成都市中级人民法院，2016 年开实质化试验示范庭 454 件，503 名证人出庭作证，律师 100% 参与辩护，启动程序排除非法证据 6 件，改革得到广泛认同。公安机关认真贯彻《关于深化公安执法规范化建设的意见》，探索建立命案等重大案件检查、搜查、辨认、指认等过程录音录像制度，促使办案人员规范取证。检察机关全面贯彻证据裁判规则，坚决排除非法证据，不符合标准的依法不捕不诉，防止"起点错、跟着错、错到底"。

（二）反腐行动深入化

2016 年，我国反腐工作进一步纵深推进，主要体现在：

1. 海外追逃取得突破性进展。公安司法机关认真贯彻中央关于反腐败国际追逃追赃工作的决策部署，全力推进"猎狐行动"与"天网行动"，截至 2016 年 11 月，共从 70 余个国家和地区成功抓获各类境外逃犯 908 名（参见图 3 - 2）。

2. 增设国家监察委员会助力反腐。国家监察委员会制度改革，旨在扩大监察范围、丰富监察手段，实现对行使公权力的公职人员监察全面覆盖。"全覆盖"意味着：除了立法机关、司法机关，一些行使公权力的群团机构以及一些学校、公立医院等，也都在监察范围之内。监察委员会制度改革有利于强化监察职能的独立性，破解"一把手监督"以及"上级监督太远、同级监督太软、下级监督太难"等难题。

图3-2 2016年海外追逃情况

（三）推进人民陪审员制度改革

2015 年 4 月，十二届全国人大常委会第十四次会议决定选出 10 个省进行为期 2 年的人民陪审员制度改革。2016 年 6 月 30 日，召开了十二届全国人大常委会第二十一次会议，在此次会议中，最高人民法院院长周强根据进行了一年的试点情况作了中期报告。全国人大代表、全国人大常委会委员、专门委员会委员根据报告反映出的困难和问题，从以下几方面提出改进建议：①针对人民陪审员的职权问题，提出继续探讨研究人民陪审员的职权，要区分"事实审"和"法律审"的界限，处理好人民陪审员职权间的矛盾。②针对人民陪审员的履职保障问题，提出建立健全人民陪审员薪金保障，安全保障等履职保障的制度和措施，将陪审员经费待遇列入财政预算。③针对人民陪审员选任问题，提出陪审员应通过随机抽选和推选共同产生，并调整陪审员产生范围，准入门槛。④针对人民陪审员制度的立法问题，提出在宪法中确立人民评审员制度，并制定人民陪审员法。⑤针对社会认同问题，提出应加大制度宣传，使人民陪审员制度深入人心，为人民陪审员制度的良好运行奠定社会认知基础。

（四）《人民警察法》修改热议

我国《人民警察法》自 1995 年开始实施以来，虽然在 2012 年有过修订，但整体而言该法仍然存在不足，有待完善。为规范和保障公安机关及其人民警察依法履行职责、行使权力，加强对人民警察的监督，建设高素质的人民警察队伍，自 2014 年以来，公安部就将修改《人民警察法》作为全面深化公安改革的重点项目，着力推动修法工作。

2016 年 12 月 1 日，《中华人民共和国人民警察法（修订草案稿）》正式形成，并公开向社会征求意见。修订草案稿对该法进行了较大修订，数量上从 52 条增加至 109 条，内容上进一步赋予、界定和规范警察权力行使，同时给予相关保障，其中几大亮点值得关注：①将人民警察的职责范围由原有的 14 项扩展到 23 项，同时对占用警力、弱化职能、严重影响公安工作和形象的非警务活动进行限制；②新增 5 种人民警察可使用武器的情形，明确规定遇袭警危及生命安全时可以开枪，保障警察充分行使自卫权；③警察执法手段更加多样化、细节化，身份证检查、传唤以及网络管制等手段引入人民警察法，检查盘问、武器使用以及保护性约束措施等手段的适用得以进一步细化；④增加职业保障内容，从经费待遇、身份保障、职业安全和免责补偿权等方面维护警察的合法权益；⑤从事基层一线执法执勤工作满 25 年的警察可以提前退休；⑥更加注重执法规范和对执法的监督，将严格依法履职、尊重和保障人权、执法公开以及执法全过程记录和保存制度作为执法活动的基本要求，设立执法过错责任追究制度和投诉委员会保障监督的有效性，防止警察权的滥用。除此之外，修改草案稿拟规定每年 7 月 6 日为人民警察日，人民警察院校公安专业学员实行预备警官制度。

《中华人民共和国人民警察法（修订草案稿）》是人民警察法实施 20 多年来变动

最大的一次修订。此次修订，不仅是建设法治国家、法治政府的需要，更是健全与完善我国人民警察制度的重要内容，对于全面提升人民警察职业化、专业化水平，提升国家治理能力具有重要意义。

（五）《社区矫正法》立法热议

社区矫正作为与监禁矫正相对应的刑罚执行方式，体现了行刑社会化、刑罚轻缓化的趋势，因此也为世界各国所倡导。尤其在监禁矫正危机与犯罪率急剧增长的情况下，社区矫正更具有特殊意义。除此之外，对于我国而言，在废止劳动教养制度之后，对于大量的轻微犯罪行为，亟待建立健全社区矫正制度，以弥补劳教制度废止后惩戒矫治手段上的空白，保证国内安全秩序的平稳过渡。

2003年北京、天津、上海、江苏、浙江和山东6个省市实行社区矫正工作试点，并于2009年开始全面试点。在这期间，两院两部颁布了《最高人民法院、最高人民检察院、公安部、司法部关于开展社区矫正试点工作的通知》《最高人民法院、最高人民检察院、公安部、司法部关于扩大社区矫正试点范围的通知》《最高人民法院、最高人民检察院、公安部、司法部关于在全国试行社区矫正工作的意见》等多个指导文件。2011年《刑法修正案（八）》首次将社区矫正纳入其中。2012年3月14日第十一届全国人民代表大会第五次会议通过的修正的《刑事诉讼法》，再次明确了社区矫正的法律地位。最高人民法院、最高人民检察院、公安部、司法部于2012年1月10日联合制定了《社区矫正实施办法》。多年的实践经验和立法经验为我国当前制定《社区矫正法》的创造了充分的立法条件，十八届四中全会更是明确提出了制定该法的具体要求，这也反映出社区矫正对于我国法治建设的重要意义。

2016年12月1日，中国政府法制信息网公布《社区矫正法（征求意见稿）》，并向全社会征求意见。该部法律致力于克服目前刑法、刑事诉讼法的规定过于原则、难以操作以及《社区矫正实施办法》等法律文件位阶较低等问题，以求避免司法实践中社区矫正的立法目的难以实现的实际状况，符合未来社区矫正的方向，使得我国未来统一刑罚执行法、实现行刑社会化、强调保障人权与惩罚犯罪并重成为可能。然而，目前该征求意见稿条文较少，且有些规定过于模糊——社区矫正的性质、社区矫正机构的性质和人员的身份等问题均予回避；社区矫正程序及矫正措施规定极不完善；我国自试点以来的全部实践经验未能转化为立法。因此，我国的立法者今后应将继续加强立法调研，听取实务部门、专家学者以及人民群众的意见，以实现社区矫正法能够真正帮助社区服刑人员改邪归正、回归社会的立法目的。

（六）严惩电信网络诈骗犯罪

近年来，利用通信工具、互联网等技术手段实施的电信网络诈骗犯罪活动持续高发。最高人民法院公布的典型案例有江西省南昌市周文强等被告人虚构推荐优质股票诈骗案、河北省兴隆县谢怀丰、谢怀骋等被告人推销假冒保健产品诈骗案、福建省晋江市吴金龙等被告人发送"医保卡出现异常"虚假信息诈骗案等。

最高人民法院、最高人民检察院、公安部、工业和信息化部、中国人民银行、中国银行业监督管理委员会六部门联合发布《防范和打击电信网络诈骗犯罪的通告》，最高人民法院、最高人民检察院、公安部于2016年12月20日联合发布《关于办理电信网络诈骗等刑事案件适用法律若干问题的意见》，明确依法严惩电信网络诈骗犯罪、全面惩处关联犯罪、准确认定共同犯罪与主观故意、依法确定案件管辖、证据的收集和审查判断、涉案财物的处理等内容。由于电信网络诈骗突破了传统犯罪空间范畴，属于跨区域犯罪，地域化色彩相对淡化，因此实行全国统一数额标准和数额幅度底线标准。电信网络诈骗财物价值3000元以上、3万元以上、50万元以上的，应当分别认定为诈骗"数额较大""数额巨大""数额特别巨大"。同时明确规定，"数额特别巨大"或者有其他特别严重情节的，处10年以上有期徒刑或者无期徒刑。

电信网络诈骗犯罪数额达到相应标准后，具有法定10项情形之一的，予以从重处罚。包括：造成严重后果的，如诈骗致人自杀、死亡或者精神失常；犯罪手段恶劣的，如利用"钓鱼网站""木马"程序链接等进行诈骗的；以社会弱势群体为诈骗对象的，如诈骗残疾人、老年人、学生等；诈骗特定款物的，如诈骗扶贫、救济、优抚款物；犯罪分子主观恶性较深的，如有诈骗前科又诈骗的；等等。对电信网络诈骗案件的被告人，不仅更严格控制适用缓刑的范围，更注重依法适用罚金、没收财产等财产刑，加大经济上的惩罚力度，最大限度削弱犯罪分子的经济实力，最大限度剥夺犯罪分子再犯的能力。

四、典型案例

（一）指导性案例

1. 最高人民法院指导性案例。2016年最高人民法院分别于5月30日、6月30日、9月19日、12月28日发布了第12批至第15批指导性案例。其中，第61号、第62号、第63号、第70号和第71号案例涉及刑事问题。

（1）指导案例61号：马乐利用未公开信息交易案。该案例裁判要点为：《刑法》第180条第4款规定的利用未公开信息交易罪援引法定刑的情形，应当是对第1款内幕交易、泄露内幕信息罪全部法定刑的引用，即利用未公开信息交易罪应有"情节严重""情节特别严重"两种情形和两个量刑档次。

（2）指导案例62号：王新明合同诈骗案。该案例裁判要点为：在数额犯中，犯罪既遂部分与未遂部分分别对应不同法定刑幅度的，应当先决定对未遂部分是否减轻处罚，确定未遂部分对应的法定刑幅度，再与既遂部分对应的法定刑幅度进行比较，选择适用处罚较重的法定刑幅度，并酌情从重处罚；二者在同一量刑幅度的，以犯罪既遂酌情从重处罚。

（3）指导案例63号：徐加富强制医疗案。该案例裁判要点为：审理强制医疗案件，对被申请人或者被告人是否"有继续危害社会可能"，应当综合被申请人或者被告人所患精神病的种类、症状、案件审理时其病情是否已经好转，以及其家属或者监护人有无严加看管和自行送医治疗的意愿和能力等情况予以判定。必要时，可以委托相关机构或者专家进行评估。

（4）指导案例 70 号：北京阳光一佰生物技术开发有限公司、习文有等生产、销售有毒、有害食品案。该案例裁判要点为：行为人在食品生产经营中添加的虽然不是国务院有关部门公布的《食品中可能违法添加的非食用物质名单》和《保健食品中可能非法添加的物质名单》中的物质，但如果该物质与上述名单中所列物质具有同等属性，并且根据检验报告和专家意见等相关材料能够确定该物质对人体具有同等危害的，应当认定为《中华人民共和国刑法》第 144 条规定的"有毒、有害的非食品原料"。

（5）指导案例 71 号：毛建文拒不执行判决、裁定案。该案例裁判要点为：有能力执行而拒不执行判决、裁定的时间从判决、裁定发生法律效力时起算。具有执行内容的判决、裁定发生法律效力后，负有执行义务的人有隐藏、转移、故意毁损财产等拒不执行行为，致使判决、裁定无法执行，情节严重的，应当以拒不执行判决、裁定罪定罪处罚。

2. 最高人民检察院指导性案例。2016 年 5 月 31 日，最高人民检察院发布第 7 批指导性案例，包括"马乐利用未公开信息交易案""于英生申诉案""陈满申诉案""王玉雷不批准逮捕案"四个案例。

（1）检例第 24 号：马乐利用未公开信息交易案。《刑法》第 180 条第 4 款利用未公开信息交易罪为援引法定刑的情形，应当是对第 1 款法定刑的全部援引。其中，"情节严重"是入罪标准，在处罚上应当依照第 180 条第 1 款内幕交易、泄露内幕信息罪的全部法定刑处罚，即区分不同情形分别依照第 180 条第 1 款规定的"情节严重"和"情节特别严重"两个量刑档次处罚。

（2）检例第 25 号：于英生申诉案。坚守防止冤假错案底线，是保障社会公平正义的重要方面。检察机关既要依法监督纠正确有错误的生效刑事裁判，又要注意在审查逮捕、审查起诉等环节有效发挥监督制约作用，努力从源头上防止冤假错案发生。在监督纠正冤错案件方面，要严格把握纠错标准，对于被告人供述反复，有罪供述前后矛盾，且有罪供述的关键情节与其他在案证据存在无法排除的重大矛盾，不能排除有其他人作案可能的，应当依法进行监督。

（3）检例第 26 号：陈满申诉案。证据是刑事诉讼的基石，认定案件事实，必须以证据为根据。证据未经当庭出示、辨认、质证等法庭调查程序查证属实，不能作为定案的根据。对于在案发现场提取的物证等实物证据，未经鉴定，且在诉讼过程中丢失或者毁灭，无法在庭审中出示、质证，有罪供述的主要情节又得不到其他证据印证，而原审裁判认定被告人有罪的，应当依法进行监督。

（4）检例第 27 号：王玉雷不批准逮捕案。检察机关办理审查逮捕案件，要严格坚持证据合法性原则，既要善于发现非法证据，又要坚决排除非法证据。非法证据排除后，其他在案证据不能证明犯罪嫌疑人实施犯罪行为的，应当依法对犯罪嫌疑人作出不批准逮捕的决定。要加强对审查逮捕案件的跟踪监督，引导侦查机关全面及时收集证据，促进侦查活动依法规范进行。

　　（二）重大影响案件

　　2017 年初，多家法律类媒体进行了 2016 年度十大案件评选。《人民法院报》编辑部评选的"2016 年度人民法院十大刑事案件"包括：聂树斌故意杀人、强奸妇女再审案，令计划受贿、非法获取国家秘密、滥用职权案，白恩培受贿、巨额财产来源不明案，快播公司传播淫秽物品牟利案，周世锋、胡石根、翟岩民、勾洪国颠覆国家政权案，天津港"8·12"特大火灾爆炸事故系列案，贾敬龙故意杀人案，福喜公司食品案，单县高考志愿篡改案，全国最大网络贩卖野生动物案。《检察日报》评选的"烙印 2016：十大刑案评点"包括：聂树斌案，白银连环杀人案，山东非法疫苗案，快播案，徐玉玉案，营口运钞车被劫案，垃圾倾倒太湖案，e 租宝案，少年购买仿真枪案，川师大杀人案。《民主与法治》评选的"2016 年十大影响力案件"中的刑事案例包括：白恩培案、聂树斌案、陈满案、快播案、雷洋案、徐翔案。中国案例法学研究会、《南方周末》报社共同评选的"2016 年中国十大影响性诉讼"中的刑事案例包括：聂树斌再审改判无罪案，白恩培受贿终身监禁案，"仿真枪"获刑系列案，太原警察打死农妇案，贾敬龙杀人案，吉林公安刑事扣押国家赔偿案。根据评选结果，就其中几件重要案件按时间顺序进行扼要介绍。

　　1. 陈满案。

　　【案情简介】1992 年 12 月 25 日，海南省海口市发生一起杀人焚尸案。1993 年 9 月 25 日，犯罪嫌疑人陈满被逮捕。1994 年 11 月 22 日，海口市中级人民法院一审以故意杀人罪、放火罪判处陈满死刑，缓期二年执行，剥夺政治权利终身，海口市检察院以判决过轻为由提出抗诉，海南省高院二审裁定驳回抗诉、维持原判。二审宣判后，陈满及家人多年申诉不断。2015 年 2 月，最高人民检察院以海南高院对陈满案的裁定"认定事实错误，导致适用法律错误"为由，向最高人民法院提出抗诉。2015 年 4 月，最高人民法院指令浙江高院异地再审。2016 年 2 月 1 日，浙江省高级人民法院再审以事实不清、证据不足为由裁定撤销原审裁判、宣告陈满无罪。2016 年 5 月 13 日，海南高院和陈满达成赔偿协议，向陈满支付国家赔偿金 2 753 777.64 元，包括人身自由赔偿金 185 万余元，精神损害抚慰金 90 万元。

　　【影响性】疑罪从无是无罪推定原则的具体内容之一，是刑事审判的基本原则。贯彻疑罪从无原则，重点在于对疑罪的处理方法，对于事实不清、证据不足即犯罪事实不能认定的案件，应当适用疑罪从无原则，作出无罪判决。长期以来，我国司法实践中没有确立疑罪从无原则，很多司法人员或多或少都存在"有罪推定"的思想倾向，使得个别案件中出现了"疑罪从有""疑罪从挂"的现象。随着我国司法改革的逐步深入，尤其是近年来一些冤假错案的曝光，"疑罪从无"理念逐步被人们所接受，"疑罪从无"的裁判也开始出现，如聂树斌案、呼格吉勒图案、陈满案等案件再审后都作出了因事实不清、证据不足而改判无罪的裁定。在 2016 年 9 月，国务院新闻办公室发表《中国司法领域人权保障的新进展》白皮书，指出"中国贯彻疑罪从无原则，积极防范和纠正冤假错案"。此外，陈满案是最高检首次抗诉要求改判无罪的案件，体现了最高检对生效裁判案件监督的力度，实属最高检实施法律监督、捍卫公平正义的经典案例。

2. 吉林公安刑事扣押国家赔偿案。

【案情简介】2005 年 8 月，吉林市凌山塑料包装容器有限责任公司（简称"凌山公司"）因偷税罪、虚开增值税专用发票罪，被法院判处罚金 250 万元。案件进入司法程序前，吉林省公安厅从凌山公司法定代表人牟洋家中及关联企业昊大橡塑制品厂，查扣各类钱款折合人民币 2462 万余元。尽管凌山公司与昊大橡塑制品厂是两家企业，且凌山公司早已全额缴纳 250 万元罚金，但吉林省公安厅一直未能返还缴纳罚金剩余的 2020 万扣押款。2016 年 1 月，多年"讨债"未果的牟洋向最高人民法院提起国家赔偿申请；2016 年 8 月 24 日，最高人民法院赔偿委员会决定：吉林省公安厅向牟洋返还侦查期间扣押的 2020 万元人民币，并支付相应的利息损失 730 万元。

【影响性】财产权是人权的重要组成部分。长期以来，我国司法实践对刑事诉讼中的财产权保障关注不足，犯罪嫌疑人、被告人财产权被侵犯的情况时有发生，尤其是在侦查阶段，侦查机关进行违法查封、扣押等问题已较为严重。为此，2012 年《刑事诉讼法》修改加强了对犯罪嫌疑人、被告人财产权的保障，例如，赋予当事人、辩护人、诉讼代理人及其利害关系人申诉与控告权，当司法机关查封、扣押与案件无关的财物时，当事人、辩护人等有权向该机关申诉或控告。2013 年 11 月，十八届三中全会通过的《中共中央关于全面深化改革若干重大问题的决定》明确提出要完善人权司法保障制度，进一步规范查封、扣押、冻结、处理涉案财物的司法程序。随着刑事法治的发展、人权观念的树立，尤其是近年来一些刑事违法扣押国家赔偿案的曝光，刑事诉讼中的财产权保障逐步受到重视，查封、扣押、冻结、处理涉案财物的司法程序将会越来越完善。

3. 白恩培受贿终身监禁案。

【案情简介】2016 年 10 月 9 日，河南省安阳市中级人民法院依法对白恩培受贿、巨额财产来源不明案进行了一审宣判，认定白恩培犯受贿罪，判处死刑，缓期二年执行，剥夺政治权利终身，并处没收个人全部财产，在其死刑缓期执行二年期满依法减为无期徒刑后，终身监禁，不得减刑、假释；犯巨额财产来源不明罪，判处有期徒刑 10 年，两罪并罚，决定执行死刑，缓期二年执行，剥夺政治权利终身，并处没收个人全部财产，在其死刑缓期执行二年期满依法减为无期徒刑后，终身监禁，不得减刑、假释。法院查明，2000 年至 2013 年，白恩培先后利用担任青海省委书记、云南省委书记、全国人大环境与资源保护委员会副主任委员等职务上的便利，为他人在房地产开发、获取矿权、职务晋升等事项上谋取利益，直接或者通过其妻非法收受他人财物，共计折合人民币 2.467 645 11 亿元。白恩培还有巨额财产明显超过合法收入，不能说明来源。

【影响性】2016 年，反腐风暴继续推进，很多贪腐大案进入审判程序，如令计划案、郭伯雄案、赵黎平案、白恩培案等，反映了中共中央反腐败的决心，在此过程中也彰显了依法治国的执政理念及"法律面前人人平等"的原则，体现出反腐败工作法治化的特点。而白恩培案的特殊之处在于：这是我国司法实践中判决的第一起"终身监禁，不得减刑、假释"的案件，具有里程碑式的意义。终身监禁是 2015 年 8 月全国人大常委会通过的《刑法修正案（九）》中新设立的刑罚执行措施，终身监禁一方面对贪腐分子形成了强大震慑，另一方面也符合慎用死刑的刑事政策。白恩培案成为我国终身监禁第一案，白恩培也成为"终身监禁第一人"。

4. 贾敬龙故意杀人案。

【案情简介】因 2013 年村里旧房改造时自家房屋被拆，河北省石家庄市长安区北高营村村民贾敬龙与该村村长兼书记何建华结下怨恨。2015 年 2 月 19 日，在全村春节团拜会现场，贾敬龙用事先准备的射钉枪对着何建华后脑部射击，致其死亡。2015 年 11 月 24 日，河北省石家庄市中级人民法院一审以故意杀人罪判处贾敬龙死刑；2016 年 5 月 17 日，河北省高级人民法院二审维持原判。2016 年 8 月 31 日，最高人民法院依法核准死刑。2016 年 10 月 18 日，最高人民法院下达对贾敬龙杀人案的死刑核准裁定书。2016 年 10 月 24 日，贾敬龙之姐先后向最高人民法院和最高人民检察院递交了《贾敬龙故意杀人案死刑停止执行申请书》。2016 年 11 月 15 日，贾敬龙被执行死刑。

【影响性】"贾敬龙故意杀人案"是 2016 年度热点话题，该案牵扯出乡村治理等诸多问题，引发了社会各界的广泛关注，其中不少人呼吁"刀下留人"。"保留死刑，严格控制死刑"是我国的基本死刑政策，就是要以最严格的标准和最审慎的态度，确保死刑只适用于极少数罪行极其严重的犯罪分子，保证更准确地依法惩治严重刑事犯罪。最高人民法院依法核准死刑，理由是"对罪恶严重，特别是对蓄谋报复，严重危害社会治安，罪行极其严重、情节特别恶劣的故意杀人犯罪分子，应坚决依法严厉惩处"。在死刑核准裁定下达后的 7 日内，因被告人亲属及辩护律师提出异议，死刑被暂停执行，最高人民法院对案件再次进行审查后，依法决定继续执行死刑，这充分保障了被告人贾敬龙的辩护权等诉讼权利，为将来完善死刑复核程序的人权保障机制提供了借鉴。

5. 太原警察打死农妇案。

【案情简介】2014 年 12 月 13 日，在太原市公安局小店分局龙城派出所民警处置"龙瑞苑"工地警情期间，河南籍民工周秀云死亡。2014 年 12 月 30 日，涉案民警王文军被逮捕。2015 年 1 月 3 日，涉案民警郭铁伟、辅警任海波被逮捕。2015 年 5 月 18 日，王文军、郭铁伟、任海波涉嫌故意伤害罪、滥用职权罪一案由山西省太原市中级人民法院进行审理。此后，太原中院多次以"案情复杂、案件处于调查当中"为由延长审理期限。2016 年 11 月 10 日，太原中院一审宣判，认定王文军犯过失致人死亡罪，判处有期徒刑 4 年，犯滥用职权罪，判处有期徒刑 2 年 2 个月，两罪并罚，决定执行有期徒刑 5 年；认定郭铁伟犯滥用职权罪，判处有期徒刑 2 年 2 个月，缓刑 3 年；认定任海波犯故意伤害罪，判处有期徒刑 1 年 11 个月，缓刑 2 年。王文军、郭铁伟、任海波均表示认罪悔罪。

【影响性】此前备受关注的"太原警察打死农妇案"在 2016 年尘埃落定，但是该案所反映出的审理期限、审前羁押等问题仍值得关注和反思。随着"以审判为中心"诉讼制度改革的逐步推进，集中审理原则越来越受到重视，其中，"庭审不中断并迅速作出裁判"是集中审理原则的重要内容。审限制度是落实集中审理原则的重要制度，人民法院审理刑事案件应当遵守《刑事诉讼法》第 202 条关于公诉案件审限的规定。但是，超过审限后有何后果？对此，《刑事诉讼法》及司法解释没有明确规定，而最高人民法院于 2009 年印发的《人民法院工作人员处分条例》第 84 条规定："因过失导致所办案件严重超出规定办理期限，造成严重后果的，给予警告、记过或者记大过处分。"由于超出审限仅具有行政性后果却无程序性后果，审限制度在司法实践中很可能会被架空。此外，尽管审前羁押有利于刑事诉讼的顺利进行，但这也会影响法官的"实际"量刑幅度，尤其是对于可能判处 3 年以下有期徒刑的案件，导致了司法实践中"为规避国家赔偿而以审前羁押期限为最低量刑标准"的现象出现。如何解决这些难题、规避风险，是对立法者和司法者的考验。

6. 白银连环杀人案。

【案情简介】1988 年至 2002 年，犯罪嫌疑人高承勇在甘肃省白银市及内蒙古包头市连续强奸杀害女性 11 人，案件久侦不破。犯罪嫌疑人在现场留下的指纹、脚印、精斑很多，但没有线索指向这些是谁的。2015 年起，甘肃公安部门调整侦破思路，利用新技术手段，围绕现场遗留的 DNA 和指纹两个突破口开展破案攻坚。2016 年 8 月 19 日，技术人员在对采集到的血样进行 DNA – Y 染色体进行检验时，系列案件嫌疑人的 DNA 27 个 Y 基因座全部比中白银市白银区违法犯罪人员高承勇。8 月 26 日，高承勇落网，交代了其在白银、包头性侵杀害 11 名女性的犯罪事实。2016 年 11 月 24 日，甘肃公安机关披露，本案已侦查终结移送检察机关审查起诉。

【影响性】侦破技术的飞跃，让残害 11 条人命的杀人狂魔最终伏法。随着社会的进步，高科技用于侦查取证，大大提升了公安机关的侦查能力。但是，除了技术贡献的力量外，办案人员多年坚持不懈的努力不容忽视。据了解，为了抓到凶手，这么多年来，白银公安局先后曾对比了至少 10 万枚指纹。此案的告破，不仅告慰了受害人家属，更是向社会证明，潜逃的犯罪分子终有一天难逃法律的严惩。最重要的是，它让公众对警方、对社会治安和公共安全、对公平和法治多了一分信心。

7. 聂树斌再审改判无罪案。

【案情简介】1994 年 8 月 11 日，在河北省石家庄西郊方台村附近的玉米地内，液压件厂女工康某的尸体被发现。1994 年 10 月 1 日，犯罪嫌疑人聂树斌被刑事拘留。1995 年 3 月 15 日，石家庄市中级人民法院一审以故意杀人罪、强奸罪判处聂树斌死刑；4 月 25 日，河北省高级人民法院二审维持原判；4 月 27 日，聂树斌被执行死刑。2005 年 1 月，多次实施强奸杀人的王书金被缉拿归案，自述是"聂树斌案"

真凶。2013 年 9 月 22 日，河北省高级人民法院裁定王书金非聂树斌案真凶，驳回王金书上诉、维持原判。2014 年 12 月 12 日，最高人民法院指令山东省高级人民法院复查此案。2015 年 4 月，山东省高级人民法院召开聂树斌案听证会。2016 年 6 月 6日，最高人民法院决定提审聂树斌案。2016 年 12 月 2 日，最高人民法院第二巡回法庭对原审被告人聂树斌故意杀人、强奸妇女再审案公开宣判，以事实不清、证据不足为由，宣告撤销原审判决，改判聂树斌无罪。

【影响性】聂树斌案是 2016 年关注度最高的刑事案件之一。随着司法改革的逐步推进，一批冤假错案得到纠正，这既体现了我国对人权司法保障的重视，也表明了司法机关勇于纠错的态度和决心。聂树斌案的平反再一次彰显了"让人民群众在每一个司法案件中感受到公平正义"的司法理念，必将对今后冤假错案的平反产生深远的影响。聂树斌案是我国被执行死刑案件中，最高人民法院因事实不清、证据不足而直接改判无罪的第一例。从聂树斌被执行死刑到改判无罪之间相隔超过了 21年，很多证据已经灭失，查清事实和证据的难度极大。从公布的现有证据来看，认定聂树斌犯罪的证据并未达到证据确实、充分的证明标准。在这种情况下，最高人民法院坚持"疑罪从无"改判无罪，无疑为未来的司法活动提供了准则和标杆。此外，聂树斌案是最高人民法院指令省级法院异地复查的第一案，且在复查过程中举行了前所未有的听证会，这些制度上的创新有利于我国审判监督程序的完善。

8. 徐翔案。

【案情简介】2016 年 12 月 5 日至 6 日，山东省青岛市中级人民法院一审公开开庭审理由青岛市人民检察院提起公诉的徐翔、王巍、竺勇操纵证券市场案。青岛市检察院指控，徐翔实际控制近百人证券账户，在 2010 年至 2015 年与 13 家上市公司董事长、实控人合谋，按徐翔等人的要求，由后者控制上市公司发布高送转方案、释放公司业绩、引入热点题材等利好消息的披露时机和内容，通过实际控制的账户择机进行相关股票连续买卖，双方共同操纵股票交易价格和交易量，在股价高位时，徐翔等人通过大宗交易接盘的公司高管减持的股票、提前建仓的股票或定向增发解禁股票抛售，从中获利。三名被告人均表示认罪认罚，并请求法庭从宽处罚，法庭将择期宣判。

【影响性】中国股市时有动荡，清理整顿证券市场金融秩序，是民心所向，也是中国经济走向健康稳定发展的必然需要。在这种大背景下，徐翔案自然引起了全社会的高度关注。而此次审理中，起诉书中第一次出现了"认罪认罚"的字样，青岛市又正是全国人大常委会 2016 年 10 月授权在部分地区开展刑事案件认罪认罚从宽制度试点的试点城市，此案的审理标志着"认罪认罚从宽制度"已经进入到了中国的司法实践之中。

9. 山东非法疫苗案。

【案情简介】2015 年 3 月，山东警方破获了一起案值 5.7 亿元的非法疫苗案。在长达 5 年多的时间里，庞红卫和孙琪母女从陕西、重庆、吉林等 10 余个省市 70 余名医药公司业务员或疫苗贩子手中，低价购入流感、乙肝、狂犬病等 25 种人用疫苗，然后加价销往全国。这些疫苗虽为正规厂家生产，但由于未按照国家相关法律规定运输、保存，脱离了 2℃～8℃ 的恒温冷链，已难以保证品质和使用效果，注射后甚至可能产生副作用。2016 年 12 月 9 日，庞红卫、孙琪非法经营案在济南市中级人民法院开庭审理。公诉人指控：庞红卫用不符合冷藏要求的运输方式将疫苗发往本省及省外买家，销售金额 7400 余万元；孙琪参与销售金额 4200 余万元。两名被告人当庭表示认罪、悔罪。

【影响性】疫苗安全是人命关天的大事，而"问题疫苗"非法交易依然屡禁不绝。在及时查清公布涉事疫苗及制品的来源与流向之外，更应痛定思痛，追根溯源，查堵生产、流通、购销、使用等环节的监管漏洞。相关职能部门应恪守职责，用高效透明、严丝合缝的监管措施阻遏非法疫苗流通，确保疫苗安全。

10. 快播公司传播淫秽物品牟利案。

【案情简介】2013 年 11 月 18 日，北京市海淀区文化委员会在北京网联光通技术有限公司查获深圳市快播科技有限公司托管的服务器 4 台。北京市公安局从上述 3 台服务器里提取了 29 841 个视频文件进行鉴定，认定其中属于淫秽视频的文件为 21 251 个。案发后，公安部将该案列为挂牌督办案件，并部署北京、广东等地公安机关统一行动，先后抓获十余名涉案人员，对潜逃海外的主犯王欣通过协调国际刑警组织发布红色通报缉拿归案。2016 年 9 月 13 日，北京市海淀区人民法院作出一审判决，深圳市快播科技有限公司犯传播淫秽物品牟利罪，判处罚金人民币 1000 万元，王欣、张克东、吴铭、牛文举等 4 名主管人员分别被判处 3 年 6 个月至 3 年不等有期徒刑，并处罚金。2016 年 12 月 15 日，北京市第一中级人民法院二审维持原判。

【影响性】快播案是 2016 年中国网络舆论的热点，通过庭审视频直播的方式，让整个庭审暴露于公众视野之下，且该案自身涉及网络传播、技术中立、互联网发展与法律边界等多种前沿性问题，引发了全社会的广泛关注和讨论。其中，庭审全程视频直播的方式受到了各界的好评。根据《最高人民法院关于人民法院直播录播庭审活动的规定》，人民法院可以选择公众关注度较高、社会影响较大、具有法制宣传教育意义的公开审理的案件进行庭审直播、录播。司法活动的最终目的是实现司法公正，而阳光是最好的防腐剂。该案审理期间，北京市海淀区人民法院采用视频直播的方式向外界播报庭审情况，使得公众可以通过网络对案件审判过程和裁判结果进行关注并互动讨论，使得司法神秘化的空间急剧缩小，对推进司法公开、公正具有重要意义。

11. 周文斌案。

【案情简介】2014 年 12 月 9 日，南昌大学原校长周文斌涉嫌受贿、挪用公款犯罪一案由江西省南昌市中级人民法院进行审理。2015 年 3 月 12 日，最高人民法院批准延长该案审理期限 3 个月。2015 年 9 月 15 日，南昌中院召开庭前会议，决定对周文斌案全案重审。2015 年 11 月 9 日，周文斌案再次由南昌中院进行审理。2015 年 12

月 29 日，南昌中院一审宣判，认定周文斌犯受贿罪，判处无期徒刑，剥夺政治权利终身，并处没收个人全部财产；犯挪用公款罪，判处有期徒刑 12 年，两罪并罚，决定执行无期徒刑，剥夺政治权利终身，并处没收个人全部财产；扣押在案的人民币1700 余万元、港币 10 万元等赃款赃物，予以没收，上缴国库。2016 年 12 月 21 日，江西省高级人民法院作出二审判决，认定周文斌犯受贿罪，判处有期徒刑 12 年，并处没收个人财产 100 万元；对其受贿犯罪所得依法予以追缴，上缴国库。

【影响性】周文斌案因涉及高校腐败问题而引起社会广泛关注，其诉讼过程更是引发许多学者的探讨。首先，该案的重审是在一审程序进行到评议和宣判阶段后、通过再次召开庭前会议而决定的。根据我国《刑事诉讼法》第 182 条的规定，庭前会议属于开庭审判前的准备程序，应当在开庭审判前召开，但是该案却在开庭审判后召开庭前会议；我国《刑事诉讼法》仅规定了"第二审人民法院发回原审人民法院重新审判"的情形，但并没有规定"第一审人民法院自行决定重新审判"的情形。因此，周文斌案的重审程序并无法律规定可循。其次，在二审期间，该案的辩护律师积极进行调查取证，甚至跨境调取证据，并积极与法院沟通，为二审的改判提供了可能。该案表明，辩护律师积极依法行使诉讼权利对于保障被告人的合法权益、防范错案发生具有重大意义。最后，"周文斌在庭审时自行脱去马甲"的行为也引发社会热议。关于被告人是否必须穿囚服出庭，我国《刑事诉讼法》及司法解释没有规定，当时最高人民法院也没有文件规定。2016 年 4 月，最高人民法院发布了《最高人民法院关于修改〈中华人民共和国人民法院法庭规则〉的决定》，根据该决定，刑事在押被告人或上诉人出庭受审时，着正装或便装，不着监管机构的识别服。这标志着"被告人穿囚服参加庭审"的传统正式退出了我国刑事诉讼的历史舞台。

12. 雷洋案。

【案情简介】2016 年 5 月 7 日晚，中国人民大学环境学院 2009 级硕士研究生雷洋离家后身亡。2016 年 5 月 9 日晚，北京市昌平区警方通报称，在警方查处足疗店过程中，将"涉嫌嫖娼"的雷洋控制并带回审查，其间雷洋突然身体不适，经抢救无效身亡。2016 年 5 月 13 日下午，公安机关开始进行尸体检验鉴定。2016 年 6 月 1日，北京市检察院第四分院决定对昌平公安分局东小口派出所民警邢某等 5 人进行立案侦查。2016 年 6 月 30 日，尸检鉴定意见公布，确定死者雷洋符合胃内容物吸入呼吸道致窒息死亡。2016 年 11 月 29 日，北京市检察院第四分院对"雷洋案"涉案警务人员邢某、孔某、周某、张某、孙某等 5 人涉嫌玩忽职守案侦查终结、依法移送公诉部门审查，并对犯罪嫌疑人孔某、周某、张某、孙某等 4 人取保候审。2016 年12 月 23 日，北京市丰台区人民检察院对邢某某、孔某、周某、孙某某、张某某等 5名涉案警务人员玩忽职守案依法作出不起诉决定，同时，检察机关已向纪检机关通报有关涉案党员违纪情况，向公安机关发出检察意见书，并移送相关材料，建议纪检监察机关和公安机关对邢某某等 5 名涉案警务人员及相关责任人依纪依规严肃处理。

【影响性】雷洋案使得"公安机关执法规范化"成为社会关注热点。2016 年 5 月 20 日，中央全面深化改革领导小组第二十四次会议审议通过了《关于深化公安执法规范化建设的意见》（以下简称《意见》），该《意见》对深化公安执法规范化建设作出了全面系统的部署，明确了完善执法制度机制、完善执法监督管理体系和提升执法主体依法履职能力等八个方面的主要任务和具体措施，标志着法治公安建设进入了一个新的阶段。此外，该案的尸体检验鉴定是由公安机关委托第三方在检察机关及死者家属委托的专家辅助人在场监督下进行的，尸体检验鉴定结论也经过多方审查论证，全面确保尸检过程和结果的规范、公开和公正，为今后处理类似案件提供了良好的借鉴。最终，丰台区人民检察院依据《刑事诉讼法》第 173 条第 2 款之规定作出酌定不起诉决定，这表明涉案警务人员的行为本身构成玩忽职守罪，但由于犯罪情节轻微，依照《刑法》规定不需要判处刑罚而不予起诉；并通过提出检察建议的方式移送有关主管部门处理，充分发挥了诉讼程序分流的功能。

第二节　民事诉讼法的实施状况[1]

一、民事司法的基本数据

（一）新收和审结国内民商事案件的基本数据

根据 2017 年 3 月 12 日最高人民法院院长周强在第十二届全国人民代表大会第五次全体会议上所作的《最高人民法院工作报告》提供的数据，全国地方各级法院 2016 年受理案件 2303 万件，审结、执结 1977.2 万件，结案标的额 4.98 万亿元，同比分别上升 18%、18.3% 和 23.1%。其中，审结一审民事案件 673.8 万件，同比上升 8.2%；审结一审商事案件 402.6 万件，同比上升 20.3%；审结一审环境资源案件 13.3 万件；审结一审知识产权案件 14.7 万件，同比上升 25.6%。

从案件类型来看，全国各级法院审结破产案件 3373 件；审结股权、证券、期货、票据、保险等纠纷案件 124.8 万件；审结房地产纠纷案件 25.5 万件；审理涉及农村土地"三权分置"改革等案件 31.8 万件；审理消费者权益保护案件 2.9 万件；审理劳动争议案件 47.5 万件，为农民工追回劳动报酬 23.6 亿元；审结婚姻家庭案件 175.2 万件；确认调解协议有效案件 15.3 万件。

全国基层法院适用民商事简易程序和小额诉讼程序审结案件 717.9 万件，占一审民商事案件的 66.7%。各级法院以调解方式处理案件 532.1 万件。

（二）新收和审结涉外、涉港台及海事海商案件的基本数据

2016 年，全国各级法院审结涉港澳台、涉侨案件 1.9 万件，办理涉港澳台司法协助请求或委托事项 1.1 万件；审结涉外商事案件 6899 件（同比减少 55%）；审结

---

[1]　执笔人：谭秋桂教授。

海事案件1.6万件（同比减少8.8%）。

（三）民事执行的基本数据

2016年全国法院共受理执行案件614.9万件，同比增加1 989 051件，上升31.6%；执结507.9万件，同比增加1 263 440件，上升33.1%。执行到位金额人民币1.5万亿元，同比上升54%。

大力推进网络司法拍卖，各级法院累计网拍43万余次，成交额2700多亿元，成交率达到90.1%，为当事人节省佣金81亿元。

充分发挥执行威慑机制的作用，全国各级法院全年发布失信被执行人信息689万例，限制628万人次购买机票，限制229万人次乘坐高铁。

二、民事司法的重大政策

（一）通过互联网公布裁判文书

司法公开，既有利于促使司法者公正裁判、防止"暗箱操作"，又有利于强化裁判结果的可预期性、实现形式正义。因此，司法公开是司法公正的重要保障，也是司法文明的重要体现。我国《民事诉讼法》已将公开审判作为民事诉讼的基本原则，最高人民法院也将司法公开作为实现司法公正的一项重要的司法政策。

裁判文书公开是司法公开和公开审判的重要内容。2016年7月25日最高人民法院审判委员会第1689次会议通过《最高人民法院关于人民法院在互联网公布裁判文书的规定》（以下简称《规定》），要求通过互联网平台公布裁判文书，开创了司法公开、审判公开的新篇章。该《规定》已于2016年10月1日起施行。

《规定》第1条规定了人民法院在互联网公布裁判文书的基本原则，即依法、全面、及时、规范。根据《规定》，中国裁判文书网是全国法院公布裁判文书的统一平台。各级人民法院在本院政务网站及司法公开平台设置中国裁判文书网的链接。

关于通过互联网公布的裁判文书的范围，《规定》第3条规定："人民法院作出的下列裁判文书应当在互联网公布：①刑事、民事、行政判决书；②刑事、民事、行政、执行裁定书；③支付令；④刑事、民事、行政、执行驳回申诉通知书；⑤国家赔偿决定书；⑥强制医疗决定书或者驳回强制医疗申请的决定书；⑦刑罚执行与变更决定书；⑧对妨害诉讼行为、执行行为作出的拘留、罚款决定书，提前解除拘留决定书，因对不服拘留、罚款等制裁决定申请复议而作出的复议决定书；⑨行政调解书、民事公益诉讼调解书；⑩其他有中止、终结诉讼程序作用或者对当事人实体权益有影响、对当事人程序权益有重大影响的裁判文书。"同时，《规定》第4条规定："人民法院作出的裁判文书有下列情形之一的，不在互联网公布：①涉及国家秘密的；②未成年人犯罪的；③以调解方式结案或者确认人民调解协议效力的，但为保护国家利益、社会公共利益、他人合法权益确有必要公开的除外；④离婚诉讼或者涉及未成年子女抚养、监护的；⑤人民法院认为不宜在互联网公布的其他情形。"第12条规定："办案法官认为裁判文书具有本规定第4条第5项不宜在互联网公布情形的，应当提出书面意见及理由，由部门负责人审查后报主管副院长审定。"

第 6 条规定："不在互联网公布的裁判文书，应当公布案号、审理法院、裁判日期及不公开理由，但公布上述信息可能泄露国家秘密的除外。"

根据《规定》第 5~7 条的规定，人民法院应当在受理案件通知书、应诉通知书中告知当事人在互联网公布裁判文书的范围，并通过政务网站、电子触摸屏、诉讼指南等多种方式，向公众告知人民法院在互联网公布裁判文书的相关规定。发生法律效力的裁判文书，应当在裁判文书生效之日起 7 个工作日内在互联网公布。依法提起抗诉或者上诉的一审判决书、裁定书，应当在二审裁判生效后 7 个工作日内在互联网公布。

根据《规定》第 8、9 条的规定，人民法院在互联网公布裁判文书时，应当对下列人员的姓名进行隐名处理：①婚姻家庭、继承纠纷案件中的当事人及其法定代理人；②刑事案件被害人及其法定代理人、附带民事诉讼原告人及其法定代理人、证人、鉴定人；③未成年人及其法定代理人。隐名处理的具体规则是：①保留姓氏，名字以"某"替代；②对于少数民族姓名，保留第一个字，其余内容以"某"替代；③对于外国人、无国籍人姓名的中文译文，保留第一个字，其余内容以"某"替代；对于外国人、无国籍人的英文姓名，保留第一个英文字母，删除其他内容。对不同姓名隐名处理后发生重复的，通过在姓名后增加阿拉伯数字进行区分。

《规定》第 10 条规定："人民法院在互联网公布裁判文书时，应当删除下列信息：①自然人的家庭住址、通讯方式、身份证号码、银行账号、健康状况、车牌号码、动产或不动产权属证书编号等个人信息；②法人以及其他组织的银行账号、车牌号码、动产或不动产权属证书编号等信息；③涉及商业秘密的信息；④家事、人格权益等纠纷中涉及个人隐私的信息；⑤涉及技术侦查措施的信息；⑥人民法院认为不宜公开的其他信息。按照本条第 1 款删除信息影响对裁判文书正确理解的，用符号'×'作部分替代。"第 11 条规定："人民法院在互联网公布裁判文书，应当保留当事人、法定代理人、委托代理人、辩护人的下列信息：①除根据本规定第 8 条进行隐名处理的以外，当事人及其法定代理人是自然人的，保留姓名、出生日期、性别、住所地所属县、区；当事人及其法定代理人是法人或其他组织的，保留名称、住所地、组织机构代码，以及法定代表人或主要负责人的姓名、职务；②委托代理人、辩护人是律师或者基层法律服务工作者的，保留姓名、执业证号和律师事务所、基层法律服务机构名称；委托代理人、辩护人是其他人员的，保留姓名、出生日期、性别、住所地所属县、区，以及与当事人的关系。"

根据《规定》第 15、16 条的规定，在互联网公布的裁判文书，除依照规定进行技术处理的以外，应当与裁判文书的原本一致。人民法院对裁判文书中的笔误进行补正的，应当及时在互联网公布补正笔误的裁定书。办案法官对在互联网公布的裁判文书与裁判文书原本的一致性，以及技术处理的规范性负责。在互联网公布的裁判文书与裁判文书原本不一致或者技术处理不当的，应当及时撤回并在纠正后重新公布。在互联网公布的裁判文书，经审查存在本规定第 4 条列明情形的，应当及时撤回，并按照本规定第 6 条处理。

根据《规定》第 13、14 条的规定，最高人民法院监督指导全国法院在互联网公布裁判文书的工作；高级、中级人民法院监督指导辖区法院在互联网公布裁判文书的工作。各级人民法院审判管理办公室或者承担审判管理职能的其他机构负责本院在互联网公布裁判文书的管理工作，履行以下职责：①组织、指导在互联网公布裁判文书；②监督、考核在互联网公布裁判文书的工作；③协调处理社会公众对裁判文书公开的投诉和意见；④协调技术部门做好技术支持和保障；⑤其他相关管理工作。各级人民法院应当依托信息技术将裁判文书公开纳入审判流程管理，减轻裁判文书公开的工作量，实现裁判文书及时、全面、便捷公布。

（二）为经济体制改革和国家重大发展战略实施提供司法服务和保障

司法是服务经济体制改革和国家重大发展战略实施的重要手段。继 2015 年出台《最高人民法院关于人民法院为"一带一路"建设提供司法服务和保障的若干意见》《最高人民法院关于充分发挥审判职能作用切实维护公共安全的若干意见》的基础上，2016 年最高人民法院先后出台《最高人民法院关于为京津冀协同发展提供司法服务和保障的意见》《最高人民法院关于为长江经济带发展提供司法服务和保障的意见》《最高人民法院关于充分发挥审判职能作用 为推进生态文明建设与绿色发展提供司法服务和保障的意见》等规范性文件，为京津冀协同发展、长江经济带发展、推进生态文明建设与绿色发展提供司法服务和保障。

《最高人民法院关于为京津冀协同发展提供司法服务和保障的意见》（法发〔2016〕5 号）于 2016 年 2 月 3 日发布，共 18 条。分为"充分认识京津冀协同发展战略的重大意义，准确把握司法服务和保障的基本要求""依法履行人民法院审判职能，促进京津冀地区创新、协调、绿色、开发、共享发展""建立健全京津冀法院工作联络机制，提升司法服务保障的能力和水平"三部分。

《最高人民法院关于为长江经济带发展提供司法服务和保障的意见》（法发〔2016〕8 号）于 2016 年 2 月 24 发布，共 16 条。分为"切实提高思想认识，增强为长江经济带发展国家战略提供司法服务和保障的责任感和使用感""充分发挥审判职能作用，为长江经济带发展提供公正高效的司法服务和保障""创新司法体制机制，最大限度实现长江经济带区域内司法资源的优化配置"三部分。

《最高人民法院关于充分发挥审判职能作用，为推进生态文明建设与绿色发展提供司法服务和保障的意见》（法发〔2016〕12 号）于 2016 年 5 月 26 日发布，共 27 条。分为"准确把握人民法院服务、保障生态文明建设与绿色发展的基本理念和总体要求""依法审理涉环境污染防治和生态保护案件，切实维护人民群众的环境权益""依法审理涉自然资源开发利用案件，保障自然资源和生态环境安全""积极探索气候变化司法应对举措，推动构建国家气候变化应对治理体系""依法审理各类生态环境损害赔偿诉讼案件，有效维护环境公共利益和国家所有者权益""构建协同审判机制，充分发挥环境资源审判整体合力""强化组织保障，不断提升人民法院司法公信力"等七部分。

（三）深化多元化纠纷解决机制改革

随着民事纠纷案件的日益增多，深化多元化纠纷解决机制改革、提高纠纷解决的效率、维护社会和谐稳定已经成为司法改革的一项重要任务。2016 年，最高人民法院将深化多元化纠纷解决机制改革作为一项重要的司法政策。

2016 年 6 月 28 日，最高人民法院发布《最高人民法院关于人民法院进一步深化多元化纠纷解决机制改革的意见》（法发〔2016〕14 号）（以下简称《意见》），就人民法院进一步深化多元化纠纷解决机制改革、完善诉讼与非诉讼相衔接的纠纷解决机制提出具体要求和操作办法。《意见》共 40 条，分为 5 个部分：指导思想、主要目标和基本原则，加强平台建设，健全制度建设，完善程序安排，加强工作保障。《意见》要求，人民法院要主动与诉讼外的纠纷解决机制建立对接关系，指导其他纠纷解决机制发挥有效作用；要通过诉调对接、业务指导、人员培训、参与立法等途径，让更多的矛盾纠纷通过非诉解纷渠道解决；要通过诉前导诉、案件分流、程序衔接，把纠纷有序分流至诉讼和非诉讼解纷渠道；要通过司法确认，提高非诉讼纠纷解决方式的效力和权威性。

2016 年 6 月 28 日最高人民法院公布《最高人民法院关于人民法院特邀调解的规定》（法释〔2016〕14 号）（以下简称《规定》），自 2016 年 7 月 1 日起施行。根据《规定》，人民法院可以吸纳符合条件的人民调解、行政调解、商事调解、行业调解等调解组织或者个人成为特邀调解组织或者特邀调解员，接受人民法院立案前委派或者立案后委托依法进行调解，促使当事人在平等协商的基础上达成调解协议、解决纠纷，以加强诉讼与非诉讼纠纷解决方式的有效衔接，规范人民法院特邀调解工作，维护当事人的合法权益。

2016 年 11 月 4 日，最高人民法院、中国保险监督管理委员会联合发布《关于全面推进保险纠纷诉讼与调解对接机制建设的意见》（法〔2016〕374 号），要求充分发挥人民法院、保险监管机构、保险行业组织预防和化解社会矛盾的积极作用，依法、公正、高效化解保险纠纷，不断提高调解公信力，为保险纠纷当事人提供便捷、高效、低成本的纠纷解决途径。

（四）推动家事审判改革

家庭是社会的细胞，家庭治理是社会治理的基础。随着我国经济社会发展进入新常态，婚姻家庭关系中的新情况和新问题不断显现，家事案件数量不断增长，类型日益多样，处理难度不断增大。家事案件涉及的亲属关系具有不同于普通财产案件的人身性、敏感性和复杂性，家事纠纷的解决不但关乎个人和家庭幸福，同时也关系到社会和谐稳定与文明进步。为满足群众关切、提高审判质量、积极参与社会治理创新、促进良好家庭家风建设，最高人民法院积极探索家事审判方式和工作机制改革。

2016 年 4 月 5 日，最高人民法院召开专题会议研究部署家事审判方式和工作机制改革。最高人民法院院长周强主持会议并讲话强调，要大力弘扬社会主义核心价值观，积极推进家事审判方式和工作机制改革，充分发挥家事审判职能作用，维护家庭和谐，保障未成年人、妇女和老年人合法权益，促进社会公平正义，维护社会大局稳定。

2016 年 4 月 21 日，最高人民法院发布《关于开展家事审判方式和工作机制改革试点工作的意见》（法〔2016〕128 号），确立了家事审判方式和工作机制改革的目标、基本原则、工作理念、工作机制、试点案件范围、试点模式、试点法院、试点期间、试点指导等内容。提出通过家事审判方式和工作机制改革试点，转变家事审判理念，推进家事审判方式和工作机制创新，加强家事审判队伍及硬件设施建设，探索家事诉讼程序制度，开展和推动国内外法院之间家事审判经济交流和合作，探索家事审判专业化，维护婚姻家庭关系稳定，依法保护未成年人、妇女和老年人的合法权益，弘扬社会主义核心价值观，促进社会建设健康和谐发展。要求通过试点工作，探索引入家事调查员、社工陪护及儿童心理专家等多种方式，不断提高家事审判的司法服务和保障水平；探索家事纠纷的专业化、社会化和人性化解决方式。

2016 年 4 月 21 日，最高人民法院发布《关于在部分法院开展家事审判方式和工作机制改革试点工作的通知》（法〔2016〕129 号），决定在北京市东城区人民法院等 100 个左右基层人民法院和中级人民法院，自 2016 年 6 月 1 日起，开展为期 2 年的家事审判方式和工作机制改革试点工作。

2016 年 5 月 11 日，最高人民法院召开视频会议，具体部署在部分法院开展家事审判方式和工作机制改革试点工作。最高人民法院党组副书记、常务副院长沈德咏出席会议并强调，要加强组织领导，加大对试点工作的监督指导和支持力度，认真研究改革过程中显现的突出问题，及时完善相关制度设计，确保改革试点工作平稳有序推进；要妥善处理家事审判与少年审判的关系，着力打造家事审判与少年审判的"强强联合"；要坚持于法有据的基本原则，由点到面、由易到难，积极、稳妥、协调推进各项家事审判方式和工作机制改革措施，坚持将家事审判方式和工作机制改革的顶层设计与基层的实践探索有机结合起来，形成可复制、可推广的经验，推动全国法院家事审判方式和工作机制改革；要立足国情、社情、民情，从我国司法制度和经济社会发展实际出发，加强交流与合作，积极吸收借鉴其他国家、地区的成功经验和做法；要凝聚各方力量，加强对家事审判改革、家事诉讼程序、家事审判制度的理论研究，推动研究成果切实转化为制度、规范，更好地指导和推动家事审判事业的科学发展。

（五）防范和制裁虚假诉讼

2012 年修改的《民事诉讼法》规定"民事诉讼应当遵循诚实信用原则""当事人之间恶意串通，企图通过诉讼、调解等方式侵害他人合法权益的，人民法院应当驳回其请求，并根据情节轻重予以罚款、拘留；构成犯罪的，依法追究刑事责任"。为了落实该规定，防范和制裁实践中存在的虚假诉讼行为，最高人民法院在 2013 年下发《最高人民法院关于房地产调控政策下人民法院严格审查各类虚假诉讼的紧急通知》（法明传〔2013〕359号）严厉打击房地产领域虚假诉讼行为的基础上，2016年6月20日最高人民法院发布《最高人民法院关于防范和制裁虚假诉讼的指导意见》（法发〔2016〕13号，以下简称《虚假诉讼指导意见》），根据《民事诉讼法》等法律规定，结合司法领域虚假诉讼实际情况，对虚假诉讼的界定、虚假诉讼的特征、认定虚假诉讼的途径和方法，对参与虚假诉讼不同主体的制裁以及对虚假诉讼的防范等问题作出详细规定。

《虚假诉讼指导意见》共18条，比较全面地构建起包括虚假诉讼的释明机制、发现机制、识别机制和制裁机制在内的一整套制度体系。主要包括以下内容：①明确虚假诉讼的构成要素。虚假诉讼包括以规避法律法规或国家政策谋取非法利益为目的、恶意串通、虚构事实、借用合法的民事程序以及侵害国家利益、社会公共利益或者案外人的合法权益等五个核心要素。②对审判实践中经常发生的虚假诉讼特征进行归纳总结，要求对具有一个或多个特征的案件高度警惕，严格审查，例如，当事人为夫妻、朋友等亲近关系或者关联企业等共同利益关系；原告诉请司法保护的标的额与其自身经济状况严重不符；原告起诉所依据的事实和理由明显不符合常理；当事人双方无实质性民事权益争议；案件证据不足，但双方仍然主动迅速达成调解协议，并请求人民法院出具调解书。③要求在民间借贷、离婚析产、以物抵债、劳动争议、公司分立（合并）、企业破产等虚假诉讼高发领域的案件审理中，要加大证据审查力度；对可能存在虚假诉讼的，要适当加大依职权调查取证力度；涉嫌虚假诉讼的，应当传唤当事人本人到庭，就有关案件事实接受询问。除法定事由外，应当要求证人出庭作证。要充分发挥《民事诉讼法》司法解释有关当事人和证人签署保证书规定的作用，探索当事人和证人宣誓制度；诉讼中，一方对另一方提出的于己不利的事实明确表示承认，且不符合常理的，要做进一步查明，慎重认定。查明的事实与自认的事实不符的，不予确认；要加强对调解协议的审查力度。对双方主动达成调解协议并申请人民法院出具调解书的，应当结合案件基础事实，注重审查调解协议是否损害国家利益、社会公共利益或者案外人的合法权益；对人民调解协议司法确认案件，要按照《民事诉讼法》司法解释的要求，注重审查基础法律关系的真实性；在执行公证债权文书和仲裁裁决书、调解书等法律文书的过程中，对可能存在双方恶意串通、虚构事实的，要加大实质审查力度，注重审查相关法律文书是否损害国家利益、社会公共利益或者案外人的合法权益。如果存在上述情形，应当裁定不予执行。必要时，可向仲裁机构或者公证机关发出司法建议；加大公开审判力度，增加案件审理的透明度。对与案件处理结果可能存在法律上利害关系的，可适当依职权通知其参加诉讼，避免其民事权益受到损害，防范虚假诉讼行为；在第三人撤销之诉、案外人执行异议之诉、案外人申请再审等案件审理中，发现已经生效的裁判涉及虚假诉讼的，要及时予以纠正，保护案外人诉权和实体权利；同时也要防范有关人员利用上述法律制度，制造虚假诉讼，损害原诉讼中合法权利人利益。④建立多维度立体的虚假诉讼惩罚制度，从妨碍民事诉讼的强制措施、民事赔偿责任到追究刑事责任，层层递进，逐步加重。⑤多管齐下，力争让虚假诉讼无所遁形。要求各级法院逐步与现有相关信息平台和国家征信体系接轨工作，加大与其他部门的协调力度。⑥区分人民法院工作人员、诉讼代理人、鉴定机构等不同主体，在现有法律框架内，分别规定具有针对性的惩罚措施。此外，该《虚假诉讼指导意见》还对设立立案警示制度、加强司法能力建设等方面作出了规定。《虚假诉讼指导意见》对于防范和制裁虚假诉讼、维护司法权威、推进社会诚信建设将起到重要作用。

此外，人民检察院也十分重视虚假诉讼的查处和制裁。在最高人民检察院 2016 年 2 月 2 日召开的新闻发布会上，最高人民检察院专门通报了检察机关监督虚假诉讼案件的情况。根据最高人民检察院提供的数据，2012～2014 年，检察机关监督虚假诉讼案件 6829 件，向法院提出抗诉和检察建议 4972 件。2016 年 9 月 28 日，在"全国检察机关基层民事行政检察工作推进年现场会"上，最高人民检察院要求全国各级检察机关加大对虚假诉讼的监督力度，逐步构建虚假诉讼发现、查处长效机制。2017 年 3 月 1 日，最高人民检察院民事行政检察厅厅长郑新俭在第二期"看得见的正义"高端网络访谈中表示，2016 年 1 月至 11 月，全国检察机关共对 1000 余件虚假诉讼案件向法院提出抗诉或者再审检察建议。

（六）切实加强产权司法保护

产权制度是社会主义市场经济的基石，保护产权是坚持社会主义基本经济制度的必然要求。加强产权司法保护是社会主义司法制度的基本任务。2016 年 11 月 28 日，最高人民法院发布《最高人民法院关于充分发挥审判职能作用切实加强产权司法保护的意见》（法发〔2016〕27 号）和《最高人民法院关于依法妥善处理历史形成的产权案件工作实施意见》（法发〔2016〕28 号），将加强产权司法保护作为一项重要的司法政策。

《最高人民法院关于充分发挥审判职能作用切实加强产权司法保护的意见》共 17 条，包括坚持产权司法保护的基本原则，准确把握、严格执行产权保护的司法政策，加强产权司法保护的机制建设等三个部分，明确坚持平等保护、全面保护、依法保护的原则，在民事、行政和刑事诉讼中进行产权保护。

《最高人民法院关于依法妥善处理历史形成的产权案件工作实施意见》共 22 条，包括充分认识依法妥善处理历史形成的产权案件的重要意义、明确目标任务和总体要求、正确把握工作原则、严格甄别纠正工作程序、审慎把握司法政策、狠抓工作落实等内容。

（七）加强破产审判

为了贯彻落实党中央推进供给侧结构性改革的重大决策部署，适应我国经济发展的新常态，2016 年，全国法院加大破产案件的审判力度。通过开通全国企业破产重整案件信息网，在直辖市、省会城市和副省级市中级人民法院设立清算与破产审判庭等措施,完善破产案件审理机制,打造专门破产审判队伍,确保破产审判工作的常态化、规范化、法治化。

2016年2月24日至25日,最高人民法院在浙江杭州召开"全国部分法院依法处置僵尸企业调研及工作座谈会"。座谈会上,最高人民法院审判委员会专职委员杜万华介绍了下一步人民法院开展破产案件审理、依法处置"僵尸企业"的6项重点工作:建立企业清算与破产审判庭,做好执行程序转入破产程序工作,加强破产管理人队伍指导和管理,建立破产费用专项资金,慎重适用重整计划强制批准权,积极探索破产案件快审快结程序。

2016年6月21日,最高人民法院印发《最高人民法院关于在中级人民法院设立清算与破产审判庭的工作方案》(法〔2016〕209号,以下简称《工作方案》)。《工作方案》明确,设立清算与破产审判庭的总体思路是:①落实党中央关于推进供给侧结构性改革的决策部署,健全公司强制清算与企业破产案件审判组织,配齐配强专业审判力量,加快公司强制清算与企业破产案件审理。②提高公司强制清算与企业破产案件审理的专业化水平,统一裁判标准,提高案件审判质效。③与司法责任制、人员分类管理、职业保障制度和内设机构改革有效衔接、同步推进。④立足各地经济社会发展情况和法院实际,因地制宜,分类指导,稳步推进。清算与破产审判庭的职责主要包括:依法受理和审理破产清算、重整及和解案件;加强对破产审判业务的调研和指导,并积极开展破产案件内部协调等工作;依法审理破产衍生诉讼。根据《工作方案》,在具体工作开展上,清算与破产审判庭的设立要坚持审慎、有序、科学、务实原则,分批次、分阶段推进。根据各地经济发展水平、僵尸企业处置工作的实际需求、破产案件审判工作情况,首先在北京、上海、天津、重庆4个直辖市的一个中级人民法院以及河北、吉林、江苏、浙江、安徽、山东、河南、湖北、湖南、广东、四川等11个省的省会城市和副省级市中级人民法院设立清算与破产审判庭,其余省(区)省会城市和副省级市中级人民法院在2016年12月底前完成清算与破产审判庭设立工作。

三、民事执行的重大举措

(一)用两到三年时间基本解决执行难问题

2016年3月13日,最高人民法院院长周强在第十二届全国人民代表大会第四次全体会议上报告最高人民法院工作时,提出"用两到三年时间基本解决执行难问题"。从此,"用两到三年时间基本解决执行难问题"成为人民法院执行工作的重心,最高人民法院为此推出一系列重大举措。

2016年4月20日,最高人民法院召开"基本解决执行难"暨执行案款清理工作动员部署视频会,最高人民法院院长周强出席会议并讲话。会议强调:"用两到三年时间基本解决执行难问题",就是要在两到三年时间内,实现被执行人规避执行、抗拒执行和外界干预执行现象基本得到遏制;人民法院消极执行、选择性执行、乱执行情形基本消除;无财产可供执行案件终结本次执行的程序标准和实质标准把握不严、恢复执行等相关配套机制应用不畅的问题基本解决；有财产可供执行案件在法定期限内基本执行完毕。会议提出，要引入第三方机构，建立科学的评价体系，对解决执行难的效果进行客观、公正、科学的评估。

2016年4月29日，最高人民法院印发《关于落实"用两到三年时间基本解决执行难问题"的工作纲要》（法发〔2016〕10号，以下简称《纲要》），明确了基本解决执行难的总体目标与评价体系、应坚持的原则、主要任务、组织保障等内容。

《纲要》明确了"基本解决执行难"的总体目标：全面推进执行体制、执行机制、执行模式改革，加强正规化、专业化、职业化执行队伍建设，建立健全信息化执行查控体系、执行管理体系、执行指挥体系及执行信用惩戒体系，不断完善执行规范体系及各种配套措施，破解执行难题，补齐执行短板，在两到三年内实现以下目标：被执行人规避执行、抗拒执行和外界干预执行现象基本得到遏制；人民法院消极执行、选择性执行、乱执行的情形基本消除；无财产可供执行案件终结本次执行的程序标准和实质标准把握不严、恢复执行等相关配套机制应用不畅的问题基本解决；有财产可供执行案件在法定期限内基本执行完毕，人民群众对执行工作的满意度显著提升，人民法院执行权威有效树立，司法公信力进一步增强。

《纲要》指出，基本解决执行难应坚持四项原则：一是坚持党的领导，确保正确方向；二是加强顶层设计，鼓励改革创新；三是实行整体推进，强调重点突破；四是坚持标本兼治，注重长远发展。

《纲要》提出，要以信息化建设为抓手，完善执行体制机制，努力实现执行工作八个领域的深刻变革：一是实现执行模式改革，畅通被执行人及其财产发现渠道，基本改变"登门临柜"查人找物的传统模式，实现网络执行查控系统全覆盖，不断拓展对失信被执行人联合信用惩戒的范围和深度；二是实现执行体制改革，强化执行工作统一管理体制，探索改革基层法院执行机构设置，推动实行审判权和执行权相分离的体制改革试点；三是实现执行管理改革，以全国法院执行案件信息管理系统为依托，强化对执行程序各个环节的监督制约，严格规范执行行为，切实提高执行效率；四是实现财产处置改革，推行网络司法评估管理，推广网络司法拍卖，加大被执行财产的处置力度，及时、有效兑现债权人权益；五是完善执行工作机制，在无财产可供执行案件退出和恢复执行程序、执行与破产衔接、保全和先予执行协调配合、异地执行协作等工作机制方面进行完善，努力提高执行工作效率；六是完善执行规范体系，及时制定出台相关司法解释、规范性文件、指导意见，推动强制执行单独立法进程；七是完善执行监督体系，从内到外、从上至下全方位加强对执行工作的监督制约，确保执行权高效、廉洁、有序运行；八是完善专项治理机制，持续深入开展反消极执行、反干扰执行、反规避执行、反抗拒执行等整治行动，将行动要求转变为长期性、常态化工作机制。

《纲要》强调，要切实做好基本解决执行难相关组织保障工作，各级人民法院党组要加强组织领导，将解决执行难工作作为"一把手工程"来抓；要加强力量配备，合理确定和配备从事执行工作的人员比例，积极推动现有执行人员的分类管理改革，强化教育培训，努力建设一支专业化、职业化、清正廉明的执行队伍；要强化对执行工作的物质装备建设，抓好技术、经费、设备三大保障，全面完成执行指挥系统建设，加强执行队伍装备建设；要加大执行工作宣传力度，不断宣传执行工作新成效，宣传对执行难的理性认识，凝聚全社会理解执行、尊重执行、协助执行的广泛共识。

为了客观评价基本解决执行难的目标是否如期实现，最高人民法院决定引入第三方评估机制，由中国社会科学院牵头，协调中国法学会、中华全国律师协会、中国人民大学诉讼制度及司法改革研究中心以及人民日报社、新华社、中央电视台等13家新闻媒体，并邀请15位知名学者作为特聘专家，共同参加第三方评估工作。2016年8月23日，中国社会科学院法学研究所举办"基本解决执行难第三方评估指标体系论证会"，承担此次评估工作的中国社会科学院法学研究所国家法治指数研究中心经调研论证，并在征求专家学者、律师、法官等各方面意见的基础上，形成了基本解决执行难第三方评估指标体系（征求意见稿），提交论证会讨论。

2016年9月28日至29日，全国法院执行工作会议在北京召开。最高人民法院作了关于"用两到三年时间基本解决执行难"的整体布局和下一阶段工作重点的情况介绍，各高级人民法院和新疆高院生产建设兵团分院在本次会议上现场演示汇报了辖区法院解决执行难工作情况。会议要求坚定信心，攻坚克难，坚决打赢"基本解决执行难"这场硬仗，切实维护人民群众的合法权益，努力让人民群众在每一个司法案件中感受到公平正义。

2016年10月到11月，最高人民法院又公布了有关民事执行的两个司法解释和一个规范性文件，即《最高人民法院关于人民法院办理财产保全案件若干问题的规定》《关于民事执行中变更、追加当事人若干问题的规定》《关于严格规范终结本次执行程序的规定（试行）》，为"基本解决执行难问题"提供制度支撑与保障。

（二）推行网络司法拍卖

司法拍卖是民事执行程序中的重要环节，涉及执行当事人、优先权人、竞拍人等多方的权利。2004年最高人民法院颁布并实施的《最高人民法院关于人民法院民事执行中拍卖、变卖财产的规定》（法释〔2004〕16号）第3条规定："人民法院拍卖被执行人财产，应当委托具有相应资质的拍卖机构进行，并对拍卖机构的拍卖进行监督，但法律、司法解释另有规定的除外。"但是，在实践中，委托拍卖存在的问题很多，不但成本高，而且存在拍卖机构操纵拍卖的现象，严重损害了执行当事人、竞买人的合法权益，损害了人民法院执行工作的权威性。为了克服委托拍卖机构拍卖存在的问题，2012年，浙江省宁波市北仑区和鄞州区人民法院率先尝试通过淘宝网进行司法拍卖，并于当年7月9日举行了第一次拍卖并取得了成功。实践证明，通过网络进行司法拍卖，不但可以节省拍卖佣金，而且可以克服现场拍卖可能发生的串标、操纵拍卖等严重损害司法拍卖公平公正的问题。于是，浙江省和江苏省高级人民法院在全省范围内推广通过淘宝网进行司法拍卖的模式，其他一些地方的人民法院也相继开始推广淘宝网络司法拍卖模式。此后，即使在委托拍卖机构进行的司法拍卖或者通过产权交易所进行的司法拍卖中，也增加了通过网络出价的竞买方式。

虽然网络司法拍卖存在巨大优势，但是也存在一些问题。为了规范网络司法拍卖行为，保障网络司法拍卖公开、公平、公正、安全、高效，维护当事人的合法权益，2016 年 5 月 30 日最高人民法院第 1685 次会议通过《最高人民法院关于人民法院网络司法拍卖若干问题的规定》（以下简称《规定》），2016 年 8 月 2 日最高人民法院公告公布该《规定》并规定于 2017 年 1 月 1 日起施行。《规定》对《最高人民法院关于人民法院民事执行中拍卖、变卖财产的规定》（法释〔2004〕16 号）规定的拍卖规则进行了一些修改，包括保留价的确定标准、拍卖次数等。

为了落实《规定》，科学建立和管理全国性网络服务提供者名单库，确保网络司法拍卖工作依法有序进行，2016 年 9 月 19 日，最高人民法院发布《关于建立和管理网络服务提供者名单库的办法》（法发〔2016〕23 号）并规定于 2016 年 9 月 20 日起施行。2016 年 9 月 20 日，最高人民法院发布《最高人民法院关于自愿申请加入网络服务提供者名单库的公告》，开始接受网络服务提供者自愿报名进入最高人民法院网络服务提供者名单库。截至 2016 年 9 月 30 日，共有 48 家网络服务提供者递交了申请材料。最高人民法院司法网络拍卖网络服务提供者名单库评审委员会经委托第三方评估机构对全部申报材料进行评审后，根据评审结果进行了投票，最终确定了 5 家网络服务提供者进入名单库，即淘宝网、京东网、人民法院诉讼资产网、公拍网、中国拍卖行业协会网。2016 年 11 月 25 日，最高人民法院发布《最高人民法院关于司法拍卖网络服务提供者名单库的公告》，对评审和投票结果予以公告。

（三）继续推进审执分离体制改革

2015 年，最高人民法院先后批复广西高院、广东高院、深圳中院、浙江高院、唐山中院、江苏高院、上海高院提交的民事审执分离体制改革试点方案。2016 年，各试点方案均进入实际运行阶段。2016 年 9 月 12 日，全国法院审执分离体制改革试点工作经验交流会在唐山中院召开，最高人民法院院长周强出席会议并讲话。北京、上海、江苏、四川等 4 省（市）高院和唐山中院有关负责人作了交流发言，全国部分高院分管执行工作的院领导和各高院执行局局长参加会议。

唐山中院审执分离体制改革试点的基本思路是"上统下分，裁执分离，人财物案统一管理"。唐山中院组建了 5 个跨行政区域的执行分局，作为执行局的下设机构。同时，撤销基层法院执行局，将其改设为执行大队并作为唐山中院执行分局的下设机构。执行大队从隶属关系上脱离基层法院，实现了执行权与审判权的第一次分离。两级法院设立执行裁决庭并脱离执行局，把执行裁判权分离出来，实现了执行权与审判权的第二次分离。通过中级人民法院统一管理执行人员、统一管理经费装备、统一管理执行案件，有力整合了执行资源，形成了强大的执行工作合力。

最高人民法院院长周强指出，在全面依法治国背景下，在司法体制改革进入攻坚阶段，探索实行审执分离，加快推进执行体制机制改革，是实现国家治理体系和治理能力现代化的重要举措，是提高司法公信力的现实需要，是解决执行难的内在要求。改革执行体制机制，进一步理顺审判权与执行权的关系，优化执行队伍结构及内部运行模式，有利于强化横向制约和纵向监督，从体制机制上构筑抵御干扰的防线，提升执行体系和执行能力现代化水平，更好地维护人民群众的合法权益。要通过改革优化资源配置，整合执行力量，强化执行保障，加强执行管理，不断提高执行效率，为破解执行难打下坚实基础。

从试点法院的交流发言可以看出，审执分离体制改革试点工作正在有序展开，并已经积累了许多可复制、可推广的成功经验，为全国法院全面推行审执分离体制改革提供了有益借鉴。

（四）推动实行民事执行与破产程序的衔接

民事执行程序与破产程序的衔接是解决民事执行程序中的"僵尸案件"的重要手段。自 2015 年 2 月 4 日起实施的《最高人民法院关于适用〈中华人民共和国民事诉讼法〉的解释》第 513~516 条就执行程序与破产程序的衔接问题作出了规定。

在 2016 年 2 月 24 日至 25 日最高人民法院召开的"全国部分法院依法处置僵尸企业调研及工作座谈会"上，最高人民法院审判委员会专职委员杜万华指出，要做好执行程序转入破产程序工作，并注意以下四个问题：①要充分利用已有的执行信息平台和信息资源，及时发现、整合分散在不同法院的针对同一"僵尸企业"的多起执行案件信息。执行法院及其上级法院要依法尽力创造集中管辖、集中执行等有利条件，促进"僵尸企业"及时、顺畅地转入破产程序。②判断当事人同意移送破产的时间点，既可以是执行不能时，也可以是当事人申请执行时。同时，不仅要考虑债权人的同意，也要关注债务人的申请，尤其要充分考虑债务人对企业重整的申请。在同意的形式上，应采取书面形式。③要注意克服地方保护主义。执行法院对依法应当移送破产的执行案件要及时移送，不得故意拖延。破产法院要克服对破产案件的"畏难情绪"，应当依法受理的破产案件要及时受理，切实避免在受理破产案件上"踢皮球"。④执行法院将案件移送破产时，应当中止执行程序。《企业破产法》第 19 条已对此作了明确规定，《最高人民法院关于适用〈中华人民共和国企业破产法〉若干问题的规定（二）》也作了规定。但是，司法实践中还有相当一些地方法院未严格遵守法律和司法解释的规定，在破产程序启动后继续对被执行人进行执行和保全。这种情况要坚决予以禁止，严格依法办事。

2016 年 12 月 11 日，最高人民法院审判委员会专职委员杜万华在《人民法院报》第 2 版发表"充分认识执行案件依法移送破产审查工作重要意义"一文，指出"人民法院开展执行案件移送破产审查工作，是一次重大的理论创新，也是一次必要和有益的司法实践"。文章从四个方面指出了执行程序转破产程序的必要性：执转破工作是贯彻中央供给侧结构性改革部署，推动建立和完善市场主体救治和退出机制的需要；执转破工作是完善民事商事司法机制、从制度上打通解决部分执行难问题

"最后一公里"的需要；执转破工作是公平保护债权人和债务人的合法权益，维护司法公正和司法公信力的需要；执转破工作是解决破产程序启动难问题，践行正当法律程序的需要。

2017 年 1 月 20 日，最高人民法院印发《最高人民法院关于执行案件移送破产审查若干问题的指导意见》（法发〔2017〕2 号，以下简称《指导意见》），以促进和规范执行案件移送破产审查工作，保障执行程序与破产程序的有序衔接。《指导意见》共 21 条，分别规定了执行案件移送破产审查的工作原则、条件与管辖，执行法院的征询、决定程序，移送材料及受移送法院的接收义务，受移送法院破产审查与受理，受移送法院不予受理或驳回申请的处理，执行案件移送破产审查的监督等内容。该《指导意见》对于规范执行程序与破产程序衔接的审查，发挥衔接机制应有的功能具有重要的意义。

（五）严格适用终结本次执行程序

终结本次执行程序是 2015 年施行的《最高人民法院关于适用〈中华人民共和国民事诉讼法〉的解释》（以下简称《民诉法解释》）新设立的一项执行制度。为了规范这一制度的适用，最高人民法院于 2016 年 10 月 29 日发布《最高人民法院关于严格规范终结本次执行程序的规定（试行）》（法〔2016〕373 号，以下简称《严格规范终本规定》），该规定自 2016 年 12 月 1 日起施行。

根据《民诉法解释》的规定，裁定终结本次执行程序必须符合两个条件：一是经过财产调查未发现可供执行的财产；二是申请执行人签字确认或者执行法院组成合议庭审查核实并经院长批准。《严格规范终本规定》则规定，人民法院裁定终结本次执行程序应当同时符合下列 5 项条件：①已向被执行人发出执行通知、责令被执行人报告财产；②已向被执行人发出限制消费令，并将符合条件的被执行人纳入失信被执行人名单；③已穷尽财产调查措施，未发现被执行人有可供执行的财产或者发现的财产不能处置；④自执行案件立案之日起已超过 3 个月；⑤被执行人下落不明的，已依法予以查找；被执行人或者其他人妨害执行的，已依法采取罚款、拘留等强制措施，构成犯罪的，已依法启动刑事责任追究程序。《严格规范终本规定》还明确了"责令被执行人报告财产""已穷尽财产调查措施""发现的财产不能处置"的操作和判断标准。

《严格规范终本规定》规定了终结本次执行程序的程序：

（1）告知并听取申请执行人的意见。终结本次执行程序前，人民法院应当将案件执行的情况、采取的财产调查措施、被执行人的财产情况、终结本次执行程序的依据及法律后果等信息告知申请执行人，并听取其对终结本次执行程序的意见。人民法院应当将申请执行人的意见记录入卷。

（2）制作裁定书。对于符合终结本次执行程序条件的案件，人民法院应当制作裁定书，载明下列内容：①申请执行的债权情况；②执行经过及采取的执行措施、强制措施；③查明的被执行人财产情况；④实现的债权情况；⑤申请执行人享有要求被执行人继续履行债务及依法向人民法院申请恢复执行的权利，被执行人负有继续向申请执行人履行债务的义务。

（3）作结案处理。终结本次执行程序裁定书送达申请执行人后，执行案件可以作结案处理。人民法院进行相关统计时，应当对以终结本次执行程序方式结案的案件与其他方式结案的案件予以区分。

《严格规范终本规定》规定，终结本次执行程序将产生以下后果：

（1）终结本次执行程序裁定书送达申请执行人以后，执行法院应当在 7 日内将相关案件信息录入最高人民法院建立的终结本次执行程序案件信息库，并通过该信息库统一向社会公布。终结本次执行程序后的 5 年内，执行法院应当每 6 个月通过网络执行查控系统查询一次被执行人的财产，并将查询结果告知申请执行人。符合恢复执行条件的，人民法院应当及时恢复执行。

（2）终结本次执行程序后，人民法院已对被执行人依法采取的执行措施和强制措施继续有效；申请执行人申请延长查封、扣押、冻结期限的，人民法院应当依法办理续行查封、扣押、冻结手续；当事人、利害关系人申请变更、追加执行当事人，符合法定情形的，人民法院应当予以支持。变更、追加被执行人后，申请执行人申请恢复执行的，人民法院应当予以支持。

（3）被执行人应当继续履行生效法律文书确定的义务，并不得实施妨害执行的行为。终结本次执行程序后，被执行人应当继续履行生效法律文书确定的义务；被执行人自动履行完毕的，当事人应当及时告知执行法院。终结本次执行程序后，被执行人或者其他人妨害执行的，人民法院可以依法予以罚款、拘留；构成犯罪的，依法追究刑事责任。

（4）申请执行人发现被执行人有可供执行财产的，可以向执行法院申请恢复执行。申请恢复执行不受申请执行时效期间的限制。执行法院核查属实的，应当恢复执行。终结本次执行程序后，发现被执行人有可供执行财产，不立即采取执行措施可能导致财产被转移、隐匿、出卖或者毁损的，执行法院可以依申请执行人申请或依职权立即采取查封、扣押、冻结等控制性措施。

《严格规范终本规定》对于人民法院规范适用终结本次执行程序、防止制度滥用具有重要意义。

四、典型案例

（一）最高人民法院指导案例

2016 年，最高人民法院发布指导案例 4 批共 21 案。其中，有关民事诉讼程序统一适用的案例共 2 件，即指导案例 68 号和 75 号。

【指导案例 68 号】上海欧宝生物科技有限公司诉辽宁特莱维置业发展有限公司企业借贷纠纷案（最高人民法院审判委员会讨论通过 2016 年 9 月 19 日发布）。该案的裁判要点是：人民法院在审理民事案件时发现存在虚假诉讼可能的，应当依职权调取相关证据，详细询问当事人，全面严格审查诉讼请求与相关证据之间是否存在矛盾，以及当事人诉讼中的言行是否违背常理。经综合审查判断，当事人存在虚构事实、恶意串通、规避法律或国家政策以谋取非法利益，进行虚假民事诉讼情形的，应当依法予以制裁。

【指导案例75号】中国生物多样性保护与绿色发展基金会诉宁夏瑞泰科技股份有限公司环境污染公益诉讼案（最高人民法院审判委员会讨论通过2016年12月28日发布）。该案的裁判要点是：①社会组织的章程虽未载明维护环境公共利益，但工作内容属于保护环境要素及生态系统的，应认定符合《最高人民法院关于审理环境民事公益诉讼案件适用法律若干问题的解释》（以下简称《环境民事公益诉讼解释》）第4条关于"社会组织章程确定的宗旨和主要业务范围是维护社会公共利益"的规定。②《环境民事公益诉讼解释》第4条规定的"环境保护公益活动"，既包括直接改善生态环境的行为，也包括与环境保护相关的有利于完善环境治理体系、提高环境治理能力、促进全社会形成环境保护广泛共识的活动。③社会组织起诉的事项与其宗旨和业务范围具有对应关系，或者与其所保护的环境要素及生态系统具有一定联系的，应认定符合《环境民事公益诉讼解释》第4条关于"与其宗旨和业务范围具有关联性"的规定。

（二）最高人民法院公布的典型案例

1. 破产案件典型案例。2016年6月15日，最高人民法院发布10起关于依法审理破产案件、推进供给侧结构性改革的典型案例。分别是：①长航凤凰股份有限公司破产重整案；②深圳中华自行车（集团）股份有限公司破产重整案；③浙江安吉同泰皮革有限公司执行转破产清算案；④中国第二重型机械集团公司与二重集团（德阳）重型装备股份有限公司破产重整案；⑤浙江玻璃股份有限公司及其关联公司合并破产案；⑥山东海龙股份有限公司破产重整案；⑦中核华原钛白股份有限公司破产重整案；⑧北京利达海洋生物馆有限公司破产清算案；⑨上海超日太阳能科技股份有限公司破产重整案；⑩无锡尚德太阳能电力有限公司破产重整案。

2. 撤销监护人资格典型案例。2016年5月31日，最高人民法院发布了12起侵害未成年人权益被撤销监护人资格的典型案例。分别是：①林某某被撤销监护人资格案；②邵某某、王某某被撤销监护人资格案；③岳某某被撤销监护人资格案；④徐某被撤销监护人资格案；⑤耿某某、马某某被撤销监护人资格案；⑥何某某被撤销监护人资格案；⑦周某被撤销监护人资格案；⑧何某某被撤销监护人资格案；⑨王某被撤销监护人资格案；⑩卢某某被撤销监护人资格案；⑪卿某某被撤销监护人资格案；⑫吴某某被撤销监护人资格案。

3. 弘扬社会主义核心价值观典型案例。2016年3月10日，最高人民法院公布了10起弘扬社会主义核心价值观典型案例：

（1）刘某诉刘某某、周某某共有房屋分割案。本案弘扬的价值：家庭美德。孝敬父母，是中国社会传承几千年的重要家庭伦理道德。父母含辛茹苦，将子女培养成人，子女长大后理应善待父母，为他们营造安定的生活环境。本案中，父母为购房支付了大部分房款，并从子女利益考虑，让女儿占有90%的房屋产权份额，但作为女儿，原告刘某却意图将父母占有的份额转让给自己，从而占有房屋的全部份额，损害了父母的利益，人民法院依法不予支持。

（2）"北燕云依"诉某派出所拒绝办理户口登记案。本案弘扬的价值：公序良俗。公民行使姓名权，应当符合法律规定，不得损害公序良俗。本案原告的父母在为其办理户口登记时，取名"北燕云依"，既未随父姓或母姓，也没有其他正当理由。公安机关拒绝对"北燕云依"进行户口登记，符合法律规定，恪守了公序良俗的要求，维护了正常的社会管理秩序，得到了人民法院的依法支持。

（3）周某诉某公安分局拖延履行法定职责案。本案弘扬的价值：社会公德。"文明健身、和谐生活"，既是社会主义精神文明的体现，也是法治精神的体现。广大群众积极参加健身活动，有利身心健康、增强体魄，但不能因此损害他人的合法权益。本案原告周某因社区居民在其楼下跳广场舞，严重影响生活安宁，向某公安分局报案，处理未果后提起行政诉讼。人民法院依法判决该公安分局对周某的报案作出行政处理。本案也提醒广大群众：既要强身健体，也要尊重他人权利，这样才能真正保证健身的"幸福指数"，提升和谐共处的"文明指数"。

（4）张某等诉杨某继承纠纷案。本案弘扬的价值：友善互助。"远亲不如近邻"，邻里关系是人们生活中的重要关系，邻里之间互帮互助，是我国社会的优良传统和善良风俗。倡导、培育和维护良好的邻里关系，是互相关照、互相理解、和谐相处的社区建设的重要内容。本案中，杨某的父亲长期受到张某夫妇及其儿子的照顾，杨某的父亲将其房产遗赠给张某的儿子，于法有据，于情合理，人民法院依法予以支持。

（5）杨某诉某财产保险股份有限公司意外伤害保险合同纠纷案。本案弘扬的价值：诚实守信。诚实信用原则是民商事活动的基本原则。保险公司的提示、说明义务，是在保险合同领域贯彻诚实信用原则的基本要求。本案被告保险公司就保险合同中的免责条款，未尽到提示和说明义务，应当依法承担保险责任。

（6）张某诉某商贸有限责任公司买卖合同纠纷案。本案弘扬的价值：诚信经营。诚实守信不仅是基本道德准则，也是市场活动应当遵循的基本原则。针对当前一些地方假冒伪劣产品屡禁不止的现象，我们应当旗帜鲜明地倡导、褒扬诚实守信，坚决谴责、制裁和打击不诚信行为，努力营造让人民群众"买得放心、吃得安心、用得顺心"的食品安全环境。本案被告出售"三无"食品，原告主张退还货款并支付货款10倍的惩罚性赔偿金，人民法院依法予以支持。

（7）某船厂诉某船务有限公司船舶修理合同纠纷案。本案弘扬的价值：诚信诉讼。"诚者，天之道也。"诚实信用是中华民族的传统美德，是法治国家与法治社会建设的重要内容。本案双方当事人恶意串通，虚构债权债务关系，企图以诉讼方式侵害他人的合法权益，进行虚假诉讼，人民法院依法驳回其诉讼请求，并对当事人处以罚款。

（8）金某伪证案。本案弘扬的价值：诚实守法。在诉讼中如实作证，是每一个公民都应当履行的义务，是维护司法正常秩序、确保司法裁判公平公正的重要因素。虚假作证不但严重影响裁判结果的公正性，危害司法权威，而且直接侵害当事人的合法权益，损害社会诚信建设。本案当事人金某在诉讼中故意作伪证，严重违背诚实信用原则，违反了法律义务，受到了应有的刑事制裁。

（9）高某诉上海某大学不授予学位案。本案弘扬的价值：诚实守规。诚实信用，是社会主义社会的重要核心价值，也是中华民族的优秀道德传统。对每一个人而言，诚信乃立身之本。本案原告高某作为在校大学生，是国家未来的建设者，在考试中作弊，不仅违背诚信原则，也违反了国家法律法规和学校的规定，学校对其作出不授予学位的处理，人民法院依法予以支持。

（10）某环保联合会诉某农化有限公司等环境污染责任纠纷案。本案弘扬的价值：环境公益。生态环境，是人们共同生存和生活的必要条件，良好的生态环境是全社会的共同福祉，是重要的社会公共利益。无论是日常生活，还是生产经营，都不得以破坏和牺牲生态环境为代价，否则就要依法承担法律责任。本案中，某农化有限公司等6被告长期将工业废物直接排进河道，污染了水流，造成了严重的环境损害。环保组织提起环境公益诉讼，人民法院依法判决排污企业承担环境损害责任。

（三）民间机构评选的影响性案例

1. 2016年度人民法院十大民事行政案件。2017年1月7日，《人民法院报》评出2016年度十大民事行政案件。其中，民事案件分别是：最高法院再审审查首例环境民事公益诉讼案，全国首起大气污染公益诉讼案，康菲溢油案，首例失怙代孕龙凤胎监护权案，"狼牙山五壮士"后人起诉侵害名誉权案，邱少云家属诉孙杰、加多宝案，舜天船舶破产重整案，全国首例电竞游戏赛事直播纠纷案。

2. 2016年十大影响性诉讼。2017年1月15日，中国案例法学研究会评出了2016年度十大中国影响性诉讼。其中，民事诉讼案件2件，分别是排第9的"环球拓业新三板挂牌'跑路'学员索赔案"和排第10的"首例雾霾环境公益诉讼案"。

（1）环球拓业新三板挂牌"跑路"学员索赔案。

【案情简介】2016年9月30日，以英语培训为主业的北京环球拓业教育咨询股份有限公司，获准在"新三板"挂牌不到1个月，其总部突然关闭，数百学员无法继续求学。工商登记信息显示，8月26日，环球拓业法定代表人突然由陈国忠变更为肖宏。肖宏及部分学员认为，陈国忠疑似卷款"跑路"并向公安机关报案，立案进展缓慢。10月底以来，部分学员转而分别向北京市东城区人民法院、朝阳区人民法院起诉，以环球拓业涉嫌合同欺诈为由，根据《消费者权益保护法》要求3倍赔偿。同时，环球拓业挂牌推荐主办机构开源证券公司、大成律师事务所、兴华会计师事务所也被部分学员列为共同被告要求承担连带法律责任。

【影响性】"新三板"监管松懈。环球拓业欠薪数月，偷偷给员工断了社保；挂牌"上市"不足1个月，大股东疑涉卷款潜逃。在P2P平台跑路多发之时，莫非预收款企业也在紧步其后尘？消费市场陷阱多，处处防不胜防。"上市"公司灌水、中介机构随波逐流，这无疑是对"新三板"监管松懈的莫大讽刺，以及对券商、律所、会计师等中介机构执业失范、唯利是图的深刻警醒。在民间教育机构火爆、预付款消费盛行的时代，本案在报案、投诉、起诉、索赔中遇到的行政、司法不作为、民事案由规定僵化、消费欺诈认定难、3 倍索赔难、中介机构追责难、小额贷款监管混乱等问题，无疑为那些想为自己"充电"的消费者提了个醒：理性选择，维权不易。

（2）首例雾霾环境公益诉讼案。

【案情简介】位于山东省德州市区的晶华集团振华有限公司以生产、加工玻璃制品为主业，周围多为居民小区。因长期超标排放污染物，造成大气污染，振华公司多次遭受行政处罚，但仍持续超标排污。2015 年 3 月 19 日，中华环保联合会就振华公司大气污染行为向德州市中级人民法院提起公益诉讼，要求被告赔礼道歉、赔偿损失。2016 年 7 月 20 日，德州市中级人民法院一审宣判，被告振华公司赔偿因超标排放污染物造成的损失 2198.36 万元，用于德州市大气环境质量修复，并通过省级以上媒体向社会公开赔礼道歉。

【影响性】治霾不只是等风来。本案是 2015 年修订后的《环境保护法》生效后，中国首例针对大气污染行为起诉并获得胜诉的公益诉讼案件，被称为雾霾环境公益诉讼第一案。让社会组织收集证据、提起公益诉讼，不仅增加了公众在环保方面的参与渠道，也成为政府监管环境污染的一大助力。超过 2000 万的损失赔偿，让人感觉雾霾治理不再只是等风来。但赔偿款交给谁、怎么花，需要进一步明确。此外，目前的环境公益诉讼中，全国性组织起诉民企是一种常态，在监督国企、打破地方保护主义、发挥地方性社会组织作用等方面，仍有改进空间，公益诉讼主体资格也有向公民个人开放的必要。无独有偶，随着 2016 年年末雾霾屡屡来袭，京津冀三地5 名律师已分别提起诉讼。

3. 2016 年十大公益诉讼案件。经司法实务界、法学理论界和社会公众推荐，法学专家评选，2017 年 3 月 31 日，中国案例法学研究会、中国政法大学诉讼法学研究院、法治周末报社等单位联合评选出"2016 年中国十大公益诉讼"。其中民事公益诉讼 8 件，组委会公布的案情简介和推荐理由如下：

（1）中国消费者协会诉雷沃重工等违法生产销售摩托车案。

【案情简介】2015 年 12 月，中国消费者协会（以下简称"中消协"）接到投诉举报函，称山东福田雷沃国际重工股份有限公司生产、销售的"福田五星牌"正三轮摩托车不符合强制性国家标准规定、侵害消费者利益，且涉案车辆大多在维权力量薄弱的农村地区使用，使用者多为农民。随后，中消协成立专门工作组，并委托律师事务所开展调查。同时，组织河北、内蒙古、吉林、黑龙江等省（区）消协进行区域调查。经深入调查取证，中消协向法院提交了涉案企业侵害众多不特定消费者合法权益、损害社会公共利益的相关证据 20 余份。

中消协向法院提出的诉讼请求包括：判令被诉方立即停止生产、销售已被工信部公告撤销的所有型号产品、不符合强制性国家标准的所有型号产品；消除其违法、违规生产和销售的所有型号产品的安全风险；确认雷沃重工违法、违规生产和销售的行为，对众多不特定消费者构成了《中华人民共和国消费者权益保护法》第55条的"欺诈行为"等。

【入选理由】该案是2013年修正的《消费者权益保护法》施行以来，中消协代表消费者提起的首起公益诉讼。本案涉案车辆数量大、范围广、危害大，涉案车辆大多在维权力量薄弱的农村地区使用，使用者多为农民，缺乏维权意识和维权能力，难以有效地维护自身权益。本案不但对涉案消费者（尤其是农民消费者）的权益进行有效的维护，而且对那些漠视消费者权益，在被消费者投诉、起诉，甚至被有关行政部门处罚后仍继续违法生产、销售问题产品的企业起到警示作用。该案将有助于保护众多不特定消费者的安全权益，维护社会公共安全秩序。从该案可以看到，公益诉讼是维权的新手段，它能够以点带面，有望促进整个行业的关注和进行整改，解决广大消费者面临的问题，从而推动行业的整体治理，扭转和规范整个行业问题。

（2）中国绿发会诉淘宝网销售非法汽车尾气净化器案。

【案情简介】深圳市速美环保有限公司在淘宝网开办网上商铺，销售能使机动车尾气年检得以蒙混过关的所谓"年检神器"系列产品。根据淘宝商铺上的数据显示，"三元催化器火莲花金属软载体汽车尾气超标治理净化器"已售出26 158件，"年检包过通用改装小三元催化器金属软载体汽车尾气超标治理净化器"已售出3980件，"年检包过柴油车三元催化器汽车尾气净化器DPF颗粒捕集器"已售出215件。仅上述三种产品即已售出30 353件。该公司是在以弄虚作假的方式帮助尾气不合格的车辆规避汽车尾气年度检测，使得原本尾气超标的车辆得以蒙混过关继续上路，其行为存在着严重的违法性，对我国大气污染防控工作造成了极为严重的影响。作为网络交易平台经营者淘宝网，未能按照有关法律法规的规定建立或执行有效的检查监控制度，导致大量非法产品销入市场，致使广大人民群众的身体健康及社会公共利益遭受严重损害。2016年10月26日，中国绿发会以深圳市速美环保有限公司、浙江淘宝网络有限公司为被告，向浙江省杭州市中级人民法院提起诉讼，2016年11月8日，杭州中院立案。

【入选理由】该案是首次以网络平台运营者为被告的环境公益诉讼，以网络店商销售产品所造成的大气环境污染为切入点，主张网络交易平台应与直接销售者承担环境侵权连带责任，有助于提醒网络交易平台加大对网络店商不法产品的监控力度，为促进电商行业的良性发展发挥积极影响。

（3）江苏省消费者协会诉南京市水务集团供水合同"霸王条款"案。

【案情简介】南京市民的新房首次开通自来水时，都会签一份"供用水合同"。很少有人注意到，这份格式合同里隐藏着一条违规"霸王条款"。该供用水合同第7条第2款第1项约定："用水人逾期不缴纳水费，供水人应该书面催告，用水人收到催告后，除应补足应缴纳的水费外，还应当支付从逾期之日起每日按应缴纳水费数额的 0.5% 违约金。"根据国家相关法律规定：城市供水企业，通过与用户协商，约定逾期付款的违约金标准；没有约定的，按照最高人民法院的有关司法解释，可参照中国人民银行规定的金融机构计收逾期利息的标准计算逾期付款违约金。而南京市水务集团规定的 0.5% 违约金，既没有与用户商量，也明显高于中国人民银行的计算标准，不合理地加重了消费者的负担。对于这个问题，江苏省消费者协会经过两次约谈，双方没有达成一致意见。2016 年 9 月 12 日，江苏省消费者协会正式向南京市中院提起诉讼，请求法院判决确认《南京水务集团有限公司供用水合同》（户表用户）第 7 条第 2 款第 1 项条款无效。

【入选理由】这是首例对公共服务行业提起的公益诉讼案件，亮剑垄断行业的"霸王条款"。城市供水、供电、供气既是公用事业，也是垄断行业。作为公用事业，本应具有公益属性；而作为垄断行业，又存在各种"霸王条款"。普通消费者面对公用事业中的"霸王条款"，几乎无力反抗，而且没办法"用脚投票"。该案可以推进广大消费者的维权意识，使他们了解一些格式条款存在的不公平现象，让公众在平时消费时处于有利地位。本案也是江苏省首起消费者民事公益诉讼，立案后，南京水务集团有限公司主动与江苏省消费者协会沟通，自愿按照江苏省消费者协会的建议，对供用水格式合同（户表用户）中规定违约金过高的问题积极整改，把"从逾期之日起每日应按缴纳水费数额的 0.5% 违约金"修改为"每逾期一日还应支付缴纳水费金额同期同档贷款利率 1.3 倍的违约金"，最终改至法律规定的范围内。可见，江苏省消费者协会提起的公益诉讼具有很强的威慑力，本案也成为破除垄断行业"霸王条款"的公益诉讼样本。

（4）张新年诉中国移动"流量偷跑"案。

【案情简介】2015 年 7 月 22 日凌晨，张新年用手机点击一个视频链接后随即退出，数分钟后收到 6 条自相矛盾的提示短信，显示消耗了 2489MB 的流量，产生 500元的套餐外流量收费，并且存在套餐内扣费等情形，在迟迟得不到移动公司合理解释的情况下，张新年于 2016 年 1 月 11 日对中国移动及其北京公司提起民事诉讼。诉讼过程中，工信部函复张新年称，将于 2016 年起加大启动流量计费监督检查工作，督促三大运营商对流量业务计费系统性能进行测试；质检总局函复法院称，流量计费系统暂未列入《强制检定的工作计量器具目录》，也尚未制定相应的国家计量检定系统表及国家计量检定规程；北京市质监局函复张新年称，移动公司的移动数据计量计费设备的运行、维护由其自行负责，不属于该局监督检查范畴。法院经审理认为，移动公司发送的系列提醒短信存在"时间倒叙、流量总额不一致、流量总量倒叙"的情形，由此可见，中国移动北京公司的短信提醒功能存在瑕疵，因此判决移动公司应当免收流量费。但是，对于张新年主张的移动公司流量计量计费存在黑洞，法院判决未予认定。张新年公开表示，表征于消费者眼前可见的流量提醒瑕疵，指向了移动公司背后的计量计费黑洞，事关亿计网民的流量计量计费，目前在源头上尚处于监管空白，为推动包括但不限于中国移动在内的整个电信企业的移动数据计量计费系统的规范化，切实维护广大消费者的合法利益，接下来他还将给国务院及有关部门递交《法律建议函》并提供《整改参考意见》。

【入选理由】用户碍于技术劣势，难以进行流量核对，难以直接举证运营商的计量是否精准，运营商则有恃无恐，发生争议后会本能地把责任推给用户或其他部门。但很多时候用户面对垄断企业无力维权，而张新年选择了与运营商对簿公堂，并引起了社会的广泛关注。正如《检察日报》报道所指出的："选择将中国移动告上法庭，显然有着别样的法律意义。"新华社则指出，面对张新年的遭遇，运营商竟然没有明确说法，"流量'糊涂账'，让公众看到了店大欺客的事实"，运营商"要做到用户流量数据与扣费问题取信于民，依然还有较长的路要走"。无疑，该案是 2016 年度公民个人借个案依法践行公益诉讼活动的典范。

（5）中华环保联合会诉 3 家"国控"企业超标排放污染案。

【案情简介】3 家国家重点监控污染企业严重超标排放大气污染物，被中华环保联合会告上法庭。2016 年，中华环保联合会提出的状告内蒙古大雁矿业集团有限责任公司热电总厂雁南热电厂（以下简称雁南热电厂）、贵州黔桂天能焦化有限责任公司（以下简称贵州天能）、山西安泰集团股份有限公司焦化厂（以下简称安泰焦化厂）大气污染环境公益诉讼分别被法院受理。中华环保联合会介绍，这 3 家企业在 2014 年修订的《环境保护法》实施的 2 年时间里，严重超标排放大气污染物，其中，雁南热电厂 2 年里有 82% 的时间在超标排放，烟尘最高超标 346 倍；贵州天能超标排放时间比例更是高达 97%；安泰焦化厂超标排放时间比例是 93%。就这 3 家企业的污染行为，中华环保联合会共向法院提出多项诉讼请求，其中包括请求法院判决 3 家企业承担生态环境修复费用共计 7900 多万元。中华环保联合会表示，这个数字只是初步估算，具体修复费用以专家意见或鉴定结论为准。

【入选理由】中华环保联合会起诉的这 3 家企业有两个共同特点：一是涉案企业都是严重违反了 2014 年修订的《环境保护法》且违法持续时间长。2 年时间里，3 家企业被指大部分时间违法排放、超标排放，超标排放天数最少在 80% 以上，最多的高达 97%。二是这 3 家企业都是违法向大气排放污染物。中华环保联合会除了要求 3 家企业承担环境修复费用外，还请求法院依法判令 3 家企业立即停止侵害，采取切实防治大气污染的措施，确保达标排放；通过省级以上媒体向社会公众赔礼道歉；承担中华环保联合会因本案诉讼和执行而发生的合理费用，包括差旅费、调查取证费、专家证人费用、评估鉴定费等费用。中华环保联合会的积极作为将为环保组织积极践行环境保护类公益诉讼起到示范作用。

（6）中国绿发会诉北京刘诗昆幼儿园塑胶毒跑道案。

【案情简介】北京市朝阳区刘诗昆万象新天幼儿园塑胶跑道建成使用后，向外散发很大的刺激性味道，致使很多在该幼儿园的孩子集中出现身体异常状况，表现为流鼻血、眼睛不适、发烧、皮肤过敏等症状，学生家长纷纷带孩子诊断就医。这种带有刺激性气味的塑胶跑道直接污染大气环境，进而对长期多次接触或者靠近这种跑道的人的健康产生有害影响，特别是对抵抗力较差的幼儿健康影响更大，因此，在幼儿园和中小学应该严格限制铺设直至禁止铺设，已经铺设并且已经产生危害后果的应该立即拆除。这种塑胶跑道不但直接污染大气环境，同时也会污染其覆盖下的土壤及周边土壤。对大气环境和土壤的污染都会直接危害人们的身体健康，是对社会公共利益的侵害。

中国绿发会两次发函要求万象幼儿园为了保证众多幼儿的身体健康，立即采取措施，拆除有刺激性气味的塑胶跑道，清除塑胶跑道对大气环境和土壤的污染，均未果。2016 年 6 月 21 日，中国绿发会以北京市朝阳区刘诗昆万象新天幼儿园、北京百尚家和商贸有限公司为被告，向北京市第四中级人民法院提起诉讼并于 2016 年 7 月 21 日立案。立案后，北京市朝阳区刘诗昆万象新天幼儿园不但将涉案塑胶跑道拆除，更是将其幼儿园旗下所有塑胶跑道全部拆除。该案经过原被告双方多次沟通，目前已达成和解意愿。

【入选理由】该案是全国首例关注塑胶跑道污染的环境公益诉讼，也是环境公益诉讼领域涉及幼儿身体健康的典型案例。绿发会行使法律赋予的提起环境公益诉讼的权利，维护社会公共利益，尤其是幼儿的身体健康问题，意义重大。该案在当时引起较大的社会反响，学生家长纷纷感谢绿发会为了下一代的健康做出的巨大贡献。这也是目前案件中较快有实际效果的环境公益诉讼，并引起社会各界对有毒塑胶跑道危害性的关注。

（7）自然之友诉北京某小区开发商、物业公司"废渣填湖"污染案。

【案情简介】2015 年 7 月 23 日上午，北京市第四中级人民法院正式受理北京市朝阳区自然之友环境研究所诉北京都市芳园房地产开发有限公司、北京九欣物业管理有限公司固体废物污染责任纠纷。自然之友环境研究所诉称，位于北京市昌平区东小口镇的都市芳园小区，有一个总面积约 200 亩的湖泊湿地。自 2014 年 10 月起，被告一北京都市芳园房地产开发有限公司、被告二北京九欣物业管理有限公司，不顾居民群众的反对，在没有办理许可手续的情况下，非法组织施工作业，将建筑垃圾和建筑开槽土等倾倒入湖，填埋湖泊区域，严重破坏了植被、湿地等生态系统。至今，倾倒建筑垃圾等填湖行为仍在进行，原有湖泊区域 3/4 以上被渣土填满，连接社区东西两岸的桥梁随之拆除，正常生长的植物群落遭到毁坏，原来的良好生态环境消失殆尽。

经小区业主多次向政府反映、举报，北京市昌平区城市管理综合行政执法监察局调查认定：2014 年 10 月 21 日，北京都市芳园房地产开发有限公司张贴《通知》，声称该公司决定将小区湖面进行平整绿化。10 月 22 日，该公司雇佣车队开始进行填埋作业，回填土大多是工地渣土。被告一按照 200 元/车的价格收取相关渣土，但不具备渣土消纳许可证。10 月 25 日，城管执法人员向被告一送达《责令改正通知书》。

针对北京市昌平区都市芳园小区湖泊被非法倾倒垃圾的问题，原告对二被告提出如下诉讼请求：①停止侵害，立即停止在北京市昌平区都市芳园小区湖泊区域的施工作业，不得继续倾倒渣土等固体废物，不得继续破坏原有生态；②判令二被告承担生态环境修复费用，包括制定、实施修复方案的费用和监测、监管等费用，共950万元，用于原地恢复当地植被以及修复生态服务功能；③判令二被告赔偿损失，即赔偿涉案湖泊区域植物群落、湿地生态受到损害至恢复原状期间的服务功能损失费，用于北京市昌平区湿地保护等公益事业；④判令二被告承担本案全部诉讼费用以及原告为诉讼支付的调查取证费、评估费、专家费、律师费。

【入选理由】此案是北京地区首例环境民事公益诉讼案件，同时也是适用2014年修订的《中华人民共和国环境保护法》和《最高人民法院关于审理环境民事公益诉讼案件适用法律若干问题的解释》受理的第一例环境民事公益诉讼案件。据了解，本案二被告未经办理任何手续，在合法建成的都市芳园小区湖泊区域内，通过填埋湖泊、毁坏天然植被的方式消纳建筑垃圾，这一行为违反《环境保护法》《土地管理法》《侵权责任法》《北京市生活垃圾管理条例》《北京市湿地保护条例》和国家林业局《湿地保护管理规定》，严重破坏相关生态系统的完整性、稳定性，严重妨碍生态服务功能的发挥，已经损害了社会公共利益。但本案久拖不决，至今仍在审理中。

（8）岳阳检察机关督促、支持野生动物保护公益诉讼案。

【案情简介】2016年1月13日，东洞庭湖自然保护区七星湖水域保护站工作人员在巡查时，发现犯罪嫌疑人钟某形迹可疑，经过检查，在其渔船上一个生锈铁盆里找到了3只野生候鸟的尸体和半包克百威农药。涉案实物经湖南省野生动植物司法鉴定中心鉴定为：国家二级重点保护动物小天鹅1只，国家"三有"保护动物豆雁2只。经侦查终结，检察机关最终对全案共批准逮捕7人，其中，监督立案2人，追捕到案1人。在依法追究上述被告人刑事责任的同时，岳阳楼区人民检察院督促并支持东洞庭湖自然保护区管理局对非法猎杀国家级保护候鸟的被告人何某等7人依法提起公益诉讼，请求法院判定7名被告人共同赔偿国家经济损失5.3万元，并承担连带民事赔偿责任。目前，此案仍在审理中。

【入选理由】保护野生动物既是我国法律的明确规定，也是保障生态环境可持续发展、人与自然和谐相处的必要条件。但是，长期以来各地对野生动物保护不力，猎杀野生动物食用或用作衣物等轻工业制品的现象屡禁不止。在《野生动物保护法》修订完善的背景下，检察机关提起野生动物保护的公益诉讼具有重要导向意义。需要强调的是，2016年以来，检察机关督促、支持或直接提起的公益诉讼案件增加速度很快，包括环境资源、食品药品安全、国有资产保护、国有土地出让等方面的公益诉讼量激增。法院通过依法审理检察机关试点提起的民事、行政公益诉讼案件，展示了这项改革对于督促行政机关履行法定职责、保护环境公共利益方面的积极作用。

第三节　行政诉讼法的实践状况[1]

一、全国行政诉讼司法数据

（一）行政诉讼司法数据

1. 全国行政审判工作概况。2016 年，各级法院审结一审行政案件 22.5 万件，同比上升 13.2%。其他方面，跨行政区划法院建设顺利进行，行政案件异地管辖、集中管辖继续推行。推进征收拆迁工作法治化，支持地方政府开展城中村、棚户区改造，维护被拆迁人合法权益。配合推进行政机关负责人出庭应诉等工作，通过司法审查支持"放管服"改革，助推法治政府建设[2]（参见图 3 - 3）。

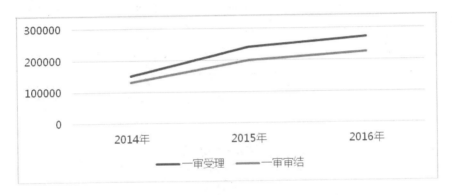

图 3 - 3　2014 ~ 2016 年全国行政诉讼案件一审受理、审结数

2. 地方行政审判具体情况。以北京市为例，2016 年落实《行政诉讼法》"有案必立、有诉必理"的规定，全年新收行政案件 19 403 件，同比上升 25.6%；审结行政案件 19 187 件，同比上升 38.1%。依法审查行政行为合法性，维护行政相对人合法权益，对违法行政行为依法判决撤销或者确认违法、无效，行政机关败诉的案件占结案数的 10.7%。推进行政机关负责人出庭应诉工作，全市 16 个区都有政府负责人到北京市第四中级人民法院出庭应诉。完善行政审判白皮书制度，及时反映依法行政中存在的问题，向行政机关发送司法建议 75 件。在行政审判中加大协调力度，推进行

---

〔1〕　*本部分执笔人：高家伟教授，杨天波同学协助执笔。

〔2〕　参见中国法院网：《最高人民法院工作报告（摘要）》，http：//www. chinacourt. org/article/detail/2017/03/id/2577140. shtml.

政争议实质性化解，一审撤诉 1624 件，同比增加 9.8%[1]（参见图 3-4、图 3-5）。

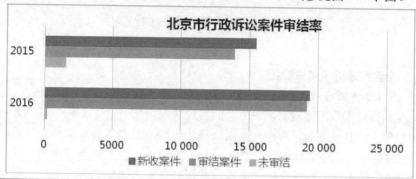

年份	新收案件	审结案件	未审结	审结率
2015	15 451	13 893	1558	89.9%
2016	19 403	19 187	216	98.8%
同比上年	25.6%	38.1%	-86.1%	8.9%

图 3-4　2016 年北京市行政诉讼案件审结率

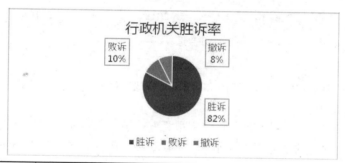

年份	胜诉	败诉	撤诉
2015	12 212	1681	1479
2016	17 134	2053	1624
同比上年	40.3%	22.1%	9.8%

图 3-5　2016 年北京市行政机关胜诉率

---

[1]　参见北京市人大网：《北京市高级人民法院工作报告》，http://www.bjrd.gov.cn/zt/rdh2017/dhwj/201702/t20170207_170617.html.

（二）2016 年行政诉讼案件数据的分析

从上面列举的司法数据可以看出，2016 年行政审判工作呈现出以下特点：

1. 受理案件持续增加，案件审结率同时也在提高。立案登记制施行 1 年以来，案件数量相比去年继续增加，而面对迅猛增长的案件，为了最大限度地减轻当事人的诉累，法院系统创新办案思路和相关制度，从而提升了案件的审结效率。例如，实行案件繁简分流，科学选定审判程序。根据案件的类型和难易程度，对所登记受理案件进行繁简分流，使案件有序进入审理环节，大大缩短了案件审理时限，提高了审判资源的有效利用率。借助信息技术平台，构建高速办案通道。充分利用法院内部信息平台、法院公众微信平台等，建立法官、律师及诉讼双方的相互沟通、交流快速通道，提高诉讼审判时效，减少诉讼双方当事人往返时间，提高司法服务效率。通过这一系列措施的实施，在立案登记制带来的激增案件面前，法院系统内部通过创新工作方法，得以从容面对新形势下的审判要求。

2. 行政机关败诉率虽有提高，但胜诉率仍高居不下。这一现象可以说明三个问题：

第一，"告官难"依然是行政诉讼一直以来的难题。行政机关胜诉率高，主要问题仍然在于一些地方政府无端限制公民的诉权，致使大量滥用行政权力的案件不能进入行政诉讼渠道，譬如，一些地方政府强制干涉司法，使得征地拆迁、企业改制等所谓敏感案件，当地法院不能受理。而这样一些所谓敏感案件，恰恰是公权力滥用最集中的领域。如果准许民众就这些案件上法院状告当地政府，行政机关自然就会承担更大的败诉风险，公民的胜诉率就会提高。即便案件进入诉讼程序，一些地方政府的威胁、利诱无效，公民坚持要走完诉讼程序，但地方法院的人、财、物都在地方党政机关，地方党政机关总能制造有形或无形的压力，让法官自觉不自觉地袒护行政机关。这种严重影响司法的现象目前仍然存在，本来可以胜诉的案件，却在行政干扰下败诉，行政机关胜诉率一直高居不下。

第二，2014 年修订的《行政诉讼法》的实施更好地起到了监督行政活动的作用。"民告官"的胜诉率提高，说明 2014 年修订的《行政诉讼法》的精神得到了更切实的落实，人民的合法权益得到更好的保护，行政机关的公权力的行使受到进一步的限制和监督，例如土地、房屋一直是矛盾纠纷多发领域。"民告官"赢得更多了，说明群众依法维权的意识和能力都在提高，法院的审判更加独立、公正。有了这一积极示范作用，采取极端方式维权的现象就会减少，这是法治进步的体现。

第三，行政机关仍需提高自我规范意识。俗话说"打铁还需自身硬"，行政机关败诉率提高，也暴露出行政机关自身存在的问题依然严重，自身素质不过硬。行政机关败诉的主要原因是政府部门作出行政裁决时不正确履行法定职责，包括主要证据不足、认定事实不清、不遵守法定程序或违反正当程序等方面，而这背后还包含着一些政府部门对百姓诉求和社会关切的漠视，这些说明我国在建设法治政府这条道路上依然任重道远。

3. 撤诉案件增多，案件撤诉率提升。这个现象与近年来提倡的多元化纠纷解决机制的实施密切相关。尤其是 2016 年最高人民法院出台的《最高人民法院关于人民法院进一步深化多元化纠纷解决机制改革的意见》和《最高人民法院关于人民法院特邀调解的规定》是多元化纠纷解决机制走向制度化、法治化的里程碑事件，标志着多元化纠纷解决机制的发展正式进入了从单一平面到多元立体、从重点突破到全面启动、从零散差异到系统整合的新阶段。这些新规定、新制度的出台对司法诉讼"量"的分流、节约司法资源起到了重要作用，也为公众提供更丰富而经济的解纷途径。

二、行政诉讼领域的重要事件

（一）完善诉讼与非诉讼相衔接的纠纷解决机制

1. 在诉讼方面，2016 年立案登记制继续推行并取得良好效果。一年多的行政诉讼实践证明，"立案难"的问题得到很大缓解：

第一，2016 年立案登记制继续深入落实。自从党的十八届四中全会通过了《中共中央关于全面推进依法治国若干重大问题的决定》[1]，提出要"改革法院案件受理制度，变立案审查制为立案登记制；对人民法院依法应该受理的案件，做到有案必立、有诉必理"，据统计，2016 年人民法院一审审结的行政案件在 2015 年的基础上增长了 13.2%。[2]

最高人民法院下发了推行立案登记制改革的司法文件和立案登记的司法解释后，2014 年修改后的《行政诉讼法》和司法解释同步实施。由于行政诉讼的特殊性，行政干预和地方干预时有发生，过去一些地方出台限制受理行政案件的"土政策""潜规则"，将老百姓的诉求拒之门外，导致大量矛盾演化为私力救济或群体性事件。立案登记制改革无疑能有效解决"立案难""起诉难"问题，对于实现公正司法、提升司法权威，保障群众诉权、加强司法的人权保障、减少部分信访案件数量有着重大影响。立案登记制是人民法院践行司法为民、确保公正司法的重要内容，对于加快建设公正、高效、权威的社会主义司法体制具有重要意义。

第二，2016 年人民法院开展立案登记制改革"回头看"，防止"立案难"问题反弹。1 年来，最高人民法院要求严格贯彻落实新法，对随意限制当事人诉权的"土政策"予以清理；对违法增设受理条件的"潜规则"坚决予以铲除；明确禁止以往个别地方采取的"三不"（不收起诉状、不收材料、不出裁定）措施，行政诉讼"立案难"的问题得到很大缓解。全面推行立案登记制，真正体现了"把方便留给群众，把困难留给法院"的为民宗旨，为建设法治政府打下坚实的基础。值得重视的

---

〔1〕 参见人民网：《中共中央关于全面推进依法治国若干重大问题的决定》，http://cpc.people.com.cn/n/2014/1029/c64387 - 25927606.html.

〔2〕 参见中国法院网：《最高人民法院工作报告（摘要）》，http://www.chinacourt.org/article/detail/2017/03/id/2577140.shtml.

是，"立案登记改革 + 互联网 + 诉讼服务"使诉讼过程的便民性得到提升，从另一个方面促进诉讼依法进行，依法保障诉权，维护良好的诉讼秩序。

2. 在非诉讼解决机制方面，人民法院深化多元化纠纷解决机制改革的指导思想进一步明确。2016 年 6 月 29 日，最高人民法院发布《最高人民法院关于人民法院进一步深化多元化纠纷解决机制改革的若干意见》[1]，明确了人民法院深化多元化纠纷解决机制改革的指导思想、基本原则和目标任务，对加强诉调对接平台建设、健全制度机制、完善程序安排、加强工作保障等作了规定：

第一，根据"国家制定发展战略、司法发挥引领作用、推动国家立法进程"的工作思路，建设功能完备、形式多样、运行规范的诉调对接平台，畅通纠纷解决渠道，引导当事人选择适当的纠纷解决方式。

第二，合理配置纠纷解决的社会资源，完善和解、调解、仲裁、公证、行政裁决、行政复议与诉讼有机衔接、相互协调的多元化纠纷解决机制。

第三，充分发挥司法在多元化纠纷解决机制建设中的引领、推动和保障作用，为促进经济社会持续健康发展、全面建成小康社会提供有力的司法保障。

第四，创新特邀调解制度和在线纠纷解决方式，推动在线调解、在线立案、在线司法确认、在线审判、电子督促程序、电子送达一体化信息平台建设等，将中央关于矛盾纠纷多元化解的改革部署落到实处。

（二）行政机关负责人出庭应诉制度得到更好落实

2016 年 4 月 11 日上午，贵州省贵阳市中级人民法院开庭审理一起征地拆迁行政案件。而这次庭审中，贵州省副省长陈鸣明代表贵州省政府坐在了被告席上。陈鸣明作为省部级领导干部出庭应诉，在全国尚属首例。他因此成为第一个"吃螃蟹"的人，在社会上引起了广泛关注，具有积极的示范意义。

由于我国的历史传统，使得"民卑官尊"等在传统观念中根深蒂固。在司法实践中，行政机关负责人出于种种考虑，一般不愿与百姓对簿公堂，因此导致行政机关负责人出庭应诉率不高、仅委托律师出庭应诉等成为普遍现象，告"官"而不见"官"这一现象经常发生。

2014 年修订的《行政诉讼法》实施以来，最高人民法院不断加强与国务院法制办等有关部门的沟通协调，积极推动行政机关负责人出庭应诉制度的落实。2016 年 6 月 27 日，国务院办公厅发布的《国务院办公厅关于加强和改进行政应诉工作的意见》是我国首个全面规范行政应诉工作的专门性文件。2016 年 7 月 28 日，最高人民法院发布了《最高人民法院关于行政诉讼应诉若干问题的通知》[2]，要求各级人民

---

〔1〕　参见最高人民法院网：《关于人民法院进一步深化多元化纠纷解决机制改革的意见》，http：//www. court. gov. cn/zixun – xiangqing – 22742. html.

〔2〕　参见最高人民法院网：《关于行政诉讼应诉若干问题的通知》，http：//www. court. gov. cn/fabu – xiangqing – 24751. html.

法院进一步规范和促进行政应诉工作，具体规定如下：

第一，充分认识规范行政诉讼应诉的重大意义。推动行政机关负责人出庭应诉，是贯彻落实修改后的《行政诉讼法》的重要举措；规范行政诉讼应诉，是保障行政诉讼法有效实施、全面推进依法行政、加快建设法治政府的重要举措。

第二，出庭应诉的行政机关负责人，既包括正职负责人，也包括副职负责人以及其他参与分管的负责人。

第三，行政机关负责人不能出庭的，应当委托行政机关相应的工作人员出庭，不得仅委托律师出庭。

第四，涉及重大公共利益、社会高度关注或者可能引发群体性事件等案件以及人民法院书面建议行政机关负责人出庭的案件，被诉行政机关负责人应当出庭。

第五，《行政诉讼法》第3条第3款规定的"行政机关相应的工作人员"，包括该行政机关具有国家行政编制身份的工作人员以及其他依法履行公职的人员。被诉行政行为是人民政府作出的，人民政府所属法制工作机构的工作人员，以及被诉行政行为具体承办机关的工作人员，也可以视为被诉人民政府相应的工作人员。

第六，行政机关负责人和行政机关相应的工作人员均不出庭，仅委托律师出庭的；或者人民法院书面建议行政机关负责人出庭应诉，行政机关负责人不出庭应诉的，人民法院应当记录在案并在裁判文书中载明，可以依照《行政诉讼法》第66条第2款的规定予以公告，建议任免机关、监察机关或者上一级行政机关对相关责任人员严肃处理。

这是人民法院为创建公平、公正的审判环境，从而积极推动行政首长出庭应诉制度建立的结果。行政诉讼的存在及其运作无时不涉及权力的配置冲突及协调，因此，追求运作良好的行政诉讼环境非常重要，在审理行政诉讼的过程中，人民法院经常遇到作为被告的行政机关缺席的问题，导致了行政诉讼案件难以如期进行，行政诉讼因此陷入一种告官难、审理难的境地，而这都是一种不健康的行政诉讼审理环境。因此，从目前的司法现状来看，加强行政机关负责人应诉出庭工作，建立健康而良好的司法环境，对行政审判工作的健康发展具有积极意义。

除上述陈鸣明出庭应诉的例子外，在最高人民法院行政庭赴山东省济南市开庭审理一起廉租房权益保障案件时，济南市住房保障和房产管理局局长出庭应诉；在北京市审理的以区政府为被告的行政案件中，区长出庭应诉。随着新法的深入实施，行政机关负责人出庭应诉会逐渐成为常态。

（三）人民检察院提起公益诉讼案件试点工作逐步开展

2016年，最高人民法院召开了人民法院审理检察机关提起公益诉讼案件工作座谈会，并根据《全国人民代表大会常务委员会关于授权最高人民检察院在部分地区开展公益诉讼试点工作的决定》，最高人民法院制定的《人民法院审理人民检察院提起公益诉讼案件试点工作实施办法》[1]已于 2016 年 3 月 1 日起施行，关于行政公益诉讼的规定主要有：

第一，明确了检察院可以提起行政公益诉讼的范围。人民检察院履行职责中发现在生态环境和资源保护、国有资产保护、国有土地使用权出让等领域负有监督管理职责的行政机关违法行使职权或者不作为，造成国家和社会公共利益受到侵害，公民、法人和其他社会组织由于没有直接利害关系，没有也无法提起诉讼的，可以以公益诉讼人身份向人民法院提起行政公益诉讼。

第二，行政公益诉讼中人民检察院的职责。人民检察院履行职责包括履行职务犯罪侦查、批准或者决定逮捕、审查起诉、控告检察、诉讼监督等职责。

第三，规定了行政公益诉讼的管辖。人民检察院提起行政公益诉讼的案件，一般由违法行使职权或者不作为的行政机关所在地的基层人民检察院管辖。违法行使职权或者不作为的行政机关是县级以上人民政府的案件，由市（分、州）人民检察院管辖。有管辖权的人民检察院由于特殊原因，不能行使管辖权的，应当由上级人民检察院指定本区域其他试点地区人民检察院管辖。上级人民检察院认为确有必要，可以办理下级人民检察院管辖的案件。下级人民检察院认为需要由上级人民检察院办理的，可以报请上级人民检察院办理。

此外，对于行政公益诉讼的其他内容，例如立案、调查核实证据、集体讨论、终结审查、举证责任、行政公益诉讼不适用调解等内容，作出了具体规定。

最高检数据显示，2016 年 12 月，各试点地区检察机关提起公益诉讼 365 件，而试点开始至 2016 年 11 月底提起公益诉讼为 130 件，12 月份一个月几乎是 17 个月公益诉讼案件总数的 3 倍。在 2016 年各试点地区检察机关共提起的 495 件诉讼中，目前法院已审结 32 件，除 4 件因行政机关纠正违法行为、民事公益诉讼调解等原因撤诉、结案外，其余 28 件中，法院均判决支持了检察机关的诉讼请求。[2]

诉讼量爆发式增长的同时，行政公益诉讼触及的领域不断扩大，从集中于生态环境和资源保护领域，逐步扩展至国有资产保护、国有土地使用权出让领域、食品药品安全等领域。

行政公益诉讼制度的尝试和建立，丰富和完善了行政诉讼体系的结构，是监督和纠正行政机关违法、滥权和不作为，促进行政法治运行的重要举措，是防止发生"公地悲剧"的重要保障。经过近一年的试点工作，检察机关提起公益诉讼制度的优势正在逐步显现，人民法院保护公共利益的积极作用正在不断放大。在各地法院受理的大部分公益诉讼案件中，被诉行政机关大都在开庭前即纠正了违法行为，取得

---

〔1〕　参见最高人民法院网站：《人民法院审理人民检察院提起公益诉讼案件试点工作实施办法》，http：//www. court. gov. cn/zixun－xiangqing－16882. html.

〔2〕　参见最高人民检察院网站司法统计数据：http：//www. spp. gov. cn/zdgz/201611/t20161105＿171752. shtml.

良好的法律效果和社会效果。

（四）行政赔偿中引入精神损害赔偿

2016 年 9 月 7 日，最高人民法院出台《最高人民法院关于审理民事、行政诉讼中司法赔偿案件适用法律若干问题的解释》[1]（以下简称"司法赔偿司法解释"），针对有关非刑事司法赔偿案件的法律适用问题作出统一规范，并首次引入侵犯人身权的精神损害赔偿。该司法解释将于 2016 年 10 月 1 日起施行。

《司法赔偿司法解释》规定：非刑事司法赔偿案件中，人民法院及其工作人员侵犯公民人身权造成精神损害的，应当依照《国家赔偿法》第 35 条的规定，在侵权行为影响的范围内，为受害人消除影响、恢复名誉、赔礼道歉；造成严重后果的，还应当支付相应的精神损害抚慰金。这是司法解释中首次规定非刑事司法赔偿中的精神损害赔偿。

精神损害赔偿是现代损害赔偿制度的重要组成部分。精神损害赔偿制度，是指由于加害人因其侵权行为侵害了他人的精神利益而应承担的赔偿责任。精神损害赔偿既是对受害人精神权益的救济，同时也对侵权人彰显了一定的经济惩罚性，以示制裁和训诫，它兼具抚慰性、补偿性和惩罚性。在现代法治社会，精神损害赔偿已经成为对人身权（特别是精神权益）受到损害的一项重要司法救济途径，精神损害赔偿制度的完善对于健全我国国家赔偿制度具有重要意义。

非刑事司法赔偿领域的精神损害赔偿曾在我国长期处于空白境地。司法实践中主要依靠《最高人民法院关于确定民事侵权精神损害赔偿责任若干问题的解释》来规范。法院及其工作人员在民事、行政诉讼过程中实施违法拘留、殴打、虐待等行为，侵犯公民人身权，造成的精神损害后果有可能不亚于刑事赔偿中的损害后果。将非刑事司法赔偿排除在精神损害赔偿条款的适用范围之外，有悖《国家赔偿法》尊重和保障人权的立法初衷。

健全精神损害赔偿制度历经多年实践探索。早在 2001 年《最高人民法院关于确定民事侵权精神损害赔偿责任若干问题的解释》中已经确立了精神损害赔偿，2003 年《最高人民法院关于审理人身损害赔偿案件适用法律若干问题的解释》又进一步确认了人身损害赔偿的精神损害赔偿。在更高层次的立法上，2009 年 12 月通过的《侵权责任法》将精神损害赔偿纳入民事基本法中。2010 年 4 月，十一届全国人大常委会第十四次会议高票通过了《全国人民代表大会常务委员会关于修改〈中华人民共和国国家赔偿法〉的决定》，修改后的《国家赔偿法》首次规定了精神损害赔偿。

此次将精神损害赔偿引入行政赔偿，具有重要意义。《司法赔偿司法解释》的出台是根据《国家赔偿法》及有关法律规定，结合人民法院国家赔偿工作实际，针对人民法院赔偿委员会审理民事、行政诉讼中司法赔偿案件法律适用若干问题作出的

---

[1] 参见最高人民法院网站：《最高人民法院关于审理民事、行政诉讼中司法赔偿案件适用法律若干问题的解释》，http://www.court.gov.cn/zixun－xiangqing－25751.html。

统一规范。将精神损害赔偿首次引入非刑事司法赔偿领域，完善了《国家赔偿法》精神损害赔偿的适用范围，有利于完善精神损害赔偿法律制度，拓展精神损害赔偿的范围和功效，使得司法机关在民事、行政诉讼中善待公民人身权，把司法权关进制度的笼子里，更好地彰显法治的精神和人权的尊严。

三、行政诉讼热点问题

（一）法治政府建设与行政审判

中国审判理论研究会行政审判理论专业委员会 2016 年年会（第五届）于 2016 年 8 月 25 日在海南三亚召开。本次年会的主题是"法治政府建设与行政审判"[1]。论坛契合了行政审判工作在新形势下所承担的任务：行政审判是化解行政纠纷、消除"官"民矛盾、确保社会和谐稳定的重要途径，是实现依法行政、建设法治政府的重要方式。关于"法治政府建设与行政审判"的议题，与会专家提出了许多建设性意见：

第一，建立重大复杂行政案件立案风险评估机制。有代表建议，在立案阶段，及时有效地启动重大、复杂行政案件实施社会效果评估机制，综合评估基本争议事实、案件受理后的审判效果、执行难度，以及是否可能引发信访、上访等情况。实施分级评估，优化管理模式，做到分级评估、分级防控。注重程序衔接，强化信息收集，建立系统化、全流程的追踪管理体系，强化风险信息动态收集。

第二，建立健全行政机关负责人出庭应诉效果评价和反馈机制。有代表指出，为倒逼行政机关负责人提前做好充分应对准备、提高庭审效率，有必要赋予主审法官对行政机关负责人庭审表现的评价机制。主审法官对行政机关负责人庭审表现的评价结果，可以通过司法建议或公函等形式发送行政机关，以便行政机关及其负责人全面了解出庭表现的客观效果，促使行政机关负责人实现从"出庭为交差"到"出庭系履职"的转变，不断提升出庭应诉能力，进而为行政审判制度纠纷解决功能的激活提供支撑。

第三，严格掌握规范性文件附带审查的程序边界。有代表认为，由于是在行政诉讼中附带审查规范性文件，附属性决定了其应当按照审理行政行为的程序进行，这应当是附带审查规范性文件的程序边界，即无论其审查的规范性文件的位阶、审查的强度和深度如何，其始终遵循的应当而且必须是附属于行政行为的审理程序。

第四，行政诉讼一并审理民事争议案件的裁判规则。有代表提出以下司法裁判规则：一是查清事实，全面判断，即要查清两个不同类型争议的连接点事实，在此基础上对整个案情作出全面而准确的判断；二是一并处理，分别裁判，即分别按照不同的法律规范对不同的事实行为进行合法性判断，并根据不同的诉讼请求适用不同的法律依据分别作出裁判；三是同时送达，各自生效，即一并送达可以让当事人

---

〔1〕 参见最高人民法院网站："中国审判理论研究会行政审判理论专业委员会举办 2016 年年会"，http：//www. court. gov. cn/zixun － xiangqing － 25061. html.

全面了解案件的相关争议，使得裁判结果更有说服力，也可以避免先送达的法律文书引发上诉或再审后影响到后一份法律文书的送达。

此外，论坛关于行政协议的可诉性、推进以管辖改革为中心的行政审判机制改革、积极探索跨行政区划集中管辖、设立跨行政区划法院、有效破除行政诉讼"主客场"现象等问题进行了富有成效的讨论。[1]

（二）行政不作为问题

2016 年 10 月 15 日至 16 日，中国行政法学研究会 2016 年年会在广西南宁召开。其中，"行政不作为"问题作为本次年会的重要讨论主题之一，与会专家们围绕该问题进行了深入的讨论与交流。在讨论行政不作为法律问题的过程中，与会专家就行政不作为诉讼、不作为行为涉及的第三人利益、行政不作为的司法审查，以及行政不作为的法律责任等具体问题进行了讨论。

第一，研究行政不作为问题的理论价值。研究行政不作为诉讼是构建完整的行政法学基础理论的需要。例如，在研究行政不作为诉讼的过程中，当研究者试图用现有的行政行为构成要件理论对行政不作为进行阐述时，却会被"行政不作为是否属于行政行为"的问题所困惑，由此导致了研究过程中对行政行为概念、内涵与构成要件界定的混乱。进一步研究行政不作为诉讼的概念、功能、类型，有助于解决这些理论上的困惑，丰富我国行政诉讼制度体系，为建立完整的行政不作为救济体系提供坚实的理论支撑。

第二，行政不作为诉讼问题在实践中对司法的影响。由于行政不作为本身具有消极性、隐蔽性的特点，使其在现实生活中不易于被发现，然而，行政不作为几乎无处不在，不仅个别相对人的合法利益会因此而受到损害，社会公共利益也会因此受到无形的损害。因此，加强对行政不作为诉讼的研究，从微观层面而言，有利于实现规范法院行政审判标准，保障当事人的合法权益的目的；就宏观层面而言，法院作为社会建设与社会管理的参与者，通过不断完善行政诉讼制度，改进审判方式，提高审判水平，进而达到推进社会管理创新的效果。

作为一直以来的难题，行政不作为在 2016 年依然是应当重视的问题。党的十八大以来，反腐力度的加大也使得一部分政府行政主管部门的公职人员以消极不作为来应对反腐，他们认为在当前环境之下是"不做不错，做多错多"。行政不作为情形的存在及其在反腐高压下的演化，无疑对行政法制建设造成了严重的阻碍，甚至是一种政府权力与责任严重脱节的状态，不仅有悖政府公权力机构的职能，也会对公民的个人权益以及社会的公共利益构成严重的威胁。在新形势下，在理论和实践领域继续加大对行政不作为以及行政不作为之诉的关注，依然意义重大。

---

[1] 论坛内容综述参见人民法院报："为建设中国特色的社会主义行政审判理论体系凝聚智慧"，http://rmfyb. chinacourt. org/paper/html/2016 - 09/01/content_ 116011. htm? div = -1.

（三）复议机关作为共同被告

2014 年修改后的《行政诉讼法》第 26 条第 2 款规定："经复议的案件，复议机关决定维持原行政行为的，作出原行政行为的行政机关和复议机关是共同被告；复议机关改变原行政行为的，复议机关是被告。"复议机关维持原行政行为的，不仅作出原行政行为的机关是被告，作出维持决定的复议机关亦是被告。这一规定在《行政诉讼法》修改后引发讨论，成为 2016 年《行政诉讼法》领域的热门问题。

在 2014 年《行政诉讼法》修改以前，复议机关常常为了不作被告而故意维持原行政行为，导致我国有很高的复议维持率，未能使行政复议发挥应有的作用，复议虚化、程序空转问题严重，因此，有必要对原有制度作出针对性的改革，堵上法律的漏洞。在实践中，这一新修改的规定，明显使得行政诉讼案件呈现出了新的特点，以渝北法院为例[1]：

第一，行政诉讼案件的数量明显增多。2014 年修正的《行政诉讼法》实施一年以来，渝北法院共受理行政诉讼案件 842 件，其中，复议机关为共同被告的案件达 231 件，占受理总数的 27.43%，数量占比较大。复议机关为共同被告的案件中，共审结 208 件，其中，判决驳回诉讼请求的案件共 146 件，判决确认违法或撤销具体行政行为的案件共 7 件，行政机关败诉率为 3.37%。

第二，行政级别高，案件审理难度偏大。在该法院复议机关作为共同被告的案件中，涉及国家部委的有 4 件，包括财政部、国家卫计委、农业部、住房和城乡建设部；涉及市级机关的有 176 件，包括市政府、市人社局等 14 个市级行政机关。因复议机关行政级别高，案件涉及领域广、涉及利益多，新问题、新情况迭出，政策性、政治敏感性较强，且事实认定和法律适用的争议偏大。法院在审理该类案件时，面临较高的协调和裁判难度。

第三，受案范围广，跨地域现象较明显。根据 2014 年修正的《行政诉讼法》第 18 条的规定，经复议的案件，可以由复议机关所在地人民法院管辖。该院地处渝北，多家市级行政机关集中于其司法管辖区域内。部分行政案件的当事人出于利害关系考虑，对涪陵区、奉节县等其他区县行政机关的行政行为不服，经市级行政机关复议后，向渝北法院提起行政诉讼。2014 年修正的《行政诉讼法》实施以来，该院已受理该类案件 21 件，涉及市规划局、市公安局、市人社局、市环保局等多个市级行政机关。

第四，所涉领域集中，存在行政滥诉风险。复议机关为共同被告的案件，所涉领域相对集中于政府信息公开、工伤认定、行政处罚等。2014 年修正的《行政诉讼法》实施以来，该院共受理行政处罚案件共计 22 件，占比 9.52%；工伤认定案件共计 48 件，占比 20.78%；政府信息公开案件 119 件，占比 51.52%，该类案件中，当事人多因同一事由或同一纠纷，反复、频繁地向行政机关申请政府信息公开，以此

---

[1]　参见重庆法院网：http://cqfy.chinacourt.org/article/detail/2017/01/id/2501990.shtml。

方式制造诉讼，并以缠诉、滥诉的方式向行政机关施压，获取相应利益。据统计，一人多诉案件有114件，占政府信息公开案件的95.8%，存在行政滥诉的风险。

这个案例可以反映出，行政诉讼出现了新的态势，面对新法带来的影响，就更需要在学理和实践中加以重视，总结经验和应对方法，使得复议机关作共同被告的规定能够落到实处，真正实现降低行政诉讼维持率、提高行政诉讼效率、保护人民合法权益的目的。

（四）行政规范性文件的司法审查问题

2014年修正的《行政诉讼法》确立了人民法院对行政规范性文件的司法审查制度，第53条第1款规定："公民、法人或者其他组织认为行政行为所依据的国务院部门和地方人民政府及其部门制定的规范性文件不合法，在对行政行为提起诉讼时，可以一并请求对该规范性文件进行审查。"第64条规定："人民法院在审理行政案件中，经审查认为本法第53条规定的规范性文件不合法的，不作为认定行政行为合法的依据，并向制定机关提出处理建议。"这一制度的确立将对行政诉讼工作的开展产生重大影响：

第一，明确了人民法院对于行政规范性文件合法性审查的裁判权。这一制度的确立完成了规范性文件附带审查从行政复议向行政诉讼的必要延伸，有利于行政复议和行政诉讼中对规范性文件附带审查的制度衔接。与2014年修改前的《行政诉讼法》及其司法解释比较，其突破在于：一是赋予了行政相对人对行政行为依据的规范性文件向人民法院附带提请违法性审查和评价处置裁判的请求权；二是赋予了人民法院对于行政规范性文件违法与否的裁判权，即对行政规范性文件违法或合法的确认权。

第二，对于规范"红头文件"具有重要的示范意义。例如，带动各政府部门对规范性文件的主动梳理。2016年7月15日，江苏省政府法制办邀请省级机关、高校、省法院、律师事务所等理论界、实务界专家，对今年二季度报备的2件政府规章、43件规范性文件进行第三方评价。专家点评规范性文件，这是江苏省在全国率先创新规范性文件审查的一个重要形式。

《行政诉讼法》对"红头文件"设立司法审查制度，正在向社会传达着加强行政立法、规范政府行为的重要价值导向，而这一导向作用经一年来的实践证明，已经取得了良好的效果，为防止"红头文件"的任性恣意，《行政诉讼法》设置了制度藩篱，回应了公众对规范性文件接受司法监督的期待。

（五）"网约车"案件的裁判问题

专车行政诉讼"第一案"在济南宣判[1]。2016年12月30日下午，山东省济南市市中区人民法院对备受社会关注的原告陈超诉被告济南市城市公共客运管理服务

---

〔1〕 参见最高人民法院网："专车行政诉讼'第一案'济南宣判"，http://www.court.gov.cn/zixun-xiangqing-34232.html.

中心行政处罚一案进行宣判。该案被普遍解读为"全国专车行政诉讼第一案"。

济南市市中区人民法院认定，济南网约车司机陈超的行为构成非法从事出租车客运经营。但考虑到网约车的特殊背景，该行为社会危害性小，济南城市公共客运管理服务中心处罚幅度和数额畸重，存在明显不当，因此，法院判决撤销其作出的《行政处罚决定书》。该案的宣判是行政诉讼审判中对网约车案件的首次表态，说明对于"网约车"这种新型事物，在司法中应当考虑这两个方面：

第一，专车作为客运模式的一种新形式，在行政管理体制中不会被作为一个例外来对待。专车作为互联网模式下的新事物，也应该受到现有行政法规的规制，网约车这种客运行为与传统出租汽车客运经营一样，同样关系到公众的生命财产安全，关系到政府对公共服务领域的有序管理，应当在法律、法规的框架内依法、有序进行。只有在此基础上，才能根据新兴事物的特点再具体考虑新兴事物的法律适用问题。因此，法院既要依据现行有效的法律规定审查被诉行政行为的合法性，以体现法律的权威性和严肃性，同时也要充分考虑科技进步激发的社会需求、市场创新等相关因素，作出既符合依法行政的当下要求，又为未来的社会发展和法律变化留有适度空间的司法判断。

第二，在网约车案件的具体裁量上，行政处罚应当遵循比例原则，做到罚当其过，处罚结果应当与违法行为的事实、性质、情节以及社会危害程度相当，以达到制止违法行为再次发生的目的。本案中，原告通过网络约车软件进行道路运输经营，而原告与网络约车平台的关系及与乘客最终产生的车费是否实际支付或结算完毕，被告未提供证据证明，具体几方受益也没有证据证明，尚不明确。因此，虽然被告对未经许可擅自从事出租汽车客运的行为可以依法进行处罚，但原告在本案所涉道路运输经营行为中仅具体实施了其中的部分行为，在现有证据下，被告将本案行政处罚所针对的违法行为及其后果全部归责于原告，并对其个人作出了较重的行政处罚，处罚幅度和数额畸重，存在明显不当。

此外，值得注意的是，对网约车的首次表态与出台的网约车新规有很大关系。2016 年 7 月 27 日，交通部联合工信部等 7 个部委共同发布《网络预约出租汽车经营服务管理暂行办法》[1]（以下简称《网约车暂行办法》），被称为"网约车新规"的暂行办法终于面世。《网约车暂行办法》不再规定私家车接入网约车平台，必须将"车辆使用性质登记为出租客运"，而是新增了一个车辆属性——预约出租客运。2016 年 10 月 1 日起施行的修订版《出租汽车驾驶员从业资格管理规定》[2] 明确，网约车驾驶员将被纳入出租汽车驾驶员范畴管理，从业资格从此有了统一规范。

---

〔1〕　参见新华网："网络预约出租汽车经营服务管理暂行办法"，http：//news. xinhuanet. com/finance/2016－07/28/c_ 129186187. htm.

〔2〕　参见交通运输部网站："交通运输部关于修改《出租汽车驾驶员从业资格管理规定》的决定"，ht-tp：//zizhan. mot. gov. cn/zfxxgk/bnssj/zcfgs/201609/t20160909_ 2085223. html.

根据《网约车暂行办法》，网约车司机须通过出租汽车驾驶员从业资格考试，而申请参加从业资格考试须满足无交通肇事犯罪、危险驾驶犯罪记录，无吸毒记录，无饮酒后驾驶记录，无暴力犯罪记录等条件。考试合格者将获得市级出租汽车行政主管部门核发的《网络预约出租汽车驾驶员证》。《网约车暂行办法》还要求，网络预约出租汽车驾驶员的注册，须通过出租汽车经营者向发证机关所在地出租汽车行政主管部门报备完成，报备信息包括驾驶员从业资格证信息、与出租汽车经营者签订的劳动合同或者协议等。规定还指出，网约车驾驶员不得有违反规定巡游揽客、站点候客、违规收费，无正当理由未按承诺到达约定地点提供预约服务，以及对举报、投诉其服务质量或者对其服务作出不满意评价的乘客实施报复等行为；情节严重的，主管部门将对其延期注册。《网约车暂行办法》的出台，意味着网约车正式告别"黑车"时代，获得合法地位，同时，相关法律法规的继续细化规定，使得网约车的运行能够更加规范化、制度化。

对网约车的法律规制，体现出了我国法院在对待新型种类客运服务的态度，即看到了网约车运营有助于提高闲置资源的利用效率，有助于缓解运输服务供需时空匹配的冲突，有助于在更大程度上满足人民群众的实际需求。当这项新技术或新商业模式出现时，基于竞争理念和公共政策的考虑，不能一概将其排斥于市场之外，否则经济发展就会渐渐缓慢直至最后停滞不前。但是，同样不容否认的是，网约车的运营需要有效的监管，法律法规的有效规定，应当得到普遍的尊重和执行，这是法治精神的基本要求、法治社会的重要体现。

四、典型案例

（一）2016 年最高法院发布的行政诉讼指导案例

1. 指导案例 59 号：戴世华诉济南市公安消防支队消防验收纠纷案。

【基本案情】原告戴世华诉称：原告所住单元一梯四户，其居住的 801 室坐东朝西，进户门朝外开启。距离原告门口 0.35 米处的南墙挂有高 1.6 米、宽 0.7 米、厚 0.25 米的消火栓。人员入室需后退避让，等门扇开启后再前行入室。原告的门扇开不到 60°~70°根本出不来，消防栓的设置和建设影响了原告的生活。因此，原告请求依法撤销被告济南市公安消防支队批准在其门前设置的消防栓通过验收的决定；依法判令被告责令报批单位依据国家标准限期整改。

被告济南市公安消防支队辩称：建设工程消防验收备案结果通知是按照建设工程消防验收评定标准完成的工程检查，是检查记录的体现。如果备案结果合格，则表明建设工程是符合相关消防技术规范的；如果不合格，公安机关消防机构将依法采取措施，要求建设单位整改有关问题，其性质属于技术性验收，并不是一项独立、完整的具体行政行为，不具有可诉性，不属于人民法院行政诉讼的受案范围，请求驳回原告的起诉。

法院经审理查明：针对戴世华居住的馆驿街以南棚户区改造工程 1—8 号楼及地下车库工程，济南市公安消防支队对其消防设施抽查后，于 2011 年 11 月 21 日作出济公消验备［2011］第 0172 号《建设工程消防验收备案结果通知》。

【裁判结果】济南高新技术产业开发区人民法院于 2012 年 11 月 13 日作出（2012）高行初字第 2 号行政裁定，驳回原告戴世华的起诉。戴世华不服一审裁定提起上诉。济南市中级人民法院经审理，于 2013 年 1 月 17 日作出（2012）济行终字第 223 号行政裁定：①撤销济南高新技术产业开发区人民法院作出的（2012）高行初字第 2 号行政裁定；②本案由济南高新技术产业开发区人民法院继续审理。

【指导意义】建设工程消防验收备案结果通知含有消防竣工验收是否合格的评定，具有行政确认的性质，当事人对公安机关消防机构的消防验收备案结果通知行为提起行政诉讼的，人民法院应当依法予以受理。

2. 指导案例 60 号：盐城市奥康食品有限公司东台分公司诉盐城市东台工商行政管理局工商行政处罚案。

【基本案情】原告盐城市奥康食品有限公司东台分公司（以下简称"奥康公司"）诉称：2012 年 5 月 15 日，被告盐城市东台工商行政管理局（以下简称东台工商局）作出东工商案字（2012）第 00298 号《行政处罚决定书》，认定原告销售的金龙鱼橄榄原香食用调和油没有标明橄榄油的含量，违反了 GB7718 - 2004《预包装食品标签通则》的规定，责令其改正，并处以合计 60 000 元的罚没款。原告认为，其经营的金龙鱼橄榄原香食用调和油标签上的"橄榄原香"是对产品物理属性的客观描述，并非对某种配料的强调，不需要标明含量或者添加量。橄榄油是和其他配料（菜籽油、大豆油）相同的普通食用油配料，并无特殊功效或价值，不是"有价值、有特性的配料"。因此，本案应适用《中华人民共和国食品安全法》（以下简称《食品安全法》）规定的国务院卫生行政部门颁布的食品安全国家标准，而被告适用的 GB7718 - 2004《预包装食品标签通则》并不是食品安全国家标准，适用法律错误。综上，请求法院判决撤销被告对其作出的涉案行政处罚决定书。

被告东台工商局辩称：原告奥康公司经营的金龙鱼牌橄榄原香食用调和油标签正面突出"橄榄"二字，配有橄榄图形，吊牌写明"添加了来自意大利的 100% 特级初榨橄榄油"，但未注明添加量，这就属于食品标签上特别强调添加某种有价值、有特性配料而未标示添加量的情形。GB7718 - 2004《预包装食品标签通则》作为食品标签强制性标准，在《食品安全法》生效后，即被视为食品安全标准之一，直至被 GB7718 - 2011《预包装食品标签管理通则》替代。因此，其所作出的行政处罚决定定性准确、合理适当、程序合法，请求法院予以维持。

【裁判结果】江苏省东台市人民法院于 2012 年 12 月 15 日作出（2012）东行初字第 0068 号行政判决：维持东台工商局 2012 年 5 月 15 日作出的东工商案字［2012］第 00298 号《行政处罚决定书》。宣判后，奥康公司向江苏省盐城市中级人民法院提起上诉。江苏省盐城市中级人民法院于 2013 年 5 月 9 日作出（2013）盐行终字第 0032 号行政判决，维持一审判决。

【指导意义】食品经营者在食品标签、食品说明书上特别强调添加、含有一种或多种有价值、有特性的配料、成分，应标示所强调配料、成分的添加量或含量，未标示的，属于违反《中华人民共和国食品安全法》的行为，工商行政管理部门依法对其实施行政处罚的，人民法院应予支持。所谓"强调"，是指通过名称、色差、字体、字号、图形、排列顺序、文字说明、同一内容反复出现或多个内容都指向同一事物等形式进行着重标识。所谓"有价值、有特性的配料"，是指不同于一般配料的特殊配料，对人体有较高的营养作用，其市场价格、营养成分往往高于其他配料。

3. 指导案例 69 号：王明德诉乐山市人力资源和社会保障局工伤认定案。

【基本案情】原告王明德系王雷兵之父。王雷兵是四川嘉宝资产管理集团有限公司峨眉山分公司职工。2013 年 3 月 18 日，王雷兵因交通事故死亡。由于王雷兵驾驶摩托车倒地翻覆的原因无法查实，四川省峨眉山市公安局交警大队于同年 4 月 1 日依据《道路交通事故处理程序规定》第 50 条的规定，作出乐公交认定〔2013〕第 00035 号《道路交通事故证明》。该《道路交通事故证明》载明：2013 年 3 月 18 日，王雷兵驾驶无牌"卡迪王"二轮摩托车由峨眉山市大转盘至小转盘方向行驶。1 时 20 分许，当该车行至省道 S306 线 29.3km 处驶入道路右侧与隔离带边缘相擦剐，翻覆于隔离带内，造成车辆受损、王雷兵当场死亡的交通事故。

2013 年 4 月 10 日，第三人四川嘉宝资产管理集团有限公司峨眉山分公司就其职工王雷兵因交通事故死亡，向被告乐山市人力资源和社会保障局申请工伤认定，并同时提交了峨眉山市公安局交警大队所作的《道路交通事故证明》等证据。被告以公安机关交通管理部门尚未对本案事故作出交通事故认定书为由，于当日作出乐人社工时〔2013〕05 号（峨眉山市）《工伤认定时限中止通知书》（以下简称《中止通知》），并向原告和第三人送达。

2013 年 6 月 24 日，原告通过国内特快专递邮件方式，向被告提交了《恢复工伤认定申请书》，要求被告恢复对王雷兵的工伤认定。因被告未恢复对王雷兵的工伤认定程序，原告遂于同年 7 月 30 日向法院提起行政诉讼，请求判决撤销被告作出的《中止通知》。

【裁判结果】四川省乐山市市中区人民法院于 2013 年 9 月 25 日作出（2013）乐中行初字第 36 号判决，判决撤销被告乐山市人力资源和社会保障局于 2013 年 4 月 10 日作出的乐人社工时〔2013〕05 号《中止通知》。一审宣判后，乐山市人力资源和社会保障局提起了上诉。乐山市中级人民法院二审审理过程中，乐山市人力资源和社会保障局递交撤回上诉申请书。乐山市中级人民法院经审查认为，上诉人自愿申请撤回上诉，属其真实意思表示，符合法律规定，遂裁定准许乐山市人力资源和社会保障局撤回上诉。一审判决已发生法律效力。

【指导意义】当事人认为行政机关作出的程序性行政行为侵犯其人身权、财产权等合法权益，对其权利义务产生明显的实际影响，且无法通过提起针对相关的实体性行政行为的诉讼获得救济，而对该程序性行政行为提起行政诉讼的，人民法院应当依法受理。

4. 指导案例 76 号：萍乡市亚鹏房地产开发有限公司诉萍乡市国土资源局不履行行政协议案。

【基本案情】2004 年 1 月 13 日，萍乡市土地收购储备中心受萍乡市肉类联合加工厂委托，经被告萍乡市国土资源局（以下简称市国土局）批准，在萍乡日报上刊登了国有土地使用权公开挂牌出让公告，定于 2004 年 1 月 30 日至 2 月 12 日在土地交易大厅公开挂牌出让 TG－0403 号国有土地使用权，该地块位于萍乡市安源区后埠街万公塘，土地出让面积为 23 173.3 平方米，开发用地为商住综合用地，冷藏车间维持现状，容积率 2.6，土地使用年限为 50 年。萍乡市亚鹏房地产开发有限公司（以下简称亚鹏公司）于 2006 年 2 月 12 日以投标竞拍方式并以人民币 768 万元取得了 TG－0403 号国有土地使用权，并于 2006 年 2 月 21 日与被告市国土局签订了《国有土地使用权出让合同》。合同约定出让宗地的用途为商住综合用地，冷藏车间维持现状。土地使用权出让金为每平方米 331.42 元，总额计人民币 768 万元。2006 年 3 月 2 日，市国土局向亚鹏公司颁发了萍国用（2006）第 43750 号和萍国用（2006）第 43751 号两本国有土地使用证，其中，萍国用（2006）第 43750 号土地证地类（用途）为工业，使用权类为出让，使用权面积为 8359 平方米，萍国字（2006）第 43751 号土地证地类为商住综合用地。对此，亚鹏公司认为约定的"冷藏车间维持现状"是维持冷藏库的使用功能，并非维持地类性质，要求将其中一证地类由"工业"更正为"商住综合"；但市国土局认为，维持现状是指冷藏车间保留工业用地性质出让，且该公司也是按照冷藏车间为工业出让地缴纳的土地使用权出让金，故不同意更正土地用途。2012 年 7 月 30 日，萍乡市规划局向萍乡市土地收购储备中心作出《关于要求解释〈关于萍乡市肉类联合加工厂地块〉的函》中有关问题的复函，主要内容是：我局在 2003 年 10 月 8 日出具规划条件中已明确了该地块用地性质为商住综合用地（冷藏车间约 7300 平方米，下同），但冷藏车间维持现状。根据该地块控规，其用地性质为居住（兼容商业），但由于地块内的食品冷藏车间是目前我市唯一的农产品储备保鲜库，也是我市重要的民生工程项目，因此，暂时保留地块内约 7300 平方米冷藏库的使用功能，未经政府或相关主管部门批准不得拆除。2013 年 2 月 21 日，市国土局向亚鹏公司书面答复：①根据市规划局出具的规划条件和宗地实际情况，同意贵公司申请 TG－0403 号地块中冷藏车间用地的土地用途由工业用地变更为商住用地。②由于贵公司取得该宗地中冷藏车间用地使用权是按工业用地价格出让的，根据《中华人民共和国城市房地产管理法》之规定，贵公司申请 TG－0403 号地块中冷藏车间用地的土地用途由工业用地变更为商住用地，应补交土地出让金。补交的土地出让金可按该宗地出让时的综合用地（住宅、办公）评估价值减去的同等比例计算，即 297.656 万元 × 70% ＝ 208.36 万元。③冷藏车间用地的土地用途调整后，其使用功能未经市政府批准不得改变。亚鹏公司于 2013 年 3 月 10 日向法院提起行政诉讼，要求判令被告将萍国用（2006）第 43750 号国有土地使用证上的地类用途由"工业"更正为商住综合用地（冷藏车间维持现状）。撤销被告"关于对市亚鹏房地产有限公司 TG－0403 号地块有关土地用途问题的答复"中第 2 项关于补交土地出让金 208.36 万元的决定。

【裁判结果】江西省萍乡市安源区人民法院于 2014 年 4 月 23 日作出（2014）安行初字第 6 号行政判决：①被告萍乡市国土资源局在本判决生效之日起 90 天内对萍国用（2006）第 43750 号国有土地使用证上的 8359.1 平方米的土地用途应依法予以更正。②撤销被告萍乡市国土资源局于 2013 年 2 月 21 日作出的《关于对市亚鹏房地产开发有限公司 TG－0403 号地块有关土地用途的答复》中第 2 项补交土地出让金 208.36 万元的决定。宣判后，萍乡市国土资源局提出上诉。江西省萍乡市中级人民法院于 2014 年 8 月 15 日作出（2014）萍行终字第 10 号行政判决：驳回上诉，维持原判。

【指导意义】行政机关在职权范围内对行政协议约定的条款进行的解释，对协议双方具有法律约束力，人民法院经过审查，根据实际情况，可以作为审查行政协议的依据。

5. 指导案例 77 号：罗镕荣诉吉安市物价局物价行政处理案。

【基本案情】原告罗镕荣诉称：2012 年 5 月 20 日，其在吉安市吉州区井冈山大道电信营业厅办理手机号码时，吉安电信公司收取了原告 20 元卡费并出具了发票。原告认为，吉安电信公司收取原告首次办理手机号码卡费的行为，违反了《集成电路卡应用和收费管理办法》中不得向用户单独收费的禁止性规定，故向被告吉安市物价局申诉举报，并提出了要求被告履行法定职责进行查处和作出书面答复等诉求。被告虽然出具了书面答复，但在答复函中只写明被告调查时发现一个文件及该文件的部分内容。原告认为，答复函中并没有对原告申诉举报信中的请求事项作出处理，被告的行为违反了《中华人民共和国价格法》《价格违法行为举报规定》等相关法律规定。请求法院确认被告在处理原告申诉举报事项中的行为违法，依法撤销被告的答复，判令被告依法查处原告申诉举报信所涉及的违法行为。

被告吉安市物价局辩称：原告的起诉不符合《行政诉讼法》的有关规定。行政诉讼是指公民、法人、其他组织对于行政机关的具体行政行为不服提起的诉讼。本案中，被告于 2012 年 7 月 3 日对原告作出的答复不是一种具体行政行为，不具有可诉性。被告对原告的答复符合《价格违法行为举报规定》的程序要求，答复内容也是告知原告被告经过调查后查证的情况。请求法院依法驳回原告的诉讼请求。

法院经审理查明：2012 年 5 月 28 日，原告罗镕荣向被告吉安市物价局邮寄一份申诉举报函，对吉安电信公司向原告收取首次办理手机卡卡费 20 元的行为进行举报，要求被告责令吉安电信公司退还非法收取原告的手机卡卡费 20 元，依法查处并没收所有电信用户首次办理手机卡被收取的卡费，依法奖励原告和书面答复原告相关处理结果。2012 年 5 月 31 日，被告收到原告的申诉举报函。2012 年 7 月 3 日，被告作出《关于对罗镕荣 2012 年 5 月 28 日〈申诉书〉办理情况的答复》，并向原告邮寄送达。答复内容为："2012 年 5 月 31 日我局收到您反映吉安电信公司新办手机卡用户收取 20 元手机卡卡费的申诉书后，我局非常重视，及时进行调查，经调查核实：江西省通管局和江西省发改委联合下发的《关于江西电信全业务套餐资费优化方案的批复》（赣通局〔2012〕14 号）规定：UIM 卡收费上限标准：入网 50 元/张，补卡、换卡：30 元/张。我局非常感谢您对物价工作的支持和帮助。"原告收到被告的答复后，以被告的答复违法为由诉至法院。

【裁判结果】江西省吉安市吉州区人民法院于 2012 年 11 月 1 日作出（2012）吉行初字第 13 号判决：撤销吉安市物价局《关于对罗镕荣 2012 年 5 月 28 日〈申诉书〉办理情况的答复》，限其在 15 日内重新作出书面答复。宣判后，当事人未上诉，判决已发生法律效力。

【指导意义】行政机关对与举报人有利害关系的举报仅作出告知性答复，未按法律规定对举报进行处理，不属于《最高人民法院关于执行〈中华人民共和国行政诉讼法〉若干问题的解释》第 1 条第 6 项规定的"对公民、法人或者其他组织权利义务不产生实际影响的行为"，因而具有可诉性，属于人民法院行政诉讼的受案范围。举报人就其自身合法权益受侵害向行政机关进行举报的，与行政机关的举报处理行为具有法律上的利害关系，具备行政诉讼原告主体资格。

（二）2016 年度重大影响案件

1. 最高法院再审"乔丹"商标争议行政纠纷系列案。

【基本案情】一审第三人乔丹公司是国内具有较高知名度的体育用品企业，在国际分类第 25 类、第 28 类等商品或者服务上拥有"乔丹""QIAODAN"等注册商标。

再审申请人迈克尔·乔丹系美国著名篮球明星。2012 年，迈克尔·乔丹以争议商标的注册损害其姓名权，违反 2001 年修正的《中华人民共和国商标法》（以下简称《商标法》，现已修改）第 31 条关于"申请商标注册不得损害他人现有的在先权利"的规定等理由为由，向商标评审委员会提出撤销争议商标的申请。商标评审委员会裁定争议商标予以维持。

迈克尔·乔丹不服，向北京市第一中级人民法院提起行政诉讼。北京市第一中级人民法院判决维持商标评审委员会的裁定。迈克尔·乔丹不服，向北京市高级人民法院提起上诉，北京市高级人民法院判决驳回上诉。

迈克尔·乔丹不服，向最高人民法院申请再审。2015 年 12 月，最高人民法院以迈克尔·乔丹的再审申请符合《行政诉讼法》第 91 条第 6 项规定的情形为由［二审判决遗漏迈克尔·乔丹有关 2001 年修正的《商标法》（现已修改）第 31 条的上诉理由］，裁定提审 10 件案件。

【裁判结果】2016 年 12 月 8 日，最高人民法院对再审申请人迈克尔·杰弗里·乔丹与被申请人国家工商行政管理总局商标评审委员会、一审第三人乔丹公司商标争议行政纠纷共 10 件案件进行公开宣判，依法确定了再审申请人主张的姓名权保护的"姓名"范围。在涉及"乔丹"商标的 3 件案件中，最高人民法院明确了主张姓名权保护的标准和条件，依法认定争议商标的注册损害了再审申请人对"乔丹"享有的在先姓名权。同时，因乔丹公司对于争议商标的注册具有明显主观恶意，乔丹公司的经营状况，以及乔丹公司对其企业名称、有关商标的宣传、使用等情况均不足以使争议商标的注册具有合法性，故认定乔丹公司的 3 件"乔丹"商标应予撤销，判令商标评审委员会重新作出裁定。在其余 7 件案件中，最高人民法院依法认定再审申请人对拼音"QIAODAN""qiaodan"不享有姓名权，驳回了再审申请人的再审请求。

【案件影响】该案中，由于再审申请人在公众中享有很高知名度，使得该案从一开始就备受社会瞩目。从法律角度，该案具有重大意义：案件涉及的争议焦点是：争议商标的注册是否损害了迈克尔·乔丹主张的姓名权，违反 2001 年修正的《商标法》（现已修改）第 31 条关于"申请商标注册不得损害他人现有的在先权利"的规定。该案判决明确了三点：①确立了商标行政争议涉及在先姓名权保护的标准。权利主张人所称的特定名称在我国具有一定知名度，为相关公众所知悉；相关公众使用该特定名称指代该权利主张人；该特定名称已经与该权利主张人之间建立了稳定的对应关系。②为人民法院在商标争议案行政审判中如何适用利益衡量原则提供了范例。在解决本案涉及的在先姓名权与注册商标权的权利冲突时，提出应"平衡在先姓名权人与商标权人的利益。既不能由于争议商标中使用或包含有仅为部分人所知悉或临时性使用的自然人'姓名'，即认定争议商标的注册损害该自然人的姓名权；也不能如商标评审委员会所主张的那样，以自然人主张的'姓名'与该自然人形成'唯一'对应为前提，对自然人主张姓名权的保护提出过苛的标准"。③为人民法院在商标争议案行政审判中如何适用法律中的诚信原则提供了范例。该判例通过全面和逻辑严谨的分析本案商标注册人的注册行为，揭示其主观动机的非诚信性：其明知再审申请人及其姓名"乔丹"具有较高知名度，却不与其协商和取得其授权，擅自注册大量与之密切相关的商标，企图不付出成本却取得由再审申请人为其"代言"的效果。

2. 济南市民陈超诉济南市城市公共客运管理服务中心行政处罚案。

【基本案情】2015 年 1 月，陈超在使用专车软件开"专车"送客时，被济南市客管中心认定为非法运营的"黑车"，予以查扣并处 2 万元罚款。随后，陈超对处罚结果不满，将济南市客管中心告上法庭，要求撤销行政处罚。

【裁判结果】济南市市中区人民法院经审理认为，本案中，陈超在与乘客通过网络约车软件取得联系后，使用未取得运营证的车辆将乘客送至目的地，并按约定收取了车费。陈超的行为构成未经许可擅自从事出租汽车客运经营，违反了现行法律的规定。但虑及网约车这种共享经济新业态的特殊背景，该行为的社会危害性较小。

同时，虽然被告对未经许可擅自从事出租汽车客运的行为可以依法进行处罚，但原告在本案所涉道路运输经营行为中仅具体实施了其中的部分行为，在现有证据下，被告将本案行政处罚所针对的违法行为及其后果全部归责于原告，并对其个人作出了较重的行政处罚，处罚幅度和数额畸重，存在明显不当。根据《行政诉讼法》

第 70 条规定的精神，依法应当予以撤销。

【案件影响】本案是《网络预约出租汽车经营管理服务暂行办法》（以下简称《办法》）施行后，对专车进行法律规制的第一案。在本案中，法院对专车的运营性质进行了界定。按照《办法》的规定，可以将专车服务理解为：乘客通过互联网平台发送出行需求信息，通过互联网平台的撮合，由司机提供出行服务，并最终在互联网平台完成支付的定制出行用车服务，其类型涵盖合乘、巡游类出租车以及预约类出租车服务等。

专车属于一种出租车，因为它也是通过发布需求、载人、送达目的地、付费向专人提供到达特殊的目的地的运营车辆，二者同属于公共运输服务车辆。同时，它也与出租车存在一定区别：一是并非全部专车都需经行政特许而取得营运牌照，在《办法》施行前，各类专车本身无需申请行政许可牌照，在《办法》施行后，仍有合乘类专车无需行政许可。二是二者在运营服务商与司机间法律关系上也不尽相同。专车公司和专车司机因专车类型不同，其法律关系可以是劳务合同关系、劳动合同关系、商业服务合同关系，而出租车公司与出租车司机之间则是劳动合同关系。

3. 山东省庆云县人民检察院提起的诉庆云县环保局不依法履职案。

【基本案情】2014 年 10 月，庆云县人民检察院在审查庆顺公司污水处理厂厂长涉嫌污染环境罪案件时，发现该公司自 2008 年 8 月以来，一直在未通过建设项目环保设施竣工验收的情况下，违法进行年产 12 000 吨环保型纸用染料项目的生产（主要产品为氨基 C 酸），排放大量污水造成环境污染，当地群众多次拨打3612345 民生服务热线进行举报。庆云县党委政府高度重视，责成环保部门严格履行监管职责。庆云县人民检察院调查发现，庆云县环保局虽对该公司多次作出行政处罚，但在监管过程中存在违法行为。针对上述情况，庆云县人民检察院于 2014 年 5 月 15 日、2015 年 1 月 13 日两次向庆云县环保局发出检察建议，督促环保部门依法履行监管职责，督促庆顺公司整改并履行行政处罚决定书的内容。庆云县环保局虽予以回复，但仍未依法正确履行监管职责，致使群众反映的问题一直未得到有效解决，国家和社会公共利益持续处于受侵害状态。为促进依法行政，督促庆云县环保局纠正违法行政行为并依法履职，维护国家和社会公共利益，2015 年 12 月 16 日，庆云县人民检察院就庆云县环保局不依法履职向庆云县人民法院提起诉讼，请求确认庆云县环保局批准庆顺公司进行试生产、试生产延期的行政行为违法，撤销其违法行政处罚决定，并责令其依法履职。

【裁判结果】2016 年 6 月 20 日，山东省庆云县人民检察院提起的诉庆云县环保局不依法履职一案一审公开宣判，庆云县人民法院判决支持检察机关的诉讼请求，确认庆云县环保局批准山东庆云庆顺化学科技有限公司进行试生产、试生产延期的行政行为违法。

【案件影响】该案是全国人大常委会授权开展公益诉讼试点工作后，检察机关以公益诉讼人身份提起的首例行政公益诉讼案件。在此之前，检察机关发现行政机关不依法履职、履职不到位的行为后，通常是发检察建议、督促起诉书，构成渎职犯罪的依法追究刑事责任。实际操作中，检察建议书、督促起诉书效果不好、缺乏制约措施，部分行政机关不回复、不采纳等情况突出，渎职犯罪的入罪门槛又相对较高，致使检察机关的监督效果难以得到体现。

《人民法院审理人民检察院提起公益诉讼案件试点工作实施办法》实施后，检察机关提起行政公益诉讼，增强了行政机关依法行政的主动性和时效性，及时帮助挽回流失的国有资金，切实维护社会公共利益不受非法侵犯，避免造成严重的损害后果。

4. 吉林省白山市人民检察院诉白山市江源区卫生和计划生育局及江源区中医院违法排放医疗污水污染环境案。

【基本案情】白山市江源区人民检察院在履行职责中发现，白山市江源区中医院自建院以来，始终未按照《医疗机构管理条例》《医疗机构管理条例实施细则》的规定，建设符合环保标准的医疗污水处理设施，通过渗井、渗坑排放医疗污水。江源区检察院依法进行调查后，协调江源区环境保护局，委托吉林市吉科检测技术有限公司对江源区中医院医疗污水及渗井周边土壤进行取样检测，经检测，化学需氧量、五日生化需氧量、悬浮物、总余氯等均超出国家规定的标准限值，可引起医源性细菌对地下水及生活用水的污染，存在细菌传播的隐患。

2015 年 11 月 18 日，江源区检察院向江源区卫生和计划生育局发出检察建议，建议该局立即采取有效监管措施，制止江源区中医院继续违法排放医疗污水。江源区卫生和计划生育局虽然在 2015 年 12 月 10 日作出回复并采取了相应措施，但并未依法正确履行监管职责，未能有效制止中医院违法排放医疗污水，存在造成环境污染的重大风险和隐患，公共利益处于持续受侵害状态。

【裁判结果】2016 年 3 月 1 日，白山市人民检察院在严格落实诉前程序后，依法以公益诉讼人的身份提起行政附带民事公益诉讼。白山市中级人民法院于 5 月 11 日公开开庭审理此案，7 月 15 日作出判决，确认白山市江源区卫生和计划生育局于 2015 年 5 月 18 日对白山市江源区中医院《医疗机构执业许可证》校验合格的行政行为违法；责令白山市江源区卫生和计划生育局履行监管职责，监督白山市江源区中医院在 3 个月内完成医疗污水处理设施的整改；判决白山市江源区中医院立即停止违法排放医疗污水。

【案件影响】这是全国人大常委会授权检察机关提起公益诉讼试点工作后，全国首例行政附带民事公益诉讼案件。2014 年修订的《行政诉讼法》施行前，行民交叉案件始终缺乏明确的法律依据，法官往往左右为难、无所适从。因此，有关案件通常会呈现以下两种典型情况：

第一，民事审判部门在审理民事争议过程中查明存在关联的具体行政行为时，奉行"先行后民"原则，涉及房屋权属纠纷案件，民事法官在审理中一旦查知一方持有房屋产权证便中止民事诉讼，告知当事人先行就房屋产权登记进行行政诉讼，待行政诉讼终结后再行恢复民事诉讼。

第二，行政审判过程实行"先民后行"原则，如房屋行政登记诉讼案件中，行政庭法官查明当事人因作为房屋登记基础行为的共有、买卖、赠与、继承等民事法律关系存在争议的，便中止行政诉讼，告知当事人先行解决民事争议。

2014 年修正的《行政诉讼法》第 61 条正式开始将行民交叉问题纳入法律规范，被统称为"行政附带民事诉讼制度"，该制度正式规定了行政许可、行政登记、行政征收与征用，对民事争议所作行政裁决等行政行为引发的行政诉讼中，当事人申请一并解决相关民事争议的，人民法院可一并审理民事争议。而该案是行政附带民事诉讼制度在检察院提起的公益诉讼中的首次应用。而这一制度是从根本上保护行政相对人实体权利的保证。通过行政诉讼程序，将违法的具体行政行为撤销，可以消弭行政权力对行政相对人的权利的侵害。但是，在行政争议与民事争议交织的情况下，作为行政相对人来讲，一般来说，他们也关心其民事实体问题的解决。因此，当一个民事争议与行政争议交织在一起的案件进入审理的时候，通过行政附带民事制度，就可以在解决行政争议的同时，将与行政行为密切相关的民事争议一起解决。

第四章

中国诉讼法的研究状况

第一节 刑事诉讼法学研究状况[1]

一、研究概况

2016 年，学者们围绕刑事诉讼法学和司法体制改革相关问题，立足中国国情，遵循司法规律，注重问题意识，加强理论研究，产出一大批优秀成果，有力推动了刑事诉讼法学的发展。2016 年，刑事诉讼法学在 CSSCI（2014~2015）收录的 21 种法学期刊和《中国社会科学》上发表学术文章共约 150 篇（含司法制度、不含证据法学文章），其中，在三大权威期刊《中国社会科学》《法学研究》《中国法学》上发表论文 10 篇；出版教材、著作 110 余部，其中，教材 23 部，理论研究和工具书 87 余部。[2] 研究内容涉及刑事诉讼原理、制度和程序等各个方面，还有许多探讨刑事司法改革的优秀成果。尤其值得关注的是：中国政法大学诉讼法学研究院李本森教授在德国 OmniScriptum GmbH 出版社出版英文专著 *Justice and Efficiency: An Empirical Study on Simplified Procedure for Guilty Plea Cases*（《公正与效率：认罪案简化审实证研究》）是中国刑事诉讼领域以中国问题为导向的学术研究走向国际学界的重要突破。

在科研项目方面，据不完全统计，2016 年刑事诉讼法学共获得省部级以上项目立项 132 项，其中，国家社科基金项目 20 项，含国家社科基金重大项目 1 项；教育部人文社科研究项目 9 项；最高人民法院课题 20 项；最高人民检察院课题共 46 项；司法部国家法治与法学理论研究课题 15 项；中国法学会部级课题 22 项。

---

[1] 本部分执笔人：卞建林教授、王贞会副教授、谢澍。

[2] 以国内在法学领域较有影响的十家出版社出版的著作和教材为数据统计来源，包括：法律出版社、中国法制出版社、中国民主法制出版社、人民法院出版社、中国检察出版社、中国政法大学出版社、北京大学出版社、清华大学出版社、中国人民大学出版社、中国人民公安大学出版社。

在学术交流与研讨方面，随着以审判为中心的诉讼制度改革、认罪认罚从宽制度、员额制与司法责任制等改革任务的逐步深化和落实，学界对司法改革重大问题和刑事诉讼基础理论的研讨也越来越深入，各种形式的学术交流与研讨不计其数。在此择取较有代表性的几次学术研讨稍加介绍。

2016 年 3 月 26 日，由中国法学会与中国刑事诉讼法学研究会共同主办的"刑事诉讼法治与司法改革研究方阵高端论坛（2016）"在上海召开。此次论坛由华东政法大学承办，上海社科院法学所协办。论坛分为"司法改革的实践与展望""审判中心主义与新《刑事诉讼法》实施"两大议题。与会代表就全面深化司法体制改革的宪法资源论、刑事诉讼中的基本权利保障、审判中心下的统一证明标准、审判中心下的庭前会议制度等具体问题展开了深入探讨，围绕理论与实践中的热点、难点问题形成了丰硕的研讨成果。

2016 年 8 月 13 日~14 日，由中国刑事诉讼法学研究会主办、辽宁大学法学院承办的中国刑事诉讼法学研究会第二次会员代表大会暨 2016 年年会在沈阳召开。中国法学会会长王乐泉出席开幕式并讲话。全国人大常委、中国法学会副会长王其江，全国政协社会和法制委员会副主任、中国法学会副会长朱孝清，最高人民法院审判委员会副部级专职委员刘学文、辽宁省委常委、政法委书记、辽宁省法学会会长李文章，辽宁省高级人民法院党组书记、院长缪蒂生，辽宁省人民检察院党组书记、检察长肖声，最高人民检察院侦查监督厅厅长黄河，辽宁大学党委书记周浩波等出席开幕式。中国刑事诉讼法学研究会名誉会长、中国政法大学终身教授陈光中，中国刑事诉讼法学研究会会长卞建林、常务副会长陈卫东等研究会领导和来自全国各高校、研究院所、司法实务部门的专家学者共计 240 余人参加会议。大会邀请最高人民法院审判委员会副部级专职委员刘学文、最高人民检察院侦查监督厅厅长黄河分别作了题为"发挥建设作用、完善刑事诉讼制度、全面落实以审判为中心的阶段任务""侦查监督的现状、问题及发展方向"的大会专题报告。本次年会主题是"推进以审判为中心的诉讼制度改革"。与会代表分成 5 个小组，围绕会议主题及以审判为中心的诉讼制度的要义和要求、庭审实质化与庭审方式改革、认罪认罚从宽制度的程序与实体设计、刑事速裁程序的立法问题和统一证据标准研究等分议题，进行了热烈而深入的交流和探讨。

2016 年 8 月 25 日下午，由最高人民检察院和中国刑事诉讼法学研究会共同策划翻译出版的《世界各国刑事诉讼法》一书在最高人民检察院召开出版座谈会。最高人民检察院党组书记、检察长曹建明、全国人大常委会副秘书长、机关党组副书记信春鹰出席会议并讲话。《世界各国刑事诉讼法》共同主编、最高检党组成员、副检察长孙谦介绍了《世界各国刑事诉讼法》一书的编辑过程、总体框架和基本特点，《世界各国刑事诉讼法》共同主编、中国刑事诉讼法学研究会会长、中国政法大学诉讼法学研究院院长卞建林教授高度评价本书对刑事诉讼法学研究的重要意义，并谈及参与本书策划、翻译和审校等工作的感受。法律出版社、中国人民公安大学出版社、人民法院出版社相关负责人，最高检机关各内设机构、直属事业单位负责人，以及参与本书翻译、审校、编辑的专家学者、编辑人员参加座谈会。

2016 年 11 月 19 日~20 日，由国家司法文明协同创新中心、中国政法大学诉讼法学研究院主办，安徽省池州市中级人民法院承办的 2016 年度诉讼法学高端论坛在安徽池州成功举行。本次论坛是自 2014 年、2015 年后举办的第三届诉讼法学高端论坛，主题是"深化司法改革与诉讼制度完善"。来自清华大学、中国农业大学、吉林大学、郑州大学、南京大学、南京师范大学、苏州大学、浙江大学、中南财经政法大学、华东政法大学、上海财经大学、湖南大学、中南大学、西北政法大学、福建师范大学、安徽大学、安徽师范大学、中国政法大学等高校的专家学者，以及来自全国各地的法官、检察官代表，有近两百人参会。

在国际学术交流方面，2016 年 7 月 28 日~29 日，第九届中韩刑事司法学术研讨会在四川成都举行。本次研讨会由中国刑事诉讼法学研究会与四川省社会科学院主办，四川省社会科学院法学研究所、四川省司法制度改革研究基地承办，成都市中级人民法院、四川大学法学研究所协办。来自韩国首尔大学、成均馆大学、高丽大学、中国政法大学、中国人民大学、浙江大学、四川大学、西南政法大学、中国社会科学院法学研究所、最高人民法院司改办、云南省人民检察院、山东省高级人民法院等中韩两国高校、科研机构和司法实务部门、律师事务所的专家学者、法官、检察官和律师代表齐聚一堂，围绕"刑事庭审实质化及有效性"主题展开学术研讨。

2016 年 11 月 5 日，由中国刑事诉讼法学研究会主办，湖南大学法学院承办的"全球化视野下刑事司法新挑战——2016 年海峡两岸刑事诉讼法研讨会"在湖南长沙顺利召开。来自高雄大学、辅仁大学、中正大学、浙江大学、中国政法大学、湖南大学、中南大学等高校和司法实务部门的代表共 40 余人参会。会议围绕全球化视野下刑事司法新挑战，就"恐怖主义及其有组织犯罪的程序法应对""国际暨区际刑事司法协助""电子证据在刑事司法中的运用""网络犯罪与侦查及其他司法热点问题"四个议题展开广泛深入的研讨。

2016 年 12 月 16 日~17 日，应德国慕尼黑大学法学院许乃曼教授和德国维尔茨堡大学法学院希尔根道夫教授的邀请，陈光中、卞建林、陈卫东、左卫民、孙长永、熊秋红、易延友、胡铭、徐美君等多位知名刑事诉讼法学者前往德国出席"德中刑事诉讼法学高端论坛"。中德两国刑事诉讼法学专家学者围绕"刑事诉讼程序的不同模式""刑事诉讼程序的人权保障""公正审判原则""刑事司法改革"等主题进行了广泛深入的交流与讨论。

2016 年，来自境外其他国家和地区刑事诉讼法领域的知名学者来华进行多场讲座，对于中国学者了解其境外国家和地区刑事诉讼发展和国际前沿问题具有积极的帮助。例如，中国政法大学诉讼法学研究院举办了境外知名学者系列专题讲座，分别邀请我国台湾地区刑事法学会理事长、高雄大学法学院前院长张丽卿教授作了题为"台湾近年刑事诉讼改革的脉络与发展"的讲座，邀请德国马克斯·普朗克外国刑法和国际刑法研究所所长阿尔布莱希特教授作了题为"德国刑事诉讼当代争议性问题"的讲座，邀请美国著名刑事法专家、美国印第安纳大学伯明顿分校、摩尔法学院哈利·普瑞特法学教授约瑟夫·L. 霍夫曼作了题为"陪审团在美国刑事司法中的角色演变"的讲座，取得很好的效果。

二、重点研究内容

对于刑事诉讼法学研究而言，2016 年是成果丰硕的一年。在这一年里，刑事诉讼法学研究者持续关注《刑事诉讼法》的贯彻实施情况，并紧跟十八届三中、四中全会以来的形势变化，围绕服务于全面深化刑事司法改革、完善中国特色社会主义司法制度的时代使命，立足中国实际情况，探求刑事司法规律，推动诉讼理论创新，产出了一系列高水平研究成果，主要集中在刑事司法体制、以审判为中心的刑事诉讼制度改革、速裁程序与认罪认罚从宽制度、刑事冤错案件与再审程序、侦查程序、刑事强制措施、刑事起诉制度、刑事辩护制度、刑事诉讼检察监督等方面。此外，学者们还对域外国家和地区的刑事诉讼制度及其新近发展进行了比较法视角的介评。

（一）关于刑事司法体制改革

体制层面的改革牵涉到法院、检察院工作的方方面面，是保证法院、检察院独立行使职权，确保权力依法有效运行的前提和基础。2016 年，刑事诉讼法学界围绕刑事司法体制改革的重点问题进行了深入探讨。

关于审判委员会运行状况，有实证研究指出：审判委员会委员兼具知识技术的专业性和政治官僚性，很难简单地对其人员构成状况予以消极评价；审判委员会只是极少数案件而非所有重大案件的最终决策者，且其功能发挥在不同级别、不同地域的法院之间存在较大差异；审判委员会的议事程序相对制度化，在讨论内容上，事实问题与法律问题并重，讨论结果在整体上趋向于认同合议庭或审判法官的意见。审判委员会制度未来的改革方向是：限缩审判委员会讨论常规案件的范围，审慎处理审判委员会对案件事实的讨论，分层级、分区域区别化界定审判委员会的功能，构建制度化、民主化和公开化的议事讨论机制。[1]

关于检察委员会，有学者认为，借鉴境外检察集体决策机制，可从以下方面来探索推进检委会适度司法化：强化检委会委员的专业性，检委会委员可分为常设委员与专业委员。常设委员保留现状，检委会议事由常设委员讨论决定。专业委员按专业领域分若干类别，检委会议案由检察长、分管副检察长及专业委员讨论决定。强化检委会议案的亲历性，必要时可探索由专职委员代表检委会，对犯罪嫌疑人、被害人、证人讯问或询问。提高检委会运作的公开透明性，必要时书面听取被害人的诉讼代理人、犯罪嫌疑人、被告人辩护律师的意见。加强检委会决定的说理性，

---

〔1〕　左卫民："审判委员会运行状况的实证研究"，载《法学研究》2016 年第 3 期。

将"检委会决定书"明确为法律文书，加强其说理论证，等等。[1]

有学者指出，新一轮司法改革的推进，既给我国的司法制度带来了新的机遇，也造成了诸多意想不到的新问题。例如，司法责任制和员额制的推行，使得部分现任"审判员"和几乎所有的"助理审判员"无法进入法官员额，失去了行使审判权的机会。其中，部分人士因为不甘心被分流到司法辅助人员之中，而选择了消极怠工甚至离职。又如，在法院院长、副院长、庭长、副庭长占据大量法官员额的情况下，法官的审判压力猛然增大，"案多人少""办案人手不足"的问题立即凸现出来。再如，在省级以下法院人财物归由哪个部门统管并没有解决的情况下，省级法官遴选（惩戒）委员会的设置出现了权力真空，地方三级法院的财政预算也存在由省级政府完全控制的新问题。[2]

十八届三中全会决定提出，"改革司法管理体制，推动省以下地方法院、检察院人财物统一管理"。中央全面深化改革领导小组第三次会议审议通过的《关于司法体制改革试点若干问题的框架意见》明确提出：对人的统一管理，主要是建立法官、检察官统一由省提名、管理并按法定程序任免的机制。对财物的统一管理，主要是建立省以下地方法院、检察院经费由省级政府财政部门统一管理的机制。2016 年，全国各地基本上都进行了省统管法院、检察院人财物的改革试点工作。不过，有学者认为，省统管法院"人与财"之改革，力图通过管理权集中上移到省级，改变当下司法可能受地方掣肘的现状，进一步保障审判独立与公正。然而，管理能力、管理资源等难题成为推进省统管的障碍，制约了省级管理权的充分落实。故目前所试行的省统管方案实为妥协式的有限管理，在法院人事任命方面采取少数管理、关键管理，财政经费为形式统出，并依然承认和保留地区差异化。在普遍推行这一改革举措时，应结合省级机构的实际治理能力等，推行务实、渐进的改革方案。[3]

（二）关于以审判为中心的诉讼制度改革

十八届四中全会决定提出推进以审判为中心的诉讼制度改革，两高三部于 2016 年 7 月联合出台《关于推进以审判为中心的刑事诉讼制度改革的意见》，对推进以审判为中心的刑事诉讼制度和改革完善各项刑事诉讼制度作了详细的制度安排和程序设计。围绕以审判为中心的诉讼制度改革，刑诉学界展开热烈而广泛的探讨。

有的学者指出，以审判为中心的诉讼制度中，"审判"二字指涉的是审判职能，建立以审判为中心的诉讼制度，实际上是要求建立以审判职能为中心的诉讼制度，旨在现有司法体制格局下强调发挥审判职能在整个诉讼中的控制性、平衡性和决定

---

[1] 张少林："浅谈司改背景下检察委员会的适度司法化——以检委会讨论决定案件为视角"，载《东方法学》2016 年第 4 期。

[2] 陈瑞华："法院改革的中国经验"，载《政法论坛》2016 年第 4 期。

[3] 左卫民："省统管法院人财物：剖析与前瞻"，载《法学评论》2016 年第 3 期。

性作用。[1] 对此,有学者同样主张,以审判为中心强调的是诉讼职能定位,而不是机关部门地位,在我国,推进以审判为中心需要合理界定诉讼职能,并在此基础上改革相应的诉讼制度。[2]

有观点指出,"以审判为中心"的前提是优化司法职权配置、规范司法权力运行,核心在于"以庭审为中心",强调重视第一审程序在认定事实和适用法律方面的重要作用,注重发挥审后程序对一审的救济和监督作用,并贯彻证据裁判原则。[3] 对于作为"前提"的优化司法职权配置、规范司法权力运行,有学者提出,从刑事诉讼规律的本质看,三机关之间应是制约而非配合关系,且在侦、诉、审三个诉讼阶段中,强调后程序对前程序的制约。[4] 还有观点认为,优化司法职权配置应当与以审判为中心的诉讼制度改革同步推进并纳入后者的轨道,从以侦查为中心的公检法"铁三角"关系向法治国家以审判为中心的控辩审三方互动关系转变。[5]

推进以审判为中心的刑事诉讼制度改革,需要首先厘清诉审、诉侦、诉辩的相互关系。新型诉审关系,应当以控审分离为前提,以不告不理为原则,推动庭审的实质化;新型诉侦关系,应当将侦查阶段视为公诉职能延伸与拓展的主要方向,探索检察介入侦查、公诉指导侦查制度,明确检察机关在审前程序中的主导地位,强化侦查监督与动态制约机制;新型诉辩关系,应当在合理的诉讼构造之下各尽其职、各负其责,达成对抗而不对立之共识,在诉讼进程中形成相互尊重、相互支持、相互监督的良性互动,并进一步落实检察机关维护律师合法权益之重任。[6] 有学者提出,讨论优化司法职权配置、完善公检法之间的关系,还应关注职权机关之外的着眼点——当事人,尤其是刑事诉讼之中的被追诉人,强化对其的权利保障。[7]

有学者对我国刑事诉讼构造模式进行类型化分析,认为刑事诉讼如能从"以侦查为中心"走向"以审判为中心",案件将随程序的层层推进接受愈来愈严格缜密的审查,从"顺承模式"转向"层控模式"。[8]

审判中心命题不仅涉及诉讼权力的配置,还关乎庭审中心或庭审实质化的外部

---

〔1〕 谢佑平:"论以审判为中心的诉讼制度改革——以诉讼职能为视角",载《政法论丛》2016 年第 5 期。

〔2〕 陈卫东:"以审判为中心:当代中国刑事司法改革的基点",载《法学家》2016 年第 4 期。

〔3〕 卞建林、谢澍:"'以审判为中心':域外经验与本土建构",载《思想战线》2016 年第 4 期。

〔4〕 左卫民:"健全分工负责、互相配合、互相制约原则的思考",载《法制与社会发展》2016 年第 2 期。

〔5〕 张保生:"审判中心与控辩平等",载《法制与社会发展》2016 年第 3 期。

〔6〕 卞建林、谢澍:"'以审判为中心'视野下的诉讼关系",载《国家检察官学院学报》2016 年第 1 期。

〔7〕 王敏远:"司法改革背景下的三机关相互关系问题探讨",载《法制与社会发展》2016 年第 2 期。

〔8〕 李奋飞:"从'顺承模式'到'层控模式':'以审判为中心'的诉讼制度改革评析",载《中外法学》2016 年第 3 期。

环境保障，如审判独立、去审判行政化等[1]。庭审中心或庭审实质化是审判中心的核心内容。对于作为审判之"核心"的庭审，有观点认为，我国法院近年来对庭审实质化所做的改革探索，尽管有一定的积极效果，但没有从根本上摆脱"新间接审理主义"的困扰，导致法官在庭前产生先入为主的预断、法庭审判流于形式、法官排斥被告方的辩护观点、法庭审理失去纠错能力[2]。有学者提出，我国的刑事审判方式并非当事人主义和职权主义的简单相加，而是受多重因素限制，呈现出明显的混合性、过渡性和变动性。综合考虑制度路径、立法技术、法治环境等方面的因素，我国宜确立直接言词原则和维持卷宗移送主义，并借鉴大陆法系国家的经验，细化直接言词原则的例外情形和加强案卷移送制度自身的正当性[3]。

关于卷宗制度的改革，有学者指出，我国普遍运用卷证的刑事审判也可归为一种技术审判方式，但由于对卷证的过度依赖、司法者职业化和专业化程度不高，以及刑事卷证运用的程序性制约机制的欠缺，导致我国技术审判的异化。当下推行的以审判为中心的诉讼制度改革并非对刑事卷证运用的根本否定，相反，它为我国刑事卷证在审判中运用的制度改革奠定了基础[4]。

在贯彻证据裁判原则方面，有观点认为，改变侦查中心、树立审判的权威地位，需要改革证据法，采行证据裁判原则并科学化其统摄之证据规则。证据裁判原则主要是指犯罪事实的存否取决于庭审中认定的证据，而侦查阶段收集的证据并非具有天然的证据能力[5]。例如，非法证据排除规则应当具备通过对侦查机关收集的证据提出质疑、甚至最终予以排除而防止以侦查人员的心证代替审判人员心证的作用，其对于实现审判中心主义的功能应当不言而喻[6]。

有学者强调，庭审实质化最大的难点仍然是有争议案件中的证人出庭问题。无论有多少困难，为保证庭审实质化及案件审理质量，必须克服困难，保证最低限度的证人出庭要求[7]。有论者将庭审实质化中急需解决的证据问题总结为三方面：①如何既不打乱庭审节奏又能有效排除非法证据；②人证的调查程序和方法问题；③物证以及其他证据的质证程序如何规范[8]。当然，也存在不同观点，有学者认为，

---

[1] 汪海燕："庭前会议制度若干问题研究——以'审判中心'为视角"，载《中国政法大学学报》2016年第5期。

[2] 陈瑞华："新间接审理主义：'庭审中心主义改革'的主要障碍"，载《中外法学》2016年第4期。

[3] 熊秋红："刑事庭审实质化与审判方式改革"，载《比较法研究》2016年第5期。

[4] 牟军："刑事卷证与技术审判"，载《北方法学》2016年第4期。

[5] 胡铭："审判中心、庭审实质化与刑事司法改革——基于庭审实录和裁判文书的实证研究"，载《法学家》2016年第4期。

[6] 易延友："非法证据排除规则的中国范式——基于1459个刑事案例的分析"，载《中国社会科学》2016年第1期。

[7] 龙宗智："庭审实质化需技术与规则并重"，载《检察日报》2016年11月22日，第3版。

[8] 万毅："论庭审实质化改革与证据规则之完善——以C市法院改革为样本的分析"，载《中国政法大学学报》2016年第5期。

尽管审判中心和证据裁判具有一定的关联，但并不具有特别紧密的相关性。因为证据法的发展在本质上是一种有关事实认定的科学，而审判中心是程序法意义上的。[1]

（三）关于速裁程序与认罪认罚从宽制度

2016 年 6 月，为期 2 年的刑事速裁程序试点工作进入尾声，同时，认罪认罚从宽制度试点工作在部分地区展开。2016 年 7 月，中央深改组第 26 次会议审议通过《关于认罪认罚从宽制度改革试点方案》，9 月，全国人大常委会决定授权最高人民法院、最高人民检察院在北京等 18 个地区开展刑事案件认罪认罚从宽制度试点工作，11 月，最高人民法院、最高人民检察院、公安部、国家安全部、司法部联合颁布《关于在部分地区开展刑事案件认罪认罚从宽制度试点工作的办法》，正式启动认罪认罚从宽制度的试点工作。如何评价刑事速裁程序试点，如何进一步完善刑事诉讼中的认罪认罚从宽制度，推进刑事案件的多元化解决机制和程序繁简分流，成为诉讼理论探讨的热门话题。

有论者指出，"以审判为中心"并不意味着所有的刑事案件都必须经过完备的审判程序，刑事案件审前分流以及简易审判等快速处理的方式正是"以审判为中心"的改革得以实现的条件之一。[2] 有观点认为，在刑事速裁程序试点过程中，刑事诉讼效率明显提高，呈现出一些制度创新，但也存在适用范围相对较窄、庭审功能弱化等现实。[3] 因而，有学者主张，在适用范围、强制措施、证明标准、法律援助、审理方式、审级、量刑、速裁法官以及裁判文书等方面，刑事速裁程序都应当有其自身的特点。[4]

有学者指出，在全面推行"认罪认罚从宽"改革的过程中，有必要总结和参考刑事速裁程序的试点经验。改革者有可能面临"认罪"与"认罚"的同步性、认罪认罚的自愿性、控辩协商的幅度、未决羁押制度的制约、法庭审理的对象、被害人赔偿问题的处理等一系列新的难题，可以参考刑事速裁程序的经验和教训，提出新的改革思路。[5]

为了对速裁程序试点效果进行全面和客观的检验，由中国政法大学诉讼法学研究院李本森教授组织和主持的刑事速裁程序试点研究课题组，全程跟踪试点的实施、推进并进行评估研究。课题组 2 年间先后赴上海、南京、广州、青岛、西安、北京、深圳、沈阳等地进行实地调研、开展座谈、访谈。在试点期间，课题组在 18 个试点城市的司法机构组织两次大规模的问卷调查，回收近 2000 份调查问卷，采集12 000

---

〔1〕　左卫民："审判中心与证据法：一点浅思"，载《证据科学》2016 年第 3 期。

〔2〕　杨宇冠、杨依："'以审判为中心'的若干问题研究"，载《西北大学学报（哲学社会科学版）》2016 年第 3 期。

〔3〕　樊崇义："刑事速裁程序：从'经验'到'理性'的转型"，载《法律适用》2016 年第 4 期。

〔4〕　汪建成："以效率为价值导向的刑事速裁程序论纲"，载《政法论坛》2016 年第 1 期。

〔5〕　陈瑞华："'认罪认罚从宽'改革的理论反思——基于刑事速裁程序运行经验的考察"，载《当代法学》2016 年第 4 期。

多个刑事速裁案例,并收集了全国 18 个试点城市的速裁地方规范性文本 50 余份,在此基础上,于 2016 年下半年形成以问卷分析、案例分析和文本分析三大板块组成的 10 余万字的《刑事速裁程序试点评估报告》,报告得到最高人民法院常务副院长沈德咏的批示。

关于"认罪认罚从宽"的概念,有观点指出,"认罪"是指犯罪嫌疑人自愿供述自己的犯罪事实,并承认自己的行为是犯罪;"认罚"首先是指自愿接受所认之罪带来的刑罚后果,尔后,其内容随着刑事诉讼程序的推进而逐步具体、明晰。[1] 有学者认为,"认罪认罚从宽"是指在刑事诉讼中,从实体和程序上鼓励、引导、保障确实有罪的犯罪嫌疑人、被告人自愿认罪认罚,并予以从宽处理、处罚的由一系列具体法律制度、诉讼程序组成的法律制度。[2] 对此,可以从三个角度破解概念上的困惑:一是"认罪认罚",有罪供述与悔罪态度是适用该程序的前提,口供的重要性在这个前提下得到凸显;二是"从宽处理",认罪认罚的利益性会促使犯罪嫌疑人、被告人在利害权衡之后寻求法秩序下的协作而非对抗;三是效率取向的司法改革走向,越来越多的诉讼协作关系使庭审时间得到压缩,从而在政治、司法和社会诸方面取得司法机关预期的效果。[3]

有学者强调,认罪认罚从宽制度是建立在控诉机关指控被追诉人有罪的基础上的一种制度延伸,适用于任何性质的案件、诉讼程序类型,广泛存在于刑事诉讼过程中,在性质上兼具实体与程序双重属性,且明显有别于域外辩诉交易制度。[4] 正是由于兼具实体与程序双重属性,有论者提出,应当改革规范认罪认罚从宽制度的实体文件的制定范式,将犯罪嫌疑人、被告人认罪认罚作为"应当"型的法定情节,构建科学合理、相互衔接的认罪认罚程序,赋予犯罪嫌疑人、被告人适用认罪认罚程序的选择权。[5]

有学者主张,在《刑法》中可考虑将认罪认罚从宽作为一项原则予以规定,并对现有法律及司法解释中的规定进行整合,对从宽的幅度予以必要的限制。在《刑事诉讼法》中,因被告人认罪认罚而带来程序简化,其正当性来源是被告人自愿放弃正式审判,它需要以被告人认罪认罚的自愿性、真实性、明智性等作为支撑条件。在我国关于完善认罪认罚从宽制度的讨论中,需要恪守刑事法治的底线要求,以避免因程序过于松弛而造成冤假错案。[6]

在程序设计上,有学者建议将认罪认罚从宽作为一项基本制度纳入《刑事诉讼法》"总则"部分,建立公安司法机关同被追诉人协商的制度,从宽处理不受被害人

---

[1] 朱孝清:"认罪认罚从宽制度的几个问题",载《法治研究》2016 年第 5 期。
[2] 顾永忠:"关于'完善认罪认罚从宽制度'的几个理论问题",载《当代法学》2016 年第 6 期。
[3] 张建伟:"认罪认罚从宽处理:内涵解读与技术分析",载《法律适用》2016 年第 11 期。
[4] 陈卫东:"认罪认罚从宽制度研究",载《中国法学》2016 年第 2 期。
[5] 谭世贵:"实体法与程序法双重视角下的认罪认罚从宽制度研究",载《法学杂志》2016 年第 8 期。
[6] 熊秋红:"认罪认罚从宽的理论审视与制度完善",载《法学》2016 年第 10 期。

意见的约束；将可能判处徒刑以上刑罚的认罪认罚案件纳入法律援助范围，可考虑设立认罪认罚案件的上诉审查程序[1] 另有观点提出，完善认罪认罚从宽制度，应从以下三个方面着手：①构建有效的审前分流机制，实现对审判案件总量的控制；②进一步分化审判程序，引入协商程序，改进速裁程序；③引入程序激励机制[2] 就试点方案而言，有学者对于赋予侦查机关在重大立功或者案件涉及国家重大利益的情况下直接撤销案件的权力表示担忧，认为对其需要慎之又慎[3]

（四）关于冤错案件与再审程序

2016 年，最高人民法院第二巡回法庭再审改判聂树斌无罪，这桩 21 年前的冤案终于平反。对于冤错案件、再审程序以及错案责任追究，刑事诉讼法学界也进行了深入研究，形成一系列成果。

有学者指出，以审判为中心，归结到一点，就是为了实现司法公正。最大的司法不公就是冤假错案，因此，如果以审判为中心的诉讼制度改革不聚焦于防范冤假错案，这种改革就有失焦的可能，从而违背改革的初衷[4] 有观点认为，正确刑事司法理念的缺失、"运动式"执法和"命案必破"的口号、法律设计的体制与机制失灵、排斥不同意见等是导致冤假错案形成的主要因素[5]

为切实防范冤假错案，有论者强调，应当推进严格司法，基于现代法治理念和原则，从统一司法裁判的规范标准、完善公正司法的程序标准和健全严格司法的保障机制等方面入手，建立健全事实认定符合客观真相、办案结果符合实体公正、办案过程符合程序公正的法律制度，努力实现保证公正司法、提高司法公信力的目标[6] 也有学者从念斌案切入，指出刑事诉讼中确立禁止双重危险的必要性：从个案的角度来说，适用禁止双重危险可能会放纵犯罪，但是，从整体上说，适用禁止双重危险不仅可以保障人权，维护判决的稳定性，节约诉讼资源，还可以调动公安、司法机关在裁判生效之前的工作积极性[7]

从我国的实际情况看，刑事冤错案件的纠正主要依靠刑事审判监督程序。关于审判监督程序，有学者指出，我国现行审判监督程序中实事求是、有错必纠的价值取向与法的安定性、裁判的既判力理论相冲突，也与禁止双重危险、有利被告等原则相悖，不符合司法规律和诉讼原理的要求。应将审判监督程序分为对事实错误的再审程序和对法律错误的特别抗诉程序，并区分有利于被告人的再审和不利于被告

---

[1] 陈光中、马康："认罪认罚从宽制度若干重要问题探讨"，载《法学》2016 年第 8 期。

[2] 魏晓娜："完善认罪认罚从宽制度：中国语境下的关键词展开"，载《法学研究》2016 年第 4 期。

[3] 陈光中："认罪认罚从宽制度实施问题研究"，载《法律适用》2016 年第 11 期。

[4] 张建伟："以审判为中心的认识误区与实践难点"，载《国家检察官学院学报》2016 年第 1 期。

[5] 孙谦："关于冤假错案的两点思考"，载《中国法律评论》2016 年第 4 期。

[6] 沈德咏："论严格司法"，载《政法论坛》2016 年第 4 期。

[7] 李玉华："从念斌案看禁止双重危险原则在我国的确立"，载《法学杂志》2016 年第 1 期。

人的再审。[1]

还有学者对刑事再审案件进行了区分：一类是刑事难案，其虽因"确有错误"而被提起再审，但再审后仍可能维持原判；另一类是刑事冤案，即再审前已确信原生效裁判确定的"罪犯"事实上是无辜之人，再审只是为了从法律上加以确认。对于后者，采用实质上回归原审程序的再审程序进行审判产生了诸多问题，应当专门设立在审理法院、当事人及其他参与人、审理方式、审理内容、裁判依据等方面既不同于一审程序也不同于二审程序的特别再审程序。[2]

在溯及力问题上，有观点认为，刑事再审应当以适用原审时的程序法为原则，即技术性的诉讼行为规范、实体性的证据规则、非法证据的认定及排除等程序事项应适用"旧法"；以适用再审时的程序法为例外，即管理性的程序事项、法庭审理程序事项、程序性证据规则等程序事项可适用"新法"。[3]

关于错案责任追究问题，有论者提出：对因故意或重大过失所造成的错案进行责任追究，体现了主观过错、客观行为、危害结果三者的有机统一，有利于增强司法人员的责任心、提高办案质量和司法公信力，有利于彰显社会公平正义、贯彻权责一致原则，也符合我国国情。对无故意或重大过失的错案予以责任豁免，是体现司法职业的特殊性、遵循司法规律的需要，是实现权力与责任相一致、权力控制与权力保障相统一的需要，也是贯彻现代刑罚理念的需要。[4]另有观点认为，法官责任的性质应当是一种"办案责任"，或者"司法过错责任"。法官问责制度的建构应当采取错案责任追究严格化、信访责任追究退隐化、纪律责任追究实效化、法官问责规范统一化的原则。此外，应当确立"二元双层"的法官问责基准，并采取宏观与微观相结合的方式建构法官责任豁免制度。[5]

（五）关于侦查手段与程序规范

有学者提出，在赋予警察暂时性人身限制权的问题上，一方面，允许警察在紧急情势下依照其职业经验作一定的自由裁量；另一方面，应通过事前、事中和事后的多种限制措施防止警察暂时性人身限制权的滥用，尤其是事后由司法官员对警察行为的合理性和合法性作出审查。[6]

在职务犯罪侦查的问题上，有论者提出，职务犯罪不同于普通刑事犯罪，侦查

---

[1] 卞建林、王贞会："检察机关基于法律错误提起再审抗诉之探讨"，载《河南社会科学》2016年第10期。

[2] 顾永忠："关于刑事冤案再审程序的几个问题——以刑事冤案应当专设再审程序为研究重点"，载《法学杂志》2016年第1期。

[3] 宋志军："从旧与从新：刑事再审之程序法适用论"，载《政法论丛》2016年第4期。

[4] 朱孝清："错案责任追究与豁免"，载《中国法学》2016年第2期。

[5] 周长军："司法责任制改革中的法官问责——兼评《关于完善人民法院司法责任制的若干意见》"，载《法学家》2016年第3期。

[6] 郑曦："警察暂时性人身限制权的体系和合理规制"，载《求是学刊》2016年第4期。

的主体、工作机制和采取的侦查措施等都具有一定的特殊性。职务犯罪侦查的法治化建设，应当包括侦查主体的专业化、工作机制的一体化和侦查措施的技术化，并进一步规范和加强对职务犯罪侦查的监督[1]。

有论者指出，在技术侦查中，传统权利系谱并不具备足够的张力为个人隐私权提供有效保护。国家在追诉犯罪时采取技术侦查必然会侵犯、限制个人隐私权，个人需予以一定程度的容忍，但这并不意味着国家权力在技术侦查中可以不受限制或者制约。技术侦查中的隐私权保护在本质上属于隐私权的公法保护，它强调个人隐私权免受国家权力的不正当侵害，其运作是要实现对国家权力的正当程序控制。技术侦查需要受到法定主义、比例原则和司法审查等方面的限制。我国技术侦查中的隐私权保护还存在较大的提升空间[2]。

对于控制下交付与诱惑侦查的关系问题，有学者认为，混淆控制下交付与诱惑侦查之关系可能带来巨大的执法风险。诱惑侦查和控制下交付在行为方式、定义、适用对象、合法性及其判断标准、适用空间范围等方面存在明显的差异，二者属于完全不同的两种侦查行为[3]。

对于"两高一部"出台的《关于办理刑事案件收集提取和审查判断电子数据若干问题的规定》（以下简称《电子数据证据规定》），有学者认为，其对指导、规范刑事案件中电子数据取证具有积极作用。但在该《电子数据证据规定》中，可能存在以下问题：①强制侦查与非强制侦查的区别不明确，收集、提取电子数据与技术侦查的关系不清晰；②在初查时允许收集、提取电子数据，但未作出必要限制，实践中侦查员可能突破立案前禁止采取强制侦查措施的基本法律原则；③与《刑事诉讼法》侦查程序规范的协调还应加强，搜查作为典型的要式侦查行为，在电子数据取证中的地位应予注意；④关于取证主体的规定，未充分反映现实情况与工作需要，亦可能与相关制度相冲突[4]。

（六）关于刑事强制措施

有学者指出，作为审前的程序性裁判活动，审查逮捕应坚守检察官作为裁判主体的中立性，检察改革中的"捕诉合一"有损审查主体的中立性及程序的正当性，应当慎行；应构建控辩裁三方参与的逮捕听证模式，并通过检察官办案责任制强化逮捕听证的效力；确立审查逮捕的程序性证明机制，注重社会危险性要件的证明，采用多层次的证明标准；赋予犯罪嫌疑人不服逮捕决定时的救济权利，以防止不当逮捕的发生[5]。有论者认为，审查逮捕社会危险性要件，可以从人身危险性、社会

---

〔1〕　王贞会："我国职务犯罪侦查法治化探讨"，载《法学杂志》2016年第4期。

〔2〕　谢登科："论技术侦查中的隐私权保护"，载《法学论坛》2016年第3期。

〔3〕　邓立军："控制下交付与诱惑侦查的边界及其勘定"，载《法学评论》2016年第6期。

〔4〕　龙宗智："寻求有效取证与保证权利的平衡——评'两高一部'电子数据证据规定"，载《法学》2016年第11期。

〔5〕　闵春雷："论审查逮捕程序的诉讼化"，载《法制与社会发展》2016年第3期。

危害性和诉讼可控性等层面进行评估。社会学上的风险评估理论和统计学上的数学建模理论为构建审查逮捕社会危险性评估量化模型提供了方法，SPSS 统计分析软件为构建评估量化模型提供了工具。[1]

有学者根据对 18 个不同级别检察机关贯彻执行监视居住制度情况的调研，发现目前检察机关在监视居住的适用过程中主要存在对监视居住与逮捕的关系理解错位、执行主体不到位、执行场所不规范以及有效监视缺位等四个方面的问题。[2] 为解决监视居住制度存在的问题，有观点主张，运用法律解释技术，明晰指定居所监视居住的性质与定位，从其限制自由的强制措施本质出发，纠偏司法适用的错误倾向，回应实务困惑。对于指定居所监视居住适用对象上的"无固定住处""特别重大贿赂犯罪"后续能否转捕，都应当进行规范解释；对于指定居所监视居住的执行地点与执行主体，也迫切需要明晰涵义以规范司法适用。[3]

（七）关于刑事起诉制度

有学者认为，起诉裁量权理论而非起诉便宜主义更适宜作为撤回公诉的理论根据。撤回公诉不仅在理论上能够证成，而且在实践中也迫切需要。我国撤诉实践中存在"名实反差"、脱法运行、功能变异、程序正当化不足以及撤诉后恣意再诉的问题。撤回公诉的实践困局源于立法的缺位以及司法层面的绩效考核机制和"审判去中心化"的诉讼模式。要破解这一困局，需要从"以审判为中心"的视角重构撤回公诉制度，合理扩展撤诉事由，将撤诉时间限定在一审辩论终结前，强化法官对撤诉的审查和制约，建构撤诉的告知防御机制，规制撤诉后的重新起诉行为。[4]

对于附条件不起诉制度，有观点认为，其有利于在未成年人刑事案件中贯彻"教育优先"原则，但却将公诉、处遇决定、社会调查、监督考察等多项职权集于检察院，检察官在附条件不起诉中享有巨大的裁量权，背离了现代检察制度权力制衡的理念。附条件不起诉中的权力配置有"一体化"和"分立化"两种模式，两者各有利弊。我国未成年人刑事案件中，检察实行"一体化"模式，扩张了检察官适用附条件不起诉时的自由裁量权。裁量有利于确定个别化处遇措施，但却存在滥用风险。为防止权力滥用，有必要对附条件不起诉中检察官的自由裁量权予以控制。[5]

在起诉环节的证据运用上，有观点指出，检察官在审查起诉阶段同时扮演犯罪指控者、案件调节者、诉讼监督者三种角色，不同角色的检察官运用证据的方式各有侧重。审查起诉过程中的证据运用主要包括证据的采纳、采信、印证和自由心证的形成四方面，目前存在未能积极引导取证、自行取证，证据审查粗糙、证明力判

---

〔1〕 王贞会："审查逮捕社会危险性评估量化模型的原理与建构"，载《政法论坛》2016 年第 2 期。

〔2〕 张智辉、洪流："监视居住适用情况调研报告"，载《中国刑事法杂志》2016 年第 3 期。

〔3〕 程雷："指定居所监视居住实施问题的解释论分析"，载《中国法学》2016 年第 3 期。

〔4〕 周长军："撤回公诉的理论阐释与制度重构——基于实证调研的展开"，载《法学》2016 年第 3 期。

〔5〕 谢登科："集权与制衡：论附条件不起诉中的权力配置"，载《中南大学学报（社会科学版）》2016 年第 1 期。

断不准确，证明标准理解不到位等问题，需要进一步通过操作层面的规制和意识层面的转变予以化解。[1] 还有论者认为，审查起诉阶段的非法证据排除更契合于侦查、审查起诉和审判机关三者的职业利益和职业处境，因而其启动频率要高于审判阶段的启动频率。非法证据排除规则在审查起诉阶段的实施其实更多的是发挥证据把关的作用，而不是真正意义上的证据排除。非法证据排除的这种特殊格局对侦查阶段的震慑效应和被告人、犯罪嫌疑人权利保障都会产生深刻的影响。[2]

（八）关于刑事辩护制度

以审判为中心的诉讼制度的核心是庭审实质化，因此也体现出充分保障辩护权之要义。有学者认为，按照应然要求，完善刑事法律援助制度是当务之急；正确理解律师向犯罪嫌疑人、被告人核实证据的权利，落实控方的举证责任非常重要；实行直接言词原则，看似是对庭审活动的要求，但却对被告人及其辩护人最迫切、最有利，应当充分保障辩方对控方证人、鉴定人、侦查人员质证的权利；为此，还需要完善交叉询问制度，重点适用于被告人不认罪的案件，科学设立交叉询问规则，并加强对控辩双方交叉询问技能的培训。[3]

有学者提出，在刑事辩护领域，我国存在着一种"五形态分类理论"。根据这一理论，刑事辩护被区分为无罪辩护、量刑辩护、罪轻辩护、程序性辩护和证据辩护等五种类型，这些辩护形态各有其诉讼目标，也各有其辩护手段。这种辩护形态的划分不仅存在于法庭审判阶段，在审判前阶段也有其发挥作用的空间。[4] 另有学者站在分析实证法学的立场上，认为刑事诉讼法上的辩护权在本质上是一项权力，因为辩护关系一旦建立，辩护人就与其当事人（被告人）之间形成了特定的法律关系：辩护人能够通过其辩护行为对外创设当事人与其他法律主体之间的法律关系，而当事人则只能承受这一法律关系及其后果。因此，在辩护人与被告人的法律关系中，辩护人享有权力，而被告人则负有责任。[5] 而有学者则指出，作为辩护律师的首要职业伦理规范，忠诚义务调整着辩护律师与委托人的法律关系，指导着辩护律师的执业行为。忠诚义务意味着辩护律师不仅需要尽力维护委托人的合法权益，还要对委托人的意志给予适度尊重，并从根本上反思独立辩护人理论。[6]

在实践层面，有学者通过调研发现，刑事法律援助案件的数量有所增长，援助的及时性得到了较大的改善，但与理论的预期和理想的目标尚有一定的差距。实践

---

〔1〕　王一俊："检察机关审查起诉中的证据运用"，载《国家检察官学院学报》2016年第2期。

〔2〕　吴洪淇："证据排除抑或证据把关：审查起诉阶段非法证据排除的实证研究"，载《法制与社会发展》2016年第5期。

〔3〕　顾永忠："以审判为中心背景下的刑事辩护突出问题研究"，载《中国法学》2016年第2期。

〔4〕　陈瑞华："论刑事辩护的理论分类"，载《法学》2016年第7期。

〔5〕　万毅："刑事诉讼法上的'权力'概念：反思与重构——以分析实证法学为中心"，载《政法论坛》2016年第5期。

〔6〕　陈瑞华："论辩护律师的忠诚义务"，载《吉林大学社会科学学报》2016年第3期。

中的刑事法律援助仍然以"通知型"为主,犯罪嫌疑人、被告人及其近亲属申请刑事法律援助的比例较低。从刑事法律援助的有效性来看,援助律师大多能够完成辩护律师的基本职责,但在调查取证方面相对缺乏主动性〔1〕因而,有观点主张,我国刑事司法实践需要在秉持法律援助乃国家责任之立场的同时,充分引入非政府的行动力量,以社会机构、社会资金、社会律师和社会评价作为"政府扶持模式"之基础,取代以"法援律师垄断"和"法援服务外包"为典型样态的"政府主导模式"〔2〕

有论者指出,2012 年《刑事诉讼法》修改后,有关辩护律师核实证据的内容、范围和方式等均不明确,随着《刑法修正案(九)》的实施,律师核实证据还将面临"泄露案件信息"的执业风险。基于价值考量,核实证据内容应限定为客观上矛盾、主观上"存疑"的证据而非全案证据;核实范围上,在确认律师有权对言词证据进行核实的同时,应设置若干例外,并根据不同的诉讼阶段确定不同的核实范围,办案机关可针对个案以"负面清单"的形式禁止律师对某些敏感信息进行披露;在核实方式上,不宜作出硬性规定,但应注意区分被追诉人是否被羁押的情形,对于未被羁押的,可予以适当限制。〔3〕

(九) 关于刑事诉讼检察监督

作为国家的法律监督机关,检察机关法律监督职能的充分发挥,不仅关系到检察事业的繁荣发展,而且关系着公正、高效、权威的社会主义司法制度在中国的建立。有观点指出,当前,在刑事司法实践中,检察监督内部化、纵向化、碎片化倾向较为严重,检察机关对刑事诉讼活动的监督存在监督程序不完善、监督结构单一、监督手段不足等一系列问题,尤其是外部监督乏力、监督线索来源匮乏、内外监督一体化缺位等,极大地制约了检察机关监督效能的发挥。有鉴于此,检察机关应加强对外部监督的重视,建立刑事诉讼的外部监督导入机制,积极探索建立内外一体化的刑事诉讼监督工作机制。〔4〕

在侦查监督方面,有学者指出,检察机关以完善审查逮捕制度为核心,同时加强了立案监督和侦查行为监督,初步形成了对捕前、捕中、捕后三个办案环节中的侦查活动进行全方位监督的格局。但我国的侦查监督仍有完善空间,在监督范围上,应当覆盖侦查机关所有的强制性侦查行为;在监督方式上,应当加强警检之间的信息共享,公安机关立案(不立案)、采取强制性侦查措施都必须向检察机关备案,以改变检察机关的侦查监督因缺乏信息而出现的被动局面;在监督效果上,加强刚性

---

〔1〕 刘方权:"刑事法律援助实证研究",载《国家检察官学院学报》2016 年第 1 期。

〔2〕 谢澍:"刑事法律援助之社会向度——从'政府主导'转向'政府扶持'",载《环球法律评论》2016 年第 2 期。

〔3〕 韩旭:"辩护律师核实证据问题研究",载《法学家》2016 年第 2 期。

〔4〕 单民:"外部监督视野下刑事诉讼检察监督的问题与完善——基于内外监督一体化之考量",载《中国司法》2016 年第 11 期。

监督，赋予检察机关直接纠正违法侦查行为的权力等。[1]

在羁押必要性审查方面，有观点认为，制度目的之实现是以"予以释放或者变更强制措施"建议的被采纳为前提的。检察机关的该项建议尽管不具有执行的强制性，但仍然是具有法律效力的监督意见。一方面，应赋予检察机关要求有关机关释放或者变更强制措施的权力；另一方面，应努力与有关机关就继续羁押的必要性问题达成共识。[2] 有学者将我国羁押审查制度的变迁历程总结为"固守格局""科层内控""增量配设""边缘调整"等四种权力主导型的改革逻辑。在这些改革策略下，体现刑事司法机关能动性的机制得以维系，而权利话语则艰难地实践着。未来司法改革仍有赖于更多元化立法决策主体的平等参与和理性互动。[3]

在刑罚执行监督方面，有观点认为，在财产刑执行检察监督程序上，一是要在检察机关内部摸清本地区同级法院负责的财产刑执行案件信息以及执行的基本情况；二是检察机关将自身掌握的财产刑执行案件信息与法院的相应信息进行核对，并摸清法院财产刑执行立案、执行活动、变更执行等基本情况；三是监督尚未执行完毕的财产刑执行案件进入法院执行程序，检察、发现财产刑执行活动中存在的各类问题并依法予以监督纠正；四是在减刑、假释检察工作中，根据正在服刑的被执行人的财产刑执行和履行附带民事赔偿义务等情况，依法提出从宽、从严掌握减刑、假释的检察意见；五是受理涉及财产刑执行的控告、举报和申诉，依法查办财产刑执行活动中的职务犯罪案件。[4]

还有学者通过实证研究发现，公开化、透明化以及同步监督等改革举措引入了司法权力的制衡因素，却仍然敌不过基层实践中各政法机关之间的权力关系和人际互动。负责执法的监狱、负责监督的检察院刑罚执行监督部门、负责裁定的法院，都深嵌在"讲究配合与协调"的权力结构和"强调和谐与互惠"的关系网络之中。在此基础上，有学者提出资源配给与技术监测两条改革进路。[5]

（十）关于域外制度的比较研究

有学者在比较法国刑事司法制度后指出，法国诱惑侦查最早起源于司法实践，主要用于打击毒品交易、淫媒以及扰乱市场经济秩序的一些犯罪。20世纪90年代，里昂海关官员涉讼案在法国政坛引起轩然大波，直接促成立法者表决通过诱惑侦查的正式法律，确立了诱惑侦查的程序框架。此后，新的立法，尤其是2004年的贝尔本二号法律又对诱惑侦查制度进行了全面的改革，引发了学者对该侦查机制合法性规制的担忧。与其他国家相比，法国的诱惑侦查模式具有四大特质：较周密的判例

---

〔1〕　熊秋红："完善侦查监督工作机制　加强人权司法保障"，载《检察日报》2016年11月2日，第3版。

〔2〕　宋英辉："完善捕后羁押必要性审查制度的建议"，载《法制日报》2016年5月18日，第9版。

〔3〕　林喜芬："论中国羁押审查制度改革的四重逻辑"，载《法学家》2016年第6期。

〔4〕　庄永廉等："财产刑执行检察监督的深化与完善"，载《人民检察》2016年第11期。

〔5〕　林喜芬："中国减刑程序公平性的实证研究"，载《中国法学》2016年第6期。

设定、较审慎的适用原则、较独特的合法性认定标准以及较宽泛的法官裁量权。其中，严格限定诱惑侦查的适用范围以及"以客观标准为主、主观标准为辅"的合法性认定标准尤其值得中国学习。[1]

有学者通过比较研究发现，恐怖犯罪在全球一直处于上升和蔓延的趋势，其暴力性质和严重的破坏力使得各国在应对这种犯罪类型时都不得不调整针对传统犯罪的打击政策。相对于军事打击等手段而言，司法手段在恐怖犯罪中的适用争议性是最小的，因此，司法手段越来越成为各国政府的首选。而为了有效控制恐怖犯罪的蔓延，早期追诉又成了一个新的刑事司法政策。但早期追诉也带来了很多问题，比如，介入的时间难以确定；由于没有实施行为，证明难以完成；等等。共谋理论在司法实践中的发展在很大程度上解决了这些难题，共谋责任和独立追诉政策的并用效果显著，不过由此带来的追诉面扩大以及仅就犯罪意图进行追诉的责难可能是我们在相当长的时间内都必须面对的。[2]

有学者认为，在美国，检察官的不轨行为是催生错案的重要原因，主要包括：隧道视野；法庭上的不端行为；对物证处理不当；不开示无罪证据；威胁、引诱证人或唆使证人作伪证；使用虚假或误导性证据；骚扰或对报告人或其辩护人表示成见、宿怨；以及在大陪审团程序中行为不端。究其原因，美国检察官的民选经历，使其更青睐严厉的刑罚以获得民众支持；对抗制的诉讼模式刺激了检察官更强烈的胜诉欲；另外，缺乏多元和强有力的制裁也是导致检察官不轨行为滋生的重要原因。针对检察官的不轨行为，美国司法部门以起诉环节为中心，从多方面规范检察官的诉讼行为，如引入检察官的客观性义务、强化证据开示制度以及建立对检察官不轨行为的惩戒机制等。[3]

还有学者通过比较研究指出，美国不仅有世界上最严密的刑事诉讼规则，还有非常完备的辩护律师制度。其中，刑事诉讼中的无效辩护规则是被告人获得律师帮助最有力的救济措施。美国最高法院确立的无效辩护标准包括形式标准和实质标准。基于提高刑事辩护的质量，确保刑事被指控人的辩护权的真正实现，我国应当借鉴美国的无效辩护制度，从立法和司法上进一步完善刑事诉讼法律制度、律师刑事辩护规则和律师职业伦理规则等。[4]

---

[1] 施鹏鹏："诱惑侦查及其合法性认定——法国模式与借鉴意义"，载《比较法研究》2016 年第 5 期。

[2] 韩阳："论刑事诉讼对恐怖犯罪的早期介入——基于中美司法实践的比较讨论"，载《北方法学》2016 年第 3 期。

[3] 董坤："检察官的不轨行为与错案防治研究——美国的考察及其借鉴"，载《四川大学学报（哲学社会科学版）》2016 年第 3 期。

[4] 李本森："美国刑事无效辩护制度及其对我国的借鉴"，载《北方法学》2016 年第 6 期。

第二节　民事诉讼法学研究状况[1]

一、研究概况

2016 年度，民事诉讼法学领域在 CSSCI 来源期刊上发表论文两百余篇。其中，在 21 种法律类 CSSCI 期刊共发表民事诉讼论文 120 余篇（含民事司法制度改革），且在三大权威期刊（《中国社会科学》《法学研究》《中国法学》）上发表论文 5 篇。研究主题较为广泛，即涉及对传统领域中的诉的基本理论、当事人、调解、证据、裁判文书、公益诉讼、执行权等问题研究，也涉及对 2015 年《最高人民法院关于适用〈中华人民共和国民事诉讼法〉的解释》（以下简称《民诉法解释》）适用以来所产生的新型问题的研究。

在科研项目立项方面，2016 年，民事诉讼法学领域获准立项的国家级或重要省部级项目共 22 项。其中，国家社科基金一般项目 3 项、教育部人文社会科学研究项目 3 项（含规划基金项目 2 项、青年基金项目 1 项）、司法部国家法治与法学理论研究项目 6 项、中国法学会项目 10 项。各类项目的研究内容涵盖了民事诉讼各大领域的基本问题，体现出广泛性和全面性。

在学术交流与合作方面，2016 年 4 月 23 日～24 日，由广东省法学会诉讼法学研究会主办，中山大学虚假诉讼法律问题研究课题组和中山大学司法体制改革研究中心联合承办的"深化虚假诉讼法律问题研究"研讨会于在广州从化区召开。2016 年 7 月 8 日，由厦门大学法学院主办、厦门大学出版社协办的第一届海峡两岸民事诉讼论坛在厦门举行。来自台湾政治大学、台湾东吴大学和国内部分高校的学者，以及南京中院、厦门市检察院等实务界人士共 40 余人参加本次论坛。2016 年 8 月 18 日，由中国行为法学会执行行为研究会、最高人民法院执行局主办的第七届"中国执行论坛"在辽宁省本溪市举行。2016 年 10 月 15 日，由中国民事诉讼法学研究会主办、宁波大学法学院承办的"第七届中韩民事诉讼法学国际学术研讨会"在宁波大学举行。会上，中韩两国专家学者就"民事证据制度的理论与实践"这一主题进行了深入的交流与探讨。2016 年 11 月 12 日～13 日，中国民事诉讼法学研究会 2016 年年会暨民事执行的理论与立法研讨会在西北政法大学举行。会议由中国民事诉讼法学研究会、西北政法大学和陕西省高级人民法院联合举办。大会特别议程举行了中国民事诉讼法学研究会第二次会员大会，会员代表们进行了研究会换届选举。2016 年 11 月 19 日，由中国民事诉讼法学研究会主办、北京大学法学院承办的"第六届紫荆民事诉讼青年沙龙"在北京大学法学院凯原楼报告厅成功举办。来自北京大学、清华大学、最高人民法院、国家法官学院以及台湾政治大学的 70 余位青年学者和在校学

---

[1]　*本部分执笔人：肖建华教授。

生作为与会代表，围绕"诉的基础理论"展开了热烈研讨。2016 年 12 月 3 日，由中国民事诉讼法学研究会"民事诉讼与司法改革研究方阵"主办，南京师范大学法学院、南京师范大学现代司法研究中心承办，南京市中级人民法院、江苏校外研究基地司法现代化研究中心协办的"民事诉讼法司法改革高端论坛"在南京召开。

二、重点研究内容

（一）基本原则与制度

1. 诚实信用原则。诚实信用原则最早主要运用于债权法领域，后其适用范围逐步扩大至其他私法领域，甚至渗透到了公法、诉讼法领域，其"帝王条款"的地位日益加强。我国于 2012 年对《民事诉讼法》进行修正时，将诚实信用规定为民事诉讼的基本原则。但从法律规定及司法实践来看，其具体运用仍存在着重大问题。因此，有学者通过对美国民事诉讼中的诚实信用原则进行分析讨论，并结合我国的实践需求，提出了以下几点建议：①法律和司法解释设计以统一为原则；②可以以司法解释和指导性案例的方式，增加对诚实信用原则适用的限制性官方参考；③设置详细的程序性保障措施；④制定有针对性的惩罚性措施。[1]

诚实信用原则中一项重要的内容为当事人的真实陈述义务，我国《民事诉讼法》及司法解释虽然已对当事人的真实陈述义务作出了明确的规定，但仍存在诸多问题①真实义务与辩论原则的关系不明确；②过分倚重于制裁，制度的促进与保障不足；③惩罚性措施与职权主义相结合，易导致真实义务的异化。为解决前述问题，该学者认为，对于真实义务不宜作出过于宽泛的解释，而是应进一步具体化、明确化。对于真实义务要求的严格程度，应当与当事人在诉讼中对证据、程序的控制权，以及诉讼程序为当事人提供的灵活诉讼空间的大小成正相关。[2]

2. 检察监督原则。检查监督原则，是指检察机关有权对民事诉讼实施法律监督。2012 年修订《民事诉讼法》时，将检查监督的范围从原来的"民事审判活动"改为"民事诉讼"，即检察监督不仅限于民事审判程序，亦包含民事执行活动和调解活动。

根据《民事诉讼法》的相关规定，检查监督原则主要包括以下三个方面：①检察机关有权对审判人员的违法行为进行监督；②人民检察院有权对人民法院已经发生法律效力的判决、裁定、调解书依法提起抗诉或检察建议；③检察机关有权对人民法院的民事执行活动进行法律监督。[3]

就检察监督原则的功能而言，其早期功能定位为维护法制统一，随着社会转型期集中凸显的权利救济需求，检察监督亦从维护国家法制统一转向事实上的权利救

---

[1] 李曼："诚实信用原则适用的美国经验——《美国联邦民事诉讼规则》第 11 条的透视与启示"，载《华东政法大学学报》.2016 年第 3 期。

[2] 纪格非："我国民事诉讼中当事人真实陈述义务之重构"，载《法律科学》2016 年第 1 期。

[3] 江伟主编：《民事诉讼法学》，北京大学出版社 2015 年版，第 63 页。

济。在功能变迁的背景下，要进一步加强组织建设，完善监督程序，提升监督能力。[1]

目前，有关检查监督原则讨论较多的是民事执行检察监督。民事执行检察监督的首要目的在于治理"执行乱"，其次在于协助破解"执行难"。设计民事执行检察监督程序时，应遵守以下几项基本原则：一是依当事人或者利害关系人申请原则；二是事后监督原则；三是穷尽执行救济途径原则。[2]

3. 处分原则。处分原则作为一项最能反映民事诉讼个性的基本原则之一，我国《民事诉讼法》第 13 条第 2 款规定，"当事人有权在法律规定的范围内处分自己的民事权利和诉讼权利"。学界一般认为，处分原则的理论依据是民事实体法上的私法自治原则，是其在民事诉讼法中的体现或延伸。

处分原则作为当事人主义的重要内容，只有在当事人的处分权能够实质性地对国家权力进行制约时，才标志着实质意义上的当事人主义得以确立。在程序启动方面，我国虽然已开始实施立案登记制，但这并不是以降低实质性起诉条件为基础的真正意义上的立案登记，也不是处分权制约司法权方向上的实质进步。在程序终结方面，在撤诉制度上，并未通过引入被告利益考量就彻底摆脱法院职权对当事人处分自由的限制。我国规定被告"不同意撤诉"对法院有影响，但法院也仅是"可以"尊重该选择，而非"应当"受被告处分拘束。综上，我国制度层面的诸多进步虽形成了当事人主义的表象，但对运用处分原则予以考察，我国并未能形成真正意义上的当事人主义，仍需要在实现私人权利制约国家权力的方向上继续努力。[3]

最高人民法院 2015 年发布的《民诉法解释》第 289、290 条，以及《环境民事公益诉讼解释》和《最高人民法院关于审理消费民事公益诉讼案件适用法律若干问题的解释》中，对当事人的处分权都进行了适当限缩，主要表现为对原告撤诉的限制和对调解、和解的限制。对公益诉讼当事人处分权进行限制的原因在于：①公益诉讼所涉权利主体广泛，参加诉讼程序并非实际权利主体，通过对处分权进行限制，督促诉权主体勤勉履行法定诉讼担当的职能，救济原请求权人的损失；②防止滥诉、炸诉的公共秩序保留；③旨在弥补行政失灵，强化现代公共治理。[4]

4. 调解原则。调解原则作为我国民事诉讼一项特有的原则，学界仍对其给予了一定关注。有学者对于调解作为我国民事诉讼原则的合理性提出质疑，认为调解原

---

[1] 史溢帆："从法制统一到权利救济：当代中国民事检察监督制度的功能变迁"，载《兰州大学学报（社会科学版）》2016 年第 3 期。

[2] 马登科："论民事执行检察监督原则的差异化——兼驳《人民检察院民事诉讼监督规则（试行）》执行检察监督目的设置"，载《西南政法大学学报》2015 年第 1 期。

[3] 冯珂："从权利保障到权力制约：论我国民事诉讼模式转换的趋向"，载《当代法学》2016 年第 3 期。

[4] 张陈果："论公益诉讼中处分原则的限制与修正——兼论《新民诉解释》第 289、290 条的适用"，载《中外法学》2016 年第 4 期。

则应由和解原则替代之，毕竟和解是属概念，是目的；调解是种概念，是手段，且我国法院调解成为审判权的一种形式，不利于对当事人的合意的尊重。[1]

特别是 2015 年最高法院颁布实施了《环境民事公益诉讼解释》和《民诉法解释》，仍然将诉讼调解作为重要的解决纠纷方式，但公益维护的本质必然使公益诉讼调解呈现出不同于普通调解的制度价值与程序安排。有学者认为，诉讼请求的不同决定了公益诉讼调解的内容与限度不同，调解中，应对当事人的处分权进行必要的限制、在发现案件真实的基础上启动调解，调解结果必须经过审查与监督。[2]

5. 辩论原则。约束性辩论原则，也称为辩论主义。辩论原则作为当事人主义诉讼模式的一大基石，在论及诉讼模式的相关论文中不可避免地被论述。在当事人主义诉讼模式是否建立的问题上，有学者认为，作为辩论主义内涵之一的主张责任，作为衡量是否为当事人主义诉讼模式的重要指标之一，在我国通过立法明确证明责任分配的一般规则以及法院依职权调查收集证据的范围和方式，业已确立。[3] 但是，有学者并不认同这一观点，他们认为，由于法官可以依职权搜集和调查证据，因此，存在通过证据资料补充诉讼资料的可能，进而违背辩论原则第一要义。[4] 我国民事诉讼法律规范并未确立约束性辩论原则。"形式层面权利的增加不意味当事人主义就已确立，以私人权利制约国家权力的当事人主义建构中，更需实现权利限制减少、权利拘束法院的实质保障。"[5] 而事实上，我国辩论原则在当事人事实提出方面的拘束力远未形成，当事人主义诉讼模式的建立依然任重而道远。

6. 直接言辞原则与合议制度。根植于大陆法系的直接言辞原则包括直接原则与言辞原则，与英美法系的传闻证据在目的上有异曲同工之处。学界对此给予了一定的关注。在司法改革的路径选择中，有学者受到马锡五审判模式的启发，指出其精髓之一在于法官亲临现场、寻访证人等工作方式包含了对直接言辞原则的遵循，但要避免法官职权过于积极主动，丧失中立性。[6] 有学者将目光投向二审中直接言辞原则的贯彻情况，他们提出我国司法实践中二审的低开庭率导致直接言辞原则在二审程序中被虚置和软化，须通过充实二审审前准备程序、强制证人出庭、规范二审非正式开庭、探索二审有限度的独任制等手段来加强直接言辞原则在二审中的

---

〔1〕 周建华："和解：程序法与实体法的双重分析"，载《当代法学》2016 年第 2 期。

〔2〕 曲昇霞："论环境民事公益诉讼调解之适用"，载《政法论丛》2016 年第 3 期。

〔3〕 许可："论当事人主义诉讼模式在我国法上的新进展"，载《当代法学》2016 年第 3 期。

〔4〕 任重："论中国民事诉讼的理论共识"，载《当代法学》2016 年第 3 期。

〔5〕 冯珂："从权利保障到权力制约：论我国民事诉讼模式转换的趋向"，载《当代法学》2016 年第 3 期。

〔6〕 马贵翔、韩康："马锡五审判方式的精髓及其现代启示———以诉讼构造为视角的分析"，载《甘肃政法学院学报》2016 年第 3 期。

贯彻。[1]

合议制度确立以来，在实施过程中出现了合而不议、形合实独及陪而不审的问题，有学者认为，其根本原因在于横向合议的制度设计并不符合我国的国情，提出法院内部现存的案件签批制有一定的合理性与科学性，可改造成为一种纵向的合议制。[2] 这一观点值得商榷，签批制依存于科层制下，签批者非本案的直接审理者，判决采纳签批者的意见显然违反直接言辞原则。事实上，目前司法实践中合议庭构成模式存在三种，即随机式、审判团队模式、相对固定式，相对固定式中保留了固定的审判长。据此，有学者则认为完善合议制应继续贯彻"让审理者裁判、让裁判者负责"的思想，改变少数服从多数、过度形式化的案件合议制度，通过让主审法官担任审判长、合议中突出主审法官意见来调动主审法官的积极性，进而克服合议过程形式化、主审法官审而不判、责任分担不明确等弊端。[3] 对于审判长这一问题，有学者认为，无论何种模式，审判长本身应当还原成诉讼法意义上的概念，作为实体性事项的参与者，在对案件的实体审理、评议和裁判上，审判长与其他合议庭成员享有平等的参与权和决策权；作为程序性事项的主持者，审判长在合议庭中对案件的诉讼进程、审理活动和评议活动等享有指挥和协调的权力。[4]

7. 公开原则与裁判文书上网。司法公开是宪法和法律规定的一项基本原则，是实现公民基本权利、增强司法公信力的重要举措。2016 年，最高人民法院院长周强向十二届全国人大常委会第 24 次会议专题报告了深化司法公开促进司法公正的情况，得到社会各界高度评价。[5] 司法公开在 2016 年又有新的业绩：一是 2016 年 7 月 25 日最高人民法院审判委员会第 1689 次会议通过《最高人民法院关于人民法院在互联网公布裁判文书的规定》（法释〔2016〕19 号以下简称《互联网公布裁判文书规定》），自 2016 年 10 月 1 日起施行。《互联网公布裁判文书规定》共 18 条，确立了"依法、全面、及时、规范"的裁判文书公开原则，并推出四个方面的举措：①扩大了应当公开的裁判文书范围；②规范了裁判文书不公开情形；③健全裁判文书公开工作机制；④要求建立裁判文书公开工作督导机制。[6] 二是建成"中国庭审公开网"。9 月 27 日，最高人民法院院长周强正式启动"中国庭审公开网"上线运

---

〔1〕 王聪："形骸化抑或实质化：直接言辞原则在民事二审程序中的实践"，载《民事程序法研究》2016
年第 2 期。

〔2〕 刘连义："'纵向'合议的中国式改造与路径——以中、基层法院的合议现状为视角"，载《司法改革论评》2016 年第 1 期。

〔3〕 盛玉华、孙立强："关于推进审判权力运行体制改革的几点思考"，载齐树洁主编：《东南司法评论（2016 年卷·总第 9 卷）》，厦门大学出版社 2016 年版。

〔4〕 马渊杰："司法责任制下审判团队的制度功能及改革路径"，载《法律适用》2016 年第 11 期。

〔5〕 胡仕浩、马渊杰："2016：人民法院司法改革综论（下）"，载《人民法院报》2017 年 1 月 1 日，第 1 版。

〔6〕 胡仕浩、马渊杰："2016：人民法院司法改革综论（下）"，载《人民法院报》2017 年 1 月 1 日，第 1 版。

行，并指出"庭审视频直播是互联网时代司法公开的重要创新，是推进构建开放、动态、透明、便民的阳光司法机制的重大举措"。作为全国法院统一、权威的庭审公开平台，中国庭审公开网是继中国审判流程公开网、中国裁判文书公开网、中国执行信息公开网之后建立的司法公开第四大平台，标志着司法公开进入新的历史阶段。[1]

法院司法公开制度建设所取得的成绩令人鼓舞，各地人民法院按照司法公开的内容和标准，采取网络平台、社交媒体等创新方式，以适应司法公开的现实需求。不过，法学理论界指出了现阶段司法公开仍存在的一些问题，针对这些问题仍需进一步地完善和改进。例如，平台功能重叠、冲突，法院政务网站未实现全面覆盖；公开信息内容不够全面，尤其是行政类、执行类文书公开率远低于民事类、刑事类文书；动态信息之间缺乏有效整合；等等。[2] 司法公开制度建设上仍然存在的封闭性、单向性等现象，使得在现实司法实践过程中，所谓的司法公开制度却不能有效构建起对外部信息或舆论的回应，这直接影响了民众对司法公信力的期盼。[3] 裁判文书的司法公开造成了当事人对个人信息权被侵扰的隐忧，现行法律却未规定相应的救济权。[4] 法院网站建设表现出明显的地域特征，存在着信息公开数量少、质量低等问题。[5]

8. 一事不再理原则。一事不再理原则的概念在民事诉讼法中是一个朴素的概念，其简洁性、大众化为民事诉讼法学界（尤其是民事司法实务界）所使用。一事不再理原则的渊源最早可追溯至古罗马法。该原则的目的是防止当事人就同一纠纷反复提起诉讼，重复起诉不但会使当事人无法及时取得涉诉正当权益，加重当事人的经济负担，还会造成法院人力、物力的浪费，削弱法院的审判效率和司法裁判的权威。不过，依 2015 年颁布的《民诉法解释》首次以当事人、诉讼标的、诉讼请求三要件对我国民事重复起诉禁止制度的规定来看，我国民事诉讼立法并没有使用"一事不再理"原则的概念，而是使用了"民事重复起诉禁止"来进行表述。随后，民事诉讼法学界关于民事重复起诉禁止的理论研究中也不再使用"一事不再理"的概念。学界主流学说认为，现代民事诉讼法意义上的一事不再理原则被认为是确定判决既判力的一种效力。现代大陆法系主要国家的民事诉讼法中的一事不再理原则也被既

〔1〕 胡仕浩、马渊杰："2016：人民法院司法改革综论（下）"，载《人民法院报》2017 年 1 月 1 日，第 1 版。

〔2〕 温泽彬、李劭申："'互联网＋'背景下的司法信息公开研究——以最高人民法院'司法公开示范法院'为对象"，载《现代法学》2016 年第 4 期。

〔3〕 李瑜青、博雅文："司法公开制度实践及其完善——基于南京'彭宇案'而展开的研究"，载《哈尔滨工业大学学报（社会科学版）》2017 年第 1 期。

〔4〕 梁桂平："裁判文书司法公开中的个人信息保护隐忧及排解"，载《甘肃社会科学》2016 年第 3 期。

〔5〕 陈海平："检视与构建：网络时代司法公开的深化思路——基于对 3491 个法院官方网站的实证调研"，载《河北法学》2016 年第 12 期。

判力原则所替代。而对于前诉判决尚未确定的诉讼系属案件，相同当事人就相同诉讼请求或诉讼标的提起后诉时，通常以"前诉已经诉讼系属，故后诉不合法"予以驳回，后诉被告可针对后诉原告的请求提出诉讼系属抗辩。[1] 有学者进一步指出，一事不再理原则适用于刑事诉讼，民事诉讼重复起诉禁止的概念界定应使用"重复起诉禁止"的概念。[2] 不过，民事司法实务界依旧对"一事不再理"的概念依恋不舍，通过人民法院在《民诉法解释》颁布之后发布的民事判决书来看，仍有多数法院使用"一事不再理"的概念。

在民事诉讼法理论上，对重复起诉禁止的研究重点当属对民事重复起诉的识别要件的认识。从《民诉法解释》第247条的规定来看，现行法确立了以当事人、诉讼标的、诉讼请求为要件的识别标准。学界现有主张存在如下两种截然不同的考察路径，一种是从诉的构成要素出发，以要素吻合作为判断标准；另一种则是另辟蹊径，着眼于重复起诉禁止原则的制度旨趣，探寻可能引起重复起诉的原因。[3] 不过，我国民事诉讼法学界主流观点认为，仍应以诉的要素为要点来判定重复起诉禁止。我国对重复起诉进行识别时，仍应当坚持以当事人和诉讼标的的二要素作为判断要件。同时，基于本土化考虑，审判中应当充分发挥法官的释明作用，以保障当事人诉权以及有效预防重复起诉现象的发生。[4] 有学者进一步指出，是否构成重复诉讼属于消极诉讼要件，由法院依据职权进行调查，毋庸当事人主张，并采职权探知主义。[5] 对此，张卫平老师认为，对于如何界定重复诉讼、判断的标准以及相应的应对措施等问题，理论界尚未有深入的探讨。应结合我国的情形和国外的相关理论研究，分析和阐述我国民事诉讼禁止重复诉讼原则及其适用的基本法理。[6]

（二）虚假诉讼

在当今社会生活中，诉讼已经成为广大公民用来维护自身合法权益、解决纠纷的重要手段，诉权是宪法赋予公民的基本权利。随着中国司法改革的深入推进，司法便民化的潮流给诉讼打开了方便之门，给诉权提供了坚实保障，人民法院案件受理数量急剧攀升，新一轮诉讼高峰到来了。但令人忧心的是，利用诉讼的合法形式谋取不正当利益或者损害他人利益的被人们称为"司法毒瘤"的虚假诉讼也在与日俱增。

按照立法机关的解释，虚假诉讼有广义和狭义之分，狭义的虚假诉讼是指当事人之间恶意串通，企图通过诉讼、调解等方式侵害他人合法权益的行为。广义上的

---

〔1〕 张卫平："重复诉讼规制研究：兼论'一事不再理'"，载《中国法学》2015年第2期。

〔2〕 段文波："日本重复起诉禁止原则及其类型化析解"，载《比较法研究》2014年第5期。

〔3〕 段文波："日本重复起诉禁止原则及其类型化析解"，载《比较法研究》2014年第5期。

〔4〕 夏璇："论民事重复起诉的识别及规制——对《关于适用〈中华人民共和国民事诉讼法〉的解释》第247条的解析"，载《法律科学（西北政法大学学报）》2016年第2期。

〔5〕 段文波："日本重复起诉禁止原则及其类型化析解"，载《比较法研究》2014年第5期。

〔6〕 张卫平："重复诉讼规制研究：兼论'一事不再理'"，载《中国法学》2015年第2期。

虚假诉讼还包括单方伪造证据、故意将被告拖入诉讼等情形。虚假诉讼的表现形式具体包括：①通过虚假诉讼将违法债权债务关系合法化；②夫妻一方通过虚假诉讼转移夫妻共同财产；③以另案提起虚假诉讼对抗不动产买卖合同的继续履行；④被执行人通过虚假诉讼转移即将被法院执行的财产；⑤规避房屋、车辆限购、限号政策，通过虚假诉讼将房屋、车辆过户，或者规避拆迁政策，通过虚假诉讼获取额外利益；⑥虚构债务，骗取法院作出对其有利的判决；⑦原告故意隐瞒被告的真实情况，使法院缺席审理后作出对其有利的判决；⑧伪造证据，骗取钱款。[1]

根据虚假诉讼的具体表现形式中行为人侵害的法益以及当事人间是否存在同谋，可以将其分为三种类型：

类型一：逃避管理类虚假诉讼。主要表现为规避法律和国家限购政策、逃税等，例如，行为人因购买房屋时不符合当地政府规定的限购政策、建造的房屋建设手续不全而无法办理产权证，遂虚构虚假借贷关系，通过诉讼实现以房抵债、达到完成房产过户手续目的；或者通过向法院提起房地产确权纠纷虚假诉讼达到降低交易价格、规避税费征收等目的。

类型二：逃避债务类虚假诉讼。主要表现为行为人负有对外债务，且有一定财产可供执行，为了达到"稀释"债权人对其享有的债权之目的，遂与他人恶意串通，伪造借条、工资欠条等证据，向法院提起虚假诉讼，利用参与法院执行分配权或工资优先受偿权，逃避对外债务。

类型三：获取其他非法利益类虚假诉讼。此类型多发生于离婚诉讼、借贷纠纷、保险理赔等案件中，行为人为使对方当事人多承担债务、少分共同财产或者使第三人承担债务、连带责任等，通过伪造证据、虚构借贷关系、委托关系、买卖关系等，获取非法利益。[2]

由于我国现行《刑法》没有规定虚假诉讼罪，不仅导致了审判结果的不统一，而且引起了理论界对虚假诉讼行为定性的争论，因此，很多学者认为《刑法》应增设"虚假诉讼罪"以便有法可依、有法必依。2015 年 8 月 29 日，全国人大常委会通过的《刑法修正案（九）》规定了"虚假诉讼罪"，并于 2015 年 11 月 1 日起生效。至此，《刑法》规定了虚假诉讼罪，为司法实践提供了法律依据。首先，虚假诉讼行为入罪有利于解决刑法滞后的问题，我国现行《民事诉讼法》只规定了对违法的虚假诉讼行为的处置，但对危害后果严重即构成犯罪的虚假诉讼行为，仍旧只根据《民事诉讼法》第 112 条、第 113 条的规定进行民事制裁，明显与其危害性不相适应，惩戒力度不够。其次，有利于消除司法实践中两大机关对虚假诉讼行为定性不统一的问题。《刑法修正案（九）》出台之前，最高人民检察院指出，对于虚假诉讼，

---

〔1〕 张艳："虚假诉讼类型化研究与现行法规定之检讨——以法院裁判的案件为中心"，载《政治与法律》2016 年第 7 期。

〔2〕 郑新俭等："民事虚假诉讼检察监督问题研究"，载《人民检察》2016 年第 6 期。

可作出民事制裁而不宜按诈骗罪处理，如果其手段行为构成伪造公司、企业、事业单位、人民团体印章罪或妨害作证罪，则按该罪处理。最后，有利于提高司法公信力。司法公信力是指社会公众确认法院行使审判权真实可靠的能力及程度，社会公众包括三个方面：一是社会一般公民，二是诉讼中的原告，三是诉讼中的被告，简而言之，司法公信力就是应使这三方面的人相信法院审理案件并判决的公正及其效果。[1]

为遏制虚假诉讼行为的发生，保护正当当事人的合法权益，结合审判实践中已经发生的虚假诉讼案例，一方面，应当通过对现有法律规定进行补充解释的方式，扩大具体条文的适用范围，制裁虚假诉讼行为，例如，可以将规避法律、政策型虚假诉讼所侵害的社会公共利益纳入我国《民事诉讼法》第112条"侵害他人合法权益"的范畴，这样一来，规避法律、政策型虚假诉讼完全可以按照我国《民事诉讼法》第112条予以处罚，进而有效制裁当前发生的一些规避限购、限号和拆迁政策的虚假诉讼行为；另一方面，着眼于从根本上消除虚假诉讼的生存空间，应当在实体法中专门规定虚假诉讼行为，将其作为侵权行为的具体形态。如果没有实体法上对虚假诉讼的专门规定，就会导致对虚假诉讼行为规制的纰漏，不利于保障当事人之间利益的平衡及诉讼程序的有效进行。因此，我国民事实体法应当将虚假诉讼作为具体侵权行为形态予以规定并明确民事责任的承担，以弥补目前虚假诉讼民事责任承担的立法空白。[2]

（三）第三人撤销诉讼

第三人撤销之诉虽是于2013年1月1日才正式实施的新制度，但关于该制度的讨论至今已经历了三个阶段。第一阶段以比较法为视角，介绍法国和我国台湾地区民事诉讼法中的第三人撤销之诉；2012年修正的《民事诉讼法》开启了相关讨论的第二阶段：肯定引入论和否定引入论之争；《民事诉讼法》第56条第3款在一定程度上终结了第二阶段，现今讨论进入第三阶段：否定适用论和肯定适用论之争，并且该阶段也已经从立法论进入解释论范畴。[3]

立场的不同会导致对第三人撤销之诉产生不同的解读。随着2015年《民诉法解释》的制定和实施，关于第三人撤销之诉的讨论更多地集中于基于现行法律体系对于该制度进行解释，探索该制度与其他法律制度的关系，促使其相互协调，明确各自的功能，使第三人撤销之诉融入现有的法律体系。

在经历了三个阶段富有成效的讨论后，第三人撤销之诉的立法目的、制度结构和法律效果已经逐渐清晰，之前并未受到广泛关注的基础理论问题也在相关讨论中

---

〔1〕　王志亮："虚假诉讼行为入罪初探"，载《东方法学》2016年第4期。

〔2〕　张艳："虚假诉讼类型化研究与现行法规定之检讨——以法院裁判的案件为中心"，载《政治与法律》2016年第7期。

〔3〕　任重："回归法的立场：第三人撤销之诉的体系思考"，载《中外法学》2016年第1期。

被继续深入推进，例如当事人适格、既判力相对性、诉讼标的、矛盾判决的标准以及第三人制度。虽然第三人撤销之诉的理论研究在短时间内取得了实质性进展，但该制度若想真正有机融入既有民事诉讼法律体系，还需要解决以下两方面问题：一是基础理论探讨的碎片化；二是存在僭越立法的风险。[1]

对于第三人撤销之诉与审判监督制度、案外人异议之诉之间的关系，理论界存在诸多不同的学说：优先关系说、相继关系说、分置关系说等。[2]怎样正确厘清不同制度的关系，还有赖于对各自法律规定更加详尽的研究。对于《民事诉讼法》以及《民诉法解释》关于第三人撤销之诉的起诉条件与胜诉条件的区分标准的确立，以及《民事诉讼法》第56条第3款中的6项条件的论述，特别是主体条件和实体条件，存在着相当大的难度，应成为将来立法、司法和理论研究的重点与完善目标。《民诉法解释》第296、297条对于界定第三人撤销之诉的撤销对象具有重要意义。总体而言，《民诉法解释》第296、297条对第三人撤销之诉撤销对象及内容的界定较为契合2012年《民事诉讼法》的立法目的和我国司法实践。就宏观层面而言，在法院贯彻"繁简分流""程序分化"的司法政策背景下，特别是法院越来越多地通过促进和解、调解等形式参与当事人纠纷解决，加强诉讼程序与调解、仲裁等替代性纠纷解决方式的衔接，审判权行使的多元化和社会化程度比过去大大加深。单纯以生效裁判文书形式作为判断第三人撤销之诉撤销对象的标准已经具有一定的局限性。相反，法院对于纠纷解决的实际参与程度和生效裁判文书对于第三人民事权益的影响则应更多地被纳入考量范围之内。在微观层面，具体撤销对象的内容则应在细致区分既判力、预决效力等作用范围的基础上，结合第三人撤销之诉的制度功能予以界定。[3]

（四）公益诉讼制度

1. 民事公益诉讼基本理论。不特定多数人的利益属于原始意义上的社会公共利益，传统民事诉讼法学认为，只有此类利益引发的纠纷才能被纳入公益诉讼的客观范围。[4]首先，公益在"受众"上是有层次性的，国家利益、社会利益、集体利益和不特定多数人的私人利益之间有着明显的层次差别：国家利益的"受益方"是以政权为代表的国家；社会利益的"受益方"是社会上的多数人；集体利益的"受益方"是集体的大多数。其次，公益是相互交织的，所谓相互交织，是指公益在内容上往往是不可分的。公共利益不可能只及某一部分人而不及其余，公共利益只要能分配至集体中的某个个体，它必然也能惠及其他个体或被其余个体所同时共享。以

〔1〕 任重："回归法的立场：第三人撤销之诉的体系思考"，载《中外法学》2016年第1期。
〔2〕 韩波："分置、合并与转向：程序关系之维的案外人异议之诉"，载《法学论坛》2016年第4期。
〔3〕 刘君博："第三人撤销之诉撤销对象研究——以《〈民事诉讼法〉解释》第296、297条为中心"，载《北方法学》2016年第3期。
〔4〕 张卫平："民事诉讼检察监督实施策略研究"，载《政法论坛》2015年第1期。

私益诉讼（主观诉讼）为适用对象的传统诉讼制度无法为其提供必要的司法救济。因此，与实体法学者将弱势群体的私人利益上升为公共利益不同，尽管承认有必要在举证责任分配等方面向弱势群体适当倾斜，但程序法学者向来将公益诉讼制度的保护范围限定为不特定多数人权益。[1]

2. 环境公益诉讼。有学者认为，但凡因环境污染、生态破坏行为遭受损害的利益均可能成为环境诉讼的确认和保护对象。根据利益归属主体的不同，因环境污染或生态破坏遭受损害的利益可以区分为个人利益、多数人利益、国家利益三种类型。其中，多数人利益又存在特定多数人利益和不特定多数人利益之分，而国家利益是基于公共利益信托而由国家代表不特定多数人持有的重要利益。特定多数人利益表现为群体利益，与个人利益同属于私人利益，为保护此两类利益而提起的环境诉讼属于环境私益诉讼，前者适用个别诉讼或者共同诉讼制度，后者则适用群体诉讼制度。[2] 环境公益诉讼之中涉及的利益，或称环境公益诉讼利益机制的主要内容，包括原告利益、被告利益和环境公共利益三类。

关于环境公益诉讼的原告资格，结合《民事诉讼法》《环境保护法》以及部分省市的暂行办法的相关规定，司法实践中可以提起环境民事公益诉讼的原告主体可归纳为：检察机关、环保部门、环保民间组织以及公民个人。根据传统诉权理论，公民个人作为环境污染事件中直接的受害者是具有合理的诉权的，但我国 2012 年的《民事诉讼法》以及 2014 年的《环境保护法》并没有将公民个人纳入公益诉讼（环境公益诉讼）的原告资格的范畴内。[3] 此外，我国对社会组织作为环境公益诉讼的主体加以限制，降低了其对潜在性环境污染事件的监督效能。[4] 有学者认为，现阶段不将公民个人纳入原告主体内，是基于三个方面的考虑：一是公民个人的诉讼能力不强；二是个人诉讼成本过高；三是可能会导致滥诉现象的产生。因此，就目前我国的整体司法环境来看，该制度的操作性缺乏一定的基础。[5] 有学者认为，将原告利益完全从环境公益诉讼中排除的理论认识削弱了环境公益诉讼的适用基础，导致了一种难以自圆其说的理论误区。[6] 首先，对于一个法律事实，潜在的原告在考虑是否就此提起诉讼时，具有自己的某种利益标准，这种利益标准在传统私益诉讼中通常与私人合法权益密切相关，而在公益诉讼中，这种利益标准表现为除合法环境权益以外的私人利益。其次，就我国来讲，环境公益诉讼的被告，绝大多数是造

---

[1]　肖建国："利益交错中的环境公益诉讼原理"，载《中国人民大学学报》2016 年第 2 期。

[2]　肖建国："利益交错中的环境公益诉讼原理"，载《中国人民大学学报》2016 年第 2 期。

[3]　白彦："环境民事公益诉讼原告主体资格问题研究"，载《浙江社会科学》2016 年第 2 期。

[4]　陆红、宋永杰："环境民事公益诉讼原告资格研究——基于环保组织起诉化工企业案的分析"，载《河海大学学报（哲学社会科学版）》2016 年第 5 期。

[5]　白彦："环境民事公益诉讼原告主体资格问题研究"，载《浙江社会科学》2016 年第 2 期。

[6]　李天相："环境公益诉讼原告利益的维度——以环保民间组织为视角"，载《法学杂志》2016 年第 8 期。

成污染或生态破坏的单位或个人，他们往往在追求经济利益的过程中损害了环境公共利益，诉讼过程即旨在使其以经济利益等形式弥补环境公共利益的损失。最后，人们对环境公共利益的享有，是对生态环境功能不受损害的状态的享有，在环境公益诉讼中，环境生态功能往往处于受损或有受损之虞的状态，环境公共利益是环境公益诉讼所要维护的利益。在环境公益诉讼之中，这些利益之间呈现着彼此竞争或一致的状态。[1]

环境作为公众共用物，检察机关与其有"直接的公共利益关系"。[2] 检察机关能否作为适格原告主体提起环境公益诉讼，一直是环境法学界争议的焦点。检察机关提起公益诉讼制度是中央全面推进依法治国的明确部署和改革要求，也是检察机关提起公益诉讼改革试点方案的落实，还是生态检察工作的新思路、新方法。[3] 有学者认为，随着社会的不断进步，个人本位的权利观念逐渐会向社会本位发展，检察机关的职能不能仅仅限于刑事诉讼及民事抗诉领域，而应当外延至代表公共利益并参加环境公益诉讼才更符合司法改革的趋势。根据民事诉讼法的"直接利害关系"理论，只有直接遭受违法行为侵害的公民、法人及其他组织才能提起诉讼，在一定程度上防止当事人滥用诉权，从而达到节约司法资源的目的。但是该理论只关注了私权救济，而忽略了环境公共利益的存在。由此，扩大适用直接利害关系理论，维护环境公共利益是司法发展的必然趋势。检察机关拥有人民赋予的公权力，代表着公共利益，当环境公益受到损害时，直接利害关系的一方便应有权进行诉讼追责。由此，检察机关的监督职能符合了环境公益诉讼主体的资格要求。[4] 就检察机关能否作为适格原告提起环境公益诉讼这一问题，有学者认为，检察机关特殊的法律地位和法定职能对环境公益诉讼的双重影响是其原告主体失格问题的症结所在，赋予检察机关提起环境公益诉讼的诉讼主体资格，一方面，确实可充分发挥检察机关的检察权优势，对生态破坏及环境污染行为予以预防性及修复性干预，有利于保障环境法律秩序，实现环境正义；另一方面，也仍然存在着诉权原告主体不适格的理论争议。环境公益诉权是"权利本位"的直接体现，是实体性权利和程序性权利的综合体。故而"享有环境权益"的社会公众才是正当有效的环境公益诉权主体。[5] 有

---

[1] 李天相："环境公益诉讼原告利益的维度——以环保民间组织为视角"，载《法学杂志》2016 年第 8 期。

[2] 蔡守秋、张文松："检察机关在突破环境民事公益诉讼难局中的法律困境与规则建构——基于公益诉讼改革试点方案的思考"，载《中国地质大学学报（社会科学版）》2016 年第 3 期。

[3] 潘乾、黎治潭："检察机关提起生态行政公益诉讼制度相关法律问题研究"，载《广西社会科学》2016 年第 12 期。

[4] 陆红、宋永杰："环境民事公益诉讼原告资格研究——基于环保组织起诉化工企业案的分析"，载《河海大学学报（哲学社会科学版）》2016 年第 5 期。

[5] 柯坚、吴隽雅："检察机关环境公益诉讼原告资格探析——以诉权分析为视角"，载《吉首大学学报（社会科学版）》2016 年第 6 期。

学者认为，无论从公共利益保护的现实必要性，还是检察机关的职能角色定位来看，由检察机关提起公益诉讼都具有妥当性。但检察机关提起公益诉讼的范围也不是越大越好，而是应当坚持谦抑原则，"有所为，有所不为"才更有利于检察机关提起公益诉讼的实效。[1]

合理规定何方当事人承担举证责任，直接关系到程序正义价值在诉讼程序中的具体实现。民事公益诉讼的程序特质——最主要的是民事诉讼中当事人方面的弱势地位去抗衡优势地位，决定了对传统"谁主张谁举证"这一规则的阻断与突破。有学者认为，对举证责任分配规则公平的追求，恰恰是对现实"特权"的削减，制约现实的不公平来尽可能地达成实质公平，以此保障民事公益的实现。在公益诉讼中，对关键证据的掌握常常在被告方当事人手中，只有由距离证据材料最近的一方当事人来承担具体举证责任，才能够依据理性去高效维护民事公益。[2]

环境公益诉讼的运行现状：自 2015 年修订的《环境保护法》实施以来，提起诉讼的案件类型体现了人民群众普遍关注的环境问题。提起环境公益诉讼的社会组织相对集中，2015 年提起环境公益诉讼的社会组织共 10 家，其中，中国生物多样性保护与绿色发展基金会、中华环境保护基金会、北京市朝阳区自然之友环境研究所等规模较大、组织机构相对完善、诉讼能力较强，其起诉的案件占受理案件总数的近 70%，与民政部门统计的符合环境公益诉讼原告主体资格条件 700 余家的社会组织数量形成鲜明对比。原告诉讼请求大多体现了损害担责的诉求。[3] 有学者认为，环境公益诉讼已经法律化为可视的制度存在，然而，其具体实施仍面临着一些问题。例如，可以提示环境公益诉讼的"法律规定的机关"范围尚不明确，环保组织提起公益诉讼的诉讼能力不足，案外人参与公益诉讼的制度缺失，行为保全制度缺少具体规则。[4]

在中外比较研究中，有学者对美国和印度的环境公益诉讼进行了考察和研究。美国在环境公益诉讼中规定了公益律所与法律服务机构、败诉方负担规则、告发人诉讼规则；印度在环境公益诉讼中规定了调查委员会制度、信函管辖制度、执行监督机构制度。[5] 另有学者对印度结合实际情况重构了适合于本国的环境公益诉讼制度进行研究，研究指出，印度最高法院在降低环境污染程度方面发挥着积极作用。当普通公民因政府行为受到较小损失甚至没有任何损失时，印度最高法院仍然能够

---

〔1〕 刘华英："检察机关提起民事公益诉讼的制度设计"，载《当代法学》2016 年第 5 期。

〔2〕 刘海洋："论我国民事公益诉讼之举证责任分配"，载《湖南社会科学》2015 年第 3 期。

〔3〕 孙茜："我国环境公益诉讼制度的司法实践与反思"，载《法律适用》2016 年第 7 期。

〔4〕 刘芳："我国环境公益诉讼的现状分析与完善建议"，载《学习与实践》2016 年第 1 期。

〔5〕 周晗隽、姚贝："环境公益诉讼激励机制比较研究——以美、印两国为参考"，载《环境保护》2016 年第 16 期。

通过扩大原告资格的方式，使公民能够对抗政府行为。[1]

3. 消费公益诉讼。消费公益诉讼对于保护消费者权益、维护消费领域的公共利益有着极为重要的意义。有学者认为，在消费公益诉讼的界定问题上，还存在着诸多误区。在界定消费公益诉讼时，应注意其与私益诉讼的区别及其本身所具有的特征，即消费公益诉讼保护对象的公益性、保护不特定利益主体的权益、受益人的非特定性和胜诉结果的不可分性。[2]

在消费公益诉讼的可诉范围方面，有学者认为，应将产品质量标准问题、产品召回制度、霸王条款问题、消费信息披露、改变某种不合理或不合法的经营行为等纳入消费公益诉讼的可诉范围之内。因为这些问题直接关乎消费者的预期利益能否实现，甚至会影响到消费者的人身财产安全。此外，垄断行为不应当纳入消费者公益诉讼的可诉范围之内。[3]

有学者提出，我国关于消费公益诉讼制度的论述并没有一个定论，一些程序性问题及操作性难题仍未解决，对于我国的消费者来说，虽然有了法律依据，但消费公益诉讼仍然举步维艰。[4] 有学者提出，在实践中，省级消费者协会组织名称不一致，有的称为消费者委员会，有的称为保护消费者权益委员会。但名称不一致不影响该协会属于法律规定的保护消费者合法权益的社会组织性质，亦不影响该协会履行法定公益职能。[5]

中外比较研究中，有学者针对欧盟关于消费者群体性诉讼的救济机制绿皮书和反垄断法损害赔偿诉讼白皮书两个重要文件进行考察；德国的《投资者保护示范诉讼法》突破了德国的团体诉讼范围限于不作为之诉、消费者只得到禁令保护而不能获得金钱赔偿的禁区；印度授权任何公民或社会团体都可以提起公益诉讼，不必证明其与案件有直接的利害关系，并独创了"书信管辖权制度"，法院可以根据任何人或社会组织写来的信行使公益诉讼的管辖权。[6]

（五）公司诉讼

公司诉讼是较为特殊的一类民事诉讼。《中华人民共和国公司法》的诉讼程序在《民事诉讼法》中并无特别规定，针对实践中公司诉讼的需要，最高人民法院于 2016 年 4 月 12 日发布了《最高人民法院关于适用〈中华人民共和国公司法〉若干问题的

〔1〕 孙海涛、赵国栋："印度环境公益诉讼制度评析及启示"，载《河海大学学报（哲学社会科学版）》2016 年第 1 期。

〔2〕 杨仕兵："论消费公益诉讼的界定及其可诉范围"，载《齐鲁学刊》2016 年第 1 期。

〔3〕 杨仕兵："论消费公益诉讼的界定及其可诉范围"，载《齐鲁学刊》2016 年第 1 期。

〔4〕 杨仕兵："论消费公益诉讼的界定及其可诉范围"，载《齐鲁学刊》2016 年第 1 期。

〔5〕 程新文等："我国消费民事公益诉讼制度的新发展——《最高人民法院关于审理消费民事公益诉讼案件适用法律若干问题的解释》的理解与适用"，载《法律适用》2016 年第 7 期。

〔6〕 蒋岩波、洪一军："消费民事公益诉讼的实现路径选择：集团诉讼——基于新制度经济学的视角"，载《江西财经大学学报》2016 年第 6 期。

规定（四）（征求意见稿）》（以下简称"《征求意见稿》"），主要针对《公司法》中有关公司治理及股东权益保护方面的法律适用问题作出了细化规定，并向社会公开征求意见。该《征求意见稿》涉及公司诉讼各个方面的问题，可以说是对实践中各类公司诉讼程序的进一步细化。其涉及《公司法》各类案件在诉讼方面的问题，包括诉讼当事人范围的变化、各方当事人的诉讼地位、诉讼中的调解以及各类司法实务下的公司诉讼问题，可以说是在民事诉讼程序上作出了比以往更大的改进。具体来说，它分别规定了"股东会或者股东大会、董事会的决议效力"诉讼、"股东知情权"诉讼、"利润分配请求权"诉讼、"优先购买权"诉讼和"直接诉讼与股东派生诉讼"这五个方面的诉讼问题。但对于一些具体制度设计，学者们褒贬不一，因此，这次《征求意见稿》的出台，也是学者们、司法实务界所讨论的亮点。

　　股东代表诉讼较之前的修改颇多，也是学者们讨论的焦点。首先，本次修改发生了以下变化：①扩大了直接诉讼和股东代表诉讼的适用范围[1]该条规定对直接诉讼和股东代表诉讼的适用范围作了扩大解释，不仅适用于公司本身的董监高，而且适用于公司全资子公司的董监高。这样，母公司的股东可以直接监督其全资子公司的董监高执行公司职务的行为，并且可以突破全资子公司的独立法人人格，通过直接诉讼或者股东代表诉讼的方式维护股东权益。这可以说是双重代表诉讼的有限引入。因此，学者们围绕双重代表诉讼[2]，尤其是双重代表诉讼的原告适格问题进行了较多的讨论[3]②明确了直接诉讼和股东代表诉讼中公司的诉讼地位[4]在直接诉讼中，应当将公司列为原告，由监事会负责人、监事或者董事长、执行董事担任诉讼代表人。在股东代表诉讼中，应当将股东列为原告，同时通知公司作为第三人参加诉讼，在这一点上，学者们持相同观点的居多，但对于第三人应辅助原告还是辅助被告的问题，学者们意见不同[5]③《征求意见稿》明确了股东代表诉讼案

---

[1]　《征求意见稿》第31条规定，《公司法》第151条第1款、第2款所称的"董事、高级管理人员""监事会""监事"包括全资子公司的董事、高级管理人员、监事会、监事。

[2]　樊纪伟："我国双重代表诉讼制度架构研究"，载《华东政法大学学报》2016年第4期。

[3]　钱瑾："论双重股东代表诉讼的原告适格要件——兼评《公司法司法解释四（公开征求意见稿）》第31条"，载《广东开放大学学报》2016年第5期。

[4]　《征求意见稿》第30条规定："监事会、监事或者董事会、执行董事依据《公司法》第151条第1款起诉的，应当列公司为原告，由监事会负责人、监事或者董事长、执行董事担任诉讼代表人。人民法院受理股东依据《公司法》第151条第2款、第3款的规定提起诉讼的案件后，应当通知公司作为第三人参加诉讼。"

[5]　文新："股东代表诉讼中公司诉讼主体地位辨析——围绕《最高人民法院关于适用〈中华人民共和国公司法〉若干问题（四）》（征求意见稿）相关规定展开"，载《政治与法律》2015年第6期。

件的调解规则[1],有学者指出,该规则需要针对上市公司和非上市公司作出不同的细化规定。[2]

关于确认公司股东会或者股东大会、董事会决议效力案件的原告问题[3],学者持有不同意见。有学者对原告范围表示认可。[4] 而有学者则认为,《征求意见稿》规定原告范围包括公司职工,比较不妥。高管本身是公司法的调整对象,而且高管职务的任免、股权激励方案的实施均与高管的合法权益有关,因此,高管应当作为本诉的诉讼主体。但是,一般员工则不宜作为诉讼原告。首先,职工并不属于《公司法》的调整对象,职工的权利如果受到侵害,可以通过劳动法、劳动合同法等法律法规维权,不必通过确认公司决议效力来维权。其次,公司的股东会(股东大会)、董事会决议并不属于一般员工的知晓范围,即使赋予其该权利,能否在决议作出 60 日内知晓并提起诉讼是个现实问题。最后,诉讼主体范围的无限制扩大,势必造成滥诉,导致公司决议无法按照正常预期作出,严重影响公司的正常经营。立法及司法均应注意原告权利的维护与公司利益之间的平衡。

至于债权人的原告资格问题,学者也提出了不同意见。有学者认为,债权人可以依据《公司法》其他条款或通过其他诉讼案由来维护其合法权益,而不应该通过否决公司决议的方式。可以预见的一种情形是,债权人即使与公司仅仅是商业上的合同纠纷,也会通过提起公司效力之诉迫使公司妥协,对公司的杀伤力巨大,显然违背公平正义原则,故债权人不应列为确认之诉的原告。

关于利润分配请求权诉讼,《征求意见稿》对于利润分配请求权诉讼的程序、效力等方面进行了具体规定:①明确规定了利润分配请求权诉讼中,公司为被告,而对于其他股东而言,同意原告诉讼请求的,可以以共同原告的身份参加到诉讼中;不同意原告诉讼请求的,可以以第三人的身份参加诉讼。[5] 对此,学者持赞成意见。利润分配请求权诉讼中,原告与其他股东之间不是必要的共同诉讼当事人,但是案

---

[1] 《征求意见稿》第 34 条规定:"人民法院审理股东依据《公司法》第 151 条第 2 款、第 3 款规定提起诉讼的案件,当事人达成调解协议的,应提交股东会或者股东大会通过调解协议的决议。有限责任公司未提交股东会决议的,全体股东应当在调解协议书上签名、盖章或者向人民法院出具同意调解协议的书面意见。"

[2] 王长华、张思宇:"论股东派生诉讼调解的公司法规制",载《河南财经政法大学学报》2016 年第 3 期。

[3] 《征求意见稿》规定,公司股东、董事、监事及与股东会或者股东大会、董事会决议内容有直接利害关系的公司高级管理人员、职工、债权人等,依据《公司法》第 22 条第 1 款起诉请求确认决议无效或者有效的,应当依法受理。

[4] 甘培忠、赵文冰:"对公司决议效力的一些思考——析《最高人民法院关于适用〈中华人民共和国公司法〉若干问题的规定(四)》〈征求意见稿〉中的相关规定",载《法律适用》2016 年第 8 期。

[5] 《征求意见稿》第 19 条规定,股东请求公司分配利润纠纷案件,应当列公司为被告。其他股东在一审法庭辩论结束前以相同的诉讼请求申请参加诉讼的,应当列为共同原告;不同意分配利润的股东,可以列为第三人。

件结果会对其他股东产生影响，如果其他股东与原告持有相同意见，同时也参加到诉讼中对公司提起了相同的诉讼请求，由于两者的诉讼标的均对应公司的应分配利润，其他股东的诉讼地位应属于共同原告。同时，对于不同意原告诉讼请求的股东，案件的处理结果同样也会对其产生影响，其诉讼地位应属于无独立请求权第三人。② 《征求意见稿》明确了利润分配请求权诉讼的判决效力，即判决的效力及于公司的所有股东。[1] 一方面，如果判决支持了股东的诉讼请求，则未参加诉讼的股东也有权向法院申请强制执行；另一方面，如果判决驳回了股东的诉讼请求，则未参加诉讼的股东也不能再依据同一事实和理由向法院提起相同的诉讼请求。在利润分配请求诉讼中，全体股东均享有利润分配的权利，如果判决的效力不及于除原告之外的其他股东，无论判决结果是否支持原告，其他股东都有可能另行对公司提起相同的诉讼。如此将导致司法资源的浪费，并且有可能造成法院对同一争议的不同判决，产生对当事人不公平的问题。对此，学者们比较赞成《征求意见稿》对利润分配请求权诉讼的判决效力及于全体股东的规定。

但对于没有参与诉讼的其他股东，如果最终判决不利于原告，而该判决的效力及于他们，则有可能导致其权利受到损害。因此，有学者建议其他未参加诉讼的股东如果有证据证明判决存在错误，损害其民事权益的，可以按照《民事诉讼法》第56条第3款的规定，提起撤销之诉。

总体而言，本次《征求意见稿》中对于公司诉讼的相关规定，在遵守公司自治原则的基础上，为避免大股东利用其优势地位损害小股东利益，增加了保护小股东利益的内容。当然，从目前来看，《征求意见稿》中的规定较为简单，有些具体问题没有在本次《征求意见稿》中进行规定。由于目前缺乏现实的司法实践经验，这些问题有可能需要在此后对司法解释的适用过程中得到进一步的细化和明确，可以预见，这也是未来民诉法学者们需要研究的方向之一。

（六）当事人制度

1. 民事公益诉讼中当事人适格问题。有学者提出，保护不特定多数人利益的环境诉讼中的当事人适格问题与预防和修复环境或生态损害的环境诉讼中的当事人适格具有同质性，均因缺乏直接利害关系人或者有效的法定利益代表人而有必要通过实体赋权或者程序赋权的方式寻求最佳形式当事人。[2] 自2015年《检察机关提起公益诉讼改革试点方案》发布后，检察机关能否作为公益诉讼，尤其是环境公益诉讼的原告，一直为学界所探讨。一方面，检察机关作为法律监督机关，在物质条件及

---

[1] 《征求意见稿》第20条规定，（利润分配请求权诉讼的）判决对未参加诉讼的有利润分配请求权的股东发生法律效力。《征求意见稿》第21条规定，人民法院审理股东请求公司分配利润案件，驳回股东诉讼请求后，未参加诉讼的股东以相同的诉讼请求、事实和理由另行起诉的，应当不予受理。人民法院作出公司分配利润的判决后，未参加诉讼的有利润分配请求权的股东，可以据此申请强制执行。

[2] 肖建国："利益交错中的环境公益诉讼原理"，载《中国人民大学学报》2016年第2期。

法律能力上具备一定的优势，而学界之所以对检察机关作为公益诉讼原告有着颇多担忧，主要在于其"多重身份"对传统诉讼结构的破坏。有人认为，是否赋予原告主体资格不能仅以可预期的法律后果为导向，诉权有无正当来源才是判断主体是否适格的标准。检察官作为环境公益诉讼的诉讼主体资格并非依据通常意义的诉权，赋予检察机关原告主体资格与传统诉权理论不符。鉴于环境诉权是依附于环境权益的程序性权利，只有享有环境权益的社会公众才是适格的环境公益诉权主体。[1] 更多学者则认为，检察机关作为维护公共利益的适格代表，其提起公益诉讼具有正当性。[2] 但如果程序上强行规定检察机关作为程序当事人提起环境民事公益诉讼，不但会造成实体法与程序法的冲突，而且会给检察机关在环境民事公益诉讼中程序当事人的正当性带来难题。[3] 对此，学者们也提出了相应的对策，即对检察机关提起民事公益诉讼进行一定的限制。有人提出，在环境民事公益诉讼原告的起诉顺序上，公民个人作为环境案件中最为直接的利害关系人，理当作为第一序列的原告，但由于目前我国的司法环境并不具备公民个人提起环境民事公益诉讼的条件，因此，应当由环保社团根据公民的授权，作为第一序列的原告主体。环境保护行政机关因其法定职能与专业性，应作为第二序列的原告主体。检察机关则作为最后的原告主体序列。[4] 还有人提出，在考量检察机关为环境民事公益诉讼的法定诉讼担当人时，其前提必须是无法确定与环境公益相关且有能力保护环境公益的其他适格主体作为诉讼当事人。[5]

2. 第三人撤销之诉原告适格问题。为遏制虚假诉讼、恶意诉讼和冒名诉讼等行为，2012年《民事诉讼法》新增了第三人撤销之诉制度。有学者提出，造成第三人撤销之诉主体条件界定困境的最根本原因是第三人制度特别是无独立请求权第三人的范围和类型尚未明晰，起诉条件中"原告适格"尤其容易引起混乱。[6] 我国台湾地区对第三人撤销诉讼原告的构成要件大体形成了较为一致的意见，即要看该第三人与确定判决是否有法律上的利害关系、是否有参与该诉讼之机会、是否有其他法定救济程序。在此基础上，有学者提出，首先，在我国第三人制度尚不包括诈害防止类型的前提下，有必要以诈害防止目的去解释第三人撤销之诉的原告范围。其次，可以采取逆推逻辑，即站在事后救济程序的角度，判断该案外人是否会受判决效力

---

〔1〕 柯坚、吴隽雅："检察机关环境公益诉讼原告资格探析——以诉权分析为视角"，载《吉首大学学报（社会科学版）》2016年第6期。

〔2〕 白彦："检察机关提起公益诉讼的现实困境与对策研究"，载《法学杂志》2016年第3期。

〔3〕 蔡守秋、张文松："检察机关在突破环境民事公益诉讼难局中的法律困境与规则建构——基于公益诉讼改革试点方案的思考"，载《中国地质大学学报（社会科学版）》2016年第3期。

〔4〕 白彦："环境民事公益诉讼原告主体资格问题研究"，载《浙江社会科学》2016年第2期。

〔5〕 蔡守秋、张文松："检察机关在突破环境民事公益诉讼难局中的法律困境与规则建构——基于公益诉讼改革试点方案的思考"，载《中国地质大学学报（社会科学版）》2016年第3期。

〔6〕 任重："回归法的立场：第三人撤销之诉的体系思考"，载《中外法学》2016年第1期。

所及而有成为有独立请求权第三人或无独立请求权第三人的可能，进而判断其是否具有提起第三人撤销之诉的"诉的利益"，从而确认其是否可成为第三人撤销之诉的适格原告。该学者还对第三人撤销之诉的适格原告进行了类型化分析：①法定诉讼担当情形下，被担当人与案件的处理结果具有法律上的利害关系，因此可以成为无独立请求权第三人参与诉讼。②类似必要共同诉讼情形下，参考我国台湾地区类似必要共同诉讼人未以当事人的身份起诉或应诉，可以选择以独立性辅助参加人的身份提起第三人撤销诉讼。③诉讼承担情形下，《民诉法解释》第249条明确规定，受让人可以成为无独立请求权第三人。但根据实体法，因诉讼系属中标的物移转而发生的诉讼承担，当受让人善意取得标的物，又非因可归责于己的事由未参与诉讼而遭受不利益时，可根据善意取得抗辩维护固有利益，就第三人撤销之诉而言，视为不再具有诉的利益，不能成为第三人撤销之诉的适格原告。因继承、法人或非法人团体合并、分立等情形发生的诉讼承担，因承担人既是实质当事人也是形式当事人，也不能成为第三人撤销之诉的适格原告。关于无独立请求权第三人，该学者提出，被告型第三人不是适格的第三人撤销诉讼原告。此类型第三人与当事人之间的法律关系已经成为审理对象，原则上有机会提出有利于己的攻击防御方法，即便因事前程序保障欠缺而承担不利益，该类型第三人仍可以"违法缺席判决"为由申请再审。此外，该学者还提出，对于"法律上利害关系"，我国台湾地区的研究可以为大陆所参考。[1] 也有学者认为，"法律上的利害关系"包括以下三种情形：①案外人有被追偿的风险；②前诉与后诉存在先决关系；③案外人受他人判决既判力的拘束。[2]

3. 关于共同诉讼。我国必要共同诉讼的唯一识别标准便是诉讼标的同一或共同，此标准滥觞于德日民事诉讼法关于必要共同诉讼的理论，即必要共同诉讼的范围原则上以诉讼标的之权利关系在实体法上的管理处分权为基准。诉讼法与实体法从体系上分离后，必要共同诉讼的识别标准转向诉讼法，即以判决是否需要合一确定为标准，既需要共同诉讼又需要作出合一确定判决的固有必要共同诉讼，以及毋庸共同诉讼只需作出合一确定判决的类似必要共同诉讼。在固有必要共同诉讼中，有共同诉讼的必要便有合一确定的必要；在类似必要共同诉讼中，非因共同诉讼的必要而产生合一确定的必要，乃出于避免矛盾判决与诉讼经济的考量。这两种必要共同诉讼共享同一个识别标准，即合一确定判决的必要性。学理上，必须区分多数人共同追诉之必要与裁判效力对于多数人合一确定之必要。我国现行共同诉讼体系宜采三分法，以区别固有必要共同诉讼与类似必要共同诉讼。当具备适当理由时，可将必要共同诉讼作为类似必要共同诉讼对待，降低当事人适格的门槛。若坚持现行共同诉讼体系的二分法，则必须以判决合一确定作为必要共同诉讼的识别标准，才能

---

〔1〕　张兴美："第三人撤销之诉原告适格问题研究"，载《法学杂志》2016年第6期。

〔2〕　刘东："论无独立请求权第三人的识别与确定——以'有法律上的利害关系'的类型化分析为中心"，载《当代法学》2016年第2期。

有效解释只有合一确定必要性而无共同诉讼必要性的必要共同诉讼。[1]

4. 诉讼实施权配置。在实质当事人与形式当事人分离的情形下，诉讼实施权配置不再遵循实体法上的民事权益配置原理。[2] 各国民事诉讼当事人适格理论一般采二元模式，即直接利害关系人基于固有诉讼实施权成为适格当事人以及第三人被赋予法定或意定诉讼实施权而成为适格当事人。有学者提出，实体权利义务归属主体未必都与诉讼结果之间存在直接利害关系，而与诉讼结果不存在直接利害关系的形式当事人也未必不能表现为实体权利义务归属主体。基于此，诉讼实施权配置的二元模式已不能涵盖所有类型的诉讼实施权配置。直接利害关系人享有诉讼实施权的正当性基础不证自明，诉讼实施权非常态配置的基本模式主要是创设新型实体请求权、意定诉讼信托、法定诉讼担当、意定诉讼担当，对于公益性诉讼实施权的配置，应当优先采取创设新型实体请求权的立法模式，意定诉讼担当优先于意定诉讼信托，意定诉讼担当优先于法定诉讼担当。即这四种赋权途径的适用顺位应为创设新型实体请求权——意定诉讼担当——意定诉讼信托——法定诉讼担当。[3]

（七）电子证据与电子诉讼

1. 电子证据。对于电子证据的研究，相对于之前对电子证据定义的探究来说，学者们更多地开始从证据的性质着手，研究电子证据与传统证据的异同。

有学者认为，对电子证据采用广义的界定方法较为妥当，即电子证据是指以电子技术为依托、以电子形式存在并借助一定的介质或设备所展示出来的能用作证据使用的一切材料及其派生物。电子证据除具备传统的证据"三性"外，还具备"新三性"，即高科技性、复合性、脆弱性。学者认为，应赋予电子证据独立的证据地位，不能一味固守传统的证据规则对电子证据加以考量，否则势必将导致相当数量的电子证据被排除在案件事实证明之外，削弱了电子证据应有的功能，影响其在信息社会中的作用。[4] 针对关联性，有学者认为，电子证据具有双关联性，既要考察其信息或内容的关联性，也要考察载体或形式的关联性。也就是说，电子证据的关联性体现为鲜明的双联性。[5] 对于证据真实性，有学者认为，我国电子数据证据真实性认定辅助规则的构建，需明确经公证的以及经专业人员证言证明的电子数据的证明力强于一般电子数据，且有必要对电子数据与现实空间的关联性、电子数据技术的可靠性加以辅助证明。[6]

还有部分学者从电子证据实践着手，结合我国司法现状，研究电子证据问题。

---

[1] 段文波："德日必要共同诉讼'合一确定'概念的嬗变与启示"，载《现代法学》2016 年第 2 期。

[2] 黄忠顺："诉讼实施权配置的基本范畴研究"，载《政法论坛》2016 年第 3 期。

[3] 黄忠顺："诉讼实施权配置的模式构建"，载《比较法研究》2016 年第 4 期。

[4] 樊崇义、李思远："论电子证据时代的到来"，载《苏州大学学报（哲学社会科学版）》2016 年第 2 期。

[5] 刘品新："电子证据的关联性"，载《法学研究》2016 年第 6 期。

[6] 张宇："论电子数据证据的真实性认定"，载《中国社会科学院研究生院学报》2016 年第 3 期。

有学者通过对电子证据司法运用的调研得出如下结论：一是电子证据的攻防效果堪忧。在中国的司法环境中，电子证据的司法运用尚未形成成熟的机制。诉讼双方对电子证据如何使用普遍缺乏经验，法庭上的许多交锋都带有明显的形式主义色彩，审判人员也缺少审查认定电子证据的成熟经验。二是电子证据的质证认证重心应当调整，即由侧重于真实性的质证认证转向同等重视关联性的质证认证。我国要推动电子证据运用机制的建立，关联性是一个值得重视且更为有效的切入点。[1] 还有学者认为，应当为此建构相应的电子数据证据庭前准备的基本程序与规则体系。对许多案件而言，凡遇有电子数据作为证据提交，将促使传统架构下诉讼程序的技术性设计与构思的改变，充分而完整的庭前准备程序将变得不可避免，这将导致我国目前正式庭审程序不得不在结构上发生前移的倾向，否则，正式庭审的开展将变得无法预测，危及诉讼程序的安定性。[2]

2. 电子诉讼。网络技术的迅猛发展全方位地影响着社会生活，其中，对司法过程的突出影响之一就是电子诉讼的出现和发展。不少国家或地区已有相对成熟的电子诉讼实践以及不同形式的"立法"。我国电子诉讼目前主要是实践先行，既缺乏立法支撑，也缺乏理论研究。2016 年，我国有几位学者已开始涉足电子诉讼的相关研究，他们的主要观点如下：

有学者从电子诉讼的合法性难题着手，证成电子诉讼立法的必要性。其认为，通过观察我国电子诉讼实践的现状并结合相关立法理论发现，电子诉讼实践的调整对象业已存在、客观存在的实践难题对立法的需求以及存在立法上的可规制性，已经坚实地构筑起我国电子诉讼立法的必要性基础。在此基础上，如何进行电子诉讼立法是一项复杂、庞大的立法工作，需要被我们认真对待。[3]

也有学者从电子法院的建构上进行探讨，其认为，互联网正在塑造着新型法院与诉讼制度，审判也正在被重新定义。以法院信息化建设为外在形式的内部电子法院构建，是外部电子法院的准备阶段，后者以诉讼公共服务为目标，以当事人为中心。电子诉讼的功能不仅在于提高诉讼效率，更在于整合法院审判资源，通过电子法律交往促进当事人与法院间形成协同型诉讼文化。电子法院与电子诉讼的制度构建，要在策略上考虑诉讼原则即诉讼结构的许可限度，以及不同诉讼主体的责任，不同诉讼阶段与诉讼权利的适应性。[4]

还有学者运用比较法分析，探究适合我国国情的电子诉讼立法模式。其认为，随着通信技术的发展，将现代信息通讯技术应用于民事诉讼的电子诉讼已经成为势不可挡的世界潮流，世界上绝大多数国家和地区都已经进行并将继续进行各种不同

〔1〕 刘品新："电子证据的关联性"，载《法学研究》2016 年第 6 期。

〔2〕 毕玉谦："论民事诉讼中电子数据证据庭前准备的基本建构"，载《法律适用》2016 年第 2 期。

〔3〕 侯学宾："我国电子诉讼的实践发展与立法应对"，载《当代法学》2016 年第 5 期。

〔4〕 王福华："电子法院：由内部到外部的构建"，载《当代法学》2016 年第 5 期。

形式的电子诉讼。电子诉讼的推行，对传统民事诉讼的基本原则、程序运行甚至诉讼场所都会产生一定的影响。电子诉讼的推行需要立法予以认可和规范，我国应该通过修改《民事诉讼法》的方式，对当事人及其诉讼代理人的电子诉讼行为、电子送达、庭审的电子化、证人与鉴定人通过视频等方式作证、案卷的电子化等电子诉讼内容进行全面规范。[1] 此外，周翠教授通过研究德国司法电子应用方式改革，分析了我国未来民事司法的发展方向。其认为，电子司法并未给诉讼带来根本性的革命。民事诉讼仍应遵循处分与辩论原则，并保障公开、言词与直接原则的实现，以及确保法院能够进行自由心证。这也意味着，即便我国未来在民事司法中大幅度运用电子信息与存储技术，民事诉讼仍然应当奉行传统的原则，立法者总是应当在诉讼经济与程序正义、程序加快与审理彻底、言词与书面之间寻找平衡。德国的规范与争鸣都为我国提供了对照经验或参照蓝本。[2]

（八）诉讼程序制度

1. 立案制度。立案登记制度实施 1 年有余，从实践效果来看，"立案难"问题确实得到有效缓解，一些民众诉求无门的呼声也逐渐消失。但是，在法官员额制度逐步推行、法院人才流失严重的情况下，立案大门的敞开无疑给法院工作带来了更多的难题。人案矛盾进一步激化、滥用诉权现象增多、司法实践不统一、群众认识存在偏差等问题进一步凸显，要真正在我国法律制度中发挥立案登记制度的积极作用，还需要理论和制度设计的进一步完善。

在法院司法角色转换方面，有学者认为，以立案登记制取代立案审查制，首先体现为法院在立案程序上已从职权模式转向诉权保障模式，更深层意义在于法院的司法角色或者说职能应该有一个很大的变化。但是，通过立案审查制采取选择性司法的三大因素仍然存在，在我国社会仍将处于较长时期的社会转型这一大背景下，平衡好立案登记制"有诉必理、有案必立"与"受理依法应该受理的案件"之间的关系，必须处理好几个方面的问题：①把握好立案过程中登记与审查的关系；②确立司法有限的理念，明确受案范围；③倡导纠纷多元化解，尽快建立诉前强制调解程序；④规制与防范不当行使诉权（特别是滥诉）行为。[3]

在法院工作机制调整方面，有学者指出，实行登记立案应建立在尊重诉讼程序自身规律的基础上，法院立案方式的改变，决定了其工作机制必然作出相应的调整。为解决当下"案多人少"的难题，应明确登记立案的基本条件，并为当事人提供便于掌握的诉讼文书格式，将登记立案落到实处；同时，法院应在案件判决前确认原告的起诉是否具备实体判决要件，以便法院为该案作出合法的实体判决。对于实体

---

〔1〕 刘敏："电子诉讼潮流与我国民事诉讼法的应对"，载《当代法学》2016 年第 5 期。

〔2〕 周翠："德国司法的电子应用方式改革"，载《环球法律评论》2016 年第 1 期。

〔3〕 陆永棣："从立案审查到立案登记：法院在社会转型中的司法角色"，载《中国法学》2016 年第 2 期。

判决要件欠缺的起诉，则应当驳回起诉，结束诉讼程序。[1] 还有学者建议，在强调立案审查的必要性的同时，法院应正确区分起诉要件、诉讼要件与权利保护要件的不同指向与功能，正确认识案由制度的功能与不足，充分释明以补正当事人诉讼能力的不足，正确区分对实体法上事实的证明标准与对诉讼上事实的疏明标准，正确认识"一事不再理"的范围与效果。[2]

在司法理念层面，有学者指出，我国民事立案登记制度的改革，不仅需要关注制度构建，更应重视司法理念的革新，强调并贯彻诉权保障的司法理念。为防止诉权理论的泛化和空洞，有必要从宪法层面、民事诉讼法抽象层面和具体实施层面进行逐层推进，实现诉权保障与具体诉讼程序和制度的联系，使其成为实实在在保护普通民众合法权益的权利依托。围绕这一诉权保障体系，针对立案登记制度的实施现状及存在的问题，应从诉权立法、起诉制度构建、起诉状的规范以及配套制度的设置四个方面予以完善。[3]

在立案登记制对先行调解的影响方面，有学者认为，先行调解在性质上为立案之后的调解，在功能上发挥着过滤纠纷、缓解讼压、避免司法资源浪费的作用。基于此，应当改革诉讼实务中先行调解的运行模式，承认委托调解模式的正当性，构建新型"立案调解"模式。在先行调解主体的选择上，应充分利用大调解格局下形成的多种调解资源，并考虑与当下法官员额制改革相结合。同时，有必要通过修改相应的立法表述，采取"正面原则规定＋反面明确排除"的形式，合理确定先行调解的适用范围。[4]

在我国民事诉讼程序事项二阶化审理构造方面，有学者指出，立案登记制改革从形式内容和程序细节等方面进行了尽可能的技术优化，但未改变我国民事立案的基本秩序。以诉讼要件理论为指导，参照大陆法系国家和地区进行二阶化改造，在现阶段仍存一定障碍。受大陆法系国家和地区各诉讼要件审查顺序理论的启发，以职权、公益、抽象、简单为标准，将法院主管等少数诉讼要件保留在起诉受理阶段，将当事人适格等其他诉讼要件从起诉条件中剥离，并设置不同的裁判制度予以程序保障，渐进式推进立案登记制中国化改革。[5]

2. 调解制度。首先，就司法调解而言，中国的调解制度一直被誉为"神秘的东方经验"，其在我国的司法实践中发挥着无可取代的作用。但也有学者看到其中司法调解的实践运行也存在着调解过度使用、当事人合意的异化和权力技术的滥用等不

---

〔1〕 钮杨、冀宗儒："立案登记制下我国民事诉讼制度的再探讨"，载《法律适用》2016 年第 4 期。

〔2〕 黄海涛："民事立案条件审查的实体化现象分析——以 100 件裁定驳回起诉案件为样本"，载《民事程序法研究》2016 年第 1 期。

〔3〕 蔡虹、李棠洁："民事立案登记制度的法理省思"，载《法学论坛》2016 年第 4 期。

〔4〕 王阁："立案登记制对'先行调解'的重要影响分析"，载《理论探索》2016 年第 3 期。

〔5〕 唐力、高翔："我国民事诉讼程序事项二阶化审理构造论——兼论民事立案登记制的中国化改革"，载《法律科学（西北政法大学学报）》2016 年第 5 期。

规范问题。[1] 在司法调解中，调解自愿备受质疑，调解程序中不平衡的权力结构和不平等的威胁潜力是其根本原因。[2] 因此，为了提升司法调解的规范化水平，需要重申调解自愿原则，同时实行适当的调审分离，加强对调解过程的监督与制约，规范法官释明权的行使。[3] 在如今司法改革的大浪潮中，针对建立调审分离的意见和建议，有学者认为，将调解工作主要交由法官助理负责，给予法官助理一个独立的工作"领地"，可以让其感受到存在的价值，从而对该项工作产生内心归属感。[4] 同时，调审分离的外部结构优化、调解中双方当事人规则和资源的内部结构调整不仅可以切断法官强制调解的利益冲动，而且可以建构债权人的资源优势地位，从而实现"应防止因为不平衡的权力结构和不平等的威胁潜力而使谈判结果偏向一方的危险"。[5]

其次，就人民调解而言，人民调解工作在近年来的新形势下难度正在逐渐加大，这种现象一方面是由于社会生活中的矛盾与纠纷愈渐复杂，另一方面也对人民调解员的自身素质和能力提出了更高的要求。正如有学者看到的，以诉讼外调解为例，近十年来，我国一直致力于推进调解员队伍的专业化，已经产生一些较好的范本，但在专业化标准的确定上仍缺乏共识，在实践中还没有普遍展开。[6] 因此，我们应该积极创新人民调解工作制度，提升人民调解员的专业水平，并进一步推动完善构筑"大调解"机制的建立。

3. 小额诉讼制度。从总体上讲，小额诉讼制度近几年在我国的发展并未达到其被设立时的制度预期，3 位基层法院青年法官的一项调研更是直接向我们展示了这一问题，从 2013 年至 2015 年 5 月 31 日，北京市各法院小额诉讼程序的年平均适用率仅为 12.5%。[7] 而在其他学者的另一篇关于湖南省岳阳市 6 个基层法院的调研中，5 个法院在 2014 年小额诉讼的适用率不足 1%。[8] 小额诉讼遭到如此冷落的境遇，有学者开始呼吁通过"建立独立的小额诉讼程序、放宽适用小额诉讼程序的数额限制、设置有限的小额诉讼二审程序"[9] 等措施来改变这一现状。也有学者认为，我国的小额诉讼应采取"案件性质 + 诉讼标的额 + 诉讼案件类型"的模式，结合实践

〔1〕 李炳烁："论司法调解规范化的实践问题与路径选择"，载《法学杂志》2016 年第 12 期。

〔2〕 喻怀峰："调解自愿如何可能？——基于结构理论视角的分析"，载《河北法学》2016 年第 5 期。

〔3〕 李炳烁："论司法调解规范化的实践问题与路径选择"，载《法学杂志》2016 年第 12 期。

〔4〕 陈召坤："法官助理的独立价值解析"，载《山东审判（山东法官培训学院学报）》2016 年第 3 期。

〔5〕 喻怀峰："调解自愿如何可能？——基于结构理论视角的分析"，载《河北法学》2016 年第 5 期。

〔6〕 韩波："城市化失序、新市民与民事纠纷解决机制的便利化升级"，载《中国政法大学学报》2016 年第 2 期。

〔7〕 陆俊芳、牛佳雯、熊要先："我国小额诉讼制度运行的困境与出路——以北京市基层法院的审判实践为蓝本"，载《法律适用》2016 年第 3 期。

〔8〕 此结论详见占善刚、施瑶："关于小额诉讼制度的实证研究——以岳阳市部分基层法院为调研对象"，载《河南财经政法大学学报》2016 年第 3 期。

〔9〕 陈娟："小额诉讼程序制度反思与完善"，载《人民论坛》2016 年第 2 期。

和学界理论确定若干类型案件，明确规定适用小额诉讼，这样更具有可操作性和指导性，以利于小额诉讼在司法实践中的适用。[1]

4. 简易程序。目前，"案多人少"是我国法院普遍面临的突出矛盾，"繁简分流"则是司法改革亟待推进的任务。而简易程序就是缓解此项矛盾、顺应改革潮流的中坚制度。最高人民法院副院长李少平同志指出，要坚持依法处理和多元化解相结合，强化诉前调解、诉调对接，推进繁简分流，构建普通程序、简易程序、速裁程序等相配套的多层次诉讼制度体系，努力以较小的司法成本取得较好的法律效果，有效化解案多人少的矛盾。[2]

鉴于我国的简易程序适用标准不确定、与普通程序界限不明确等缺点，有学者提出，可以对我国简易程序进行以下完善：①对于一些案情稍复杂一些，但是争议标的额较小的案件也可以适用简易程序。但是由于我国的城市发展水平不一，争议标的额较小这个量度要因地制宜、因时制宜。[3] ②在适用简易程序过程中，还应当注意加强人民法院对当事人程序选择权的告知、释明，充分保障当事人自愿选择且提出异议的权利。③在裁判文书和卷宗中明确显示征求当事人意见的过程。[4]

5. 家事诉讼。我国并没有统一设立专门的家事法院或家事法庭，仅有部分地方法院设立了家事庭或家少庭，专门审理涉及家庭和未成年人的案件。有学者从我国台湾地区"家事事件法"的视角出发，分析我国台湾地区"家事事件法"的制定、出台以及法律的内容架构对大陆地区相关立法及司法实践的启示。她认为，在立法方面，要制定专门的家事事件法律法规，将家事案件与普通民事案件区别开来，此外，要提升家事事件的公益性，在立法层面加强对妇女与未成年人等弱势群体的保护力度。在司法实践中，对家事案件的处理要注重以多元化机制"说理调情"，在重视运用诉讼手段解决纠纷的同时，还应注重其他手段（诸如调解）的重要作用。[5]

我国也没有独立的家事调解制度，对于调解解决家事案件的优势虽有认同，但尚未形成制度化共识。对于我国家事纠纷调解实践中存在的问题，我国学者汤鸣认为，应从根本上突破，而不能囿于制度的困境，应借鉴境外家事调解的经验，构建我国的家事调解制度，将家事调解专门化。首先，要进行模式选择，我国的法律传统接近大陆法系的特点，宜以法院附设诉前调解模式构建家事调解制度。其次，我国家事调解制度的整体框架可借鉴日本和我国台湾地区的经验，辅以本国的基础条件参酌决定。最后，在制度构建的过程中，要注重家事调解员的专业化、调解主体

---

[1] 王茂兵、王鹏："困境突围：小额诉讼制度重构"，载《江汉学术》2016年第1期。

[2] 李少平："深化'繁简分流'改革，破解'案多人少'矛盾"，载《人民法院报》2016年6月8日，第5版。

[3] 万灵娟："我国民事诉讼简易程序现存的问题及完善"，载《南方论刊》2016年第5期。

[4] 万灵娟："我国民事诉讼简易程序现存的问题及完善"，载《南方论刊》2016年第5期。

[5] 王韵洁："台湾'家事事件法'及其启示"，载《河北法学》2016年第7期。

的积极性、中立性等问题。[1]

也有学者从程序方面分析我国家事审判方式改革并认为，家事案件和家事审判职能的特殊性，决定了推进家事审判方式改革应当将家事案件从一般刑事、民事案件中剥离出来，积极探索构建符合家事审判规律、顺应人民群众司法需求、适应我国经济社会发展需要的具有中国特色的家事诉讼程序。此外，应当在改革中贯彻调解优先原则、加大法官职权干预力度、强化不公开审理、强调当事人亲自到庭、坚持未成年人利益最大化，以及适当放宽审限等。[2]

6. 审前准备程序。2012 年修订的《民事诉讼法》在审理前的准备环节中新增了程序分流的规定，其中，对需要开庭审理的案件，要求通过当事人交换证据等方式明确争议焦点。2015 年最高人民法院颁布的《民诉法解释》则进一步明确以召集庭前会议等方式进行审理前的准备，并规定了庭前会议的主要内容，标志着民事审判中已运行多年的庭前会议正式入法。

有学者认为，作为审判活动的重要组成部分，庭前会议既是为庭审做准备，又有相对的独立性，并承载着事实展示、争点确认、充实庭审以及促进和解与调解等多重功能。正确处理庭前会议与庭审的关系，坚持庭前会议与庭审一体化的程序设计，规范庭前会议的程序运作，明晰庭前会议中法官与当事人的作用分担，明确庭前会议的效力，有利于充分发挥庭前会议的功能。对庭前会议的实证考察表明，地方法院的积极探索为庭前会议的适用积累了丰富的实践经验，但也存在庭前会议内容不确定、效力不明确以及缺乏程序规范等问题。因此，明晰当事人与法官在庭前会议中的权能与责任、正确处理庭前会议与开庭审理的关系、规范庭前会议的程序运作、明确庭前会议的效力是完善我国庭前会议制度的关键。[3]

也有学者认为，民事庭前准备程序是实现以庭审为中心的关键环节，在审判实践中，庭前准备程序并未发挥其应有的功能，从而使庭前准备错位至庭审中，庭审应有的功能错位至庭后，导致大量未查明事实的一审案件进入二审程序，严重影响庭审中心主义的实现。因此，实现庭审中心主义的关键进路是让庭前准备程序在实体程序和时空上回归本位，将庭前准备程序与庭审程序并重，庭前准备程序主要由诉答程序、证据开示、庭前会议等程序组成。[4]

7. 二审和再审制度。我国目前虽已初步确立有限再审制度，但我国再审程序的非独立性及准用二审程序规范的普遍性，使再审发回重审与二审发回重审在规范层

---

〔1〕 汤鸣："家事纠纷法院调解实证研究"，载《当代法学》2016 年第 1 期。

〔2〕 程新文、张颖新、沈丹丹："改革我国家事诉讼程序的思考"，载《中国青年社会科学》2016 年第 5期。

〔3〕 熊跃敏、张润："民事庭前会议：规范解读、法理分析与实证考察"，载《现代法学》2016 年第 6期。

〔4〕 郝廷婷："民事诉讼庭前准备程序的归位与完善——以民事庭审中心主义的实现为目标"，载《法律适用》2016 年第 6 期。

面几乎没有区别。但再审程序的特性决定了再审发回重审与二审发回重审存在着制度性差异，有必要将再审发回重审从二审发回重审中强制性剥离，并确立其自身独立的制度规范和运行框架。有学者指出，"再审发回重审难"是再审制度的应有之义，应对再审发回重审进行事由及可发回程序阶段的二重限定。从再审发回重审的启动事由来看，应当仅包括程序性事由，且此程序性事由限于对当事人辩论权及审级利益的保障，不允许裁量性和兜底性条款的存在，同时应当受到当事人意志的束缚。从再审发回重审的程序运行阶段来看，应当以原审二审审结为限（当事人在再审中提出新证据及涉及国家社会公共利益的案件除外），且不允许在原二审程序中被发回重审、一审无错但二审存在错误时发回重审，以及指定与原审法院同级的其他法院再审情况下发回重审。通过发回重审事由和程序阶段的双重限制，可以划定再审发回重审的适用范围，明确二审与再审发回重审的界限，对再审发回重审制度进行合理规制。[1]

关于民事指令再审制度，近年来，我国民事司法实践中，上级法院指令再审案件收案数在再审收案总数中占有较大比例，指令再审程序的启动愈来愈频繁。指令再审制度具有救济、纠错、监督等功能，但我国现行的指令再审制度与国家治理法治化理念尚有一定的差距。我国学者齐树洁通过对民事指令再审进行实证分析，认为在民事指令再审案件审理中存在着被指令再审案件的原审裁判质量较低、指令再审的效率偏低、指令再审函件的指导力度不够等问题，并提出相应的改革完善方案。谨慎运用自主决定权，可采用"以提审为常态，以指令再审和指定再审为例外"的方式，在适当的条件下，以指定再审方式代替指令再审；完善指令再审的审前沟通与审后反馈机制，提高指令再审效率；加大指令再审函件的指导力度，上级法院在作出再审裁定之时，应当在对案件事实、原审裁判存在的问题有明确、清晰的认识的基础上，形成更为详实的指导意见。[2]

（九）保全制度

1. 财产保全制度。财产保全制度很早便规定在我国《民事诉讼法》中，并且该制度在我国司法实践中得到广泛的应用。但是，在我国现行《民事诉讼法》及相关法律司法解释中，并未对财产保全的审查程序予以明确，且在责任制度上也仅规定了对基于当事人申请的财产保全错误的救济，而未对法院财产保全错误的情形设置相应的救济渠道。而财产保全错误的发生不仅会侵害诉讼当事人甚至案外人的合法权益，同时也将影响民事案件的审判质量，降低法院的司法公信力。因此，为有效保障当事人的程序权利和实体权益，立法应为法院财产保全错误设置科学合理的救济程序，以确保当事人和法院在财产保全申请和审查中能够依法、审慎地作出相应

---

〔1〕 李潇潇："民事再审发回重审的独立特质及双重限制模式构建"，载《法学家》2016 年第 3 期。

〔2〕 齐树洁、陈爱飞："民事指令再审制度的反思与重构——以 X 市中院 2009～2013 年的数据为考察样本"，载《河南财经政法大学学报》2016 年第 4 期。

的诉讼行为。[1] 有学者指出，之所以会发生法院财产保全错误的情况，主要有以下几个方面的原因：一是财产保全程序主导主体异化。我国《民事诉讼法》深受苏联民事诉讼法学理论和法律制度的影响，保全程序启动、解除等环节呈现出浓厚的国家干预或"法院化"的色彩。二是财产保全程序运作流程略化。在这一现状下，我国法律对于财产保全错误的救济措施也存在着一定的缺陷，主要有：复议的审查权限归属缺乏中立性、复议的审查程序并不明确、复议过程中当事人的程序保障缺失以及财产保全错误事项是否属于上诉的审查范围尚待明确等问题，这就使当事人的合法权利无法得到合理的救济。因此，该学者提出以下完善方案：①设置多元分层的程序救济制度。所谓多元分层的救济制度，是指对于法院财产保全错误情形，应设置复议中间上诉和再审等多元化的救济制度，在具体适用上，三种救济途径的适用存在先后逻辑关系，即后项救济程序的启动必须以前项救济途径实施完毕为先决条件。②规范法院财产保全审查救济程序。③充分保障当事人的程序参与权。这就要基于正当程序的基本要求，法院在审查财产保全的过程中，应当充分保障当事人的知情权和参与权，并且只有在听取当事人辩论的基础上方可作出裁决。[2]

2. 行为保全制度。行为保全制度规定在我国现行《民事诉讼法》第100条，自该制度于2012年被正式纳入我国民事诉讼制度中后，学界对该制度的研究也从制度构建转变到制度完善上来。而与知识产权案件有关的行为保全制度也更为学者所关注，例如，有学者认为，知识产权行为保全制度是一项极其严厉的制裁性临时措施，其涉及对营业自由以及财产权的限制，同时还涉及平等权的问题，因此，有必要论证知识产权行为保全制度的合宪性。现行知识产权行为保全制度存在诸多缺陷，具体而言，其缺乏正当程序保障，可能侵害平等权，对营业自由与财产权的侵害不合比例原则。因此，现行知识产权行为保全制度有违宪之嫌，应当借鉴域外立法经验予以完善。[3] 也有学者对知识产权行为保全申请的主体资格提出自己的看法，其认为，被告因原告的起诉、投诉、发出警告函、公开发表声明等行为遭受难以弥补的损失时，应当允许被告提出反向行为保全，即被告在终审判决作出前，请求法院责令原告容忍被告从事特定行为，并且不得妨害、干扰、阻止被告从事特定行为。反向行为保全的提出不以被告提出反诉为前提。被许可人申请行为保全的主体资格完全依附于其是否享有诉权。由于被许可使用权作为债权具有相对性，被许可人对侵权之诉具有诉讼主体地位并非基于其实体权利，而是基于诉讼担当。独占许可被许可人的诉权是基于法定的诉讼担当；排他许可被许可人、普通许可被许可人的诉权是基于任意的诉讼担当。独占许可合同的被许可人可以单独向人民法院提出申请；排他许可合同的被许可人可以和权利人共同申请，也可以在权利人不起诉的情况下，

---

[1] 范卫国："法院财产保全错误：发生机理与救济路径"，载《河北法学》2016年第8期。

[2] 范卫国："法院财产保全错误：发生机理与救济路径"，载《河北法学》2016年第8期。

[3] 应振芳、储晓丹："我国知识产权行为保全制度的合宪性研究"，载《知识产权》2016年第2期。

自行提出申请；普通许可合同的被许可人经权利人明确授权以自己的名义起诉的，可以提出申请；许可合同对于诉权行使有约定的，从其约定。[1] 另外，有学者对于知识产权行为保全中的担保和反担保问题也提出了自己的观点，其认为，担保数额应当相当于采取行为保全措施有可能给被申请人造成的损失。担保数额可以灵活掌握，且不能作为当事人请求赔偿数额的上限。被申请人提供的担保足以弥补解除保全措施给申请人造成的损失，或者申请人同意的，可以裁定解除保全，但解除保全措施给申请人造成的损害属于金钱难以弥补的除外。被申请人提供的担保，可以高于申请人提供的担保。[2]

除了从知识产权角度来对行为保全制度进行研究之外，还有学者对于诉前行为保全制度提出了自己的看法，其认为，诉前行为保全存在着"申请难"的问题，因而，只有将"申请难"作为立案登记制改革的重要一环，在增加诉讼供给和完善司法救助的背景下，通过建立多维度的诉权体系和证明标准的三层结构，并坚持诉前行为保全的疏明标准，才能从根本上解决"申请难"问题，为创新型社会的构建和经济社会的健康发展提供优质的司法服务和充分的法制保障。[3] 另外，还有学者提出，我国的行为保全制度来源于法律移植，我们可以在充分借鉴两大法系相似制度的基础上，利用"框架借鉴+细节填充"的思路构建我国特色的行为保全制度。[4]

3. 关于保全错误的归责问题。对于民事保全错误损害赔偿责任的归责原则这一问题，有学者提出，结合我国目前的实际情况和司法现状，应该将过错原则作为申请民事保全错误损害赔偿的归责原则。其理由主要有：①适用无过错责任不符合体系解释原则；②过错责任原则有助于民事保全功能的发挥；③过错责任原则符合我国的实际情况。而对于在适用过错责任原则的判断标准，该学者认为，采用判断过错的客观标准符合我们国家的实际情况，也更符合司法实践的需求，原因有以下三点：①客观标准有助于兼顾申请人与被申请人的利益。在实践中，被申请人对于申请人申请保全存在过错的证明是非常困难的，在侵权责任法领域，一般都通过法律规定，将这一事项的证明责任进行转移。因此，采用客观标准既能保障申请人申请保全的权利，又能兼顾被申请人主张保全错误损害赔偿的权利。②客观标准的实践操作性更强。③在坚持客观标准的前提下，可以适当考虑当事人的某些主观因素。当事人的年龄、智力、性格、经验等方面的情况尽管是主观因素，但是也是客观存在的。即使是在法律规定了"一般理性人"注意义务的前提下，仍然需要法官运用

---

〔1〕 蒋利玮："知识产权行为保全申请主体资格研究——兼评行为保全司法解释征求意见稿第1条"，载《科技与法律》2016年第2期。

〔2〕 蒋利玮："知识产权行为保全中的担保和反担保——兼评最高人民法院《关于审查知识产权与竞争纠纷行为保全案件适用法律若干问题的解释（征求意见稿）》第9条、第11条"，载《电子知识产权》2016年第4期。

〔3〕 任重："我国诉前行为保全申请的实践难题：成因与出路"，载《环球法律评论》2016年第4期。

〔4〕 李曼："我国行为保全制度借鉴模式探讨"，载《国家检察官学院学报》2016年第5期。

自己的经验和理解进行个案的认定，依旧摆脱不了对主观因素的考察。[1]

（十）非讼程序制度

非讼程序是一个集合性的概念，是指法院处理非讼事件所适用的各类程序的总和，在内容上既包括各类非讼事件的共同审理程序，也包括各类事件的特有审理程序。有的学者认为，应明确诉讼机制和非讼机制的界限。非诉讼纠纷解决机制有其独立的价值、内容及程序，可以发挥司法机关对非诉讼纠纷解决的指导、监督作用，但这不意味着司法机关对其可以肆意干预。应运用法定的原则、规范的程序来明确非诉讼机制与诉讼权力机制的界限，从制度上保障司法机关尊重非诉讼机制的价值和效力。随着社会共同体的发展，以及人民协商意识的提高，非诉讼纠纷解决机制在今后的诉讼解决中必将占有越来越重要的地位。从制度上保障诉讼机制与非诉讼机制，以及不同的非诉讼机制之间在程序及效力上的衔接，从而保障当事人在解决方式之间自由选择的权利。同时，建立非讼的司法审查制度，可基于当事人的申请对非讼解决机制的程序性和合法性进行审查，防止违反公平正义和侵犯当事人权利的情况出现。[2]

在新一轮司法改革正全面铺开、民事诉讼案件受案数量持续增长的情势下，立案登记制和法官员额制的改革可能致使部分地区"案多人少"的矛盾进一步激化。有学者认为，非讼案件多为无实质争讼性事件，并可由不具有法官资格的司法人员处理，通过快捷的非讼程序分流诉讼案件，不仅可缓解人案矛盾，还可以为未能进入员额的现任法官转岗难题提供新的解决思路。所谓诉讼分流，就是通过建立非诉讼纠纷解决机制，把一部分原本可能通过诉讼程序解决的纠纷分流出去，从而减少实际进入诉讼程序的案件数量。按照非讼程序的功能划分，非讼程序的诉讼分流有三种方式：一是纠纷预防，即通过预防纠纷的发生从而减少可能进入诉讼程序的潜在纠纷数量；二是纠纷过滤，即通过非讼程序快速解决不具有真正争议的纠纷，只有在非讼程序中发现具有真正争议的纠纷，才转由诉讼程序处理；三是解纷解决，即基于纠纷解决的迅速化要求或者合目的性的要求，通过非讼程序解决部分具有实质权益争议的案件。[3]

周翠教授认为，在我国法院"案多人少"的压力日渐突出的背景下，应当尽快进行督促程序电子化改革，以减轻法院负担和实现诉讼效率。为此，未来尤其应当注意在诉讼系属、时效中断、管辖、保全、费用承担等议题上为督促程序的申请人提供与普通诉讼程序相同乃至更优的保护。同时，在取消法院对支付令申请进行实

---

[1] 肖建国、张宝成："论民事保全错误损害赔偿责任的归责原则——兼论《民事诉讼法》第105条与《侵权责任法》第5条的关系"，载《法律适用》2016年第1期。

[2] 邹亚莎："传统无讼理念与当代多元化纠纷解决机制的完善"，载《法学杂志》2016年第10期。

[3] 庞小菊："司法体制改革背景下的诉讼分流——以非讼程序的诉讼分流功能为视角"，载《清华法学》2016年第5期。

质审查之后，还有必要通过限制金钱债权数额和限定违俗债权之适用等途径防止债权人滥用督促程序骗取支付令。为了防止债务人滥用异议，未来也有必要要求债务人的异议包含答辩的内容，以及允许当事人约定"败诉当事人承担对方当事人的律师费用"等条款。此外，还可通过命令申请人补充说明事实、予以罚款、不适用时效中断规定、允许被告提起损害赔偿之诉和再审之诉等途径促进当事人履行真实完整以及履行诚实信用义务。[1] 而在督促程序中，作为执行根据的支付令在执行力之外是否具有既判力，理论上存在肯定和否定两种观点。有学者认为，单纯的肯定或者否定都是对效率和公平非此即彼的追求，限制论则较好地平衡了二者的关系，在承认支付令既判力的同时，亦对督促程序的适用、发生既判力的程序要件以及既判力的范围等作出适当限制。[2] 也有学者认为，《民事诉讼法》第 133 条规定了在诉讼程序的审理前准备阶段，法院可将适合用督促程序处理的案件转入督促程序，以达到繁简分流的目标。对此程序转化的具体建构，应舍弃诉讼终结模式和诉讼中止模式，并应采纳两线并行模式，即法院在审理前准备阶段发现案件符合督促程序适用条件的，向被告一并发出起诉状副本和支付令，之后诉讼程序的答辩期间同时扮演着支付令的异议期间，而法院根据被告的不同反馈作不同处理：若支付令生效，则程序在总体上终结；若支付令不生效，则诉讼程序继续按其原有轨迹推进。如此，通过最大程度地利用诉讼程序与督促程序在流程模块上的交集，可实现既无缺漏、也无重复的最优配置。[3]

"无民事权益争议"的界定是理解和适用担保物权实现程序的难点。有学者认为，我国立法和司法实践采取程序标的与相关诉讼标的的一元结构，其实质是通过向非讼程序逃逸，挤压被申请人的诉讼权利。以此为代表的诉讼案件非讼化趋势与我国多年来为了摆脱"非讼化"的当事人主义改革目标背道而驰。为了将"无民事权益争议"的法定标准落到实处，充分保障当事人的诉讼权利，应当坚持非讼标的与诉讼标的的二元格局。非讼程序并不确认民事权利义务关系，而仅产生获得执行依据的诉讼法律效果。除了非实质性异议以及程序性异议，其他民事权益争议包括对其成立与否的判断均应通过诉讼程序加以解决。为了避免预决效力对后诉当事人证明活动的不利影响以及节约司法资源，应当避免诉讼标的与非讼标的在审理范围上的高度重合。[4]

对于无主作品著作权保护方面，有学者认为，随着传统媒介的深度融合及大规模数字化，无主作品的著作权如何保护问题是当前各国著作权立法必须直面的一个重大理论和实践课题。权利许可乃是无主作品的核心问题，欧美各国对无主作品的

〔1〕 周翠："再论督促程序电子化改革的重点"，载《当代法学》2016 年第 6 期。
〔2〕 史长青："支付令既判力之研判"，载《法学杂志》2016 年第 9 期。
〔3〕 欧元捷："论诉讼程序与督促程序的两线并行模式"，载《法学论坛》2016 年第 2 期。
〔4〕 任重："担保物权实现的程序标的：实践、识别与制度化"，载《法学研究》2016 年第 2 期。

制度选择进行了有益的探索和尝试。我国现有的著作权制度已经不足以解决无主作品问题，在借鉴域外先进立法经验的基础上，我国著作权法应实现"勤勉查找"之主观性判断标准客观化，构建更加开放和弹性的合理使用规则，将无主作品纳入著作权集体管理制度的管理范围并引入延伸性集体许可制度，建立相应的无主作品数据库以便分类管理或许可使用，从而实现无主作品价值的最大化。[1]

（十一）民事检察监督

我国的民事诉讼构造具有特色性，近年来《民事诉讼法》的修改、《人民检察院民事诉讼监督规则（试行）》和《最高人民法院关于适用〈中华人民共和国民事诉讼法〉的解释》的相继出台使得民事检察监督迈入全方位监督的新阶段，达到双重监督对象（结果和行为）、双重监督时间（静态和动态）、双重监督方式（刚性和柔性）、双重监督启动（依诉权和依职权）、三重监督阶段（诉前、诉中与诉后）相结合的新高度，学者更是从不同的角度对民事检察监督中的不同问题进行了论述分析。

有学者对当代中国民事检察监督制度的功能变迁进行了研究。由于当代中国民事检察监督制度的功能变迁衍生于社会转型期，受到这一时期凸显的权利救济需求、中国特色的检法关系模式、党政主导的政治统合方式等结构性的因素的影响，不管价值上对这种从"法制统一"到"权利救济"的功能变迁持何种态度，未来民事检察监督制度的功能演进并不仅仅是一个立法意图的抉择问题，亦非司法这一场域所能完全决定的，而是在很大程度上取决于这些结构性因素发生重大调整的可能性及其调整的方向。回归我国当下的社会情境，由于替代性纠纷解决机制发展不足，衍生于社会转型时期的权利救济需求在转型完成之前都会呈现出"刚需"的特征，而中国特色的检法关系模式和党政主导的政治统合方式由于涉及国家宪法架构的调整，在短期内也不具备重构的条件。因此，可以预见，在未来相当长的一段时间内，民事检察监督制度权利救济的功能都将继续延续，相关的改革应当做更为务实的考虑，着眼于权利救济的现实需要，从加强组织建设、完善监督程序和提升监督能力等方面改良民事检察监督制度的运行机制。[2]

有学者对法治视角下的民事检察诉中监督进行了探讨。民事诉讼程序是法治国家的重要司法程序，合法性是法治对其的基本要求，它不仅要求诉讼结果合法，而且要求诉讼过程合法；不仅要求诉讼过程的整体合法，而且要求诉讼中每一个活动、事件及其中的每一个行为均合法，任何一个细节的违法，都是对法治的损害。故尔，法律特别是宪法对检察院职责的规定决定了检察院对民事诉讼进行全要素（结果和过程）的监督，这亦是法治的基本要求。但在我国传统司法中，社会观念和思维意识过于重视结果正义，所以，在检察院的民事监督的制度设计和实践运作上，就异

---

〔1〕 肖少启："我国无主作品著作权保护的路径选择与制度构建"，载《政治与法律》2016 年第 8 期。

〔2〕 史溢帆："从法制统一到权利救济：当代中国民事检察监督制度的功能变迁"，载《兰州大学学报（社会科学版）》2016 年第 3 期。

化为单一的诉讼结果监督，对民事诉讼过程的监督就被边缘化了。此种做法不仅背离了我国的立法本意，亦背离了法律监督的法治化趋势。检察院的民事监督必须摒弃单一的诉讼结果监督模式，转向对诉讼过程中具体活动、具体事件的全方位、全过程、全程序的诉中监督新模式，使整个诉讼程序均在监督之下合法运行。[1]

有学者对再审检察监督的申请权问题进行了剖析。申请再审监督权是我国检察监督权与诉权、审判权辩证关联与相融相合所形成的"新职权主义"诉讼体制和模式下产生的特殊诉讼权利，是在民事司法领域沿袭国家权力的分工和合作思路的产物，具有鲜明的中国特征。并进一步认为，陪审制度毕竟是一种费用昂贵的司法制度，即使在陪审制度先进的国家和地区，其适用率也十分有限。所以从长远来看，充分张扬司法民主因素更为切实可行的做法应当是强化、提升当事人的程序主体地位，以诉权制约审判权，使审判权力触角时时处处受到诉权的防范和制衡。诉权最具有反抗审判权侵蚀的动力和机会，只有真正强化诉权，才有可能把审判权关在制度的笼子里，成为人们信赖的正义堡垒。还有律师，这是法律职业中民主意愿最为强烈的群体，其队伍足够庞大和强大之后，也能成为当事人诉权保护的智库支撑和外援支持。[2]

有学者对民事检察监督证据的运用规则进行了重新思考。中国特色的民事检察监督制度的发展与完善是一项同时具备开拓性和挑战性的工作，其中面临着不少的难题，而证据规则在这其中更是凸显出复杂和关键的特点。民事检察监督证据规则作为民事检察监督制度的重要组成部分，其与监督提起主体、监督对象、监督方式、监督效力紧密相连，成为民事检察监督制度合理运行的排头兵和设置科学与否的试金石。一方面，证据规则要与现行的监督措施相配套，使得监督措施能够得到有效运转，确保监督的现实可行性和可操作性；另一方面，证据规则要反推动检察监督的方式、效力等具体制度的进一步改进，使得民事检察监督与传统的民事诉讼审判构造进一步协调、衔接，打破民事检察监督制度所受的"公权干预私权"的质疑。总体而言，对民事检察监督证据规则的创建应秉持独立性、中立性、审查性、有效性和体系性原则，把握民事检察监督的内在规律，将与当事人申请检察监督的私权性、检察机关依职权启动监督的谦抑性、监督方式的多样性、柔性监督措施的公权性、监督功能的程序启动性等民事检察监督的特殊性相结合，为民事检察监督制度的再发展起到推动作用。[3]

有学者提出了民事执行检察监督节制主义，并对民事执行检查监督与民事执行救济体系之间的序位关系进行了阐述。检察监督权在民事诉讼制度体系中并非一个通用的制度元素，相反，它具有鲜明的中国特征，因而它不是一个永恒的、不可或

〔1〕 许尚豪："法治视角下的民事检察诉中监督"，载《兰州法学》2017 年第 1 期。
〔2〕 许红霞、毛仲玉："再审检察监督申请权问题研析"，载《河北法学》2016 年第 11 期。
〔3〕 胡思博："民事检察监督证据的运用规则"，载《当代法学》2017 年第 1 期。

缺的权力要素；事实上，用作为公权力的检察权来制衡和制约作为另一个公权力的审判权的思维范式，依然停留在国家权力的分工和合作层面，具有显而易见的国家属性，尚未触及市民社会的民主性因素。而恰恰是市民社会的民主性和自主性因素，成为现代社会民事诉讼生成和运行的原动力。基于此逻辑和缘由，包括民事执行检察监督在内的民事检察监督应当在民事诉讼中保持足够的节制，避免过分宣示而造成对司法规律本身以及公民合法民事权利的侵蚀和破坏。与此同时，民事执行检察监督与作为纠正违法执行与不当执行的民事执行救济，在保障当事人私权方面具有目标的一致性和契合性，两者之间的协调与互补亦势在必行。一方面，我国民事执行检察监督模式应由干预型向程序保障型、公益代表型转变；另一方面，应严格遵循民事执行检察监督与民事执行救济的序位关系，对当事人私权保障应以民事执行救济优先，民事执行检察监督为补充。[1]

（十二）涉外民事诉讼和域外民事诉讼研究简介

1. 涉外民事诉讼制度。在刚刚过去的 2016 年，学者们针对涉外民事诉讼的论著仍较为有限，仅有的几篇论著主要涉及的领域包括协议管辖、法律选择模式及诉讼方式等三个方面。

2012 年修正的《民事诉讼法》对涉外协议管辖进行了完善。有学者认为，2012 年修正的《民事诉讼法》删除了 2007 年《民事诉讼法》对涉外协议管辖的一些专门规定，"取消国内与涉外协议管辖区分立法、分类适用的双轨制安排，一定程度上促进了我国民事诉讼协议管辖的内外统一和国民待遇的完善"。但归并后，类推适用国内管辖的司法实践，特别是实践中的实际联系的适用原则和唯一确定性的法院选择标准，给涉外协议管辖带来了新的不确定的法律风险，排除了当事人以合意将直接国际裁判管辖权赋予一个中立法院的可能性，对国际贸易往来的发展不利。[2]

针对涉外民事法律选择模式的架构，有学者认为，国际私法实践中，在认识和适用冲突规范方面存在较大争议的原因可以归结于"理论上规则与方法关系认识的不统一"。在法律选择中，规则与方法并非相互对抗的而应是互相补充的，我们不可能将规则和方法彻底地割裂开，而应该在两者的基础上探寻法律选择中融合"规则"与"方法"的"第三种进路"。[3]

另外，有学者以跨境反腐追赃为依托，探讨了在该程序中的民事诉讼方式的适用性与常态化。该学者认为，在目前的跨境反腐追赃国际司法实践中，应逐步加强民事诉讼与刑事诉讼的相互配合，实现腐败资产境外民事诉讼的常态化。对于其中

---

〔1〕 蒋玮："民事执行检察监督节制主义——兼论与民事执行救济体系之协调"，载《甘肃政法学院学报》2016 年第 1 期。

〔2〕 吴永辉："论新《民法》第 34 条对涉外协议管辖的法律适用"，载《法律科学（西北政法大学学报）》2016 年第 5 期。

〔3〕 翁杰："论涉外民事法律选择模式的双重理性架构"，载《政法论丛》2016 年第 3 期。

技术性问题的探讨，有学者认为，在跨境追赃的司法实践中的所有权诉讼、个（法）人赔偿诉讼均应适用腐败资产流出国法律。我国可通过以下三方面的举措实现跨境反腐追赃民事诉讼常态化：①通过一定条件下放弃国家与财产豁免或创设法人手段（例如设立独立的追回资产基金会）的方式解决直接参与诉讼的主体问题；②通过建立强有力的专业人才队伍和责权明确并运转流畅的机构体系来完善国内机制建设；③在调查取证、财产保全、资产分享方面加强国际司法合作。[1]

2. 对域外民事诉讼法的研究。这一阶段我国学者针对外国民事诉讼法的研究涉及较多方面，试图从外国民事诉讼法的视角对我国民诉法的内容进行探讨。学者们对外国民事诉讼法的研究主要集中在证据开示、民事管辖权、滥诉、突袭性裁判、团体诉讼及未成年人民诉程序等问题。

有学者对欧盟反垄断民诉中的证据开示规则作了较为详细的研究，该学者认为，由于反垄断民诉的特殊性，受害方难以获取掌握在被告或第三方手上的证据，因此，欧盟委员会把证据开示制度和信息披露作为当事人获取反垄断案件证据的重要途径。此外，该学者还论述了在证据开示与宽免制度（卡特尔成员主动向竞争主管机关提交揭露卡特尔的宽免材料来免除或减轻本应受到的惩罚）发生冲突时，欧盟委员会适用个案"权衡标准"，倾向于保护宽免材料，仅将有限的宽免材料作为民事诉讼的证据。较之我国，却没有相关规定可以适用于反垄断民事纠纷。[2]

针对涉外案件中的民事管辖权问题，有学者以《欧洲人权公约》为依托进行深入探讨，《欧洲人权公约》第6（1）条规定了当事者享有程序上的公正审判权及诉诸司法权。此二项权利对于缔约方的国际民事管辖权产生了一定的影响，但实践表明，由于缔约方国内法院未能充分认识到人权保护在国际私法案件中的重要作用及国际法上豁免原则的运用等原因，这种影响较为有限。[3] 另外，有学者以《联合国海洋法公约》（以下简称《公约》）为切入，探讨了沿海国对外国船舶的民事管辖权问题，该学者认为，《公约》第28条对沿海国民事管辖权的行使进行了限制，且存在关于"逮捕"作为技术性术语的出现、"不应""不得"等禁止性术语的使用以及第28条与第229条相关规定的适用序位这三组理论矛盾，建议我国可从三个方面加强我国才海上对外国船舶的民事管辖：①建构国家海上民事管辖权的理论体系，以求打破现有将国际民事管辖权等同视为国际私法中民事管辖权的理论桎梏；②促进国内立法与《公约》规定的衔接；③根据《公约》体现的协议优先原则，我国可充

---

〔1〕　华倩："跨境反腐追赃民事诉讼方式的适用性与常态化"，载《学习与实践》2016 年第 5 期。

〔2〕　陈灿祁："欧盟反垄断民事诉讼中的证据开示研究"，载《湘潭大学学报（哲学社会科学版）》2016 年第 2 期。

〔3〕　黄志慧："人权法对国际民事管辖权的影响——基于《欧洲人权公约》第 6（1）条之适用"，载《环球法律评论》2016 年第 1 期。

分运用与他国签订双、多边协议的方式享有公约权利、避免陷入不利。[1]

有学者详细地介绍了罗马民诉法及拉丁法族预防滥诉和滥用程序的经验,先后介绍了《十二表法》时期对滥诉者进行誓金制裁、滥诉损害赔偿、管辖预防滥诉等制度措施;盖尤斯《法学阶梯》采取的对诬告者制裁、夸大权利者将败诉、诉讼税等措施来打击滥诉行为;优士丁尼《法学阶梯》时期以金钱制裁、破廉耻等制度对滥诉者进行制裁。另外,该学者认为,中国是滥诉者的天堂,对滥诉的预防只有"原就被"的管辖原则,对滥诉者的制裁只有承担诉讼费。且我国新近实施的反滥诉规定主要围绕诉讼标的和执行标的,只打击滥用程序,未打击滥诉。我国需要结合罗马法传统国家的立法来建立与国际接轨的反滥诉和滥用程序制度。[2]

突袭性裁判包括事实认定的突袭及法律适用的突袭,有学者认为,突袭性裁判超出了当事人的合理预期,违反民诉法的释明义务,扭曲了诉权与审判权的关系,降低了司法裁判的可信度。突袭性裁判在德国被认为是司法之癌,德日两国自民诉法诞生之际就开始关注突袭性裁判的防止问题。而由于我国大陆立法、司法和学术研究对该问题关注不够,导致司法实践中突袭性裁判的泛滥,突袭性裁判涉及范围和危害程度远超过德日等国。我国可通过引入现代庭审理论(主要包括争点的确定、集中审理、突袭性裁判的防止、释明义务的行使、心证的公开、疑点的排除、法官内心确信的形成等)及通过强化庭审中的程序保障,使裁判产生正当化的效果来防止突袭性裁判。[3]

对于我国台湾证券团体诉讼制度的规范与借鉴,有学者作了详细的研究和分析,认为我国台湾地区由非营利性组织投保中心主导证券团体诉讼制度别具一格,对大陆具有很好的借鉴价值,"大陆地区证券团体诉讼的基本模式可考虑参照台湾模式,有权发起诉讼的团体的组织机构应仿效台湾投保中心;在团体可代表的受害人范围和判决既判力主观范围上应采用'选择加入'制,应以专项立法的形式对证券团体诉讼加以规定"。[4]

有学者认为,美国的未成年人民诉程序萌芽于福利制度,并逐步形成了"在保护儿童领域和家庭领域同时注重未成年人权益保护的特色体系"。美国民诉领域在保护未成年人方面形成了一系列具有特色的程序内容,主要包括:事实发现的辅助法官机制、监护和探视纠纷中的强制调解、父母教育计划及受监督探视等,对我国构

---

〔1〕 王丽娜:"沿海国对外国船舶的民事管辖权问题探析——以《联合国海洋法公约》第28条规定为切入",载《法学论坛》2016年第5期。

〔2〕 徐国栋:"罗马民事诉讼法对滥诉和滥用程序的预防和制裁——兼论拉丁法族主要国家(地区)的这些方面",载《中外法学》2016年第4期。

〔3〕 杨严炎:"论民事诉讼突袭性裁判的防止:以现代庭审理论的应用为中心",载《中国法学》2016年第4期。

〔4〕 薛永慧:"台湾证券团体诉讼制度:规范与借鉴",载《台湾研究集刊》2016年第3期。

筑未成年人民诉程序将起到一定的借鉴意义。[1]

（十三）民事执行制度

民事诉讼执行，当前学者研究的重点仍然集中在执行权的本体理论。针对民事审判权与执行权的分离，有学者提出，应当考量我国立法上民事执行权部分代替审判权行使、实践中当事人规避审判权而选择执行权的特殊现实情况及其背后的动因的基础上，审判的归审判、执行的归执行，在审执分离的前提下兼顾甚至配合，最终实现民事司法权的优化配置。肖建国教授首先分析了民事执行权的目的与构成，再对民事执行权的性质进行了分析，进而认为民事执行权的本质属于司法权，对民事审判权与执行权的分权改革进行了细致的研究。[2]

有学者也对审执分离的模式提出了新的构建设想，认为审执分离改革的模式选择应在深入分析强制执行与审判的差异性机理的基础上，结合顶层设计的内容，分析改革之目的和任务，以解决执行难为根本，开展试点改革。改革的模式主要有三种：执行权彻底剥离、执行实施权单独剥离与执行权深化内分改革。其中，执行权深化内分改革成本最小，符合我国现实国情。改革应结合省以下法院人、财、物统一管理体制改革和法官员额制改革，在执行员与法官分离、执行实施权与执行裁决权分离、执行工作统一管理的"两分一统"工作机制上实现突破，渐进式稳步推进改革。[3]

关于民事执行权的性质，历来有司法权说和行政权说两种理论，前者将执行权归为司法权的组成部分，其目的是保障生效法律文书所确定权利的实现；后者认为执行活动是行政行为。肖建国教授认为，民事执行权是司法强制权，是司法权作为国家公权力的必然特征，仅仅认为司法权属于判断权而与执行权的强制性不兼容的主张缺乏说服力。但是，尽管执行权具有强制性，但并不排除申请执行人与被执行人达成合意而影响执行程序的进行。[4]

针对执行和解制度，有学者认为，我们尚未正确或充分地认识执行和解的本质以及执行和解与执行程序之间的关系，导致制度存在结构性问题，从而影响了执行和解的正常功能和作用。因此，我们应当重新审视执行和解及制度，从民事诉讼法以及民事实体法的基本原理上予以认识和把握，并在此基础上，重新设定执行和解与执行程序的关系、执行和解应有的效力，构建与现代执行制度、民事诉讼制度和民事实体法契合的执行和解制度。[5]

针对执行力的问题，有学者以公正债权文书为中心分析了执行力对诉的利益的

---

〔1〕邵明、周文："美国未成年人民事诉讼程序的发展及启示"，载《山东社会科学》2016 年第 8 期。

〔2〕肖建国："民事审判权与执行权的分离研究"，载《法制与社会发展》2016 年第 2 期。

〔3〕岳彩领："论强制执行审执分离模式之新构建"，载《当代法学》2016 年第 3 期。

〔4〕肖建国："民事审判权与执行权的分离研究"，载《法制与社会发展》2016 年第 2 期。

〔5〕张卫平："执行和解制度的再认识"，载《法学论坛》2016 年第 4 期。

阻却，并认为，即使执行名义本身不具备既判力或调解确定效，可以直接诉诸强制执行的债权人因丧失另行取得执行名义的必要性，其所提起的给付之诉通常缺乏诉的利益。债权人在公证债权文书丧失执行力之前不具备提起诉讼的必要性，但债务人在执行力解除之前仍存在着提起诉讼的利益。公证债权文书确定不能进入或者已经退出强制执行程序的，债权人具备针对公证债权提起给付之诉的利益，但不得再围绕着公证债权文书的执行力提起确认之诉。拒不出具执行证书的公证机关应当出具《不予出具执行证书的决定》，否则，债权人可以向司法行政机关申诉，或者在申请法院调取证据的基础上，针对执行债权提起给付之诉，但不能请求法院判决责令公证机构出具执行证书。[1]

有学者对执行力的主观范围扩张及其正当性基础进行了分析，认为执行力主观范围的扩张与既判力主观范围的扩张并不相同。执行债权快速、经济的实现，实体权利义务关系的依存性、实体利益归属的一致性，第三人的程序保障、权利人对特定债务人享有权利的高度盖然性，都是执行力主观范围扩张应予以考虑的重要因素。执行力主观范围的扩张包括执行债权人主观范围的扩张和执行债务人主观范围的扩张两大基本类型，二者的正当性基础存在差别，值得加以精细化分析。[2]

有学者针对公布失信被执行人名单制度的实施情况进行了统计分析，分析认为，在司法实践中，存在着大量有能力履行判决书而拒不履行、逃避执行、规避执行的执行案件，此类案件随着规避方式的多样化和隐蔽性呈现出逐年上升的趋势。这种状态的存在极大地损害了债权人的合法权益，严重影响了执行工作的正常开展，破坏了正常的社会经济秩序。因此，遏制被执行人隐匿财产、逃避执行，加大对被执行人的信用惩戒力度，已经成为法院执行工作的重中之重。并对公布失信被执行人名单制度存在的问题进行了梳理，主要包括失信惩戒范围过窄、申请人及案外人恶意利用失信名单制度、撤销失信被执行人名单速度过慢、屏蔽失信后的失信记录不够完善、恶意诉讼、虚假诉讼、公证债权文书等在执行失信被执行人名单制度的谨慎控制和审查及失信被执行人名单启动方面做法缺乏统一标准的问题。并对实践中存在的问题进行了分析和提出解决方法。[3]

有学者也探讨了预告登记在强制执行程序中的效力，认为预告登记在未推进至本登记之前，预告登记权利人并未因查封等保全型执行措施而受到威胁，所以无权启动案外人异议程序。若执行法院启动强制拍卖的变价性执行措施，预告登记义务人因不动产所有权丧失而陷入履行不能的境地，但预告登记不应随着不动产拍定而

---

〔1〕 黄忠顺：“论执行力对诉的利益的阻却——以公正债权文书为中心的分析”，载《法学论坛》2016年第4期。

〔2〕 肖建国、刘文勇：“论执行力主观范围的扩张及其正当性基础”，载《法学论坛》2016年第4期。

〔3〕 沈静、田强、杜玉勇：“关于公布失信被执行人名单制度实施情况的统计分析”，载《河北法学》2016年第5期。

消灭。预告登记权利人在本登记条件具备时，仍应有权向拍定人请求同意本登记。[1]

第三节　行政诉讼法学研究状况[2]

一、研究概况

（一）学术发表和科研立项情况

2016 年度，行政诉讼法学共在"CSSCI 来源期刊（不含扩展版）"共 21 种法学期刊上发表学术论文 48 篇，在"CSSCI 来源期刊（扩展版）"共 10 种法学期刊上中共发表论文 35 篇（参见图 4 - 1、图 4 - 2）。

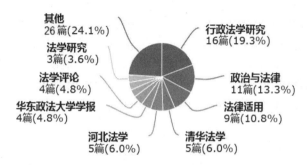

图 4 - 1　行政诉讼法论文发表期刊分布图

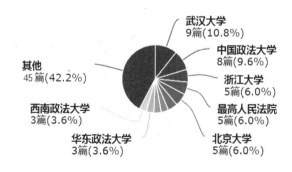

图 4 - 2　行政诉讼法论文发表机构分布图

从论文选题看，国家治理中的一些问题被纳入了行政诉讼法学者的研究视域，如网约车治理、法治政府、规范性文件的司法审查等。学者对于政府信息公开领域，

---

〔1〕　庄加园："预告登记在强制执行程序中的效力"，载《当代法学》2016 年第 4 期。

〔2〕　*本部分执笔人：高家伟教授，杨天波同学协助。

如起诉权、行政复议制度和诉讼的衔接等问题的思考，都将进一步推动和加速法律的修正。同时，对于同一问题的研究，学者们也采用了不同的研究视角，如行政判例视角下的行政允诺的讨论，以及公私合作的讨论。此外，继续引介域外经验，也有助于中国行政诉讼法学研究借鉴域外研究成果。

在科研立项方面，2016 年行政诉讼法学领域获准立项的国家级、部级项目 16 项。其中，国家社科基金项目 4 项；最高人民法院司法研究重大课题 1 项；最高人民检察院检察理论研究重点课题 1 项；司法部国家法治与法学理论研究项目 6 项；教育部人文社会科学研究项目 2 项；中国法学会部级法学研究课题 2 项（参见图 4 - 3）。上述各类项目有一部分围绕 2014 年《行政诉讼法》的相关问题进行研究，如"行政诉讼法修改后实施效果研究""新行政诉讼法对行政复议法修改的影响研究""规范性文件的附带审查研究"等；也有一部分围绕当前司法改革中的热点问题进行研究，如"跨行政区划法院案件管辖制度研究""跨行政区划法院组织体系与管辖制度研究"等；还有一部分专注于行政诉讼领域某一具体问题进行研究，如"行政罚款裁量权的司法控制实证研究""行政协议司法审查的原理与制度研究""行政协议案件审理中疑难问题研究""行政过程中的法定程序与正当程序研究"等；还有项目对少数民族地区行政诉讼调解制度和近代行政诉讼制度进行了研究。

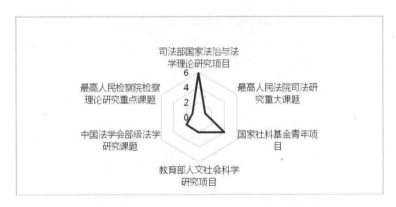

图 4 - 3　2016 年行政诉讼法学科研立项

2016 年出版的关于行政法与行政诉讼法的著作 22 部、教材 5 部。从著作内容上，既有围绕 2014 年《行政诉讼法》修订后的重要问题进行讨论的，如《行政机关负责人出庭应诉指南》等；也有对行政诉讼传统制度进一步研究的，如《行政复议与行政诉讼衔接研究》《行政给付诉讼研究》等。从著作形式上，既有《王名扬全集（全五册）》这样的作品全集汇编，也有《行政诉讼制度专题研究：中德比较的视角》这样的专题研究。

（二）对外交流情况

2016 年度，中国与世界各国、港澳台地区多次召开学术研讨会，通过对特定专题的研讨，交流行政法学界前沿学术成果与观点。

2016 年 4 月 7 日，行政法学研究会主办"中法行政法高峰论坛"，邀请法国知名学者、波尔多大学名誉校长高德松教授与法国最高行政法院国务委员、波尔多上诉法院院长盖兰女士同与会实务界、理论界的专家学者围绕中法行政法前沿问题进行了热烈的探讨。来自全国人大法工委、最高人民法院、最高人民检察院、北京市政府法制办公室、国家行政学院等实务部门及北京大学、中国人民大学、中国政法大学、西南政法大学、中国社会科学院等高校的 40 余位专家学者出席论坛并参与研讨。盖兰院长以"法国行政诉讼 30 年新发展"为题，从实务角度勾勒出法国行政诉讼发展的两个趋势。在主题报告的基础上，与会的中法专家学者围绕"行政合同诉讼""客观诉讼及行政公益诉讼""行政程序法典化及程序审查"进行研讨与交流，对中国行政诉讼制度的转型与变革具有重大的借鉴意义。

2016 年 5 月 3 日至 10 日，最高人民法院副院长江必新率团出席最高行政法院国际协会第 12 届大会，并赴土耳其、葡萄牙进行工作访问。最高行政法院国际协会第 12 届大会于 5 月 3 日至 6 日在伊斯坦布尔举行。大会由土耳其最高行政法院承办，来自该协会 60 多个成员、20 多个观察员的 160 余位代表参加。本届大会的主题是行政领域的替代性纠纷解决机制，并分设政府采购合同争议、公务员争议和税收争议三个议题。中国代表团参加了所有议题的研讨，并介绍了我国的相关情况。在大会上，中国再次当选最高行政法院国际协会理事会理事，任期 6 年。

2016 年 7 月 26 日，行政法学研究会举办"行政复议国际研讨会"，邀请英国、美国、日本的实务部门专家和行政法学者，中国法学会、中国政法大学、中国行政法学研究会，全国人大法工委、国务院法制办公室、最高人民法院、最高人民检察院以及北京、上海、陕西、浙江、黑龙江、山东等地负责行政复议工作的实务工作者，以及全国各地的行政法专家学者共 70 余人莅临本次会议。本次研讨会中，域外专家学者为我们详细地介绍了英国、美国、日本行政复议制度的最新发展情况及趋势，对我国即将启动的行政复议法的修改有所助益。

2016 年 12 月 17 日，行政法学研究会举办"行政规制与行政许可"中美研讨会，邀请 40 余位中美学者研讨规制与许可等重大问题。

二、重点研究内容

（一）行政诉讼制度

1. 关于行政诉讼立案登记制。有学者认为，2014 年《行政诉讼法》第 51 条规定了立案登记制。与域外法治发达国家的经验相比，我国行政诉讼立案登记制并不限于起诉状之形式审查，而是将本该后置的诉讼要件乃至本案要件植入起诉要件的审查之中，由此导致立案难度上浮与"立审分离"弱化。立案登记制施行之后，行政诉讼立案率在短期内的大幅上升，夹杂了部分法院对我国立案登记制之实质意涵的误读；待政策施行一段时间后，"立案难"问题极可能重新涌现。因此，有必要改良行政诉讼过程的阶段构造，抽离现行法规定的"起诉条件"中属于诉讼要件、本案要件的内容，并将二者置于立案后审查，这有助于还立案登记制以应然面向：法院在立案阶段仅审查起诉状中是否包含必要记载事项，且审查方式限于形式核对。[1]

2. 关于行政诉讼类型。有学者认为，行政诉讼类型应当区分"诉讼类型化"与"诉讼类型的法定化"。诉讼类型化的基础是诉讼目标、请求权以及诉讼标的的多元化，但这些原因均不是诉讼类型应当法定化的理由。对德国、日本以及我国台湾地区诉讼类型法定化的不同模式以及产生原因进行比较，可以发现，各种诉讼类型的法定化模式均有其特定的立法背景。诉讼类型的法定化，尤其是诉讼类型法定化模式中列举主义并非行政诉讼类型化的必经之路。以原告的诉讼目标为导向，通过法官续造和完善才是诉讼类型化的应然路径。[2]

3. 关于行政诉讼的功能。有学者认为，行政诉讼的困境表现为司法承载过多的社会治理压力，导致司法主体与行政主体功能错位。《行政诉讼法》的修改厘清了司法重"法"、行政重"治"的辩证关系，实现了司法的主体性回归与监督功能的强化。同时，立法、行政与司法共处于治理转型与公法秩序的构建和维护中，司法还应积极发挥对政府治理的规范效应与指引作用。司法与行政"既分且和"能够确保司法监督功能的发挥与指引作用的实现，共推国家治理现代化的进程。[3]

4. 关于行政诉讼制度改革。2014～2015 年，我国行政诉讼制度的改革紧密围绕着《行政诉讼法》的修改与实施这个中心，修法前夕的讨论达到了近年来的最高峰。在大讨论中，各方面调整预期达成共识，促成了修正案的快速进化。虽然最终的结果仍属"小修"，有令人失望之处，但一些富有特色的制度颇令人期待。修正案实施数月之后，得益于立案登记制，行政诉讼案件数量大幅增加，但行政负责人出庭应诉仍有待进一步改善。在文本修改之外，跨行政区划法院改革正在如火如荼的探索中，但形成模式为时尚早；司法人员分类管理改革的前景也并不明朗。总之，在修法后时代，行政诉讼制度改革尚需更多努力、更多智慧。[4]

5. 关于跨区划人民法院。有学者认为，设立跨行政区划人民法院是当前我国司法改革的一项重要内容，对此须从宪法视角加以考量，以保证司法改革在宪法框架内进行。人民代表大会产生人民法院是我国宪法所确立的司法机关组织的基本方式，无论是设立类似于地方法院的跨区法院，还是设立专门法院性质的跨区法院，都需要对各种类型人民法院的组织和职权定位进行宪法解释学构建。从宪法实施的角度看，我国宪法将组织人民法院的任务委托给立法者具体实施，设立跨行政区划人民

---

〔1〕 梁君瑜："我国行政诉讼立案登记制的实质意涵与应然面向"，载《行政法学研究》2016 年第 6 期。

〔2〕 龙非："行政诉讼类型法定化之反思——基于比较法分析的视角"，载《行政法学研究》2016 年第 6 期。

〔3〕 参见谭宗泽、杨靖文："行政诉讼功能变迁与路径选择——以法与治的关系为主线"，载《行政法学研究》2016 年第 4 期。

〔4〕 参见李培磊："2014～2015 年行政诉讼制度改革——以〈行政诉讼法〉修改和实施为中心"，载《行政法学研究》2016 年第 2 期。

法院需要立法机关根据《宪法》对现行的《法院组织法》进行修改和完善。[1]

6. 关于行政应急权。有学者认为，行政主体行使行政应急权处置突发事件，能有效地维护社会稳定、保障公共利益，但又容易忽视个体正义。目前，行政应急权概念之"滥"导致行使之"乱"，行政应急权规制上的立法与司法不协调，行政应急权对当事人行政诉权的不当限制以及司法审查路径的缺失，导致行政相对人权益难以保障。借鉴美国、加拿大和澳大利亚等国的制度，从行政复议前置、受案范围、当事人资格、管辖制度、证明制度、变通执行制度、判决方式等方面系统地构建应急行政诉讼制度，明确行政相对人拥有应急诉权，并有权启动应急行政诉讼，有利于平衡公共利益与行政相对人权益，让行政主体更好地应对司法审查，丰富法治政府之内涵，最终有力地保障行政相对人的合法权益，进一步完善我国行政诉讼制度。[2]

7. 关于行政机关负责人出庭应诉制度。有学者认为，对行政机关负责人出庭应诉制度关注重点应从制度史梳理、正当性论证、法治意义解读等角度向制度精细化、功能实现等方面转移。以功能主义为研究进路，通过对各地出庭应诉规范文本、相关案例和数据的分析，会发现该制度在立法之初的功能预设与实践表达间存在一定的差异，具体表现为规范内预期功能的达成不能、实践中潜功能的显现以及一定程度功能失灵的现象。同时，本文结合系统论的维度，从行政机关负责人出庭应诉制度赖以生存的行政诉讼制度及庭审结构的角度，提出规则之治的坚守、互动平台的搭建、民本文化的提升等方法，尝试为其功能回归提供一条新路径。[3]

（二）公益诉讼

1. 关于行政公益诉讼。有学者认为，我国行政诉讼法要求原告与被诉行政行为之间存在利害关系，奉行的是主观诉讼原则。行政诉讼承担着对民主的捍卫功能和实践功能，但是在主观诉讼原则之下，公民无法通过司法途径参与公共事务管理并维护公共利益，行政诉讼制度的民主根基被削弱。不断膨胀的行政权几乎垄断了对公共利益的解释权和维护权，法院无法通过司法权对其进行有效的制约。利害关系要件和过于狭窄的受案范围导致为数众多的行政违法行为无法接受司法审查，延缓了行政法治的进程。权利的发展变化导致公民与行政行为的利害关系弱化，对权利救济制度提出新的要求，传统行政诉讼模式因此遭遇合宪性危机。行政公益诉讼制度是对传统行政诉讼模式的有益补充，我国初步建立了行政公益诉讼的制度框架，但仍然需要在试点的基础上不断探索该制度的完善之道。[4]

---

〔1〕 翟国强："跨行政区划人民法院如何设立？——一个宪法解释学的视角"，载《法商研究》2016年第5期。

〔2〕 高轩："行政应急权对当事人行政诉权的威胁及其司法规制"，载《法学评论》2016年第2期。

〔3〕 喻少如："功能主义视阈下的行政机关负责人出庭应诉制度"，载《法学评论》2016年第5期。

〔4〕 朱学磊："论行政公益诉讼的宪法基础——以传统行政诉讼模式的合宪性危机为线索"，载《现代法学》2016年第6期。

　　有学者认为，当前行政公益诉讼在全国多个省份开展试点，与过往对公共利益的保护相比，行政公益诉讼在多方面取得了突破。囿于该制度在我国运行时间不长且欠缺有益经验，通过对实践中相关案例的分析，发现该制度存在很多问题亟待解决，例如，受案范围狭窄未达到公众对公益诉讼的期待，检察机关的特殊身份影响法院审判主导地位，缺乏检察机关承担败诉后果的规定，过高的胜诉率将增加滥诉的风险，等等。探究以上问题的理论与现实逻辑，妥善解决试点中的种种困惑，才能化繁为简地构建常规化的行政公益诉讼模式，使其发挥理想的效果，成为保护公益的重要法律武器。破解以上实践难题，需完善具体的公益诉讼制度，从立法体系中定义公益的范围，明确检察机关参与公益诉讼时的地位，有效处理检察机关、审判机关和行政机关之间的平衡问题。[1]

　　还有学者认为，在检察机关提起公益诉讼试点的实践过程中，检察机关的角色定位应该争取实现从"消极让位"到"主动出击"、从"有限介入"到"有力救济"的转变。检察机关提起公益诉讼需要具备一定的实质要件和形式要件。试点中，检察机关提起公益诉讼的案件范围除目前的四类案件外，还应该扩展到其他公益案件。在诉讼性质上，目前主要是围绕民事公益诉讼展开，应该更多地通过行政公益诉讼来体现和发挥检察机关的监督职能和公益代表者的角色。试点中，检察机关提起公益诉讼，应该从诉前程序、诉前准备、管辖、审判、举证、上诉、调节、诉讼费用等几个方面进行程序建构。[2]

　　2. 关于环境公益诉讼。有学者认为，由于环境公共利益的特殊属性，环境民事公益诉讼面临着科技性、民主性和道德风险等诸多潜在挑战。为了应对这些挑战，我国环境民事公益诉讼制度突出强化了司法权，并要求行政权与司法权配合，这容易使司法权突破其职权范围，从而损害行政权和司法权之间的合理分工与权力平衡。从行政法治发展的一般经验来看，在"夜警国家模式"到"福利国家模式"再到"风险社会模式"的过程中，行政权不断扩张以实现对公共利益的充分保护，而司法权则关注对行政权的有效控制，确保其不偏离维护公共利益的轨道，即大体上遵循"相互尊重专长"和"行政权优先"等原则。现代的环境公共事务十分复杂，需要以环境行政为主要应对手段，环境公共利益的保护须充分发挥行政权的专业性和司法权的监督作用，同时避免司法权对行政权造成不当干涉。在我国的司法实践中，需要进一步完善环境行政执法，并将环境行政公益诉讼作为环境公益诉讼制度的主要发展方向。[3]

---

〔1〕　秦前红："检察机关参与行政公益诉讼理论与实践的若干问题探讨"，载《政治与法律》2016年第11期。
〔2〕　杨解君、李俊宏："公益诉讼试点的若干重大实践问题探讨"，载《行政法学研究》2016年第4期。
〔3〕　王明远："论我国环境公益诉讼的发展方向：基于行政权与司法权关系理论的分析"，载《中国法学》2016年第1期。

（三）被告适格

关于复议机关共同被告制度。有学者认为，复议机关共同被告制度导致实践中复议机关应诉压力巨大、行政机关正常工作受到消极影响以及资源浪费等困境。作为一项不合常规且为我国所独有的制度，其设立不具有法理上和制度上的合理性，且对行政复议制度改革产生制约。我国并不具备专门的复议机关和复议人员，难以应对日趋增多的复议后共同被告案件的应诉，相关管辖制度也使复议机关应诉和法院审理面临前所未有的压力。复议机关在现阶段应依法当好被告或尽量避免当被告，同时由司法解释对该制度进行适当改良，并通过对《行政复议法》修改以建立专门复议机关。适时由立法机关对复议机关共同被告制度进行必要的评估，以确定其制度走向。[1]

还有学者认为，2014 年《行政诉讼法》的修改围绕复议机关就维持决定是否作被告展开了热烈的讨论，最终采取了以复议机关和作出原行政行为的行政机关作共同被告的模式，但是修法过程中的讨论存在三个焦点的错位：一是将被告规则与行政复议的功能联系在一起；二是将被告规则与行政诉讼的程序标的联系在一起；三是将被告规则与行政复议的构造联系在一起。除了极端的情形，行政复议本身的行政性并不会决定经复议案件被告规则的确立，而是会影响行政复议功能的发挥。行政复议制度的改革主要在于复议构造的变化，而行政诉讼被告规则应该回归基础和常识。[2]

（四）审查标准

1. 关于行政行为"明显不当"的认定。有学者认为，2014 年《行政诉讼法》修改增加了"明显不当"这一审查根据，法院对行政裁量合理性的审查由此得到立法确认。《行政诉讼法》总则维持了合法性审查的表述，体现了"实质合法"的观念，在此意义上，行政行为明显不当也属于违法。为维护司法审查根据之间的和谐，明显不当根据的适用范围最好限于针对行政行为处理方式问题的裁量；滥用职权根据则回归原位，限于行政机关违背法律目的、恶意行使权力的情形，行政行为是否"不当"，应当依据法定考虑因素、行政法原则、执法指南等相对客观的标准作出判断，执法者不能放弃其根据具体情境作出裁量的义务。裁量不当是否"明显"，应当以一个通情达理、了解情况的人为标准来判断，要注意给行政机关以充足的裁量空间。法院在承担起监督行政职责的同时，也要对行政裁量予以应有的尊让。[3]

2. 关于不当行政行为的司法救济。有学者认为，2014 年《行政诉讼法》将明显不当行政行为纳入救济范围，符合构建严密的法治监督体系、加快建设法治政府的要求。在行政诉讼中，法院既审查合法性，也审查合理性，但只能对合法性问题提

〔1〕　沈福俊："复议机关共同被告制度之检视"，载《法学》2016 年第 6 期。
〔2〕　毕洪海："错置的焦点：经复议案件被告规则修改检讨"，载《华东政法大学学报》2016 年第 3 期。
〔3〕　何海波："论行政行为'明显不当'"，载《法学研究》2016 年第 3 期。

供救济,此即行政诉讼的"合法性救济原则"。它是行政诉讼区别于行政复议的本质特征。行政诉讼只能救济明显不当行政行为,而不能救济一般不当行政行为。明显不当行政行为的判断标准宜采重大且明显说。明显不当行政行为被撤销后,法院应同时判决重作一个行为。法院变更判决不宜适用于所有的明显不当行政处罚,应限于涉及金钱或替代物的明显不当行政行为。司法建议救济不当行政行为的方式,值得商榷。[1]

(五)审查依据

1. 关于"不予适用"的适用。有学者认为,基于法的位阶理论和"上位法优于下位法"适用规则,可以对 2014 年《行政诉讼法》第 63 条和第 64 条作出全新解释,提出"不予适用"模式,法院可以在个案中拒绝适用抵触上位法的下位法,但不撤销或改变下位法。"不予适用"是一种消极的司法审查,只具有个案效力,不会侵犯备案审查机关的权力。法院不但可以不予适用规范性文件,而且可以不予适用抵触上位法的规章、地方性法规和行政法规。司法实践中,地方法院处理上下位法冲突时没有完全遵循"不予适用"模式,而最高人民法院的批复尤其是指导性案例 5 号"鲁潍(福建)盐业进出口有限公司苏州分公司诉江苏省苏州市盐务管理局盐业行政处罚案"的裁判要点,实质上支持"不予适用"模式。"不予适用"模式也有边界,法院无权不予适用法律,应尽可能对法律作合宪性解释。[2]

2. 关于行政诉讼的裁判基准。有学者认为,契税客体是契税行政法律关系变动的基础,法院审理契税行政诉讼案件的裁判基准源自对契税客体的判定。在税法理论上,契税客体有债权行为说和物权行为说两种观点,两种学说下的法律后果完全相反。法院审理契税案件的核心任务是维护契税立法的稳定性。通过对现行契税立法条文的目的解释和民法客体理论检视,可以发现立法对契税客体采债权行为说。面对契税立法缺漏,法院应当恪守"债权行为说",并援引私法规则形成契税行政诉讼的裁判基准。对于房屋预售引发的滞纳金争议,法院应居中将"合同签订日"扩张解释为"竣工验收备案日"作出裁判。对于合同解除引发的退税争议,法院应当依据交易是否已成立来确定税局应否退税。[3]

3. 关于行政规范性文件司法审查。有学者认为,通过对《最高人民法院公报》公布的 14 个涉及行政规范性文件司法审查案例的考察,可以发现这项由司法解释创设的权力遭遇了严重的实效性问题。其原因在于:①由我国法院系统"政策实施型"制度逻辑、过度科层化的权力组织结构和司法权的行政化等因素所决定的法官行为

---

〔1〕 张峰振:"论不当行政行为的司法救济——从我国《行政诉讼法》中的'明显不当行政行为'谈起",载《政治与法律》2016 年第 1 期。

〔2〕 马得华:"论'不予适用':一种消极的司法审查——以《行政诉讼法》第 63 条和第 64 条为中心的考察",载《环球法律评论》2016 年第 4 期。

〔3〕 虞青松:"行政诉讼的裁判基准研究——以契税客体内含的私法规则为中心",载《行政法学研究》2016 年第 4 期。

逻辑,导致了法院对行政规范性文件实施司法审查的能力存在不足;②这项权力本身面临的正当性、合法性疑问,则加剧了法官行使这一权力的消极程度。2014 年《行政诉讼法》的施行,可以消解第二个方面的问题,但行政规范性文件司法审查机制中的诸多问题,仍有待于通过司法审查标准的完善乃至通过宏观层面的司法制度改革予以解决。[1]

还有学者认为,在法律理论中,内容合法性是识别规范合法性的关键概念,对于引导司法裁判具有重要作用。基于学理分析和对相关判例的总结,内容合法性可以根据其判决相对于法律体系的开放程度区分为开放的内容合法性、封闭的内容合法性和半开放的内容合法性。此三种不同的内容合法性分别适用于极端不正义领域、法律保留领域和上位法依据不明确领域中法律决定之合法性判断。通过对内容合法性种类与适用范围的梳理,可以有效引导法院区分规范性文件合法性审查的不同层次。[2]

(六)判决类型

1. 关于行政诉讼补救判决。对于其请求权基础,有学者认为,2015 年 5 月 1 日开始实施的中华人民共和国《行政诉讼法》第 76 条、第 78 条明确规定了一种"新"的行政诉讼判决形式——行政诉讼补救判决。上述法条用"可以"和"或者"对补救判决的作出予以规范,即以授权性规则形式赋予法院在补救判决适用中的司法裁量权需要有一项合理原则标准予以规范,明确行政诉讼补救判决的请求权基础则可以为该司法裁量权的行使提供一项合理原则标准。作出行政诉讼补救判决的请求权基础包括信赖利益保护请求权和结果除去请求权。[3]

而对于其适用条件,该学者还认为,2014 年修订的《行政诉讼法》第 76 条、第 78 条规定了一种"新"的判决方式——行政诉讼补救判决。上述法条中仅用"可以"或"或者"一词对补救判决的作出予以规范,对该判决形式的适用条件未予以明确。最高人民法院早在 2000 年发布的相关司法解释中已初步确立了该判决形式,司法实践中也存在相当数量适用补救判决的案件,通过结合审判实践中适用补救判决的案件,从形式、性质以及功能等方面分析界定补救判决的内涵,并提炼出补救判决的适用条件,不仅有利于明确补救判决与其他判决形式之间的相互关系,也能够解决司法实践中"如何用、何时用"判决形式的问题。[4]

2. 关于论行政诉讼中的确认无效判决。有学者认为,确认无效之诉具有事实上备位性,对此特性的疏忽将间接影响确认无效判决的制度设计。我国 2014 年《行政诉讼法》第 75 条引入"重大且明显违法"的无效标准并加以例示,但因标准过于抽

---

[1] 余军、张文:"行政规范性文件司法审查权的实效性考察",载《法学研究》2016 年第 2 期。

[2] 俞祺:"规范性文件的权威性与司法审查的不同层次",载《行政法学研究》2016 年第 6 期。

[3] 陈思融:"论行政诉讼补救判决的请求权基础",载《中外法学》2016 年第 1 期。

[4] 陈思融:"论行政诉讼补救判决的适用条件",载《政治与法律》2016 年第 1 期。

象、例示失当、起诉期限的特殊设计阙如，确认无效判决的独立价值难以彰显。第75条中的"实施主体不具有行政主体资格"可能游走于行政行为不存在、有效或无效之间，需再作细化；而本条的"没有依据"则因表述过于简略，无法凸显其在程序与实体两方面之判定标准。完善确认无效判决需从理论、立法、司法三个维度加以突破，即以事实上备位性来形塑确认无效之诉的制度定位，以概念阐释及规范修补来达致确认无效判决的适用明晰与价值独立，以司法经验之审慎提取及反思来勾勒"重大且明显违法"的客观化界域[1]。

3. 关于重作判决的适用。有学者认为，在我国司法实践中，重作判决存在适用混乱的情形。作为附随于撤销判决的一种判决形式，重作判决的作出虽属法院的自由裁量行为，但其适用有着严格的内在逻辑。法院在作出重作判决时必须考量诉讼类型、原被告间的基础法律关系及行政程序。2014年修正后的我国《行政诉讼法》的修正缩减了重作判决的适用空间，重作判决仅能适用于负担性行政行为因实体上存在法律法规错误以及明显不当被撤销的情形。因被诉行政机关的重作义务蕴含在撤销判决的效力之中，随着相关法制的完善，重作判决应退出历史舞台[2]。

（七）诉讼程序

1. 关于简易程序。有学者认为，我国2014年修订的《行政诉讼法》增设了行政诉讼简易程序，其中第82条规定了简易程序的适用方式和案件范围。比较法视野下，行政诉讼简易程序的适用方式主要有：当事人选择适用，法院受立法概括性限制的裁量适用，法院受立法列举性限制的羁束适用，以及该三种方式的综合适用。第82条采取综合适用方式，不过这种方式并不意味着是最科学合理的。第82条还规定了适用简易程序的案件范围，但在列举人民法院可以决定适用简易程序的案件类型时，归类标准不统一，导致列举的三类案件的外延有交叠现象。此外，列举的第三类案件与前两类案件在性质上明显不协调。这些不足尚待未来的进一步完善[3]。

2. 关于起诉期限。有学者认为，行政机关进行诉权告知成为行政诉讼起诉期限的起算点，是由司法解释逐步确立的。在2014年《行政诉讼法》建立新的起诉期限制度以后，该项制度面临着是否继续适用的问题。《最高人民法院关于执行〈中华人民共和国行政诉讼法〉若干问题的解释》（以下简称《若干解释》）第41条实质上是在法定标准以外增加了新的起算点，针对所有的行政行为，行政机关如未履行告知义务，法院一般直接适用2年的起诉期限，除非有特殊情形。2014年《行政诉讼法》施行后的司法实践中，法院叠加适用或者选择适用2年期限和新的6个月期限。基于诉权告知制度在我国行政程序法中的地位，我们有必要对诉权告知与起诉期限

〔1〕 梁君瑜："论行政诉讼中的确认无效判决"，载《清华法学》2016年第4期。

〔2〕 刘欣琦："新《行政诉讼法》实施后重作判决适用探析"，载《政治与法律》2016年第5期。

〔3〕 葛先园："我国行政诉讼简易程序检视——以新《行政诉讼法》第82条为中心"，载《法律科学（西北政法大学学报）》2016年第2期。

之间的相关性进行检讨，并且对其适用范围进行类型化改造。[1]

（八）行政补偿、赔偿

1. 关于管制性征收。有学者认为，我国尚未制定管制性征收的相关法律，但司法实践中已经出现了一些因为管制性征收而发生的补偿争议案例。缺乏可供适用的法律使得法院判决管制性征收案件时采取较为保守的态度。司法救济可以在管制性征收制度的发展过程中适度发挥影响。管制性征收司法救济有三个关键要素，即成熟原则、审查依据以及补偿标准。这三个关键要素的相互作用，可以推动制度建设，从而保护土地利用权利，促进管制性征收司法救济的发展与完善。[2]

2. 关于补偿标准。有学者认为，现代社会中，私有财产受到公权力限制的情况屡见不鲜。日本宪法和法律规定，国家为了公共利益有权限制财产权，并同时规定了补偿制度，但没有明确补偿的判断标准。理论界以权利人、规制行为和财产为中心分别归纳出多种补偿判断标准，而司法判决则以财产权的损失作为是否补偿的出发点，并以财产权的性质判断是否存在特别牺牲。财产权限制行政补偿判断标准首先可以划分为限制标准（行为）与补偿标准（损失），其中，对损失的界定又存在"特别"标准与"牺牲"标准，再进而对"牺牲"进行解释并在财产权限制的多发领域寻求以状况拘束性理论作为最终判断标准。以财产权限制补偿判断标准为契机，有必要以特别牺牲概念为核心重新审视行政补偿概念。[3]

该学者还认为，禽流感事件发生后，各地政府对疫区禽类实施扑杀，并根据《重大动物疫情应急条例》第 33 条中的"合理补偿"对养殖户实施补偿。实践中，"合理补偿"多被解读为"相当补偿"，这与行政补偿的一般做法相一致。然而，基于扑杀行为对于公共利益的影响方式和程度上的特殊性，扑杀补偿中的"合理补偿"应为"完全补偿"。风险社会中，当风险自担原则被公共选择所替代时，政府应就其风险预防行为承担损失补偿责任，而该补偿行为也能作为政府规制工具对决策产生影响，因此，在设计补偿标准时，应以风险预防原则取代比例原则。[4]

3. 关于国家赔偿中的"赔礼道歉"。有学者人认为，国家赔偿中的"赔礼道歉"存在滥用的现象。按照侵权责任法理论，"赔礼道歉"作为一种精神损害赔偿责任承担方式，仅适用于过错责任。我国《国家赔偿法》采用多元归责原则体系，其第 17 条第 2 项、第 3 项是结果责任，属于无过错责任，不应纳入国家赔偿法的体系。合法的"错捕错判"应适用刑事补偿责任。刑事补偿责任有其独立的意义：表层意义是为蒙冤者提供更好救济的体系，深层意义是一种兼顾司法权威的体系权衡。刑事司

〔1〕 黄涧秋："诉权告知与行政诉讼起诉期限——基于裁判文书的规范分析"，载《行政法学研究》2016年第1期。

〔2〕 彭涛："规范管制性征收应发挥司法救济的作用"，载《法学》2016年第4期。

〔3〕 杜仪方："财产权限制的行政补偿判断标准"，载《法学家》2016年第2期。

〔4〕 杜仪方："何为禽流感中扑杀行为的'合理'补偿——兼论风险规制与行政补偿标准的新发展"，载《行政法学研究》2016年第3期。

法活动本身并不具有可责难性，危险责任理论不应作为刑事补偿责任的理论基础。国家赔偿案件适用"赔礼道歉"的裁判思路应以"致人精神损害的"作为裁量空间，区分合法原因行为和违法原因行为引起的"错捕错判"，在认定过错的基础上适用"赔礼道歉"这一责任承担方式。[1]

第四节　证据法学研究状况[2]

一、研究概况

证据是事实认定的基础，是有效实现司法公正的基石。证据制度是法治国家的一项基本制度，是司法文明指数体系中的一个重要指标。证据制度建设是一项长期而艰巨的任务，是一项复杂而精细的系统工程。随着我国司法改革的深入，尤其是检察业务和审判方式的逐步深化，证据制度建设必然成为当前司法改革的重要内容之一。在这种背景下，证据法学研究也不断转型与发展，证据法学体系不断得到完善，这不仅是证据法学逐步走向成熟的表现，也是实现司法公正、提高司法公信力、建设法治政府的内在要求。

2016 年，我国证据法学研究在已有成就的基础上继续有所突破和发展。据统计，2016 年全国在主要法律类出版社出版证据法学相关研究著作（不包括教材）共 7 部，在 23 种 CSSCI 法学类核心期刊上发表证据法学论文共 39 篇。这些高质量著作的出版以及高水准论文的发表，体现了全国证据法学研究稳步前行的发展态势。

整体而言，2016 年我国证据法学的学术研究主要有以下几个方面的特点：①学术界的研究一如既往地涵盖了证据制度、证据规则、证明理论、域外比较等多方面的内容，对证据法的发展进行了全方位的反思和梳理；②继续深入研究证据规则，尤其是在以审判为中心的司法改革大背景下，对非法证据排除规则的实证研究和分析，有利于厘清目前非法证据排除工作所存在的症结，推动规则的不断完善；③针对证据法学前沿问题，在结合实际的基础上对域外证据制度进行了深入研究和借鉴，包括对美国量刑证明标准的研究、对威廉·特文宁证据理论的解读、对米兰达规则的省思等；④高质量学术著作的出版，引领了证据法研究的方向，也营造了良好的证据法学学术研究氛围。例如，龙宗智教授所著的《司法改革与中国刑事证据制度的完善》一书，主要根据 2008 年中央司法改革意见以及中共十八届四中全会决定的相关要求，围绕我国刑事证据制度的完善这一主题，以刑事诉讼法对证据制度修改的内容为主要对象，就我国刑事证据制度运行和完善涉及的主要问题进行专题研究。

---

〔1〕 蒋成旭："论国家赔偿中的'赔礼道歉'——以〈国家赔偿法〉第 17 条第 2 项、第 3 项为中心"，载《政治与法律》2016 年第 4 期。

〔2〕 *本部分执笔人：栗峥教授。

通过将刑事证据法的基本法理与中国刑事司法实际结合起来，努力实现理论创新，完善适合中国实际的刑事证据理论，从而为制度规范与实际操作提供依据与指引。[1] 陈卫东教授所著的《刑事证据问题研究》一书，在充分吸收法学界最新研究成果的基础上，对刑事证据研究中应当注意的主要问题进行了系统、全面的阐述，内容涵盖了刑事证据的基本范畴研究、刑事证据的法律体系研究、刑事证据规则的法律功能研究、定罪证据与量刑证据研究、刑事被告人证明责任研究、刑事证明标准研究、电子证据在刑事诉讼中的运用规则研究、域外电子通讯监控的立法前沿与启示、科技证据的发展与刑事诉讼法的变革研究、强制医疗程序中证据法问题研究等。[2] 许少波教授所著的《民事诉前证据收集制度研究》一书，把中国当下司法实践中实际存在的诉前证据收集概括为三种类型，即当事人自行性诉前证据收集、社会性诉前证据收集和国家性诉前证据收集，并分析了各种证据收集类型的优缺点。作者认为，要完善中国的诉前证据收集制度，必须创制新的诉前证据收集类型。相对理性的选择是：创新我国现行的"当事人申请法院调查、收集证据"制度，把申请时段从诉后延伸到诉前，从而使该项制度发展为当事人既可以在诉讼系属之后又可以在诉讼系属之前申请法院收集证据的制度。[3]

二、重点研究内容

（一）证据的概念与种类

证据的概念和种类是证据理论中最基本的法律概念，与证据规则的适用息息相关，正确地厘清概念、区分不同的证据种类至关重要。

就物证而言，有学者指出，证物与物证是不同的概念。证物是获得了物证的物，它本身并不是物证。物证是由证物获得的两种事实：物中的事实和物所体现的事实。这两种事实只要与案情或其他待证事实相关联就是物证。勘验笔录不是物证。鉴定结论不是人证。把勘验、检查笔录和鉴定结论看作物证之外与物证平行的两种证据种类更讲不通。勘验、检查笔录和鉴定结论只是反映了物证的证据资料，可以称之为物证资料。物证是最佳证据，我国刑事司法对物证已表现出越来越重视的倾向。由历史上看重人证到现在看重物证，这是证据观念上的一次根本性转变。这一转变必将开创我国刑事司法重视物证的新时代。[4]

就证人证言而言，有学者认为，作为法定证据种类之一的证人证言，不仅可以最直接地反映案件情况，同时也兼具重要性和不稳定性等复杂特点，这些特点可从生物学和认识论等不同角度进行分析论证。保障刑事诉讼中证人证言可信性之必要性则可体现于对其作用、危害及审查难度等方面的论述中。通过阐述中美不同庭审

[1] 龙宗智：《司法改革与中国刑事证据制度的完善》，中国民主法制出版社 2016 年版。

[2] 陈卫东主编：《刑事证据问题研究》，中国人民大学出版社 2016 年版。

[3] 许少波：《民事诉前证据收集制度研究》，社会科学文献出版社 2016 年版。

[4] 裴苍龄："再论物证"，载《环球法律评论》2016 年第 1 期。

制度下运用证人弹劾规则之基础与可行性，可得出如何运用证人弹劾制度的逻辑视角与具体规则来保障其可信性的具体规则与方法。[1]

就勘验、检查笔录而言，有学者指出，刑事诉讼中勘验、检查笔录的应然范围应当仅包括五官感知类笔录，不应包括搜查、扣押类笔录与证据提取类笔录，其在证据属性上应当属于言词证据。在勘验、检查笔录证据能力立法模式的设置上，国外存在传闻证据模式与直接言词模式两类，我国宜选择传闻证据模式，但同时应当借鉴直接言词模式的成功经验。针对我国勘验、检查笔录缺乏证据能力规则约束，勘验、检查人员出庭作证缺乏规制的问题，立法应当对勘验、检查笔录的证据能力规则予以建构。勘验、检查笔录原则上不具备证据能力，因此，应当要求法庭审判时法官亲自进行勘验、检查或者侦查人员出庭作证。勘验、检查笔录只有符合以"可信性之情况保障"与"必要性"为设置标准的例外情形时，才具备证据能力。[2]

就鉴定意见而言，随着技术的发展，DNA 鉴定意见越来越重要，部分学者指出，从逻辑、经验与科学的视角构建证明分析理论是当前证据法学研究的一个新视角。对 DNA 鉴定意见进行全景透析式的证明分析需要从证明对象、逻辑推导关系、关联关系、关联强度和可信性等五个方面展开。证明对象分析可明晰 DNA 鉴定意见司法证明的效力范围；逻辑推导关系分析可明晰 DNA 鉴定意见的证明机理；关联关系分析可明晰 DNA 鉴定意见的证明属性；关联强度分析可明晰 DNA 鉴定意见的证明功效；可信性分析可在真实性、准确性和可靠性三个方面发现影响 DNA 鉴定意见司法适用的各种因素。从证明角度规范 DNA 鉴定意见的司法应用，有必要确立 DNA 鉴定意见双盲鉴定规则、同步双重鉴定规则和绝对排除规则等新规则。[3]

此外，犯罪嫌疑人、被告人供述和辩解作为口供，一直被追诉者所青睐。有学者指出，从历史沿革和立法意图看，2012 年《刑事诉讼法》增设侦查讯问录音录像制度的目的在于：规范侦查讯问行为，防止刑讯逼供；证明讯问过程的合法性；客观记录审讯内容，保障讯问笔录的公信力和确定力，防止翻供。基于决定主体的不同以及录音录像口供功能的有无，不同国家和地区讯问录音录像的制度模式可以分为权利保障型和权力主导型。权利保障模式更加尊重犯罪嫌疑人的沉默自由权和自主选择录音录像的权利，在此模式下，被讯问人供述的自愿性以及肖像权、隐私权等得到充分保障，录音录像具有口供功能。权力主导模式以规制侦查讯问行为为目标，赋予侦查讯问方录音录像的决定权，犯罪嫌疑人一旦放弃沉默权往往会被强制录音录像，其供述自由权和肖像权、隐私权等权益面临被侵害的风险，录音录像的

---

〔1〕 强卉："刑事证人证言的可信性问题研究——以美国证据法中的证人弹劾制度为视角"，载《法律科学（西北政法大学学报）》2016 年第 3 期。

〔2〕 宋维彬："论刑事诉讼中勘验、检查笔录的证据能力"，载《现代法学》2016 年第 2 期。

〔3〕 吕泽华："DNA 鉴定意见的证明分析与规则创设"，载《法学家》2016 年第 1 期。

口供功能被弱化。因类似于权力主导模式，加之我国的侦查讯问环境，我国讯问录音录像的口供功能难以发挥，所以，有必要向权利保障模式转型，实现其功能的多元化。[1]

（二）证据规则与非法证据排除

证据规则的存在和适用有利于查明案件真相、实现实体公正，也有利于尊重和保障人权，提高诉讼效率。

针对口供补强规则，有学者指出，在仅有被告人口供及其他间接证据的案件中，法官可能会因未提取到相应的实物证据而产生能否定案的困惑。"实物证据定案主义"反映了我国司法实务中口供补强规则的适用缺乏具体标准指引的突出问题。在我国，有必要对口供补强规则进行精细化的阐释，以有效弥补刑事证明标准含义的模糊性，增强其适用的客观化。口供补强规则的核心价值在于减少基于虚假供述的误判，以此为目标，构建口供补强规则的两种标准分别为罪体标准与可信性标准。可信性标准更有助于事实的准确认定，但在适用时必须确认被告人的口供未受到外部信息源（尤其是警察指供）的污染。我国的口供补强规则应以可信性标准为主体，在适用时还需注意与罪体标准相结合、核实补强证据的可靠性、审查口供及其衍生证据的取得过程等具体问题。依据口供补强规则，在案件缺乏相关实物证据的情形下，仍然能够通过其他证据对口供"排除合理怀疑"地补强而定案。但是，法官在综合审查证据时，应重视实物证据在确立"合理怀疑"方面的作用。[2]

针对陈述自愿性规则，有学者认为，2012 年《刑事诉讼法》新增"不强迫自证其罪"条款，禁止以各种强制方法课以被告人主动提供针对自己的归罪信息之义务，该条款与禁止刑讯逼供等不正当讯问方法的规定具有不同的规范内涵。根据"不强迫自证其罪"条款，一切以直接或间接手段课以被告人主动配合义务的取证行为将被宣告违法，所获得的证据应根据《刑事诉讼法》第 54 条分别适用不同的排除标准。"不强迫自证其罪"条款的规范效力并不仅限于刑事诉讼本身，如果行政机关在行政执法过程中的取证行为违反"不强迫自证其罪"条款的实质要求，则该证据在刑事诉讼中的准入资格将可能受到限制。[3] 同时，也有学者提出，我国坦白制度的设立有其深厚的理论根基。其中，其法学理论方面的根基主要包括：功利主义刑法理论、刑罚个别化原则以及刑法谦抑性理论。功利主义刑法理论基于"最大多数人的最大幸福"这一功利主义的核心诉求而为坦白制度的设置提供了理论支撑。针对坦白犯一般人身危险性相对较小的特点，以刑罚个别化原则为指导而在刑法典中设置坦白制度，具有合理性和科学性。刑法谦抑性所要求的轻刑化对构建我国刑法典

---

〔1〕 董坤："侦查讯问录音录像制度的功能定位及发展路径"，载《法学研究》2015 年第 6 期。

〔2〕 向燕："论口供补强规则的展开及适用"，载《比较法研究》2016 年第 6 期。

〔3〕 孙远："不强迫自证其罪条款之实质解释论纲"，载《政法论坛》2016 年第 2 期。

中的坦白制度具有指导意义。[1]

任何人不得从其不法行为中获得利益。非法证据排除规则作为多项证据规则中极其重要的一项，是程序性制裁制度中的重要组成部分，近年来，众多学者都结合司法实践对该规则进行研究和阐述。例如，有学者认为，中国非法证据排除规则已经从法律文本走向司法实践，并且在保障人权方面发挥了重要作用。在司法实践中，绝大多数非法证据排除申请都能启动对证据合法性的审查，其中约有一成左右的申请得到支持，从而将非法证据排除。在非法证据被排除的案件中，有些被告人被宣告无罪，有些案件被发回重审，有的案件检察院撤回起诉；有些被告人虽被定罪，但其被指控的部分犯罪事实未被认定。有关非法证据排除的司法实践反映出一些问题：例如，"毒树之果"原理的缺失导致犯罪嫌疑人、被告人的权利不能得到更好的保护，部分案件在证据合法性证明问题上出现转嫁举证责任的现象，有些案件法院从内容真实推论程序合法，有些案件因规则模糊导致权利保护不到位。应对的举措是确立"毒树之果"规则，杜绝举证责任倒置，逐步实现从证据分类型规则向权利分类型规则的转变。[2]与此同时，有学者指出，党的十八届四中全会通过的《中共中央关于全面推进依法治国若干重大问题的决定》提出："推进以审判为中心的诉讼制度改革，确保侦查、审查起诉的案件事实证据经得起法律的检验。""以审判为中心"成为近期我国政法机关需要落实的重要工作。非法证据排除是公检法机关开展这一工作的"最大公约数"，"以审判为中心"对检察机关开展非法证据排除工作也产生了直接的影响。在这一大背景下，检察环节开展非法证据排除工作存在法律规范、办案时间、排除后果等多重障碍，可以通过改变观念、加强检侦合作、重视裁量、内部整合资源等方式积极应对。[3]

当然，也有部分学者认为，我国已经建立起从侦查到审判的一体化非法证据排除规则体系。在司法实践中，审查起诉阶段的非法证据排除程序的启动频率要高于审判阶段的启动频率，这主要是因为审查起诉阶段的非法证据排除更契合于侦查、审查起诉和审判机关三者的职业利益和职业处境。一体化的非法证据排除规则在实际运行过程中被我国当前的刑事司法体制所重新形塑，呈现出一种新的格局。非法证据排除规则在审查起诉阶段的实施其实更多地是发挥证据把关的作用，而不是真正意义上的证据排除作用。证据把关与证据排除之间在主体角色定位、程序效果和正当性基础上都存在着微妙的差别。非法证据排除的这种特殊格局对侦查阶段的震

---

〔1〕 吴占英："论坦白制度的理论根基"，载《法学论坛》2016年第5期。

〔2〕 易延友："非法证据排除规则的中国范式——基于1459个刑事案例的分析"，载《中国社会科学》2016年第1期。

〔3〕 魏建文："以审判为中心对检察环节非法证据排除工作的影响及其应对"，载《法学杂志》2016年第5期。

慑效应和被告人、犯罪嫌疑人的权利保障都会产生深刻的影响。[1] 而有学者结合实证研究指出，在 2012 年《刑事诉讼法》正式确立非法供述排除规则后，我国的供述自愿性审查模式也呈现出类似其他国家的二元分化状态，包括主观判断模式与客观审查模式。通过对 2013 年至今作出的 400 份有关非法供述排除的裁判文书进行实证研究可以发现，主观判断模式与客观审查模式在适用供述类型、启动排除条件、证据采信、审查判断方式与结论等方面均有不同。但客观审查模式的功能没有发挥，通过结果证据审查供述真实性仍是我国供述自愿性审查的主流方式。因此，两种模式均未解决非法供述排除难的问题。这与两种审查判断模式的趋同化有直接关系。这种趋同化产生的原因包括法官将客观审查模式主观化，以及客观审查模式在实践操作中的逐渐异化。审查判断模式的趋同化不仅使得非法供述排除的比例降低，还使得非法供述排除程序形式化。因此，应当在现阶段的刑事司法实践中适用综合性审查判断模式，既有效认定供述的自愿性，也准确认定供述的真实性，间接保障客观审查模式的正确适用，从技术层面解决非法供述排除难的问题。[2]

最后，在民事反垄断领域，有学者指出，反垄断私人诉讼是反垄断法执法的重要组成部分，是传统的反垄断公共执行的重要补充。目前我国审理反垄断案件适用"谁主张，谁举证"这样一般的民事诉讼规则，但垄断案件具有很强的特殊性，受害人很难发现和证明垄断行为。原被告之间的力量失衡、司法救济被动性延迟以及现有的制度框架缺乏激励功能，极大地限制了反垄断私人诉讼的有效实施。在考虑我国传统的诉讼基础和现行的法律制度的基础上，我国应保留证据开示制度的优点并进行相应的改良，将其引入我国反垄断私人诉讼。[3]

（三）证据收集与审查程序

在证据收集方面，有学者指出，新近的错罪和超期羁押，引发了学界对审前羁押功能的反思。通过梳理文献发现，中外审前羁押理论和立法比较的成果丰厚，但对司法现状掌握不多。以 A 市 1205 份刑事判决书及 3063 份证据为样本，研究发现，我国审前羁押率高、羁押期限较长、不必要羁押普遍存在，应当大力推行审前释放制度。理由为：①在嫌疑人到案初期，公安机关已查实证明犯罪的主要证据，以押代罚不合理；②公诉和审判阶段以程序性证据收集为主，保障诉讼观念须反思；③各阶段羁押期限普遍延长且证据收集存在后尾，诉讼效率低下。研究表明，我国的审前羁押率处于世界中等水平，取保候审后逃跑、犯新罪等妨碍诉讼的案例不常见。鉴于审前释放风险较小，践行无罪推定可缓解立法与司法、精确定罪与预防错

〔1〕 吴洪淇："证据排除抑或证据把关：审查起诉阶段非法证据排除的实证研究"，载《法制与社会发展》2016 年第 5 期。

〔2〕 孔令勇："供述自愿性审查判断模式实证研究——兼论非法供述排除难的成因与解决进路"，载《环球法律评论》2016 年第 1 期。

〔3〕 厉潇逸："反垄断私人诉讼的证据开示制度研究"，载《法学杂志》2016 年 8 期。

案的双重困境。[1]

就证据审查而言，有学者认为，在证据证明力的审查判断上，我国实行的是一种"印证模式"。这种印证模式的形成和我国司法传统和司法理念密切相关，其强调证明力的客观性、外部性和可检验性。印证模式在实践中存在诸多漏洞：一是将具有或然性的经验法则普适化；二是重视证立、轻视排伪；三是过于依赖直接证据，这些漏洞有时会导致案件事实背离实质真实。随着审判中心主义的推进和排除合理怀疑的落实，我国应当由印证模式走向印证与心证的"混合模式"。只有在印证的过程中融合心证，使主观判断和客观判断相结合，使外部性审查和内部性审查相结合，才有可能弥补印证模式的证明漏洞。[2]

此外，律师核实证据也受到了学者的关注。有学者指出，2012 年《刑事诉讼法》修改，有关辩护律师核实证据的内容、范围和方式等均不明确，随着《刑法修正案（九）》的实施，律师核实证据还将面临"泄露案件信息"的执业风险。基于价值考量，核实证据内容应限定为客观上矛盾、主观上"存疑"的证据而非全案证据；核实范围上，在确认律师有权对言词证据进行核实的同时，应设置若干例外，并根据不同的诉讼阶段确定不同的核实范围，办案机关可针对个案以"负面清单"的形式禁止律师对某些敏感信息进行披露；在核实方式上不宜作出硬性规定，但应注意区分被追诉人是否被羁押的情形，对于未被羁押的，可予以适当限制。此外，尚需完善配套制度：修订律师执业行为规范；确立违法监听排除规则；赋予律师侦查阶段有限的核实证据权。[3]

通过实证研究，有学者以湖北省高院 2009～2014 年 6 年内再审改判、发回重审的 175 件案件为实证研究样本，结合近几年来全国范围内发现的重大刑事冤错案件，剖析目前刑事审判中在证据采信、事实认定和法律适用等方面存在的问题，分析刑事审判阶段造成刑事冤错案的主要原因，揭示审判中心主义视角下刑事审判的司法规律，进而有针对性地提出刑事诉讼程序合理建构防范刑事冤错案件机制的路径与方法。[4]

在民事领域，学者认识到民事询问权对于案件事实的查明、法官心证的获取具有重要意义，是民事审判权的重要内容之一。但立法对询问权规定的缺失以及对抗制诉讼模式的影响，致使我国存在询问权有损司法中立的认识误区。鉴于这一误区对司法公正会产生相当之负面影响，因此，对询问权展开研究，并为其法典化及司

---

〔1〕 熊谋林："从证据收集看审前羁押——基于 A 市的实证研究"，载《华东政法大学学报》2016 年第 2 期。

〔2〕 蔡元培："论印证与心证之融合——印证模式的漏洞及其弥补"，载《法律科学（西北政法大学学报）》2016 年第 3 期。

〔3〕 韩旭："辩护律师核实证据问题研究"，载《法学家》2016 年第 2 期。

〔4〕 杨凯："论审判中心主义视角下刑事冤错案防范机制建构——以湖北高院六年 175 件刑事再审发改案件为样本的实证分析"，载《法学评论》2016 年第 2 期。

法操作进行理论储备是学界之重要课题。[1]

（四）司法证明

司法证明是诉讼的重要环节，完整意义上的司法证明包括证明对象、证明责任、证明标准、证明程序。已有学者指出，证明是中国古代诉讼活动中不可缺少的重要环节。在古代侦、控、审职能不分的体制下，证明主要是审判机关的职责，但是案件的原告需要提供一定的证据，被告人更承担着证明自己无罪的责任。在诉讼证明标准方面，中国古代司法始终注重追求客观真相，其具体的制度表述则从概括性逐步走向具体、明确，同时越来越强调依据口供定罪。对于疑罪的处理，中国古代虽有过疑罪从无的思想，但在法律规定上采取疑罪从轻、从赎的原则。古代诉讼证明制度深受专制主义政治体制的制约，反映了纠问制诉讼模式的特征，同时也从一个侧面体现了中国古代的司法文明。对古代证明问题的考察和研究，对今天中国的司法制度改革有重要的借鉴意义。[2]

在司法改革的大背景下，有学者指出，党的十八届四中全会提出了"推进以审判为中心的诉讼制度改革"，为我国刑事诉讼制度新一轮的改革定下了基调。在刑事诉讼中，有关定罪量刑的事实认定是诉讼的一项中心任务，因而刑事证明模式的设计至关重要。我国传统的刑事证明存在证明理论哲学化、证明主体单极化、证明活动协作化等问题，不利于通过程序公正实现实体公正的目标。近年来，学术界关于"印证证明模式"和"新法定证据主义"的研讨，也存在一定的偏差。当前，有必要在"审判中心主义"的视野下重新审视我国刑事证明模式的过去、现在和未来，并以三个支点重塑我国的刑事证明模式，即强化审判阶段诉讼证明的中心地位，形成以证据能力为核心的证据规则体系和完善以严格证明为主的证明体系。[3] 同样，也有学者认为，"以审判为中心"的诉讼制度改革是本轮司法改革措施中最具影响力、意义最为深远的改革举措，其是针对"以侦查为中心"提出来的。"以审判为中心"强调以审判职能为中心，应明确：以审判为中心不是以庭审为中心，以审判为中心不是证明标准的统一，以审判为中心不适用于民事、行政案件，以审判为中心的改革与"分工负责，互相配合、互相制约"原则并行不悖。未来以审判为中心的刑事诉讼格局的重新构建，应着力推进庭审的实质化建设，积极推进审前程序的制度重构，全面发挥律师在庭审中的作用。[4] 此外，已有学者清醒地认识到，在当前刑事错案治理的大背景下，我国刑事印证理论存在"批判替代论"和"修正完善论"的理论争议。刑事错案的生成不能归因于印证模式，而程序化的印证模式只能是治标

---

〔1〕 史飚："民事询问权研究"，载《政法论坛》2016年2期。

〔2〕 陈光中、朱卿："中国古代诉讼证明问题探讨"，载《现代法学》2016年第5期。

〔3〕 王守安、韩成军："审判中心主义视野下我国刑事证明模式的重塑"，载《政法论丛》2016年第5期。

〔4〕 陈卫东："以审判为中心：解读、实现与展望"，载《当代法学》2016年第4期。

不治本。针对当前刑事印证理论存在的理论误解、绝对主义误读以及应用的局限性等困境和问题,有必要从印证的本体论视角进行修正和完善。作为证明方法的印证,具有对象特定性和信息完整性,是对案件确定事实的不断追寻。印证的原理需要从命题论、过程论、融贯论和科学论四个方面进行分析和阐释,最终通过印证的分类适用来实现其有效性。[1]

就证明责任而言,有学者指出,证明责任理论并非适用事实认定的证据理论,而是一种裁判规则理论,规定法院在"真伪不明"事实认定状态下应当如何裁判。但在我国,证明责任基本被划入证据规则之内,主要内容集中于"真伪不明"之前的事实认定程序之中,完全背离了证明责任的本质及作用场域,与我国现有的程序体系及证据理论严重脱节,不仅其独立性价值饱受质疑,而且与我国传统证据领域内的举证责任既在概念上相冲突,又在适用范围上相重叠,造成了相当大的理解混乱及困难。被错误地适用于证据领域的证明责任理论,只有回归裁判本源,才可能有现实的出路。[2]

在民事领域,有学者指出,我国民事证明责任分配理论之所以长期纷争不定,根源在于对证明责任概念的界定模糊不清。具体举证责任与抽象证明责任性质不同,各具分配与承担规则。"谁主张,谁举证""举证责任转换""举证责任倒置""法官分配举证责任"均更符合对具体举证责任承担规则的描述;而在抽象证明责任分配层面,则应依据"规范说"理论,从拟适用的实体法规范出发,依"要件事实的一般规定""法律要件的特别规定"及对规范漏洞的"法律续造"形成不同层面的证明责任分配的规范根据。[3] 同时,有学者也指出,民事证明责任分配的实质性原则问题是当代证明责任理论的中心议题,但学界至今未提出令人信服的解决方案。当代证明责任理论的各种学说所提出的盖然性原则、证明危机原则和消极事实原则等,均不是证明责任分配的实质性原则,不能为证明责任分配提供正当性理由。既然证明责任是民法概念,那么就应当从民法价值理念的角度探寻其实质性原则。由于证明责任概念的功能仅在于实现相关民法概念的功能,所以,它的实质性原则就是相关民法概念背后的民法基本原则。对民事证明责任分配的实质性原则的厘清,有助于我们从实质性原则出发,对具体制度中的证明责任分配进行目的论解释。[4]

除此之外,有学者认为,我国环境保护民事立法确定了环境污染侵权因果关系的举证责任倒置规则。但是,对各地和各级人民法院共计619份环境污染侵权纠纷民事判决书的实证研究结果显示:虽然这些判决书普遍提及或引用了举证责任倒置的

---

[1] 杨继文:"印证证明的理性构建——从刑事错案治理论争出发",载《法制与社会发展》2016年第6期。

[2] 许尚豪:"证明责任理论的证据语境批判",载《政治与法律》2016年第11期。

[3] 胡学军:"我国民事证明责任分配理论重述",载《法学》2016年第5期。

[4] 胡东海:"民事证明责任分配的实质性原则",载《中国法学》2016年第4期。

规则，但是在大部分情形下仍然由作为受害人的原告承担因果关系成立与否的举证责任，这与相关立法规定存在矛盾之处。此外，司法实务中，当事人对因果关系的证明并不限于"可能性"或者"初步的"证明，而是一种"高度盖然性"的证明，这也与主流学说和观点存在出入。基于实证分析，我国有关环境保护民事立法以及部分学说中的举证责任倒置规则不符合司法实际，而且司法实践中环境污染侵权的因果关系实际上并未脱离一般侵权行为中因果关系的规范构成。因此，在解释论上仅能将《侵权责任法》第66条理解为环境污染侵权因果关系证明规则的提示条款，实际上，该条规定省略了原告负因果关系证明责任的部分内容。[1]

就证明标准而言，学者指出，《最高人民法院关于适用〈中华人民共和国民事诉讼法〉的解释》第109条针对欺诈、胁迫、恶意串通、口头遗嘱、赠与等事实，首次例外地将证明标准从"高度盖然性"提高到"排除合理怀疑"，虽出于建立多层次民事证明标准体系、与民事实体法衔接等良好初衷，但实际存在诸多理论和实践困境：排除合理怀疑标准在民事诉讼领域缺乏足够共识，并且可能冲击高度盖然性的一般标准；民刑证明标准的混搭会模糊民事诉讼与刑事诉讼的界限；与民事实体法规则相协调的证据不充分；美国法和德国法并未提供提高证明标准的比较法论据；提高证明标准显示出对证明标准功能不切实际的期待；以提高规则标准的方式防范操作中的降低标准会引发规则指引的混乱。在高度盖然性的"高"标准确立并严格适用后，未来中国民事诉讼证明标准体系的作业应主要指向"降低"而非"提高"。[2]

（五）证人作证

证人出庭作证有利于事实的查明，但是，不同身份的证人应区别对待。对于脆弱证人来说，有学者认为，脆弱证人是指那些按照通常的方式作证会对自身产生不利影响或不能全面、准确地提供证言的证人。在相关国家，脆弱证人主要包括三类：未成年人，性犯罪案件中的被害人，以及按照通常方式作证可能对自身产生不利影响或影响证言质量的其他证人。为了最大限度地保护脆弱证人，提高其证言的质量，相关国家的法律规定了脆弱证人适用特殊的作证方式。虽然这在理论上受到了一些质疑，但是这些质疑并不能否定脆弱证人作证制度。在我国，刑事诉讼法对脆弱证人缺乏相应的规定，理论界对脆弱证人作证制度也没有进行系统的研究。"推进以审判为中心的诉讼制度改革"迫切需要我国确立脆弱证人作证制度。[3] 对于近亲属证人来说，有学者指出，2012年修正的《刑事诉讼法》第188条第1款"强制证人出庭"条款及其但书（"但是被告人的配偶、父母、子女除外"）条款，涉及两项基本

〔1〕 张挺："环境污染侵权因果关系证明责任之再构成——基于619份相关民事判决书的实证分析"，载《法学》2016年第7期。

〔2〕 霍海红："提高民事诉讼证明标准的理论反思"，载《中国法学》2016年第2期。

〔3〕 张吉喜：论脆弱证人作证制度，载《比较法研究》2016年第3期。

权利——《宪法》第125条规定的"被告人有权获得辩护"和第49条规定的"婚姻、家庭母亲和儿童受国家的保护"——的冲突，实践中，该条款的适用也存在争议。该条款体现了刑诉法对宪法的具体化，但在两项基本权利的保障上都存在不足，有待法律解释之完善。基于法律的合宪性解释以及在个案中的法益衡量，在婚姻家庭法益已非常淡漠的具体情境下，可以对该但书条款进行"目的性限缩"，从而使得强制近亲属证人出庭质证。不同学科的法学者应该在宪法与部门法之间"交互影响"的认识下，为了法秩序的整体融贯，相向而行。[1] 此外，也有学者指出，亲属免证特权维护的是亲属之间的亲情伦常关系，其权属的设计应当围绕亲情伦常关系的双方主体来进行。在亲属免证特权的权属体系当中，被追诉人享有阻止亲属作证之特免权，属于主权利；亲属证人享有拒绝提供不利于被告人的证据之特免权，属于从权利。当两种权利发生冲突时，采取被追诉人免证特权优先的原则。我国《刑事诉讼法》第188条仅确立了亲属证人拒绝出庭作证权，属于不完整意义上的亲属免证特权。它存在侵犯被告人质证权以及倒置作证义务的风险。为了规避风险，应当从权利定位、权利内容、权利配套以及权利救济四个方面来对亲属免证特权进行保障。[2]

在专业性较强的环境诉讼中，有学者指出，对环境诉讼中的专门性问题，仅靠司法鉴定不足以充分保障当事人的诉权，当前我国的环境诉讼制度和司法实践都急需厘清专家证人在环境诉讼中的具体适用规则。环境诉讼中的专家证人应达到适格标准才可出庭作证；环境诉讼专家证人制度的运行包括启动程序、证人证言生成程序、质证程序等，专家证人应针对案件涉及的环境污染或生态破坏方面的事实问题发表专业性意见；应构建完善的专家证人质证制度，其证明力通过证言的可靠性、有助性等综合性、多元化标准实现；违反相关法定或者约定义务的专家证人应承担相关责任；专家证人应具有环境正义伦理观。[3]

（六）鉴定人与专家辅助人

鉴定人出庭作证规定的确立，有利于实现实体正义和程序正义，是司法程序走向公正的象征。在应对专业问题方面，专家辅助人亦发挥着至关重要的作用。有学者指出，为强化鉴定意见质证，《刑事诉讼法》规定了鉴定人出庭的情形，加大鉴定人的人身安全保护，明确拒不出庭的后果，并通过专家辅助人出庭以加强鉴定意见质证。2012年《刑事诉讼法》新规定实施的效果值得研究。鉴定人出庭案例的实证分析表明："有必要出庭"情形的模糊表述造成实践中做法不一。鉴定人出庭时控、辩质证水平有所提高，但鉴定人与专家辅助人无法对话影响质证效果。鉴定人出庭

〔1〕 张翔："'近亲属证人免于强制出庭'之合宪性限缩"，载《华东政法大学学报》2016年第1期。

〔2〕 覃冠文："亲属免证：究竟是谁的权利——以亲属免证特权权属为基点的展开"，载《政治与法律》2016年第1期。

〔3〕 谢伟："我国环境诉讼的专家证人制度构建"，载《政治与法律》2016年第10期。

的成本较大，出庭费用无保障，影响其出庭积极性。应克服专家证人制度移植的张力，重视鉴定人出庭的实质效果，完善鉴定人出庭保障机制以保护当事人的对质权，以庭审中心变革为契机推动鉴定制度完善，降低鉴定人出庭负担，提高其出庭积极性[1]。另有学者认为，在专业分工具有法律意义以及证据规则日渐发达的历史背景下，从两大法系的法院专家与当事人的专家辅助人的基本结构模式来看，在应对诉讼上的专业问题时，英美法系采用的是以当事人的专家辅助人为主、兼以法院专家为辅的模式；大陆法系则采用以法院专家为主、兼以当事人的专家辅助人为辅的模式。我国民事诉讼中所实行的专家辅助人制度是一种新事物，对这种专业人士的身份识别和制度层面的定位尚存在争议与模糊认识。因此，对其法律逻辑关系所涉及的经纬范畴进行考察，对我国的立法与审判实务具有重要的价值[2]。

（七）域外证据制度的比较研究

对域外制度的比较研究，有利于认清国内现状，进而对相关制度进行完善。2016 年证据法学学者在域外证据规则制度研究方面有更深层次的提高。

在域外证据理论方面，有学者指出，在过去的 40 年，英美证据法学研究无论在研究重点还是在研究方法上，一直处于深刻的转型之中。在这一转型过程中，威廉·特文宁对证据法长期的法理学追问占据着极其独特的枢纽地位。本文以特文宁的知识活动为主线、以其证据理论思想为样本加以剖析，厘清法理学本身的反思性机制和整体性视野对于证据法学研究所具有的指引与重构价值。特文宁对证据法的法理学追问既源于宏大时代背景的挑战，同时也与个人学科背景和知识素养密切相关。他所系统总结的英美证据法学的理性主义传统、司法证明的分析方法以及"诉讼中的信息"的系统知识框架都已经成为英美证据法理论的重要贡献。证据法哲理化研究在我国方兴未艾，特文宁的证据理论及其对证据法法律维度的知识活动可以为当前的证据法哲理化研究提供重要的智识资源和示范效应[3]。

在证据规则方面，有学者指出，在米兰达判例之前，美国联邦最高法院虽然已经在个案中解释了 1791 年《宪法修正案》中"不自证其罪"及"正当程序"条款的基本内涵，但其所采用的"震撼良知"这一标准仍然存在漏洞，导致人权保护的力度有所不足。20 世纪 60 年代，美国联邦最高法院法官以"一次一案"方式对警方讯问的合法性进行逐案审查，通过马普诉俄亥俄、吉迪恩诉温瑞特、埃斯考贝多诉伊利诺伊等数个案件，宣告了沉默权、律师会见权、警方讯问时律师在场权对刑事被告人权利保护的正当性。美国联邦最高法院对宪法第五修正案进行了"造法性解

---

[1]　陈邦达："鉴定人出庭作证制度实证研究"，载《法律科学（西北政法大学学报）》2016 年第 6 期。

[2]　毕玉谦："辨识与解析：民事诉讼专家辅助人制度定位的经纬范畴"，载《比较法研究》2016 年第 2 期。

[3]　吴洪淇："证据法的理性传统与理论维度——威廉·特文宁的证据理论解读"，载《法学评论》2016 年第 5 期。

释",在 1966 年米兰达案明确宣示了沉默权、聘请律师辩护权、非法证据排除规则等诸多权利,该案因此也成为检验警察讯问的法治标准。在后米兰达时代,讯问规则发生了演变,米兰达规则有时被部分扩张适用,有时则被限制适用。正反两种立场进行交锋后,最终米兰达规则成为美国司法文化的一部分。"一次一案"与"就事论事"的司法审查传统值得我国借鉴,有利于反思欧陆法学思维,亦有利于通过司法个案推进人权保护。[1] 此外,也有学者认为,自白任意性规则是非法自白排除规则的基础规则与实质性规则。在美国,这一规则经历了从普通法根据向宪法根据的转变,其价值追求从可靠性转向任意性,但自白任意性的判断却始终是横在美国法院面前的一道难题。传统的"综合情况"判断方法存在模糊性、不确定性的缺陷。联邦最高法院不断尝试寻求清楚、明确的简易判断方法,最终创造了举世闻名的"米兰达推定"。但这种自动适用的技术性排除规则经历了从"不可反驳的推定"向"可反驳的推定"的转变,例外的不断增加使它最终沦为新的"综合情况"判断规则。中国自白任意性规则在规范层面上初步形成,但在实施过程中遇到了多重困难和阻力,自白任意性的判断便是其中最为棘手的难题。由此,我们宜借鉴和汲取美国的经验与教训,结合中国的具体情况,以法律推定和证明责任规范为技术性措施,降低法官裁判的难度与阻力,增加可操作性。[2]

在证明标准方面,经学者研究指出,在美国,量刑证明在从无标准到低标准(即优势证明标准),再到高标准(即排除合理怀疑标准)的发展过程中,始终争议不断。目前,在美国形成了以"低标准为主,高标准为辅"的量刑证明标准模式,但仍存在某些问题尚未解决。美国量刑证明标准的变迁与争议表明量刑证明标准的设置受以下三方面关键因素的综合影响:①程序法因素,包括程序价值目标、程序运作方式;②实体法因素,包括刑罚目的观、刑罚性质以及量刑实体规范;③对量刑及其程序的认识因素,包括对量刑与定罪相比的重要性的认识、对量刑程序与定罪程序规范差异的认识。对比考量这些因素在我国的状况,我国应在培养量刑程序价值观、更新量刑程序模式设置、转型刑法目的观、配合量刑实体规范、厘清定罪与量刑关系、反思量刑证明与定罪证明规范差异的前提下,对量刑证明标准进行规范设置。[3]

在司法鉴定方面,有学者指出,刑事诉讼中,司法鉴定的错误可能会导致错案的发生。在中、美两国的司法实践中,同时存在着大量由于司法鉴定错误而引发的刑事错案。虽然分属不同法系,但受到某些共性原因的影响,两国在鉴定错误方面具有明显的共通性,这一点在实证数据分析中具有明显体现。司法鉴定的错误形式纷繁复杂,对它们进行系统的分类,有助于了解错误的实践样态并分析错误的形成

〔1〕 刘磊:"米兰达规则五十周年的纪念与省思",载《比较法研究》2016 年第 6 期。

〔2〕 王景龙:"美国的自白任意性规则及借鉴",载《环球法律评论》2016 年第 1 期。

〔3〕 吕泽华:"美国量刑证明标准的变迁、争议及启示",载《法学杂志》2016 年第 2 期。

原因，更有利于开展针对性的预防工作。为预防刑事错案的发生，降低鉴定中的错误率是重要途径，美国的刑事司法正为此做出改变，其中一些具体的司法建议和实践中的改革措施可能对我们有所裨益。[1] 此外，通过对无辜者计划进行研究，有学者指出，发源于美国、现已在全球形成"无辜者网络"的无辜者计划，其主要使命和目标是致力于为那些无罪申请者提供无偿法律和调查服务，以还其清白，使其重新开始正常的社会生活。无辜者计划设定了筛选案件的标准和尺度，也形成了筛选案件的步骤和程序，并取得了令人瞩目的成就，尤其是弥补了官方发现和纠正刑事误判的不足。尽管无辜者计划仍然存在诸多现实困境，但其实践与创新对于当前中国刑事误判的治理，特别是通过社会参与司法的方式推动刑事误判的发现和纠正，具有非常积极的借鉴和启示意义。[2]

---

[1]　董凯："中美刑事错案中司法鉴定致错的比较研究"，载《政法论丛》2016 年第 5 期。

[2]　李奋飞："刑事误判治理中的社会参与——以美国无辜者计划为范例"，载《比较法研究》2016 年第 1 期。

第五章

外国诉讼法的发展状况

第一节 外国刑事诉讼法的最新发展

一、英国刑事诉讼法的最新发展[1]

2016 年，英国《刑事诉讼规则》进行了两次修改。第一次修改发生在 2016 年 2 月 8 日，即《刑事诉讼规则（修正案）》，于 2016 年 4 月 4 日生效；第二次修改发生在 2016 年 7 月 8 日，即《刑事诉讼规则（修正案二）》，于 2016 年 10 月 3 日生效。[2] 以下对这两次修改分别进行简要介绍。

（一）2016 年《刑事诉讼规则（修正案）》

2016 年《刑事诉讼规则（修正案）》是针对 2015 年《刑事诉讼规则》的相关规定所作出的。大体而言，这些修改可以分为三个部分：①这份修正案在第 10、21、24、25、45、17、47 部分加入了新的规则；②在第 34、50 部分对原有规则作出了部分修改；③针对原有规定，该修正案还作出了一系列的替换和改正。

1. 对有关"预审期间"的修改，主要涉及《刑事诉讼规则》的第 3 部分。修正案第 4 条对《刑事诉讼规则》的规则 3.24 进行了修改。《1981 年高级法院法》第 77 部分要求《刑事诉讼规则》指定一个在被告人开始被送至审判以及正式开始审判的期间。该法也将该期间定义为预审期间，在该期间内刑事法庭将决定是否接受确认有罪或者无罪的诉讼请求。

现行规则规定，该期间最少为 2 周，刑事法庭另行指定不超过 16 周的期间，或者当事人对该期间达成一致协议的情况除外。[3]

---

〔1〕 本部分执笔人：李本森教授，中国政法大学硕士研究生彭川协助撰写。

〔2〕 有关资料详见：http：//www. justice. gov. uk/courts/procedure – rules/criminal.

〔3〕 有关资料详见：https：//www. judiciary. gov. uk/subject/better – case – management – bcm/.

2. 对增设的"申请允许送达起诉书"的规定，主要涉及《刑事诉讼规则》第 10 部分。根据《2015 年撤销管制规定》第 82 部分，刑事程序委员会并无制定送达起诉书草案许可权等相关规定的权力。该程序事实上是由王座庭庭长和由首席检察官任命的指导检察官依据《1971 年起诉书规则》加以管理。

修正案第 6 条作为规则 10.3 加入了《刑事诉讼规则》之中，该项规则授予了刑事程序委员会统一并简化上述程序的权力。同时作为这项制度的补充，修正案第 5 条也对规则 4.3 与规则 4.4 作出了相应的修改。

3. 对"引入品格证据的预先通知"的修改，主要涉及《刑事诉讼规则》的第 21 部分。《刑事诉讼规则》的规则 21.4 已被修正案第 8 条所修改。第 8 条要求，如果被告人要出示关于他自己的不良品格的证据，那么他就需要给出关于他作出该项行为的目的的说明。并且，同时在皇室法院对陪审团给出关于这种证据的重要性之所在的说明。

4. 关于"在庭审开始之际确定讨论争议点"的修改，主要涉及原《刑事诉讼规则》的第 24 部分与第 25 部分。关于治安法庭审理的规则 24.3，以及关于皇室法院审理的规则 25.9 已经被现行修正案第 9 条和第 10（a）条所修改。现行规则要求在庭审开始之际确定被告的争点。在皇室法院，如果被告拒绝法官要求的为陪审团说明争点的请求，且如果法官认为这是为实现公正审判所必需的，那么法官就可以要求为陪审团成员提供被告人答辩状的复本。

5. 对"在皇室法院大声宣读证人证言"的修改，主要涉及《刑事诉讼规则》的第 25 部分。修正案第 10（b）条对原规则 25.12 进行了修改。现行规则对在哪些情况下证言应当在皇室法院被大声宣读作出了详细规定。

6. 对"上诉至皇室法院的案件管理"的修改，主要涉及《刑事诉讼规则》的第 34 部分。《刑事诉讼规则》的规则 34.11 被修正案第 11 条所修改。针对《1981 年高级法院法案》并未规定法官能否独自下达案件审前指令的问题，修正案第 11 条规定，一个法官就能够下达对案件管理的指令。此外，规则 34.7 也对上诉审判的审前程序作出了详细规定。

7. 对"诉讼费期间及诉讼费评估"的修改，主要涉及原《刑事诉讼规则》的第 45 部分。现行修正案第 14 条对该部分进行了修改，对在何期间内发生的费用应当作为诉讼费加以支付，以及如何对诉讼费用进行评估作出了详细的规定。

8. 对"调查指令与许可的修改"，主要涉及《刑事诉讼规则》的第 17 部分与第 47 部分。根据修正案第 15 条，原《刑事诉讼规则》中的第 47 部分重新编排了体例，有些规则则被替代。搜查证明、申请返还扣押财物等新的规则被纳入到《刑事诉讼规则》之中。

9. 对"引渡请求上诉的回应时间限制"，主要涉及第 34 部分。修正案第 16 条重新定义了"对被上诉人通知时间限制"。现规则将该期间规定为 10 天。除此之外，该条规定，该期间自上诉人递交修改后的上诉书之日或该期间到期之日起算。

除上述修改外，该修正案还对《2015 年刑事诉讼规则》中的一些条文进行了修正，分别包括规则 2.2、规则 24.3、规则 25.14、规则 38.5、规则 43.2、规则 45.1。

（二）2016 年《刑事诉讼规则（修正案二）》

2016 年《刑事诉讼规则（修正案二）》（以下简称《修正案（二）》）主要对《刑事诉讼规则》第 3 部分"在线或电话庭审"问题作出了修改，附随对第 10、47、14、18 部分有关的条文作出了修改。

1. 对"用在线或电话方式进行庭审"的修改，主要涉及《刑事诉讼规则》的第 3 部分。《修正案（二）》中的规则 3（a）（b）（c）对《刑事诉讼规则》中的规则 3.2、3.3 和 3.5 进行了修改。修改后的规则规定，如果满足规则 3.2（4）、3.2（5）所规定的条件，那么法院就应当用在线或电话方式对案件进行审理。除此之外，如果法院满足设备条件并符合法律条文的要求，则法院有义务通过在线方式接收证据。

2. 针对"起诉书的准备，包括电子版起诉书草案"问题，主要涉及第 3 部分与第 10 部分。《修正案（二）》的规则 3（d）（e）及规则 6（预定计划 1）对原规则 3.21、3.24 作出了相应修改，并且替代了第 10 部分的相关规则。为了提高刑事诉讼的效率，该项修改允许检察官向皇家法院提交电子版的起诉书，并且不必提交纸质版起诉书。同时，检察官也可以不经皇家法院批准而对电子版起诉书作出修改或者一并撤回起诉。

3. 针对"案件的配置"问题，主要涉及《刑事诉讼规则》的第 9 部分。《修正案（二）》中的第 5 条作为规则 9.10 加入到《刑事诉讼规则》之中。基于提高诉讼效率的目的，这项规则为案件应当在治安法院审理还是应当在皇家法院审理提供了指导性规范。

4. 对"在欧盟成员国对附条件保释的监督"问题的修改，主要涉及《刑事诉讼规则》的第 14 部分。《修正案（二）》的第 7 条对《刑事诉讼规则》的规则 14.7、14.16 作出了修正。该条要求，如果申请人申请在欧盟成员国获得附条件保释，就必须为法庭提供为实施监视而需要的额外信息。

5. 对"书面陈述"问题，主要涉及《刑事诉讼规则》的第 16 部分。《修正案（二）》第 8 条修改了《刑事诉讼规则》的规则 16.3。《1967 年刑事司法法案》规定，证人可以用文件或物品作出书面陈述，同时，该法案规定这种书面陈述必须"被标记"。随着电子诉讼的发展，这项规定被人们理解为电子版的陈述必须打印，加以"标记"后方可使用。为了提高诉讼效率，《修正案（二）》第 8 条指出，上述行为并非"必须"。

6. 针对"给予受害人证人充足交流时间"问题，主要涉及第 18 部分。《修正案（二）》第 9 条修了《刑事诉讼规则》的规则 18.4。该条旨在提高诉讼效率，其目的在于让受害人明确出庭作证的好处，以及使其能够尽快熟悉法庭的审理安排。

7. 关于"禁止令"问题，主要涉及《刑事诉讼规则》的第 31 部分。《修正案（二）》第 11 条针对该部分作出了必要的修改。《2016 年精神药物法案》允许法院对某些特定类型的已宣判被告人实施禁止令。2008 年《刑事诉讼规则》第 31 部分引入了相关禁止令。为保持与新法的契合，修正案纳入了新法所规定的新的禁止令形式。

8. 针对"刑事案件审查委员会查阅文件的申请问题"，主要涉及《刑事诉讼规则》的第 47 部分。《修正案（二）》第 15 条在《刑事诉讼规则》第 47 部分加入了新的规定。该条对在何种情况下何种材料不得在庭审当中被申请查阅作出了详尽规定。

除上述修改外，《修正案（二）》去除了一些法律条文中多余的、容易产生误解的词汇，对取保候审上诉状的接收法院问题以及剥夺被告人驾驶资格问题也作出了相关规定。

二、美国刑事诉讼法的最新发展[1]

（一）最高法院重要司法判例

1. 迅速审判（speedy trial）条款的适用限制问题。美国《宪法第六修正案》规定："在一切刑事诉讼中，被告人有权由犯罪行为发生地的州和地区的公正陪审团予以迅速和公开的审判。"依照字面解释，第六修正案适用于一个人成为被告人以后，如果一个人因为某项犯罪而被正式指控，或者被逮捕或拘留以对一个刑事指控进行答辩，他就会被称为"被告人"。[2] 成为被告人，就意味着他享有了迅速审判的权利。美国最高法院在 2016 年 5 月 19 日判决的 *Brandon Thomas Betterman v. Montana*，578 U. S.（May 19，2016）案中对迅速审判权利作出了进一步限制——在被告人已经被定罪或认罪的情况下并不能依据迅速审判条款寻求救济。

案件的起因在于，Brandon Betterman 涉嫌人身侵害犯罪以及在保释期间逃跑的问题，他对上述行为均承认有罪。因此，他被关押在监狱之中等候宣判。但是因为相关机构的拖延问题，其等候时间长达 14 个月之久。在 14 个月的漫长等待后，他最终被判处 7 年监禁刑，附带 4 年缓刑。被告人认为，在定罪和宣判之间的 14 个月的期限侵犯了他接受迅速审判的权利，他随即向蒙大拿州最高法院提起了上诉，但是该法院却维持了定罪和量刑。蒙大拿州最高法院认为，《宪法第六修正案》的迅速审判条款并不适用于定罪后、判决前的延迟。被告人随即又向美国最高法院提起了上诉。

美国最高法院维持了蒙大拿州最高法院的判决。美国最高法院指出，本案的争论焦点在于《宪法第六修正案》的迅速审判条款是否适用于刑事检察的等候审判阶段。最高法院认为，该条款保护在审判中被逮捕或者被起诉的被告人，但并不适用于被告人已经被定罪或者承认有罪的情况。针对在审判中过度延迟的问题，尽管第六修正案的迅速审判条款并不能适用，但是被告人完全可以在第五和第十四修正案中寻找合适的救济途径。在本案中，被告人没有依据正当程序条款而依据迅速审判条款提出上诉，因此对其上诉请求不予支持。

---

〔1〕　本部分执笔人：李本森教授，中国政法大学硕士研究生彭川协助撰写。

〔2〕　［美］罗纳尔多·V. 戴尔卡门著，张鸿巍等译：《美国刑事诉讼——法律和实践》，武汉大学出版社 2006 年版，第 535。

2. 选择陪审团成员的歧视问题。联邦最高法院在对宪法第六修正案的司法解释中要求，无论是联邦还是州的刑事审判，陪审团都需从"社会中一个有代表性的层面"中选择。因为种族、信仰、肤色或民族血缘等而将某些人排除在外是违宪的。[1] 美国最高法院在 2016 年 5 月 23 日判决的 *Foster v. Chatman* 案中，重申了对陪审团成员的选择应当是无歧视的。此外，本案也明确了最高法院具有对人身保护请求决定进行审查的案件管辖权。该案历时长达 30 年之久，在美国具有较大影响。

在 *Foster v. Chatman*，*Warden*，578 U. S.（May 23, 2016）案中，Foster 是一名被控犯有谋杀罪的黑人被告。Foster 认为，在陪审团成员的选择问题上存在歧视问题。相关证据表明，在挑选陪审团成员时，基于检察官的授意所有的黑人陪审团成员均被排除。

案件的起因在于，在 1986 年，18 岁的黑人青年 Timothy Foster 被控性侵害，并杀害了一名 79 岁的白人退休女教师 Queen Madge White。案发一个月后，他的女友向乔治亚州警方报案。一些 White 家失窃的物品在 Foster 的住处被发现，Foster 因此被捕，他也对自己的罪行供认不讳。在陪审团成员的选择当中，检察官排除了陪审团候选人员中的 4 名黑人陪审员人选，结果导致了一场全部由白人组成的审判。Foster 对这种行为提出了质疑，认为其违反了 *Batson v. Kentucky* 案所树立的规则。但是，审判法官驳回了该项质疑，并依照原陪审团人选开展了审判。最后，Foster 被宣判触犯了谋杀罪，并因此被判处死刑。宣判后，Foster 以陪审团成员的组成违背了 Baston 案所确立的规则为由先后向原审法院、乔治亚州最高法院、美国最高法院提出了重新审理的申请，但上述请求均被驳回。

随后，Foster 向州法院提出了人身保护请求令的动议。在人身保护请求诉讼进行之时，他根据《乔治亚州信息公开法案》申请查阅了相关的案件信息。在关于该案件的检察官文件中，发现了下列 6 项重要证据：①检察官明确标记了所有候选陪审员中的黑人候选人，并在旁注明这些人"代表黑人"；②检察官制作了一份"绝对不可"的名单，名单上 5 人全部都是黑人陪审团候选人；③检察官将每一位在问卷"种族"部分填写黑人的陪审团候选人处画了圈；④用手写的痕迹将 3 名黑人候选人分别标注为"B#1""B#2""B#3"；⑤检察官制作了一份标题为"基督教堂"的手写的文件，并在旁批准"不要黑人教堂号文件"；⑥检察官写给法官的建议书，上面这样写道"如果必须要有一位黑人陪审员，那么我推荐这位……"

尽管发现了新的证据，州法院仍然拒绝了 Foster 的人身保护请求申请。州法院认为，上述证据并没有表现出"有目的性的种族歧视"，也没有提供"充足的理由"去动摇案件的"既判力"，故对 Foster 的请求予以驳回。州最高法院也拒绝了被告人的人身保护请求上诉申请。最后，美国最高法院对该案进行了审查。

---

〔1〕 ［美］罗纳尔多·V. 戴尔卡门著，张鸿巍等译：《美国刑事诉讼——法律和实践》，武汉大学出版社 2006 年版，第 506 页。

美国最高法院最终以 7 票同意、1 票反对裁决撤销原判、发回重审。关于本案，大多数法官认为，下级州法院的人身保护决定并非独立于联邦事务，因此对该案进行审查并无不妥。双方当事人均同意该案证据确凿，检察官将其中 2 名黑人陪审员候选人排除在外符合 Baston 案确立的三项规则中的前两条规则，而将另外 2 名陪审团候选人加以排除并不具备充分的理由。因此，该案当中陪审团成员的选择确实存在"有目的性的种族歧视"问题，故裁定将此案撤销原判、发回重审。

3. 禁止双重危险原则的适用地区问题。美国《宪法第五修正案》规定："任何人……不得因同一犯罪行为而两次遭受生命或身体的危害。"一般而言，双重危险要求发生在同一司法管辖区域内，如果发生在不同司法管辖区域，就没有双重危险。美国最高法院在 2016 年 6 月 9 日判决的 *Commonwealth of Puerto Rico*（波多黎各自治区）v. *Sánchez Valle*, 579 U. S.（June 9, 2016）等人一案中，将是否属于同一司法管辖区域的判断标准界定为是否具有相同的权力来源。如果两个司法管辖区域具有相同的权力来源，那么就不得因一个被告人的同一个犯罪行为对其进行连续起诉。在本案中，美国最高法院也就波多黎各自治区是否具有独立主权的问题作出了回应。

案件的起因在于，被告人 Luis Sánchez Valle 和 Jaime Gómez Vázquez 各自向便衣警察贩卖了一把枪。波多黎各检察官指控他们违反了《2000 年波多黎各枪支法案》非法贩卖枪支。在案件悬而未决的时候，联邦大陪审团据同样的行为指控他们违反了相似的美国枪支贩卖法案。两名被告人均对联邦的指控承认有罪，并以双重危险为由提出动议申请驳回自治区的指控。法庭因此驳回了对两个案件的起诉，并否定了检察官所提出的波多黎各和美国是各自具有独立主权的司法管辖区域，因此不适用禁止双重危险原则的观点。波多黎各上诉法院将两个案件合并并予以撤销。波多黎各最高法院批准了对案件进行审查的申请，并与审判法庭一致认为，自治区的贩卖枪支起诉行为违反了禁止双重危险条款。因此，波多黎各自治区将案件上诉到了美国最高法院。

美国最高法院裁定驳回波多黎各自治区的上诉。美国最高法院指出，《宪法第五修正案》的禁止双重危险条款禁止因"同一犯罪"而对被告人进行超过一次的起诉。但在双重主权原则下，如果违反了不同司法管辖区域的法律，那么就可以对一个人进行连续的指控。为了判定两个检察机构提出的指控是否违反了双重危险原则，波多黎各法院提出了一个关于司法管辖权的历史遗留问题。该问题并没有像"主权"一词的含义一样，演变为波多黎各是否具有独立于美国自治权或者能够建立自己的政治体系的问题。相反，该问题仅仅关于两个司法管辖区域的检察机关能否拥有独立的检察权，或者说这两种权力是否来自于同一个上级权力（*United States v. Wheeler*, 435 U. S. 313, 320, 1978）。在本案中，法院认为其必须决定波多黎各和美国是否能够对一个被告人的一个罪刑进行连续的起诉。最终，最高法院认为，这种起诉是不可行的，其原因在于，波多黎各检察权的最终来源仍然是美国联邦。

（二）地方法院的重要司法判例

美国联邦第七巡回上诉法院在 2016 年 4 月 12 日判决的 *US v. Whitaker*，820 F. 3d 849 涉及无证使用缉毒犬进行搜查的问题。缉毒犬一般适用于毒品案件的侦查活动当中。根据先前的判例 *US v. Place*，462 U. S 696［1983］所确立的规则，对狗闻气味这一动作不必要求搜查证或相当理由。[1] 但是在本案中，第七巡回上诉法院为能否无证使用缉毒犬进行搜查树立了新的规则。第七巡回上诉法院指出：根据先前的判例，在公共场合用缉毒犬进行搜查并无不妥；但是，在私人住宅进行无证搜查则会导致所搜集的证据无效，原因在于这违反了《宪法第四修正案》所保护的人们对于住宅隐私权的合理预期。

案件的起因在于，威斯康辛州麦迪逊市的警方获得了在一所公寓当中有人贩毒的情报。执法人员根据情报以及公寓管理人的允许，进入了公寓，并在公寓走廊使用缉毒犬进行搜索。在走廊搜索的过程中，警犬发现其中一个房间藏有毒品，并将此房间锁定为被告人 Whitaker 的住处。在警官重新获得了搜查证之后，Whitaker 因为在住处被发现的毒品和枪支等证据而被逮捕，同时受到指控。在羁押期间，Whitaker 收到了在监督下释放的通知书以及根据 18 U. S. C. § 922（g）（1）条规定作出的定罪书。该定罪书指控 Whitaker 犯有非法拥有枪支罪这一重罪。在地区法院否定了他质疑搜查合理性之后，Whitaker 作出了认罪承诺并保留了自己的上诉权。

在上诉过程中，Whitaker 提出了四个争点：①他认为使用缉毒犬构成《宪法第四修正案》以及 *Florida v. Jardines* 案中所定义的"搜查"行为；②他声称地区法院应当为他举行 Franks 听证会以审查警察的搜查行为是否合法，原因在于在本案中警察的搜查行为并没有目的在于获得搜查证的宣誓书；③他认为根据 *Florida v. Harris* 案所确立的规则，警犬的训练记录应当向他公示；④他认为他的监督下释放的监督期限已经届满，并且在撤销后不应当再被审判。

第七巡回上诉法院在对案件进行审理后，将原裁判裁定予以撤销，并发回重审。第七巡回上诉法院认为，警察合法地在走廊行走，并可以合法地听到房间内的声音，但这并不意味着他可以将听诊器放在门上以去探听房间内发生了什么。就本案而言，这意味着其他居民可以带着自己的狗在走廊里合法地行走，但并不意味着警察可以带着一只聪明的缉毒犬在公民的房间门口行走，且这种行走还缺乏相关的许可证。事实上，警察的行为应当归类为一种搜查，原因在于在先前的判例，*US v. Place*，462 U. S 696［1983］以及 *Illinois v. Caballes*，543 U. S. 405，允许无证使用缉毒犬仅仅存在于公共场合（机场的旅行箱、交通站台）。上述两案件没有一起涉及了《宪法第四修正案》的核心，即对住宅隐私权的保护。可以确信的是，Whitaker 对于自己住宅门口的走廊并没有享有完全隐私的合理预期。但是，这种合理预期的缺乏并不意

---

〔1〕 ［美］罗纳尔多·V. 戴尔卡门著，张鸿巍等译：《美国刑事诉讼——法律和实践》，武汉大学出版社 2006 年版，第 260 页。

着他没有反对他人在自己的家门口使用在公共场合禁用的敏感设备的合理预期。

针对以违反《宪法第四修正案》的方式获得的证据能否被采用的问题，第七巡回上诉法院作出了如下阐释。虽然根据 *David v. United States*，564 U. S. 229 案所确立的规则，违反《宪法第四修正案》的规定所取得的证据不应当被排除，但这项规则的适用是存在特定条件的，即"警察实施的调查系基于先前的判决所建立的客观合理确信"。法院认为，这项条件在本案当中并不存在，警察并不能使用该项证据。

（三）《联邦刑事诉讼规则修正案》提案

美国最高法院在 2016 年 4 月 28 日公布了《联邦刑事诉讼规则修正案》提案。根据 1988 年美国《法律规则授权法案》修正案的规定，提案首先要由上诉、破产、民事、刑事、证据规则顾问委员对修正案所提出的建议进行评估。评估之后，如果顾问委员会要寻求公众建议，那么它得向实践和程序规则司法会议常务委员会申请将提案予以公开。基于公众的意见，顾问委员会可以选择抛弃、改正或者将提案送至常务委员会。常务委员会独立地对顾问委员会的发现予以审查，如果满意的话，则向司法会议进行推荐，最后再由后者将推荐的修改送回至最高法院。最高法院对提案进行审查，如果同意提案所做的修改，则应当最晚于 4 月 1 前公布修改后的规则，最早于 12 月 1 日使修改后的规则生效，除非国会通过立法否决、修改或者推迟待定的修正案规则。截至 2017 年 2 月 15 日，顾问委员会征求公众建议的期限已经届满。修正案提案涉及了第 12.4 条、第 45 条 c 款、第 49 条，以下将简要地进行分别介绍。

1. 对第 12.4 条关于"披露报告"的修改。具体而言，包括以下内容：①修改了 12.4 条 a 款 2 项，对在什么情况下政府可以不必提交关于单位受害人的报告作出了详尽规定；②修改了 12.4 条 b 款 1 项，将原规则所规定的填写报告期间予以延长；③修改了 12.4 条 b 款 2 项，对什么情况下应当填写补充报告作出了详尽的规定。

2. 对第 45 条 c 款"在特定类型送达之后的期间延长"的修改。第 45 条 c 款涉及在用特定方式送达的情况下可以对期间进行延长的问题。原刑事诉讼规则所依据的规则系民事诉讼规则中的送达规则，而刑事诉讼规定并无相关规定。由于刑事诉讼规则在第 49 条新设了关于送达方式的规定，第 45 条也对应地依据第 49 条作出了相应修改。

3. 对第 49 条关于"文件的送达和存档"的修改。第 49 条进行了大幅度的修改，该条也是本次提案修改的主要内容。提案对 a 款进行了大幅度的扩充，删除了原 b 款、d 款、e 款，并新设了相关的对应条文。具体而言，包括以下内容：①扩充了 a 款"向一方当事人送达"，对应送达的物品、送达律师、电子送达与非电子送达问题作出了详尽规定；②新设 b 款"存档"，其下又增设了 5 项内容，分别对存档时间、存档方式、有或无律师的情况下该如何存档、签名、接收等问题作出了详尽规定；③新设 c 款"对非当事人的送达"，对在何种情况下应当对当事人送达作出了详尽规定；④新设 d 款"法庭命令通知书"，规定对通知书的送达必须按照本条 a 款的方式进行。

三、日本刑事诉讼法的最新发展[1]

2016 年 5 月 24 日, 经过反复酝酿讨论和修改, 日本国会通过了《刑事诉讼法等的部分条文法律修改提案》, 并于同年 6 月 3 日向社会公布, 修改内容将于公布之日起 3 年内实施。本次刑事诉讼法修改是继 1999 年至 2005 年日本《刑事诉讼法》大修以来的又一次全面修改,[2] 修改主要围绕两个主题展开: ①摆脱对讯问的过度依赖, 实现证据收集手段的正当化、多样化; ②摆脱对供述证据的过度依赖, 加强被告人防御活动, 实现庭审的进一步实质化。[3] 本次修改不仅增修内容多、涉及面广, 在章节篇章结构上也有调整, 内容涉及: ①侦查讯问中的录音录像制度; ②协助侦查审判型的合意制度; ③刑事免责制度; ④通信监听的合理化和效率化; ⑤辩护人的法律援助; ⑥证据开示; ⑦保释裁量时考虑事项的明确化; ⑧保护被害人、证人等的措施; ⑨隐藏、毁灭证据罪法定刑的提高; ⑩自白案件简易迅速处理的措施等。

(一) 侦查讯问中的录音录像制度

本次日本《刑事诉讼法》修改, 侦查讯问中的录音录像制度作为一项重要制度被明文化, 具体体现在《刑事诉讼法》新增第 301 条之 2 中。录音录像的适用对象为裁判员裁判的案件和检察官独自侦查的案件。如果存在以下情形, 可以不录音录像: ①录音录像设备发生故障或者其他不得已的事由, 无法录音录像的; ②犯罪嫌疑人拒绝录音录像或根据犯罪嫌疑人的言行, 认为录音录像将导致其无法充分供述的; ③认为案件是由指定的暴力团体的成员实施的; ④除②和③以外, 根据犯罪的性质、相关人的言行、犯罪嫌疑人参加的暴力团体犯罪以及其他情况, 认为公开犯罪嫌疑人的供述及其相关情况, 有可能会发生加害犯罪嫌疑人及其亲属的身体、财产的行为或者又可能发生使以上人感到恐怖或难以应付的行为, 录音录像将导致犯罪嫌疑人无法充分供述的。在庭审中, 当拘留或逮捕中侦查口供的自愿性受到争议时, 检察官有对记录侦查状况的媒体提出证据调查请求的义务。如果检察官不提出证据调查的请求, 法官将以决定形式驳回其申请调查口供笔录的请求。

(二) 合意制度

为了摆脱对讯问的过度依赖与实现证据收集手段的正当化、多样化, 以及更容易地收集供述证据在法庭上展示, 本次《刑事诉讼法》修改在第二编新增一章 "关于证据收集等的协助与追诉的合意" 为第四章, 具体内容体现在新增法条第 350 条之 2 ~ 15 中。

合意对象限定在一些经济犯罪、毒品犯罪、有组织犯罪、文书伪造罪、受贿罪、

---

[1] 本部分执笔人: 倪润副教授。

[2] 日本 1999 年至 2005 年刑事诉讼改革参见宋英辉、刘兰秋: "日本 1999 年至 2005 年刑事诉讼改革介评", 载《比较法研究》2007 年第 4 期。

[3] 参见: http://www.moj.go.jp/keiji1/keiji14_00070.html, "時代に即した新たな刑事司法制度の基本構想", 最后访问日期: 2017 年 1 月 20 日。

欺诈罪、恐吓罪、侵占罪等特定犯罪上，不包含杀人罪、强奸罪等涉及生命或人身伤害的犯罪，并且刑罚为死刑、无期徒刑或监禁刑的犯罪也被排除在外。

根据主体不同，合意内容可以分为：其一，可以与犯罪嫌疑人或被告人约定的合意内容；其二，可以与检方约定的合意内容。可以与犯罪嫌疑人或被告人约定的合意内容是：①在侦查讯问中作出真实供述；②在证人询问中作出真实供述；③协助收集证据。可以与检方约定的合意内容是：①不起诉；②撤回公诉；③在特定诉因和罚条范围内起诉以及维持公诉；④特定诉因和罚条的追加、撤回、变更；⑤在特定的科刑范围内请求刑罚；⑥申请适用即决裁判程序；⑦申请适用略式命令等。由此可见，检察官对如何处分犯罪嫌疑人或被告人拥有广泛的追诉裁量权，这也是检察官可以与犯罪嫌疑人或被告人进行交易的前提。

合意由检察官主导，法官不是合意主体，不参与合意过程。合意主体是控辩双方，控辩双方都可以提出合意。合意必须有辩护人参加，如果犯罪嫌疑人或被告人没有异议，可以仅在检察官和辩护人之间进行合意。合意的缔结须以辩护人的同意为要件。合意一旦成立，合意双方就负有履行合意内容的义务。如果对方违反合意，己方可以从合意中脱离出来。当检察官违反合意，犯罪嫌疑人、被告人在合意过程中的供述将丧失证据能力，当犯罪嫌疑人、被告人违反合意，提供虚假供述或伪造、变造证据时，将以虚假供述罪进行处罚，判处 5 年以下惩役刑。如果被告人在法庭上作伪证，将根据日本《刑法》第 169 条伪证罪予以处罚。合意的效力受到检察审查会决定的制约。

（三）刑事免责制度

本次日本《刑事诉讼法》首次将之明文化，具体体现在《刑事诉讼法》新增第 157 条之 2 和第 157 条之 3。此处的刑事免责制度，是指在共犯等案件中的重要证人主张不被强迫自证其罪特权而拒绝作证时，为了获得案件的重要证据，以其提供的证言及其派生证据不作为对其进行刑事追诉的证据为对价，剥夺该证人不被强迫自证其罪的特权，强制其作证以证明他人犯罪的制度。[1] 如果拒绝作证，将会面临证言拒绝罪与罚金刑的制裁。[2]

刑事免责的对象并不限定为特定犯罪，也不以合意为前提。所有犯罪都可以适用刑事免责制度。刑事免责制度仅在法庭上询问证人时适用。检察官可以在证人询问开始前，也可以在证人询问开始后向法官提出刑事免责请求，由法官决定是否作出免责决定。

（四）通信监听

原《通讯监听法》将监听的案件适用对象限定为 4 种犯罪，即毒品犯罪、枪械

---

〔1〕　三井诚等编：《刑事法辞典》，日本信山社 2003 年版，第 188 页。

〔2〕　酒卷匡："刑事訴訟法の改正——新时代の刑事司法制度（その2）"，载《法律教室》第 434 号，2016 年 11 月，第 71 页。

犯罪、有组织杀人罪及有组织集团非法越境罪。本次《日本刑事诉讼法》在此基础上,又新增:①爆炸物使用罪;②现居建筑物等的放火罪;③杀人罪;④伤害、伤害致死罪;⑤拘留监禁罪;⑥掠夺拐骗罪;⑦盗窃、抢劫罪;⑧欺诈、计算机使用欺诈、恐吓罪;⑨与儿童色情相关的犯罪。上述新增犯罪限定在有组织犯罪中。

此外,本次《通讯监听法》增加了"特定装置"的使用(《通讯监听法》第2条第4款以下)。该装置可以自动记录监听到的通讯信息及监听过程,还能及时进行加密处理,随后也可以用密码解密还原。因此,今后监听就无需通信营业机构管理人在场见证,也无需对记录监听内容的载体进行封印,在侦查机关等地就可以对通讯进行同步监听。

(五)犯罪嫌疑人、被告人的防御权保障

本次日本《刑事诉讼法》在加强犯罪嫌疑人、被告人防御权保障上主要有三个重要举措,分别是:

1. 加强辩护人的法律援助、完善证据开示制度以及明确裁量保释判断中应当考虑的事项。其一,加强辩护人的法律援助,扩大犯罪嫌疑人国选辩护的范围,适用范围扩大到了"所有已向犯罪嫌疑人签发了逮捕证的案件"。其二,证据开示制度是保障辩方能够了解检方所持有证据的一项重要制度。2004年日本《刑事诉讼法》修改新增了审判前整理程序,对原有证据开示制度作出调整,规定应当开示的证据为:①检察官请求证据;②类型证据;③争点关联证据。[1] 其三,修改将检察官请求调查的物证扣押笔录追加进②类型证据中,扩大了类型证据的开示对象。

2. 日本《刑事诉讼法》规定了三类保释:①权利保释;②裁量保释;③义务保释。[2]

3. 《刑事诉讼法》明确了裁量保释判断中应当考虑的事项,以前仅规定在"被认为合适时",可以交由法院来进行裁量。

(六)保护犯罪被害人、证人等的措施

首先,为了加大对被害人、证人等的保护力度,本次日本《刑事诉讼法》规定在对辩护人进行证据开示的过程中,如果存在下列两种情形:①有可能发生加害证

---

〔1〕 ①对于检察官请求的证据应当开示。②检察官请求证据以外的书证、勘验笔录、被告人供述笔录等9种证据类型,属于判定特定的检察官请求证据的证明力而必要的证据,当辩方提出开示请求时,考虑开示的重要性、必要性以及开示产生的弊害,认为合适的,应当开示。③除检察官请求证据和类型证据以外的证据与争议点相关时,考虑该证据的关联性程度、开示必要性以及开示产生的弊害,认为合适的,应当开示。参见田口守一著,张凌、于秀峰译:《日本刑事诉讼法》(第5版),中国政法大学出版社,第215~219页。

〔2〕 ①权利保释指的是法院接到保释请求,原则上应当允许保释。当存在重大犯罪、常习犯、姓名不详、住所不定等情况时不适用权利保释。②裁量保释指的是虽然存在不适用权利保释的事由,但法院认为必要,可以依职权允许保释。③义务保释是指以逮捕形式长期羁押的,法院根据请求或依职权应当允许保释。参见田口守一著,张凌、于秀峰译:《日本刑事诉讼法》(第5版),中国政法大学出版社,第203页。

人、鉴定人、口译人、笔译人及其亲属的身体或财产的行为；②有可能发生使上述人感到恐惧或难以应付的行为，此时检察官可以不告知被告人或指定被告人知悉的时间或方法为条件，对辩护人公开证人、鉴定人、口译人、笔译人的姓名、住址等信息。如果还无法防止上述两种行为发生的，检察官也可以不告知辩护人和被告人上述相关人的姓名、住址，但是应当告知相关人的称呼（非姓名）、联系地址（非住址）等。但是，如果上述保护措施对被告人的防御产生实质性不利时，不被适用。其次，2000 年日本《刑事诉讼法》新增了证人作证隔离制度和视频作证制度，规定视频作证的场所应当与法官及诉讼关系人到场的场所处于同一处所，即证人虽然不到庭作证，但一般应当在法院内的其他规定场所作证。本次日本《刑事诉讼法》旨在更多地减轻证人的精神负担，防止被告人报复以及更易得到证言，删除了"同一处所"这一限定条件。

（七）其他

作为保障向法庭提出真实证据的措施，本次日本《刑事诉讼法》提高了证人不出庭作证罪的法定刑，提高了藏匿犯人、隐灭证据以及胁迫证人等罪法定刑，放宽了拘传证人的必要条件。此外，为了更广泛地适用即决裁判程序，本次日本《刑事诉讼法》规定，如果被告人或辩护人反悔，不同意适用即决裁判程序的，法院作出不适用即决裁判程序决定后，对同一案件可以不适用《刑事诉讼法》第 340 条关于"重新发现关于犯罪事实的重要证据"这一再起诉的限定条件，检察官可以重新提起公诉。[1]

2016 年日本《日本刑事诉讼法》修改是在对"精密司法"作出深刻反思后，继1999 年至 2005 年大修后的又一次全面修改。本次修改内容多、涉及面广，修改内容在经过各方激烈争论后最终形成。日本在实现"公判中心主义"过程中的经验、争议点以及留下的未决问题对我国正在推进的"以审判为中心"的诉讼制度改革以及今后的立法具有相当的参考意义。

四、法国刑事诉讼法的最新发展[2]

（一）2016 年法国刑事诉讼立法改革的关键词：反恐

自 2015 年 1 月"查理周刊恐怖袭击"后，法国在不到 2 年的时间内先后经历了"巴黎恐怖袭击"和"尼斯恐怖袭击"，引发了全球舆论的高度关注。恐怖分子的攻击对象开始转向不特定的平民，攻击区域扩及法国全境，攻击方式日益隐蔽、暴戾，先后造成无辜公众伤亡数百人，制造了堪称二战后法国本土内最严重的人道灾难。奥朗德总统被迫四度延长全国紧急状态，朝野共同商讨有效的反恐对策。

其实早在 30 年前，法国便在国际范围内率先立法界定了"恐怖主义"行为，并

---

〔1〕《刑事诉讼法》第340条规定，因撤回公诉而作出的驳回公诉裁定已经确定时，以在撤回公诉后在对犯罪事实重新发现重要证据时为限，可以就同一案件再提起公诉。

〔2〕本部分执笔人：中国政法大学证据科学研究院施鹏鹏教授。

先后出台了多部反恐立法，涉及实体法、程序法及刑事政策等，分别纳入《刑法典》《刑事诉讼法典》《国内安全法典》之中。如法国学者莫·莉娜所论，几乎每十年便有以反恐为主题的代表性立法[1]：

（1）1986 年 9 月 9 日第 86 - 1020 号法律，首先将"恐怖主义犯罪"界定为"通过恫吓或恐惧严重扰乱公共秩序"的犯罪（《旧刑法典》第 L. 463 - 1 条，现行《刑法典》第 L. 421 - 1 条），设置了特殊的刑事拘留制度（《刑事诉讼法典》第 L. 706 - 23 条及后续条款）及特殊的管辖制度（《刑事诉讼法典》第 L. 706 - 17 条及后续条款）。

（2）1996 年 7 月 22 日第 96 - 647 号法律，将"为准备实施恐怖活动而组成团体或达成协议"的行为界定为犯罪（《刑法典》第 L. 421 - 2 - 1 条），允许司法警官在预审法官的授权下进行夜间搜查。

（3）2006 年 1 月 23 日第 2006 - 24 号法律，首次将"网络恐怖主义"纳入立法，允许侦查人员通过网络运营商获得犯罪嫌疑人的链接及网络合约的数据，但应通过国家安全电信拦截监督委员会的审查（《邮电电子通信法典》第 L. 34 - 1 - 1 条）。2006 年的法律还将恐怖犯罪的刑事拘留期限延长至 6 天，前提是"恐怖活动可能造成紧急、严重的危险"（《刑事诉讼法典》第 L. 706 - 88 - 1 条）。

因此，系列恐袭案发生后，法国政府（尤其是情报部门、国家宪兵队和司法警察）受到了严厉的指责，公共舆论直指反恐不力方导致恐袭频发，置国家与国民于前所未有的危险境地。公允而论，民众的愤怒及指责虽可以理解，但批评意见却有失偏颇。其实之于反恐，法国政府的相关职能部门有难言之隐。事实上，自"9·11 恐怖袭击事件"后，法国政府便一直致力于强化侦、检机关打击有组织犯罪的能力，但频繁受制于宪法委员会及议会两院在"人权保障"问题上的掣肘。法国国民也普遍崇尚自由、人权，向来对国家权力机构保持高度的警惕，担心强大的国家机器容易损及个人权利。故近年来，政府所提交的许多强化打击恐怖犯罪的法案或者大打折扣，或者根本无法获得通过。前文所述及的数部法律均是诸多考量因素妥协的结果，由于设立了较为复杂的司法审查程序，故很难在效率上适应打击新型恐怖活动的要求。

"查理周刊恐怖袭击"后，法国政府及议员便向议会两院提交了数部重要的反恐草案及法律建议案，其中最为重要的当属《2016 年 7 月 21 日第 2016 - 987 号关于延长 1955 年 4 月 3 日第 55 - 385 号紧急状态法及强化反恐斗争措施的法律》（又称为"新紧急状态法"）和《2016 年 6 月 3 日第 2016 - 731 号关于加强打击有组织犯罪及其资助、优化刑事诉讼效率及保障的法律》（又称为"新反恐法"）。

1. "新紧急状态法"。距 2015 年巴黎恐怖袭击案仅 8 个月，法国南部著名的旅游城市尼斯又发生举世震惊的恐怖袭击事件：国庆日，恐怖分子驾驶一辆满载枪支

---

[1] Maud Léna.: *trente ans de lois antiterrorists*, AJ Pénal 2016, p. 105.

弹药的卡车冲进观看国庆烟火的人群，造成 84 人死亡、286 人受伤。法国政府随即向议会两院提交延长紧急状态的法律草案。政府最初所提供的建议草案仅设两个条款：一个条款为延长紧急状态 6 个月，另一个条款则是强化了行政警察在信息扣押领域的权力，允许行政警察在搜查场所内扣押及使用所有信息设备及终端的数据信息。草案于 7 月 19 日提交部长理事会。7 月 20 日，两院混合对等委员决定在此基础上进一步扩大警察的执法权，加强对恐怖犯罪的打击力度。法律草案的条款遂增加至 21 条，涉及搜查、扣押、临时羁押、行政禁令、量刑等诸多方面。7 月 21 日，议会两院先后批准了这一新的紧急状态法令（全称是《2016 年 7 月 21 日第 2016－987 号关于延长 1955 年 4 月 3 日第 55－385 号紧急状态法及强化反恐斗争措施的法律》，简称《新紧急状态法》），法国的紧急状态将延至长至 2017 年 1 月底。

面对日益猖獗的恐怖活动，"新紧急状态法"主要进行了三方面的应对：①强化行政管制，扩大政府（行政警察）在治安管理上的权限；②弱化司法审查，允许司法警官在犯罪预防及侦查时掌握更多的侦查手段，尤其是技术侦查手段；③提升惩罚力度，加大对恐怖犯罪分子的打击。具体而论，法律的核心内容主要包括：

（1）如果宣扬仇恨、暴力言论、煽动或称颂恐怖行为，则行政职权机构可以关闭宗教礼拜场所。行政职权机构可以以不具备安全条件为由，禁止民众在公共道路上进行游行和集会。

（2）省长可以直接授权司法警官或者下属的司法警员在公共道路上进行身份查明，以及对行李及车辆进行视频监控或者实施搜查，而不需要获得检察官的指示。

（3）行政警察在实施搜查时有权对信息数据进行扣押：既可以复制相关数据，也可以扣押信息储存设备。扣押结束后，行政职权机构可向行政法院的紧急审理法官提出申请，要求使用扣押的信息数据。如果存在"重大事由可认为某人行为可能对公共安全及秩序构成威胁"，则司法警官可以在搜查现场当场扣留此人。扣留时间不得超过 4 小时。

（4）法律授权对特殊的罪犯进行视频监控。"考虑到入狱时的特殊缘由"，如果"某罪犯越狱或自杀可能对公共秩序或者公共舆论造成严重影响"，则监狱管理局可在在监狱内设置专门的隔离羁押室，并进行视频监控。

（5）对于涉嫌恐怖犯罪的未成年犯罪嫌疑人，临时羁押期限最高可达 2 年，而成年的犯罪嫌疑人，最高羁押期限可达 3 年；对于实施恐怖犯罪的未成年罪犯，最高监禁刑可达 30 年（原为 20 年），而成年的罪犯，最高监禁刑可达无期徒刑（原为 30 年）；实施恐怖犯罪的罪犯，终身不得减刑。

（6）对判定与恐怖威胁有联系的个人，可实施行政监听。

（7）外国人在法国实施恐怖行为的，将自动驱逐。

2. "新反恐法"。"新反恐法"尝试建立综合反恐体系，共有 6 章，下设 120 个条款，涉及反恐的刑法应对、反恐的刑事诉讼应对以及反恐的财政手段应对，引入了多种反恐侦查及预防手段，强化了对恐怖犯罪的刑事打击，并尝试从源头上切断恐怖活动的资金来源。也因为打击手段较为严厉、多元，有学者[1]甚至将"新反恐法"与2004年的"贝尔本二号法律"[2]相提并论，称之为"贝尔本三号法律"。[3]

"新反恐法"确立了如下篇章结构：

第一编　关于加强打击有组织犯罪、恐怖主义犯罪及其资助的规定

第一章　关于加强司法侦查效率的规定

第二章　关于加强恐怖主义犯罪刑事处罚的规定

第三章　关于加强证人保护的规定

第四章　关于优化打击武器类犯罪以及网络犯罪的规定

第五章　关于优化打击洗钱罪以及资助恐怖主义犯罪的规定

第六章　关于加强行政调查以及监控的规定

第二编　关于加强刑事诉讼保障以及简化程序运行的规定

第一章　关于加强刑事诉讼保障的规定

第二章　关于简化刑事诉讼运行的规定

第三编　其他规定

第一章　其他规定

第二章　移动摄像机

第三章　关于适用2013年1月15日欧盟议会以及欧盟理事会关于爆炸物探测器商业化及使用的欧盟条例：爆炸物探测器的商业化及使用

第四章　关于国防的规定

第五章　通过法令采取法律领域内措施的资格

第六章　适用于海外领地的规定

核心内容包括：

（1）反恐的刑法应对。"新反恐法"对《法国刑法典》进行了若干重大修改，增设了交易文化财产罪（un délit de trafic de biens culturels），强化了对恐怖主义犯罪及资助恐怖主义犯罪的打击力度，并增设执法人员的刑事责任豁免事由。

第一，增设交易文化财产罪。伊斯兰国（l'Organisation État islamique）的活动区域曾是人类文明的重要起源地，因此也是世界上考古资源最为丰富的地区。据国际

---

[1] Dupic Emmanuel., "La loi n° 2016 – 731 du 3 juin 2016 renforçant la lutte contre le crime organisé et le terrorisme", *in Perben III de la procédure pénale française*, La Gazette du Palais, p. 12 et s.

[2] "贝尔本二号法律"颁布于2004年3月9日，全称为"使司法适应犯罪发展的法律"。因该法是法国原司法部部长多米尼克·贝尔本（Dominique Perben）所主持的第二次重大法律修改，故而得名。"贝尔本一号法律"则颁布于2002年9月9日，主要修改了未成年人的拘留制度及其他。

[3] "贝尔本二号法律"的核心理念便是提高打击有组织犯罪的力度，引入了诸多强化侦查力量的举措，并在一定程度上限制了律师的权利，因此引发了诸多争议。参见施鹏鹏："正当程序视野下的反有组织犯罪：法国的经验与教训——以《贝尔本二号法律为中心》"，载《中国刑事法杂志》2011年第11期。

金融行动组（Groupe d'action financière internationale）的数据，伊斯兰国每年通过在所控制区域劫掠文物并借由黑市交易的文化财产高达 1 亿美金，是除武器交易、毒品交易外最为重要的资金来源。这些文物经过辗转出售，最终流入欧洲市场。尽管在国际法层面，目前涉及文化财产交易的国际条约已有 1954 年《武装冲突情况下保护文化财产的公约》[1]、1970 年《关于禁止和防止非法进出口文化财产和非法转让其所有权的方法的公约》[2] 及 1995 年《关于被盗或者非法出口文物的公约》[3]等，但前述国际条约未设定明确的刑事处罚，也未涉及所有恐怖活动的区域，故作用相当有限。因此，"新反恐法"决定增设"交易文化财产罪"，切断这一恐怖主义活动的重要财政来源。依"新反恐法"第 29 条之规定，法国《刑法典》增设第 L. 322 - 3 - 2 条，对"明知具有考古、艺术、历史、科学价值的文化财产是在恐怖团体行动领域（un théâtre d' opérations de groupements terroristes）盗取获得"，仍予以"进口、出口、过境、持有、出售、获取或交易"，且"无法提供该财产来源合法性证明"的行为，最高可判处 7 年有期徒刑以及 100 000 欧元的罚金。如果具有《刑法典》第 322 - 3 条第 1 项所规定之情节的（共同犯罪），则最高量刑可达 10 年有期徒刑以及 150 000 欧元的罚金。此外，文化交易财产罪适用有组织犯罪刑事程序的特殊规定（《刑事诉讼法典》第 706 - 73 - 1 条第 6 项）。[4]

第二，增设煽动实施恐怖活动罪。"新反恐法"在《刑法典》中增设了第 L. 421 - 2 - 5 - 1 条及第 L. 421 - 2 - 5 - 2 条，加强对宣传圣战（La propagande Djihadiste）的行为进行刑事打击：

"对故意摘录、复制或传播公开宣扬恐怖活动或直接煽动实施恐怖活动的资料，以阻碍《数据经济信任法》第 6 - 1 条或《刑事诉讼法典》第 L. 706 - 23 条所规定之程序有效运行的，科处 5 年监禁刑及 75 000 欧元罚金。"（第 L. 421 - 2 - 5 - 1 条）

"在公共在线平台提供日常咨询服务，发布信息、图像或表演，以直接煽动实施恐怖活动或者宣扬恐怖活动的，如果这些服务所涵盖的信息、图像或表演涉及实施故意伤害他人生命的行为，将科处 2 年监禁刑及 30 000 欧元罚金。但因通知公众的正常履职需要，或者科学研究，或者作为司法证据而善意实施的咨询行为不在处罚之列。"（第 L. 421 - 2 - 5 - 1 条）

第三，加大对恐怖活动相关罪名的刑事打击力度。"新反恐法"对有组织团伙伪造罪、交易武器罪、交易毒品罪、资助恐怖活动罪、未检举恐怖活动罪等均加重了量刑幅度。例如，有组织团伙伪造罪量刑从 5 年有期徒刑、500 000 欧元罚金提升至

---

〔1〕 法国于 1957 年 6 月 7 日批准加入。

〔2〕 法国于 1997 年 7 月 1 日批准加入。

〔3〕 法国政府于 1995 年 6 月 24 日签署，但目前尚未获议会批准。

〔4〕 关于有组织犯罪特殊的刑事程序规定，参见施鹏鹏："正当程序视野下的反有组织犯罪：法国的经验与教训——以《贝尔本二号法律》为中心"，载《中国刑事法杂志》2011 年第 11 期。

7 年有期徒刑以及 750 000 欧元罚金（《知识产权法典》第 L.335 – 2 条、第 L.335 – 4 条、第 L.716 – 9 条、第 L.716 – 10 条以及第 L.343 – 4 以及第 L.615 – 14）。交易武器罪可判处 5 年监禁刑、75 000 欧元罚金。如果此前还实施了《刑事诉讼法典》第 L.706 – 73 条以及第 L.706 – 73 – 1 条所规定之罪名[1]且判处 1 年有期徒刑以上的，则可判处 7 年监禁刑、100 000 欧元罚金。如果涉及 2 人以上的共同犯罪，则可判处 10 年监禁刑、500 000 欧元罚金（《刑法典》第 222 – 52 条）。此外，对"任何可预知或限制即将发生的恐怖活动犯罪而未通知司法或行政机关的个人，处 3 年监禁刑以及 45 000 欧元罚金"（《刑法典》第 L.434 – 1 条）。如果前条所涉罪名涉及国家基本利益，则可以判处 5 年监禁刑以及 75 000 欧元罚金，且不适用近亲属豁免原则（《刑法典》第 L.434 – 2 条）。

第四，增设警务人员刑事免责事由。"新反恐法"在《刑法典》中增设新的第 122 – 4 – 1 条，规定"国家警署的公务员、国家宪兵队的军人、海关官员或者依《国防法典》第 L.1321 – 1 条所规定在法国领土内雇佣的军人，如果在紧急时间内仅是为了阻止一起或数起谋杀或者企图谋杀的行为反复发生，且在使用武器时依当时的情况有真实、客观的理由表明该谋杀行为极有可能反复发生，则不受刑事追责"。从规范设定的内容看，立法者确立该条款具有两大初衷：①警务人员的刑事责事由属于特殊免责事由，仅适用于具有特定执法权的主体，包括国家警署的公务员、国家宪兵队的军人、海关官员以及负责国防安全的雇佣军，这有别于《刑法典》第 122 – 4 条所规定的正当防卫权，后者适用于所有公民；②警务人员的刑事免责受到严格限制，包括时间要件（紧急情况）、目的要件（仅是为了阻止一起或数起谋杀或者企图谋杀的行为反复发生）以及证据要件（有真实、客观的理由），以避免执法权滥用。但在恐怖袭击频繁发生且性质日趋恶劣的大背景下，警务人员的刑事免责条款受到了普遍的质疑：首先，《刑法典》第 122 – 4 条所规定的正当防卫权适用于所有公民，自然也包括警务人员，法律所确立的适用条件大体类似，在此一背景下，是否还有必要增设内容基本相同的特殊免责事由。其次，《国防法典》也规定了宪兵队军人在法定情况下可以使用武器，尤其是涉及暴力袭警（《国防法典》第 L.2338 – 3 条第 1 项）或者司机拒绝停车（《国防法典》第 L2338 – 3 条第 4 项）。最后，也是最为重要的，特殊免责条款所设定的诸多要件委实太过严格，执法人员很难在第一时间作出准确判断，可能贻误执法时机，造成严重后果。

第五，延长恐怖分子服刑的保障期（La période de sûreté）[2]。"新反恐法"延长了恐怖分子服刑的保障期。对判处终身监禁的恐怖分子，重罪法庭可确立 30 年的服刑保障期。对正在服刑的恐怖分子提出假释申请的，应由刑罚适用法庭在听取罪犯

---

〔1〕 即有组织犯罪。

〔2〕 服刑的保障期，又可称为不可假释期，是法国刑法中监禁刑的附加执行方式，指罪犯在既定时间内不得调整服刑方式，包括从监禁刑转为半自由刑或者附条件自由刑（假释）。

危险性多学科评估委员会的意见后作出。刑罚适用法庭还可以可能严重危害公共秩序为由驳回假释请求。

（2）反恐的刑事诉讼应对。"新反恐法"在刑事诉讼领域的改革力度空前，足以与 2004 年的贝尔本二号法律相提并论。法国决策者希望能够通过此次修法，"持久地强化司法机构（在面临恐怖威胁时）所可使用的手段与方式"，以有效遏制时下日趋猖獗的恐怖活动态势。

第一，扩大共和国金融检察官的管辖权限。共和国金融检察官（Le procureur de la république financier）系法国 2013 年 12 月 6 日的法律所创设，目的是在国内法及国际法层面"更有效地打击金融犯罪及税收欺诈犯罪"。鉴于时下恐怖活动的资金来源多数与金融犯罪及税收欺诈犯罪相关，"新反恐法"扩大了共和国金融检察官的管辖权限：对组建犯罪团伙、预备实施量刑在 5 年及以上监禁刑恐怖犯罪（《刑事诉讼法典》第 705 条第 1 项至第 6 项所列举之罪名）的行为，归共和国金融检察官管辖。

第二，扩大国家海关司法局（service national de douane judiciaire）的权力。"新反恐法"对《刑事诉讼法典》第 28 - 1 条作了修改，赋予国家海关司法局在打击洗钱罪及资助恐怖活动犯罪领域与警署及宪兵队完全相同的地位（包括权力和限制），以保证三机关在反恐领域的协同及补充。国家海关司法局官员有权聘请情报员，并支付报酬（"新反恐法"第 37 条），可以对过关物品进行取样及进行分析和鉴定（"新反恐法"第 38 条）。国家海关司法局官员还可实施"网络巡逻"（cyber-patrouille），对《海关法典》第 414 条、第 415 条以及第 459 条所规定之罪名，在互联网上进行匿名侦查与取证（"反恐法"第 39 条）。[1]

第三，减轻海关打击洗钱犯罪的证明责任。《海关法典》第 415 条规定，在法国与国外之间进行金融活动，或者是输入、输出及转让资金，如果行为者明知相关资金直接或间接源自《海关法典》所规定之犯罪，或者毒品相关立法所规定之犯罪，则可判处 10 年监禁刑，并由海关予以行政处罚。海关及税收总局（Direction générale des douanes et droits）负证明责任。但在司法实践中，主观要件的证据极难获取，不利于打击海关洗钱犯罪。因此，"新反恐法"第 35 条确立了"非法资金来源的推定"：如果"出口、进口、运输或者补偿的实质条件、法律条件或者金融条件的唯一理由仅是为了掩盖资金来源"，则可推定该资金"直接或间接源自《海关法典》所规定之犯罪，或者毒品相关立法所规定之犯罪"。[2]

此外，"新反恐法"还强化了境内外转账的申报义务（第 40 条）。从境内转账至境外，或者从境外转账至境内，如果汇款超过 50 000 欧元且未有文件可证明资金来源的，视为未履行申报义务。同样，如果所提供的信息不准确或者不完整，亦视为

---

〔1〕　关于网络卧底侦查，参见施鹏鹏："诱惑侦查及其合法性认定——法国模式与借鉴意义"，载《比较法研究》2016 年第 5 期。

〔2〕　这一立法例效仿了《刑法典》第 L. 324 - 1 - 1 条。

未履行申报义务（《货币与金融法典》第 L. 152-1 条）。未履行申报义务的罚金上限提高了 50%（《货币与金融法典》L. 152-4 条）。

第四，增加侦查取证手段。"新反恐法"在刑事诉讼领域最具影响的改革举措当属增加了侦查取证手段，尤其是扩大了技术侦查的适用领域，允许对涉恐犯罪分子的住所地进行夜间搜查，增设扣押电子信息的特殊方式，加强了对受威胁证人的保护，扩大车牌自动辨识系统的应用等。

·技术侦查适用领域的扩大。"新反恐法"在《刑事诉讼法典》中增设了第 L. 706-95-4 条至第 L. 706-95-10 条，允许在现行犯侦查阶段或预先侦查阶段，经共和国检察官申请且经自由与羁押法官批准，或者在预审阶段，在听取共和国检察官的意见后经预审法官批准，对有组织犯罪（第 L. 706-73 条及第 L. 706-73-1 条）使用"IMSI Catchers"技术（手机监控技术），以进行地理定位，甄别终端设备及使用者的号码，尤其是截取终端设备的相关信息数据。对于现行犯侦查或预先侦查，手机监控时间不超过 1 个月，可依相同条件延长一次，而对于重罪预审，手机监控时间不超过 2 个月，可依相同条件延长，但最长不超过 6 个月。此外，"新反恐法"第 4 条还允许对有组织犯罪（《刑事诉讼法典》第 L. 706-73 条及第 L. 706-73-1 条），在未经利害关系人同意的情况下设立技术设备，在私人或公开的场所或车辆上捕获、固定、传输或记录一人或数人私人或隐私性质的谈话，或者私人场所一人或数人的图片。需要特别说明的是，秘密取证最早规定于 2004 年的贝尔本二号法律，但仅适用于预审程序，2015 年的《情报法》将该权力扩及情报部门。而 2016 年的"新反恐法"则扩及所有有组织犯罪的侦查（包括现行犯侦查以及预先侦查）。最后，"新反恐法"第 5 条则将 2011 年的 3 月 14 日《国内安全方针及规划法》（*la loi n° 2011-267 du 14 mars 2011 d'orientation et de programmation pour la performance de la sécurité intérieure*）所创设的信息数据截取手段扩及适用于所有有组织犯罪的现行犯侦查以及预先侦查，允许侦查机关在利害关系人不知情的情况下进行实时的信息截取（《刑事诉讼法典》第 L. 706-102-1 条）。

·对涉恐犯罪分子住所地实行夜间搜查。"新反恐法"第 1 条授权在紧急状况下，如果存在《刑事诉讼法典》第 L. 703-73 条第 11 项所规定之情况（恐怖活动），则可对涉恐犯罪分子的住所地实行夜间搜查，只要该搜查行为"对于防止侵害生命及形体完整确有必要"（《刑事诉讼法典》新的第 L. 706-90 条第 2 款，以及第 L. 706-91 条第 2 款第 4 项）。预先侦查阶段的夜间搜查，须经自由与羁押法官批准，而预审阶段的夜间搜查，须经预审法官批准。法官的搜查令应载明可证明夜间搜查行为必要性的事实及法律理由。搜查应在《刑事诉讼法典》第 59 条所规定的法定时间内完成（《刑事诉讼法典》新的第 706-92 条第 1 款），共和国检察官或司法警官应及时通报搜查的相关情况。

·增设扣押电子信息的特殊方式。"新反恐法"第 2 条增设了扣押电子信息的特殊方式：如果因侦查有组织犯罪之必要（《刑事诉讼法典》第 L. 706-73 条及第

L. 706 - 73 - 1 条），自由与羁押法官或者预审法官可以依共和国检察官之请求，以载明理由之裁定，授权远程且在当事人不知情的情况下通过信息识别获得以电信方式储存的信息数据，并进行扣押，或者录制、复制于任何信息载体之上。搜查扣押过程应全程受作出批准裁定之司法官的监督，否则程序无效。但如果搜查、扣押后所发现的罪行与批准裁定所载明之罪名不同的，不构成附带程序无效事由。如果相关信息涉及律师、法官或议员账号的，应遵循《刑事诉讼法典》第 100 - 7 条所确立的保护制度。

·加强对受威胁证人的保护。"新反恐法"第 62 条规定，在可能判处 3 年及以上监禁刑的重罪或轻罪诉讼程序中，如果披露证人身份将使证人及其近亲属的生命安全及形体完整受严重威胁的，则预审法官或合议庭审判长可依职权，或经共和国检察官及当事人之请求，在公开庭审中，以及在公开的判决或裁定中隐去证人身份。对披露证人身份或者传播证人身份或地址信息的行为，将科处 5 年监禁刑及 75 000 欧元罚金。在涉嫌反人类罪（《刑法典》第 306 - 1 条）或战争罪（《刑法典》第 L. 400 - 1 条）的诉讼程序中，如果证人公开作证在本质上可能严重危及证人或其近亲属的生命安全或者形体完整，则可以进行秘密作证。

·扩大车牌自动辨识系统的应用。警署、宪兵队及海关可将车牌自动辨识系统（《国内安全法典》第 L. 233 - 1 条）应用于增值税欺诈案件（《刑事诉讼法典》第 L. 706 - 73 - 1 条）的侦查。后者在法国每年造成近 170 亿欧元的损失，且多数与资助恐怖活动的网络有关。

第五，加强行政监管与刑事诉讼的对接。"新反恐法"还加强了行政监管力度，确保社会治安保障与刑事诉讼的充分衔接。依"新反恐法"第 47 条之规定，司法警官可向共和国检察官提出书面请求并接受其监督，对可能涉嫌恐怖活动的个人实施扣留并进行审查。扣留时间最长可达 4 小时。其间，共和国检察官可以随时终止扣留（《刑事诉讼法典》第 L. 78 - 2 - 2 条）。司法警察还有权依前述程序对车辆进行盘查或者对行李进行安全扫描。对有意或有迹象表明其有意前往恐怖行为实施地的公民个人，还可进行行政管控（contrôle administratif，《国内安全法典》第 L. 225 - 1 条至第 L. 225 - 8 条）。未遵守行政管控措施的，将构成刑事犯罪。司法警察在履行预防侵害公共秩序及保护个人人身及财产安全的职责时，可以携带便携式摄像机（《国内安全法典》第 L. 241 - 1 条）。

（3）反恐的财政手段应对。切断有组织犯罪的资金来源是此次"新反恐法"的重要目标，因此，除传统的刑事打击手段外，有效的财政应对手段亦是重中之重。立法者希望建立一套完善的资金预警及检测机制，通过对大额非法的资金运转进行有效监控以追根溯源，将恐怖活动扼杀于摇篮之中。

第一，预防非法使用预付卡。预付卡是以电子形式存储一定数额货币的物理载体，可在特定机构购买商品或服务，而无需依托银行账户。因此，用户可通过预付卡在银行系统外进行大额的资金流转而不接受监管，也可以通过预付卡匿名购买财产和服务（如武器及机票）以规避侦查机关的追查，故时下预付卡已成为犯罪尤其是恐怖犯罪的重要支付方式。"新反恐法"第 31 条针对这一情况对《货币与金融法典》进行了修改：①立法授权行政法令确立预付卡充值的限额。《货币金融法典》新的第 L. 315 - 9 条第 1 款规定，"预付卡充值的限额，由行政法令进行规定"。第 2 款规定，"预付卡以匿名电子货币或现金形式进行充值、返还或者提现的，亦应由前述行政法令确定最高限额"。第 3 款规定，"预付卡的限额应考虑产品的特点以及可能进行洗钱以及资助恐怖活动的风险进行确定"。②强化预付卡信息的可追溯性。"新反恐法"确立了预付卡信息及技术数据的收集义务，要求发卡机构在用户购买、激活、充值以及使用电子货币的任何阶段均应进行相关的信息登记，如在激活预付卡时的电子邮件地址以及电话号码，以保证监管机构以及侦查机关进行有效的信息收集与排查。③《货币与金融法典》新的第 L. 561 - 12 条第 1 款规定，第 L. 561 - 2 条所罗列的人员（发卡机构）有义务保留用户身份信息的相关文件 5 年（自关闭账户或与用户联系终结之日起），"载体内的所有信息"也应予以保留。第 L. 561 - 12 条第 2 款规定，银行机构及电子货币机构应收集激活、充值及使用电子货币的相关信息及技术数据（由经济部部长出台相关法令以确定应收集之信息及技术的范围），并保留 5 年。

第二，扩大打击非法资金流动情报处理及行动组（Tracfin：Traitement du renseignement et action contre les circuits financiers clandestins，以下简称"反洗钱组织"）的权力。"新反恐法"在多领域扩大了"反洗钱组织"的权力：①赋予"反洗钱组织"发布警告的权力（appel à la vigilance，"新反恐法"第 32 条）。原先，"反洗钱组织"仅具通报权（droit de communication），即在获得非法资金流动情报后应转交相关的职能部门进行处理。法律改革后，"反洗钱组织"可对有洗钱以及资助恐怖活动极大风险的行为或个人发布警示（《货币与金融法典》新的第 L. 561 - 29 - 1 条），要求其遵守打击洗钱罪以及资助恐怖活动犯罪的相关法律机制。"反洗钱组织"所提交的信息是机密的。无视信息泄露禁令的，将科处罚金 22 500 欧元。②强化支付管理业务机构对"反洗钱组织"的信息通报义务。"新反恐法"第 33 条对《货币与金融法典》第 L. 561 - 26 条进行了修改，要求负责管理支付系统的公司、协会或集团（如 GIE CB，Mastercard 或者 Visa）对所持有的银行卡及预付卡信息均应向"反洗钱组织"通报。"反洗钱组织"由此可以获得更详尽的资金流转信息（如数额较小的转账、提取、划账等），并综合其他间接证据，有效地进行恐怖活动预警。③授权"反洗钱组织"直接进入司法前科数据库。司法前科数据库建立于 2012 年，原先仅警署及宪兵队可以使用（《刑事诉讼法典》第 L. 230 - 6 条至第 L. 230 - 11 条）。"新反恐法"第 34 条赋予"反洗钱组织"查阅司法前科数据库的权限，强化了"反洗钱组织"在情报收集及犯罪预警的综合判断能力。

第三，扩大在线游戏管理局的权力（ARJEL：l'Autorité de régulation des jeux en ligne）。"新反恐法"第 46 条扩大了在线游戏管理局的权力，允许在线游戏管理局收集相关的技术数据及信息，对玩家或赌客所可能实施的欺诈、洗钱或者资助恐怖活动的行为进行监管，并有效地进行身份甄别以协助打击恐怖活动。

第四，移植2015年5月20日欧盟议会及欧盟理事会第2015/849号"关于预防使用金融系统以进行洗钱或者资助恐怖活动的指令"。"新反恐法"第118条还移植了欧盟议会及欧盟理事会的第2015/849号指令，强化金融机构的高管责任（例如要求金融机构等责任主体的高管对反洗钱的政策、内控和程序等进行批准），并将部分税务犯罪界定为洗钱罪。对"故意采取以下活动，将被认为是洗钱：隐匿、掩盖财产或者财产权利的真实性质、来源、位置、处分、流动，且明知该财产来源于'犯罪活动'或来源于部分参与该'犯罪活动'；获得、占有和使用财产，在获得财产时，明知该财产来源于'犯罪活动'或来源于部分参与该'犯罪活动'"。这里的"犯罪活动"，是指欧盟各成员国法律界定的与直接税和间接税相关的税务犯罪。

（二）2016年法国刑事诉讼的重要判例

1. 尊重辩护权：受审查者或其律师在预审庭有最后陈述权。[1] 该判例并非首创，但有助于巩固成文规范的明确性。2015年10月21日，法国最高法院刑事庭作出一项判决且重申，"依据《欧洲人权公约》第6条、《刑事诉讼法典》第199条及法律的一般性原则可推断，受审查者或其律师在预审庭有最后陈述权"。此前，最高法院刑事庭已作出过类似的判例，分别援引了《欧洲人权公约》第6条及《刑事诉讼法典》第199。在法国法中，所谓"受审查者（la mise en examen）"，是犯罪嫌疑人进入预审程序后的称谓。依《刑事诉讼法典》第80-1条之规定，在预审程序中（仅针对重罪或复杂的轻罪），当存在"重大或相互印证之证据可证明个人以主犯或共犯的身份参与实施犯罪行为"，则可对该人采取司法管制或临时羁押措施。在此一情况下，被告又称为受审查者。因所涉罪行严重，受审查者的自由严格受限（司法管制）甚至被剥夺（临时羁押），受审查的情况亦将记录在案，故法律赋予受审查者充分的辩护权。本案所确立的最后陈述权即为充分保障受审查者辩护权的最新发展。

2. 被拘留人请求委任律师：司法警官对此无裁判权。[2] 最高法院于2015年10月21日所作的判例涉及拘留问题：被拘留人被警察剥夺自由之初的律师帮助权，尤其涉及委任或指定律师的问题。2011年4月14日第2011-392号法律已通过修改《刑事诉讼法典》第63-3-1条明确了此一问题的处理方法。具体规定如下："……预审法官应告知出庭人有权委任或请求指定一名律师。出庭人委任律师或请求指定律师的，预审法官应立即以各种方式通知律师公会会长。如果所委任的律师无法联系或不能出庭，则应告知出庭人有权请求为其指定一名律师在第一次出庭程序中为其提供协助。律师可立即查阅案卷，并自由与当事人交流。随后，预审法官应告知当事人，其有权选择沉默，或作出声明，或接受讯问。此一告知应载入笔录。仅

---

〔1〕 Crim. , 21 octobre 2015, n° 15-81.032, publié au Bulletin ; D. 2015. 2252.

〔2〕 Crim. , 21 octobre 2015, n° 15-81.032, publié au Bulletin ; D. 2015. 2252.

在律师在场的情况下，当事人方可同意接受讯问。当事人的律师可向预审法官陈述自己的意见。"本案事实如下：2014 年 5 月 5 日，一名犯罪嫌疑人在初步调查阶段被拘留，其提出自行委任律师协助辩护的请求。但司法警官以被拘留人的同案犯已提出委任律师之申请为由，驳回了该请求，且要求请求人更换律师或请求律师公会指定律师。因此，该犯罪嫌疑人在整个拘留期间有律师公会所指定的律师协助。此外，该犯罪嫌疑人在拘留延长期间也未再次提出委任律师协助辩护的请求。初步调查结束后，犯罪嫌疑人在接受预审调查过程中，以司法警官拒绝其与委任律师交流为由，向预审庭提出撤销拘留的请求。二级预审庭驳回了该请求，理由如下："犯罪嫌疑人在整个拘留期间受到指定律师的协助且自由与之交谈，其已享有有效辩护且相关法律条款也得到遵守。"最高法院刑事庭最终依据《刑事诉讼法典》第 63 - 3 - 1 条撤销了该判决，重申了该条款的内容："司法警官必须告知被拘留人有权委任律师的权利。在出现利益冲突之时，只有律师公会会长有资格为被拘留人指定另一名辩护人。"刑事庭还补充道："拒不告知委任律师权必然损害被拘留人的利益。"事实上，《刑事诉讼法典》第 63 - 3 - 1 条所规定的被拘留人委任律师的权利已经相当清楚明确。但本案中的司法警官违反了告知被拘留人委任律师权利的规定，因此，最高法院刑事庭作出了支持上诉人的判决，认定拘留措施无效。由此可见，法国司法实务中对被拘留人权利的保障采取了相当严格的态度。尽管程序无效制度的适用有着极大的弹性，但在保障被拘留人权利方面一向秉承刚性。这一点值得中国借鉴，以完善非法证据排除制度。对于剥夺人身自由的取证措施，涉及损害利害关系人重大利益（尤其是辩护权）的，应纳入绝对排除的范围。

3. 拘留延期时的权利告知[1] 拘留延期时，侦查人员须再次告知被拘留人所享有的相关权利。最高法院刑事庭在 2015 年 9 月 1 日的判例中以更为恰当且明确的方式巩固了《刑事诉讼法典》中涉及拘留的规定。相关判例事实如下：2012 年，Mousson 大桥上出现一具女尸，随后相关司法信息公开，在此期间，警于 2015 年 5 月 6 日 16 时 40 分拘留了一名犯罪嫌疑人。拘留实施时，司法警官口头告知犯罪嫌疑人与拘留措施相关的权利，且交予一份抬头为《被拘留人权利告知表》的文件。被拘留人到庭后，预审法官告知其延长拘留将自 2015 年 5 月 7 日 16 时 40 分开始。5 月 7 日 18 时 15 分，预审法官收到司法警官的通知，自 16 时 10 分至 18 时 15 分，被拘留人受到聆讯且有律师在场，但在规定期限内，警方未再次告知被拘留人相关权利。预审法官因此裁定撤销拘留。之后，预审法官依据《刑事诉讼法典》第 173 条以加重型谋杀罪审查被拘留人，且向南希（Nancy）上诉法院预审庭请求撤销 2015 年 5 月 7 日 16 时 10 分至 18 时 15 分期间所进行的聆讯。随后，在 2015 年 7 月 29 日所作的判决中，二级预审庭认为该聆讯确实违法且宣布撤销，其指出："如果最初的权利告知提及延长拘留的可能性，那么 2015 年 16 时 10 分的聆讯就可以延长至 18 时 15 分，

---

〔1〕 Crim., 1er décembre 2015, n° 15 - 84. 874, publié au bulletin ; D. 2015. 2563.

且无需告知与延长拘留相关的权利。"未告知的后果是:"被拘留人未能提出重新进行医师检查及与其律师交谈的请求。"审判法官补充道:"虽然聆讯时律师在场,但律师并未提出任何意见,未告知权利必然会损害利害关系人的利益。"本案因警方未在拘留延期时再次告知被拘留人相关权利而撤销延期拘留期间所作的聆讯,这再次体现出法国司法实务部门对被拘留人权利极为重视的态度。

4.《刑事诉讼法典》第6条第1款的适用范围。[1] 1995年2月8日第95-125号法律增设了《刑事诉讼法典》第6条第1款。该条款实际是曾被1993年1月4日第93-4号法律废除的《刑事诉讼法典》原第681条第5款:"司法追诉期间所实施的重罪或轻罪涉及违反刑事诉讼程序条款的,仅当追诉或追诉期间所实施行为的非法性得到刑事法院最终判决的确认时,公诉方可启动。"立法者之所以创设该条款,旨在确保程序的安定性,防止现有的追诉程序被任意性的指控打断。换言之,为保证所有诉讼参与人(如司法警官、法官、鉴定人等)不受非正当的指控,法律为公诉的启动设置了条件,即行为的非法性得到法官的判决确认。对于该问题,最高法院刑事庭鲜少作出判例。2001年2月14日所作出的判例系为典型。该案由民事当事人提出,最高法院刑事庭支持严格适用《刑事诉讼法典》第6条第1款的规定,认为该条款不仅适用于刑事被告,也适用于诉讼第三人。2016年3月30日的判决中,最高法院刑事庭的态度较之前稍显缓和。该案中,侦查人员搜查被拘留人的住处时,对被拘留人的母亲实施了人身搜查。被拘留人的母亲因此以民事当事人的身份指控侦查人员的行为违法且侵犯其人格尊严。最高法院刑事庭作出不立案的决定,除非相关违法行为得到确证。

5. 预审法官放弃管辖并转交跨区专门法院的预审法官。[2] 预审法官放弃管辖并转交跨区专门法院(le dessaisissement d'un juge d'instruction au profit d'une juridiction interrégionale spécialisée)是2004年3月9日第2004-204号法律(贝尔本二号法律)所创设的一项新制度。该制度旨在集中检察官及预审法官的力量打击有组织犯罪及重大复杂的金融犯罪。依据《刑事诉讼法典》第706-77条,"第706-75条所规定列表之外的大审法院共和国检察官对于第706-73条所规定之罪名,除第11项及第706-74条之规定外,可要求预审法官放弃管辖,转由第706-75条所规定的有权限预审法院审理。预审法官应事先通知各方当事人,并听取其意见。裁定至早应在通知后8天、至迟应在通知后1个月作出"。本案中,最高法院刑事庭的判决涉及预审法官放弃管辖的条件问题。依据上述条款,启动该制度的条件是共和国检察官事先提出请求。最高法院刑事庭在2015年11月12日的一项判决中着重强调了此点。该案基本事实如下:犯罪嫌疑人因涉嫌团伙持械盗窃受到蓬图瓦兹(Pontoise)大审法院共和国检察官的起诉。随后,中央打击有组织犯罪局(Office Central

---

〔1〕 Crim. 30 mars 2016, n° 14-87.251, à paraître au Bullctin.

〔2〕 Crim. 12 novembre 2015, n° 15-82.832, D. 2015. 2377.

de Lutte contre le Crime Organisé) 也收到了关于此案的消息。巴黎跨区共和国检察官开始对该有组织犯罪的头目展开调查。由于普通司法机构与专门司法机构之间的管辖产生竞合,蓬图瓦兹的预审法官直接将其所受理的案件卷宗移交共和国检察官。共和国检察官并未对此提出反对意见。由此,蓬图瓦兹的预审法官放弃管辖并将案件移交巴黎跨区专门法院的预审法官。之后,一名受审查者就此提起上诉,要求判决此项放弃管辖的裁定无效。巴黎上诉法院预审庭驳回上诉人的请求,认为相关裁定仅是一份司法行政文书,作用仅在于提醒检察官,而非启动《刑事诉讼法典》第706－77 条所规定的程序。最高法院刑事庭审查该案后认为,"共和国检察官未提出反对意见并不等于共和国检察官提出了放弃管辖的请求"。因此,共和国检察官并未行使法律所赋予的特殊权力——只有共和国检察官有资格提出预审法官放弃管辖的请求。《刑事诉讼法典》第706－77 条所规定的条件未能满足。可见,最高法院刑事庭对于《刑事诉讼法典》第706－77 条奉行严格适用的态度,唯有共和国检察官事先提出请求,预审法官方可放弃管辖并移交跨区专门法院管辖。

6. 国家金融检察官受理重大复杂的案件及国家金融法院管辖权竞合问题。[1] 最高法院刑事庭于 2016 年 5 月 22 日作出三项判决,国家金融检察官所受理的案件范围及管辖权问题作了补充说明。这三个案件中,上诉人均提出,巴黎大审法院的预审法官在收到共和国检察官的请求后,直接将其未受理的毒品犯罪的事实送交国家金融检察官;由于只有共和国检察官有权向国家金融检察官提交犯罪事实,故而预审法官涉嫌越权。此外,上诉人认为,依据《刑事诉讼法典》第80 条第3 款,预审法官在受理案件期间,应当及时告知巴黎检察官案件的最新动向。最后,一部分上诉人强调,仅当案件具有重大复杂性时,方才出现与国家金融检察官管辖权竞合的问题,但本案并不具有重大复杂性。对于上诉人的请求,巴黎预审庭予以驳回。随后,上诉人以同样的理由继续上诉至最高法院,最高法院亦作出驳回裁定。

7. 轻罪法院受理恐怖主义案件的管辖权限制。[2] 最高法院刑事庭于 2015 年 11 月 18 日作出一项判决,重申了《刑事诉讼法典》第706－16 条及第706－17 条所规定的轻罪法院管辖权的限制。案件基本事实如下:一男子涉嫌利用当地交通工具运输一公斤以上的炸药及易燃物装置,随后被科西嘉海关逮捕。巴黎反恐怖主义专门法院受理了该案。此处须明确,抓捕后第二天晚上,许多别墅被炸药及类似武器炸毁,科西嘉民族解放阵线(FLNC)宣布对此次袭击负责。犯罪嫌疑人随后被起诉至轻罪法院,起诉罪名包括参与以恐怖主义为目的的团伙犯罪、未经授权及未有合法理由制造炸药或爆炸性物品、未经授权持有及运输易燃易爆物品、持有禁止买卖的物品、屡次实施与主犯所实施的恐怖主义活动相关的轻罪。轻罪法院宣告除制造爆炸性物品以外的所有罪名皆成立,判处被告人 4 年监禁刑。随后共和国检察官向上

---

〔1〕 Crim. 22 mars 2016, n° 15－83. 207 et 15－83. 206, à paraître au Bulletin; D. 2016. 713.

〔2〕 Crim. 18 novembre 2015, n° 15－80. 900, à paraître au Bulletin; D. 2015. 2446.

诉法院提起上诉，认为该判决结果放纵了爆炸性物品的制造者，案件事实已构成《刑法典》第 322 - 11 - 1 条所规定的轻罪。该条规定如下：持有及运输易燃易爆物以预备实施一项或多项罪行的，以《刑法典》第 322 - 6 条所规定的"爆炸物损坏或毁坏第三人财产的"处罚。轻罪法院指出，2014 年 11 月 13 日法律创设《刑事诉讼法典》第 421 - 1 条，予以界定恐怖主义犯罪，但本案中的轻罪并不属于该条所枚举的罪名。因此，轻罪法院排除了这一加重情节。此外，轻罪法院还认为，所指控的轻罪并不构成具有预备犯罪性质的"一项或多项罪行"，或构成《刑法典》第 421 - 2 - 1 条所规定以恐怖主义为目的的团伙犯罪。因此，轻罪法院仅宣告《刑法典》第 322 - 11 - 1 条所规定的轻罪及持有危险物品罪成立。由此可见，轻罪法院受理恐怖主义案件时，其所管辖的案件严格限制为《刑事诉讼法典》第 421 - 1 条所规定的恐怖主义犯罪。

8. 紧急状态下在国外启动地理定位及连续监控措施。[1] 2010 年 9 月 2 日 "Uzun 诉德国案（Uzun c/ Allemagne）"中，欧洲人权法院认为，以下措施均构成对《欧洲人权公约》第 8 条第 1 款所保护的私人生活权利的侵犯：系统收集及存储指明被监控人所在地及其所去之公共场所的数据信息；下载数据信息以作补充调查；收集涉及被监控人所处地域以外的其他证据材料。但欧洲人权法院也指出，这一调查措施较之"其他视听监控措施"，侵权程度更小。依据《欧洲人权公约》第 8 条第 2 款，如果法律规定了侵权措施，且相关条文符合明确性及可预见性的标准，公约所保障的权利则可侵犯。因此，最高法院刑事庭必须审查国内法的相关规定是否满足明确性及可预见性的标准。类似的判例早已有之，比如涉及电话窃听的 Kruslin 及 huvig 案。此案推动了法国立法者明晰涉及电话窃听的相关条款。最新涉及地理定位和连续监控的两个判例明确了，紧急状态下如何启动地理定位，以及在国外启动连续监控地理定位的条件。虽然 2014 年 3 月 28 日第 2014 - 372 号法律已经对地理定位措施进行界定，且要求侦查人员依据《刑事诉讼法典》第 230 - 32 条至第 230 - 44 条的规定实施，但具体操作方面的规定还不够细化。这两项判例无疑会推动与地理定位措施相关的立法。对于这类新兴的科技取证手段，法国法基本走的是由判例进而立法的过程。该路径虽然进展缓慢，耗时较长，但贵在已经过实践检验，可操作性强。面对日新月异的科学技术，科技取证手段已经成为各国不容忽视的规制对象。

五、德国刑事诉讼法的最新发展[2]

（一）德国刑事诉讼立法的新动态

1. 强制医疗程序的修改。2016 年 8 月 1 日，立法者对《刑事诉讼法》第 463 条强制医疗程序的规定进行了修改。在此之前，根据德国《刑法》第 63 条和《刑事诉讼法》第 463 条的规定，判处被告人在精神疾病关押场所进行强制医疗的（保安处

---

〔1〕 Crim. 17 novembre 2015, n° 15 - 84. 025, D. 2015. 2446；Crim. 9 février 2016, n° 15 - 85.071.

〔2〕 本部分执笔人：中国政法大学比较法学研究院讲师黄河博士。

分的一种）的，每满 5 年的强制医疗期间内，法院应当选任一名专家鉴定人对被判处强制医疗的人进行一次精神和心理状况的评估。该专家鉴定人应当是中立地位的第三人来充任，既不能由执行强制医疗的关押场所的专家，也不能由负责给被强制医疗之人治疗的精神病医院的专家来担任专家鉴定人。

2016 年修法之后，新的《刑事诉讼法》第 463 条规定，每满 3 年的强制医疗期间内，法院应当选任一名专家鉴定人对被判处强制医疗的人进行一次精神和心理状况的评估。如果被强制医疗之人已经被执行强制医疗满 6 年的，则每 2 年需要对其进行一次评估。

此外，新修订案对专家鉴定人的选任提出了更高的要求，除该专家鉴定人不能由执行强制医疗的关押场所的专家和负责给被强制医疗之人治疗的精神病医院的专家来担任专家鉴定人之外，法院还不得连续 2 次选任同一名专家鉴定人来进行评估。另外，强制医疗执行期间，首次对被强制医疗之人进行过精神状态评估的专家（第一个 3 年周期内担任过专家鉴定人的），此后不得再次担任本案中专家鉴定人。《刑事诉讼法》第 463 条还规定，专家鉴定人只能由医生或者心理专家担任，并且具有一定的法庭科学和精神病科学的专业知识和从业经验。

2. 电信监听的适用范围的修改。根据德国《刑事诉讼法》第 100a 条和第 100b 条的规定，刑事追诉机关可以对电信通信过程进行监听。由于电信秘密权属于基本法所保护的重要范畴，因此，立法者也对电信监听的适用范围作出限制，即犯罪嫌疑人可能涉嫌严重犯罪时，才允许侦查机关实施电信监听。为了防止侦查机关滥用电信监听的权利，《刑事诉讼法》第 100a 条第 2 款具体列举了 42 个严重犯罪的具体罪名，这一系列罪名的列举属于一个封闭式的结构（Katalog），立法技术上并没有采取"等严重犯罪"的兜底性条款。立法者在决定将哪种严重犯罪纳入第 100a 条规定之内时，一个参考因素是该犯罪通常情况下是否会被判处 5 年以上的自由刑。此外，立法者也会根据刑事政策的要求来决定某一类犯罪是否应当纳入本条中。事实上，在刑事诉讼法立法变迁史中，第 100a 条属于修订次数最多的一条。除了谋杀、抢劫、诈骗、洗钱、有组织犯罪和恐怖主义犯罪等 11 种犯罪没有变动之外，立法者根据不同年代的刑事政策的需求，及时地调整电信监听中所涉及的严重犯罪的具体罪名（到目前为止，立法者删除了 19 个罪名，新增了 31 个罪名）。

2016 年 10 月 15 日，为了打击贩卖人口的犯罪活动，立法者修改了《刑法典》第 232 条和第 233 条的规定，将以强迫卖淫为目的而贩卖人口罪（Zwangsprostitution）从第 232 条[1]中独立出来，新增为第 232a 条之罪。另外，将以强迫劳动为目的而贩卖人口罪（Zwangsarbeit）从第 233 条[2]中独立出来，新增了第 232b 条。因此，《刑

---

〔1〕 修法之后《刑法》第 232 条只处罚一般性的贩卖人口行为（Menschenhandel）。

〔2〕 修法之后《刑法》第 233 条只处罚以压榨剥削劳动力为目的（Ausbeutung der Arbeitskraft）的贩卖人口行为。

事诉讼法》第 100a 条第 2 款第 1 目第 i 项的规定也进行了相应的修改，即犯罪嫌疑人如果涉嫌刑法第 232a 条和第 232b 条的，可以进行电信监听。

2016 年 11 月 26 日，德国《新精神活性物质管制法》（*Neue – psychoaktive – Stoffe – Gesetz*）颁布施行。新精神活性物质（NPS）也被称为是"实验室毒品"，属于第三代毒品[1]，具有传统毒品和合成毒品相似或更强的麻醉、兴奋、致幻效果。为了阻止新精神活性物质（NPS）迅速蔓延和滥用，德国立法者将其入罪化。在此背景下，《刑事诉讼法》第 100a 条第 2 款第 9 目的规定也进行了相应的修改，即犯罪嫌疑人如果涉嫌《新精神活性物质管制法》所列举犯罪，可以对其进行电信监听。

3. 强化被害人权利保护。在德国刑事诉讼法中，有关被害人权利保护的相关制度历经了 2004 年《第一次被害人权利改革法》和 2009 年《第二次被害人权利改革法》的重大修改，立法的制度设计使得被害人在刑事诉讼中的权利不断扩大。2015 年 12 月 21 日，《第三次被害人权利改革法》在德国联邦议院获得通过，进一步强化了刑事诉讼法中被害人权利的维护。该修正案自 2017 年 1 月 1 日起正式生效。在本次修法过程中，一项重要的改革措施是新增了德国《刑事诉讼法》第 406g 条有关社会心理学专业人员陪同参加诉讼（Psychosoziale Prozessbegleitung）的规定[2]。根据该规定，犯罪行为的被害人有权向刑事追诉机关和法院申请，要求社会心理学专业人员陪同出席刑事追诉机关对其的询问和出席法庭的主审活动。尤其是对于严重暴力犯罪（故意杀人和身体伤害）和性侵犯罪的被害人而言，其心理上往往经受了很大的刺激，该专业人士可以随时地安抚和帮助被害人。在刑事诉讼法修改之前，在侦查阶段，刑事追诉机关在询问被害人时，有权要求与本案无关的人员不在场。为了保护被害人的权利，本次修法允许在特定情况下，为被害人提供帮助的专业人士在询问过程中在场。同时，从属诉讼（Nebenklage）中，该专业人士也可以帮助、代理被害人在主审阶段行使其重要的权利，例如发问权（Fragerecht）和举证申请权（Beweisantragsrecht）。

根据 2015 年 12 月 21 日制定的《刑事诉讼中社会心理学专业人员陪同参加诉讼法案》（*Gesetz über die psychosoziale Prozessbegleitung im Strafverfahren*），如果被害人要求该专业人士提供陪同服务被准许时，国家应当支付该专业人士一定的费用。对于费用标准，该法第 6 条明确规定，该专业人士在侦查阶段、一审主审阶段和一审主审阶段结束后，为被害人提供上述服务的，国家应当分别支付 520 欧元、370 欧元和

---

〔1〕 新精神活性物质（NPS）是指毒品犯罪嫌疑人将传统毒品的化学结构进行修改而得到的新的毒品类似物。与传统毒品（鸦片、海洛因等）、合成毒品（冰毒、摇头丸、麻古等）相比，新精神活性物质（NPS）更容易被毒品犯罪人披上"合法"的外衣，例如"合法兴奋剂"或"合法快感药"，然后以"无害"和"不成瘾"为幌子而向其他人推销、兜售。2015 年 11 月，公安部、国家食品药品监督管理总局、国家卫生计生委和国家禁毒委员会办公室联合制定出台《非药用类麻醉药品和精神药品列管办法》，一次性就增加了对 116 种"新精神活性物质"的管制。

〔2〕 《刑事诉讼法》原第 406g 条移至第 406h 条。

210 欧元的报酬。

(二)德国联邦最高法院重要判例中的裁判要旨

1. 法官的回避。

案例: 联邦最高法院第 3 刑事审判庭裁定（2016 年 1 月 12 日）

BGH 3 StR 482/15 – Beschluss vom 12. Januar 2016（LG Rostock）

被告人向联邦最高法院就一审判决提出法律审上诉，上诉理由：法官在本案中存有偏见。

被告人认为，本案中的主审法官在自己的 Facebook 上上传了一张个人照片，照片显示法官本人身着一件 T 恤，T 恤上印有"监狱是你未来的家，我们将送你一程"（Wir geben Ihrer Zukunft ein Zuhause：JVA）。上诉人认为，法官的职业涉及被告人的未来前途，该照片能够透露出主审法官在本案的审理工作中可能无法做到客观公正，反而是以自己手中的权利来"作弄"被告人为乐，并判处被告人较长的刑罚。

联邦最高法院在裁定中认为，结合本案的实际案情，上诉人的担忧是没有任何事实依据的，因为单从一张照片无法得出确定的信息——本案中主审法官存在任何有失中立的可能。因此，联邦最高法院裁定驳回上诉人的法律审申请。

2. 违法搜查与证据禁止。

案例一：联邦最高法院第 2 刑事审判庭判决（2016 年 2 月 17 日）

BGH 2 StR 25/15 – Urteil vom 17. Februar 2016（LG Meiningen）

被告人于 2013 年 12 月 29 日晚上 9 点左右开车至某市，并将汽车停在路边，这时有警察开车路过，警察认为被告人的车辆"可疑"，遂决定对其进行临检并要求其出示驾照和身份证件。被告人下车后立即逃跑并将车门锁死。警察于是将车辆拖回警察局，由于被告人事先有过贩卖毒品的前科记录，当晚凌晨 3 点左右，警察在取得检察官的同意后，决定将车玻璃砸开并对该车进行搜查，在车中找到一个保险箱和一包毒品。事后被告人在其朋友家被警察抓获。

根据《刑事诉讼法》第 163b 条第 1 款第 3 句的规定，"初步的犯罪嫌疑"属于搜查的前提要件，"初步的犯罪嫌疑"是指，存在足够的事实基础，应当追究犯罪嫌疑人的刑事责任。

《刑事诉讼法》第 163b 条第 1 款第 3 句关于搜查的规定，不仅允许侦查机关搜查犯罪嫌疑人本人，而且有权搜查犯罪嫌疑人所携带的物品。本案中，侦查机关不仅有权搜查犯罪嫌疑人的身体，而且有权搜查犯罪嫌疑人所驾驶的汽车。

根据《刑事诉讼法》第 105 条第 1 款的规定，搜查属于法官保留事项，应当事先征得法官的同意。紧急情况下，检察官和警察可以作出搜查决定，但决定事由应当及时通知法官。"紧急情况"是指如果不采取搜查等强制措施，可能导致证据灭失的情况。

在本案中，警察搜查犯罪嫌疑人的车辆时，没有取得法官的同意，也完全不构成"紧急情况"。因此被告人向联邦最高法院申请法律审上诉，认为警察违反法定程序收集的证据属于非法证据，应当禁止使用。

联邦最高法院审理后认为，《刑事诉讼法》第105条的规定中，并没有明确指出具备违法搜查的前提要件就构成证据禁止使用（非自主性的证据禁止）。因此，根据权衡理论，在本案中警察虽然违反了搜查的程序性要件，但是证据仍然可以适用。

案例二：　联邦最高法院第二刑事审判庭裁定（2016年4月21日）

BGH 2 StR 394/15 – Beschluss vom 21. April 2016（LG Frankfurt a. M.）

2013年10月4日，被告人因涉嫌两起严重的故意伤害案件而被警察逮捕后被羁押。2013年10月14日，警察找到了被告人的汽车（汽车钥匙已经于被告人被逮捕的当天被扣押）。侦查人员认为，在该车辆中可能找到被告人犯罪时所使用的武器，于是向当地总检察长申请搜查令。总检察长并不知道本案的侦查程序已经于10天前就开始启动，以为属于搜查的"紧急情况"，于是下令搜查，而没有事先征得侦查法官的同意就向其申请搜查令。总检察长下达搜查决定违反了程序性的要求，既没有通过书面形式，也没有附带任何的理由。侦查人员在搜查嫌疑人的车辆时，并没有起获武器，而是从后备厢中找到了一些毒品。

联邦最高法院认为，本案不能依据"假定的合法性侦查流程理论"（hypothetisch rechtmäßiger Ermittlungsverlauf）来支持该违法搜查所获得的证据（毒品）可以被当作证据来使用。"假定的合法性侦查流程理论"（hypothetisch rechtmäßiger Ermittlungsverlauf）是指：假设侦查人员并不违反程序，侦查机关事后也"必然地、毫无意外地"能够找到该证据（例如本案中的毒品），那么即便是侦查机关在收集证据的过程中有程序上的瑕疵，该证据仍然能当作证据使用。

德国联邦最高法院认为，如果在本案中依据"假定的合法性侦查流程理论"（hypothetisch rechtmäßiger Ermittlungsverlauf）可以被用来权衡并支持该违法搜查所获得的证据的话，搜查这一强制措施中的"法官保留"（Richtervorbehalt）原则将会被"掏空"。本案中，侦查机关严重违反法定程序而作出搜查决定，如果这种情况都能够被容忍的话，会使得侦查机关产生一种"错误的激励"（Ansporn），即刑事诉讼法中明确要求需要有侦查法院介入的强制措施中，即便是实际中没有侦查法官的批准，也不会产生任何的影响。如此一来，将会严重损害刑事诉讼侦查程序的法治国家形象。

3. 认罪协商。

案例：　联邦最高法院第二刑事审判庭裁定（2016年10月12日）

BGH，Beschluss vom 12. 10. 2016 – 2 StR 367/16

被告人在一审程序中因故意伤害被判处自由刑2年6个月。在主审程序中，被告人及其辩护律师与法官和检察官达成认罪协商，但是协商的过程只有法官、检察官和辩护律师参与，整个过程持续了45分钟。法官在随后的主审程序中，仅仅将协商的结果当庭告知被告人。一审宣判后，被告人以法院没有依据德国《刑事诉讼法》第257c条第5款的规定，详细地告知被告人协商的过程并将其记录在庭审笔录中为由，向联邦最高法院提出法律审上诉。

联邦最高法院在裁定中认为，依据《刑事诉讼法》的有关规定，庭审之外的认罪协商，主审法官应当告知被告人协商程序的经过，尤其是协商的参与人、认罪协商中各方的意见和观点、协商的基本要点。仅告知被告人协商的最后结果是不够的，这严重违反了《刑事诉讼法》第257c条第5款的规定。即便是被告人从辩护律师口中获知了认罪协商过程的基本情况，也并不能免除法官的告知义务。因此，联邦最高法院裁定撤销一审判决，发回重审。

（三）2016 年度具有较大社会影响力的刑事案件

1. 柏林圣诞市场恐怖袭击案。2016 年圣诞节前夕，犯罪嫌疑人驾驶一辆重型卡车冲向柏林圣诞市场的人群，造成 12 人死亡、48 人受伤。德国警方很快确定了本案的一名犯罪嫌疑人，该犯罪嫌疑人来自巴基斯坦，2015 年以难民身份进入德国。该嫌疑人向媒体表示，德国警方对其使用了暴力，用鞋跟踩他的脚，并用力掐其脖子，犯罪嫌疑人还被要求脱衣拍照，当他拒绝时，被打了耳光。柏林警方予以否认。但事后，德国警方发现，真正的犯罪嫌疑人却是一名突尼斯人。该犯罪嫌疑人在案发后的第二天在米兰与意大利警方的交火中被击毙。

2. 留德女生李洋洁遇害案开庭庭审。2016 年 5 月 11 日 20 点 30 分，在安哈尔特应用技术大学学习的 25 岁中国女生李洋洁外出跑步后失踪。5 月 13 日，在距离其宿舍不远的地方发现一具尸体，有被性侵的痕迹，尸体面部受伤严重，无法辨认。5 月 16 日，法医确认被害人为李洋洁。该案引发当地民众及德国华人圈的极大关注。

5 月 20 日，警方在垃圾堆中找到被害人衣物。另外，警方表示在被害人身上发现陌生人的 DNA。5 月 23 日，一名 20 岁男性 Sebastian F. 前往警局，表示被害人身上的 DNA 来自自己。随后，警方对他的女友 Xenia I.（同为 20 岁）进行询问，两人声称：在李洋洁失踪前一晚，他们曾与其见面。但警方从被害人身边朋友处获知，李洋洁并不认识他们，而且当晚 3 人并没有见过面。于是，警方认为他们有重大作案嫌疑，决定将其逮捕。

5 月 24 日，检察机关召开新闻发布会，对媒体披露案件进展情况。萨克森——安哈尔特州首席检察官在发布会上表示，根据犯罪嫌疑人的供述，李洋洁在失踪的前一天，与该 2 名犯罪嫌疑人见过面，而且 3 人发生了性关系。检察官强调，这只是引述嫌疑人的一面之词，其真实性尚待考证。检察官在新闻发布会上的上述言论引发被害人家属的强烈不满。为此，李洋洁家人于 5 月 26 日向德国联邦总检察长、萨克森——安哈尔特州司法部部长及中国驻德使馆发出申诉信，要求检察官对此道歉。

2016 年 6 月 5 日，在德绍、法兰克福、杜塞尔多夫和柏林等地，在德华人为遇害中国留学生李洋洁举行了公开悼念活动。经媒体曝光，本案中男性犯罪嫌疑人的继父为德绍警察分局局长，其亲生母亲也为当地高级警务人员。犯罪嫌疑人的父母在被害人追悼会举行的第二天，便举行了一场自家经营的酒吧的开业庆典，这一举动又引发争议。萨克森——安哈尔特州内政部长宣布，立即暂停犯罪嫌疑人继父德绍警察分局局长的职务，随后其继父被调离原工作岗位。

11 月 25 日，德绍地区法院开庭审理本案，检察官宣读对 2 名被告人的起诉书。检察官在起诉书中写道，犯罪嫌疑人将李洋洁诱骗到一所空房内将其强奸，并对其施暴，其作案手段的残忍程度令旁听的媒体记者及普通民众大为震惊。

11 月 30 日，主审法官发现，本案审理过程中出现了程序错误，参与审理的一名陪审员事先没有宣誓，该程序上的错误导致之前的两次庭审全部无效，必须重新开启主审程序的审理，之前接受过法庭询问的证人需要再次出庭接受同样的问话。

在重新开庭审理后，法院在证据调查阶段传唤了多名证人出庭作证，并就一段模糊不清的监控视频进行了勘验，通过该视频能够看到一名样貌特征符合李洋洁的女子在慢跑，随后被另一名女子拦下，两人交谈了一会儿之后一同进入了一幢楼房。目前，两名被告人中的一人已经认罪，庭审过程仍将持续下去。

3. 跨年夜性侵和骚扰案。2016 年元旦当天，在德国境内多个城市的跨年夜活动中，发生了大规模性侵和骚扰事件。其中，科隆约有 650 多名女性被害人。联合调查小组的数据显示，参与性侵者约有 2000 多名男子。2016 年 6 月，科隆地方法院首次对跨年夜性侵和骚扰事件作出判决，2 名被告被判 1 年自由刑并缓期执行。迄今为止，已有 4 人被判有罪、2 人无罪释放。其他多数案件中，警方并没有找到足够的证据来确定犯罪嫌疑人，因此绝大多数案件都被检察官终止诉讼。

4. 汉堡未成年轮奸案。2016 年 2 月，汉堡发生了一起轮奸案，4 名少年强奸了一名 14 岁的酒醉后的少女，作案过程被另一名同伙拍摄成视频。当时室外气温接近零度，犯罪嫌疑人实施犯罪后离开现场，并没有做出任何保护被害人的举措。2016 年 10 月，德国汉堡地区法院对数名少年强奸犯作出判决，其中一名被告人被判处 4 年自由刑，另一名被告人因为有"悔过"情节，被法院判处缓刑。判决公布后，汉堡市公民在网上以公开签名的方式呼吁重审此案，认为对其中一名被告人判处缓刑并不公正。汉堡检察院表示：现行法律对未成年人定罪以及处以监禁的门槛都很高，司法机关的决定没有受到任何人的干预，因此也不会受到呼吁书的影响而对法院的判决提起法律审上诉。

六、重要期刊论文、专著和会议论文集

（一）论文

1. "刑事诉讼法第 153a 条与刑事追诉的公共利益——Edathy 案中附条件不起诉的非理性与矛盾"（§ 153 a StPO und das öffentliche Interesse an der Strafverfolgung – zum Vorwurf der Irrationalität und Paradoxie von Verfahrenseinstellungen gegen Geldauflage anlässlich des Falls Edathy），作者：Christian Trentmann，载《整体刑法学杂志》（*Zeitschrift für die gesamte Strafrechtswissenschaft*）2016 年第 2 期，第 446 ~ 517 页。

2. "放弃发现事实真相和正义的要求？——也论 Weßlau 教授对刑事诉讼中的合意原则的批判"（Statt Wahrheit und Gerechtigkeit？：zu Edda Weßlaus Kritik des Konsensprinzips im Strafverfahren），作者：Georg Mohr，载《Edda Weßlau 教授纪念文集》

（*Gedächtnisschrift für EddaWeßlau*）2016 年版，第 601～614 页。

3. "评价禁止、使用禁止或是有罪证据的禁止——证据使用禁止理论之法律后果层面的思考"（Verwertungs－，Verwendungs－und/oder Belastungsverbote－die Rechtsfolgenseite der Lehre von den Beweisverwertungsverboten），作者：Wolfgang Wohlers，载《Edda Weßlau 教授纪念文集》（*Gedächtnisschrift für EddaWeßlau*）2016 年版，第 427～444 页。

4. "刑事诉讼法第 153a 条之附条件不起诉或终止诉讼：实用性是否意味着合法性"（Verfahrenseinstellung nach § 153a StPO：praktikabel，aber nicht legitim），作者：Thomas Weigend，载《Edda Weßlau 教授纪念文集》（*Gedächtnisschrift für EddaWeßlau*）2016 年版，第 413～425 页。

5. "侦查程序与主审程序的关系论：侦查程序的支配决定作用"（Das Verhältnis von Ermittlungs－und Hauptverfahren：der lange Arm des Ermittlungsverfahrens），作者：Petra Velten，载《Edda Weßlau 教授纪念文集》（*Gedächtnisschrift für EddaWeßlau*）2016 年版，第 391～411 页。

6. "论废除刑事诉讼法第 153a 条的理由"（Gründe für die Abschaffung des § 153a StPO），作者：Carl－Friedrich Stuckenberg，载《Edda Weßlau 教授纪念文集》（*Gedächtnisschrift für EddaWeßlau*）2016 年版，第 369～389 页。

7. "正义不是一笔买卖：再论认罪协商制度"（Der Handel mit Gerechtigkeit：ein Nachtrag），作者：Karl F. Schumann，载《Edda Weßlau 教授纪念文集》（*Gedächtnisschrift für EddaWeßlau*）2016 年版，第 331～350 页。

8. "沉默权的告知义务：空洞的允诺？"（Die Belehrung über das Schweigerecht：ein leeres Versprechen），作者：Nadja Capus，Mirjam Stoll 和 David Studer，载《犯罪学与刑法改革月刊》（*Monatsschrift für Kriminologie und Strafrechtsreform*）2016 年第 1 期，第 42～57 页。

9. "强化被告人在刑事诉讼中的诉讼权利保护第二次立法草案：以青少年刑法为视角"（Der "Entwurf eines Zweiten Gesetzes zur Stärkung der Verfahrensrechte von Beschuldigten im Strafverfahren" aus jugendstrafrechtsspezifischer Sicht），作者：Michael Sommerfeld，载《青少年刑法与青少年保护杂志》（*Zeitschrift für Jugendkriminalrecht und Jugendhilfe*）2016 年第 1 期，第 36～39 页。

10. "刑事再审程序与错案纠正：法律基础、实证研究以及改革建议"（Die Wiederaufnahme des Strafverfahrens zur Korrektur fehlerhafter Urteile：rechtliche Grundlagen，empirische Erkenntnisse und Reformbedarf），作者：Johannes Kaspar 和 Carolin Arnemann，载《法律与精神科学杂志》（*Recht & Psychiatrie*）2016 年第 1 期，第 58～64 页。

11. "法官在间接证据评价中的权利"（Die Macht des Richters beim Indizienbeweis：eine Hamburgensie），作者：A. W. Heinrich Langhein，载《Götz Landwehr 教授

80 大寿祝寿文集》，第 325~350 页。

（二）专著

1.《纽伦堡审判中的刑事辩护：诉讼进程与辩护策略》（*Strafverteidigung in den Nürnberger Prozessen：Prozessabläufe und Verteidigungsstrategien*），作者：Benedikt Salleck，Duncker & Humblot 出版社 2016 年版（注：马尔堡大学法学博士论文丛书，ISBN：978 - 3 - 428 - 14801 - 1）。

2.《法庭面前之事实真相：真相的追寻、等待、斗争还是买卖》（*Die Wahrheit vor Gericht：wie sie gefunden und geschunden，erkämpft und erkauft wird*），作者：Klaus Volk，C. Bertelsmann 出版社 2016 年版（ISBN：978 - 3 - 570 - 10259 - 6）。

3.《税务案件中的认罪协商问题：刑事诉讼法第 257c 条中所规定的协商制度的实体法和程序法角度的考察》（*Der Deal im Steuerstrafrecht：die Verständigung gemäß § 257c StPO in der Systematik des formellen und materiellen Rechts*），作者：Tanja Leibold，Duncker & Humblot 出版社 2016 年版（注：弗莱堡大学法学博士论文，ISBN：978 - 3 - 86113 - 256 - 1）。

4.《刑事诉讼法律审中区分法律和事实问题的意义：以州高等法院最新的判例为基础》（*Die Bedeutung der Abgrenzung von Tat - und Rechtsfrage in der strafprozessualen Revision：vor dem Hintergrund der neueren obergerichtlichen Rechtsprechung*），作者：Claudia Karl，PL Academic Research 出版社 2016 年版。（注：慕尼黑大学法学博士论文，ISBN：978 - 3 - 631 - 67108 - 5）。

5.《20 世纪德国刑事诉讼中的公审的概念、功能和结构——以典型性案例为基础》（*Der Schauprozess im 20. Jahrhundert in Deutschland：Begriff，Funktion und Struktur anhand ausgewählter Beispiele*），作者：Katharina Werz，Berliner Wissenschafts - Verlag 出版社 2016 年版（注：柏林洪堡大学法学博士论文，ISBN：978 - 3 - 8305 - 3611 - 6）。

6.《政治性律师?：纽伦堡审判的辩护律师研究》（*Politische Anwälte?：die Verteidiger derNürnberger Prozesse*），作者：Hubert Seliger，Nomos 出版社 2016 年版（注：汉堡大学法学博士论文，ISBN：978 - 3 - 8487 - 2360 - 7）。

7.《刑事司法的理性化和公民参与：认罪协商与从属诉讼中的被害人权利》（*Rationalisierung und Partizipation im Strafrechtssystem：Urteilsabsprachen und Operinteressen in Verfahren mit Nebenklagebeteiligung*），作者：Susanne Niemz，Beltz Juventa 出版社 2016 年版（注：海德堡大学法学博士论文，ISBN：978 - 3 - 7799 - 3264 - 2）。

8.《刑事案件的再审：手册》（Wiederaufnahme in Strafsachen：Handbuch），Klaus Miebach 等主编，C. H. Beck 出版社 2016 年版（注：工具书，主编为联邦最高法院的资深法官，ISBN：978 - 3 - 406 - 64305 - 7）。

（三）会议论文集

1.《刑事诉讼法中究竟需要哪些改革?——2015 年第 39 届刑事辩护论坛会议论

文集》（*Welche Reform braucht das Strafverfahren?*：39. *Strafverteidigertag*，*Lübeck*，6. – 8. *März* 2015），巴登州刑事辩护协会主编。

2.《论刑事诉讼的公开性——以保护诉讼参与人为视角》（*Öffentlichkeit im Strafverfahren – Transparenz und Schutz der Verfahrensbeteiligten*），作者：Karsten Altenhain，C. H. Beck 出版社 2016 年版（注：德国第 71 届法律人大会专家报告，ISBN 978 – 3 – 406 – 68524 – 8）。

第二节　外国民事诉讼法的最新发展[1]

一、美国立法动态综述

2016 年的美国联邦法院年终报告核心内容是美国联邦地区法院的基层法官在联邦司法制度中的重要地位。美国联邦最高法院首席大法官约翰·罗伯茨首次全篇以美国联邦地区法官为视角，探讨美国的基层法官在化解社会矛盾、参与公共服务、实现司法自治等方面的突出贡献，并以首席大法官的身份褒奖了这批优秀的法律人才。[2]

但是最引人关注的还是美国民事程序改革，特别是 2015 年 12 月 1 日生效的《联邦民事诉讼规则》修正案。该规则的修改程序极为严格，前后历经 5 年时间。《联邦民事诉讼规则》修正案强调该规则由法院和当事人共同运用，法官和律师有义务在控制诉讼成本和诉讼时间方面通力合作。同时，首席大法官罗伯茨认为，只有当整个法律职业共同体（包括法官、律师和学者）共同致力于做出真正的改变，才能确保法官公正、高效、低成本地处理每一起民事案件。

（一）《联邦民事诉讼规则》的修改过程

美国的《规则授权法》授权联邦法院制定纠纷解决的程序规则。联邦法院政策制定机构——司法会议则全面负责设计上述规则，同时国会负责指导司法会议"对法院实践操作和程序规则的运行和效果不断研究"。主要工作由司法会议下的法院实践操作和程序规则委员会（通常称为常委会）完成，而该常委会先后对上诉、破产、民事、刑事程序以及证据规则等咨询委员会的工作提供指导。这些咨询委员会负责征求意见，举行公开听证会，提出建议的规则草案，并提交供司法会议审议的修正案。如果司法会议同意，规则草案及其修正案和报告书将提交给最高法院批准。最高法院批准后，规则将提交给国会，以每年 5 月 1 日作为最后期限进行审查。如果国会在 12 月 1 日前未提出异议，新规则将自动生效。

上述规则制定程序已有 80 多年的历史。尽管形成司法规则的流程繁琐耗时，但

---

〔1〕　本部分执笔人：肖建华教授。

〔2〕　http：//rmfyb. chinacourt. org/paper/images/2017 – 01/06/08/2017010608_ pdf. pdf.

是它确保了联邦法院实践操作和程序规则的严谨性，并且最大限度地吸收了法官、律师、学者以及公众的意见。许多规则修正案的规模不大，仅是技术性的修正，有的修正案甚至有点吹毛求疵，但《联邦民事诉讼规则》修正案迥然不同。这一修正案是历经 5 年深入研究讨论后形成的有效成果，其目的是破解在实现公正、便捷、高效的民事纠纷解决程序上所面临的难题。

这一改革项目可追溯至 2010 年，民事规则咨询委员会举办了一次民事诉讼研讨会，来自企业、政府和公益组织等领域的联邦和州的法官、学者、公众和律师共同参与研讨。研讨会所形成的 40 篇论文和 25 份数据分析报告表明，尽管联邦法院程序规则基本上是健全的，但是大量民事案件昂贵、耗时、充满争议，有些规则的设置还阻碍了当事人获得司法救济。该研讨会明确以下内容需要进行程序改革：①鼓励律师之间进行更大程度的合作；②重点关注证据开示程序（即在对方当事人监督下获取信息的程序），只收集在解决案件时真正需要的证据；③让法官尽早积极地参与案件管理；④解决与大量电子存储信息相伴而生的新的重要问题。

民事规则咨询委员会就上述问题积极开展工作，并起草了修正案建议稿面向公众征求意见。委员会收到 2300 多份书面意见并在达拉斯、菲尼克斯和华盛顿特区举行了公开听证会，共有 120 多人参与听证。委员会在公众意见的基础上对修正案进行了修改。修正案建议稿在提交国会前还经过了常委会、司法会议和最高法院的进一步审查。2015 年 12 月 1 日，规则修正案正式生效。[1]

（二）修正案的主要内容

2015 年《联邦民事诉讼规则》修正案第 1 条仅仅补充了 11 个字，但这 11 个字值得法官和律师铭记在心。第 1 条指出，联邦规则"由法院和当事人共同运用、解释和执行，以确保公正、高效、低成本地处理每一起民事案件。"增加的"由法院和当事人共同运用"，表明了法官和律师有义务在控制诉讼成本和诉讼时间方面通力合作，而该项义务被明确规定在修正案中。

《联邦民事诉讼规则》第 26 条（b）款（1）项运用比例原则对证据开示作了合理限制："当事人有权要求进行的证据开示，须为特权关系以外之事实，与诉讼主张或抗辩密切相关，并在以下各方面符合比例原则：案件所涉问题的重要性、案件所涉争议的数量、当事人获取相关信息的相关性、当事人所掌握的信息、开示程序在解决案件争议方面的重要性，以及证据开示的成本是否超出了可能的收益。"

这一修正案确立了一项基本原则，即律师必须根据解决纠纷的实际需求来规划自己的证据开示规模。具体而言，通过审前程序，双方当事人便能获得为进行诉讼而应当获得的信息，但必须排除不必要的和无用的证据开示。问题的关键在于要准确评估证据开示的实际需要，这就需要作为中立裁判者的联邦法官积极介入，指导双方就证据开示范围作出正确的决定。

---

[1]　http：//www. uscourts. gov/federal - rules - civil - procedure.

规则修正案着重强调了联邦法官在案件管理方面的尽早介入和有效管理。原来的《联邦民事诉讼规则》第 16 条已经规定当事人提交诉讼材料后法官应与律师会见，确定相关的需求，并形成案件管理方案。规则修正案更是缩短了法官和律师会见的期限，并倡导两者以面对面的方式进行讨论。修正案明确规定了加快审前程序证据开示争议处理的进程，包括在提交证据开示正式动议前与法官进行讨论。此类讨论通常可以省略正式的动议程序，而一项正式的动议需要法官花费很长时间来处理。

鉴于信息技术的巨大推动力，规则修正案专门提到了"电子化存储信息"，从而产生了一个新的缩写词"ESI"。《联邦民事诉讼规则》第 16 条和第 26 条（f）款规定，当事人应一致同意在案件管理方案和查明事实会议上保存"电子化存储信息"。如果一方当事人在可预见的诉讼程序中未能注意到普遍认可的保存"电子化存储信息"的义务，修正案第 37 条（e）款对此后果作了进一步详细规定。一旦由于未采取合理的预防措施导致已查明的"电子化存储信息"丢失，法院首先要判断这些信息是否能够通过其他途径进行恢复或替换。如果不能，法院可以采取"必要但不过分的"措施来弥补损失。如果"电子化存储信息"的丢失是一方当事人意图剥夺另一方当事人在诉讼中使用信息的结果，那么法院可以采取不利于该方当事人的强制措施，包括把对该方当事人不利的情况向陪审团作出指示（adverse jury instruction）、驳回起诉或作出缺席判决等。

修正案删除了原规则第 84 条，其中提到的附录包括一些民事诉讼格式，其初衷是为律师和无律师代表的诉讼当事人提供适当的实例。自规则公布以来，其中的许多格式已显陈旧或过时。美国法院行政管理局组织了一批资深法官设计了一套反映当前诉讼实践和诉讼程序的现代民事诉讼格式取代这些过时的诉讼格式。该项工作已基本完成。[1]

2016 年 12 月 1 日，美国联邦民事诉讼又进行了修改，对原规则第 4 条（m）进行了解释，新增加了第 6 条（d），以及对第 82 条进行了修改。[2] 其中新增的第 6 条，对民事诉讼期限的计算产生了极大的影响。新增加的第 6 条（d）：当某一方根据第 5（b）（2）（C）（邮件），（D）（交于职员）或（F）（其他方式同意）提供服务和服务后，则根据细则第 6（a）条，至期限届满后将增加 3 天。

（三）改革传统法律文化，树立新型诉讼理念

美国联邦司法中心（Federal Judicial Center）作为联邦法院系统的教育和研究机构，目前已经创建了一个专门针对联邦法官的培训教程，以便让联邦法官为诉讼程序改革做好充分准备。同时，针对律师的法庭程序改革专项培训也十分必要。

---

〔1〕 http：//www. uscourts. gov/forms/pro – se – forms.

〔2〕 http：//www. dwt. com/The – 2016 – Amendments – to – the – Federal – Rules – of – Civil – Procedure – E-liminating – the – Three – Day – Rule – for – Electronic – Service – 11 – 28 – 2016/.

美国律师协会（American Bar Association）以及一些地方的律师协会组织目前已经启动了遍及全国的培训课程和研讨会。此外，各种司法机关、法律组织和学术团体已经为联邦和州的司法实务规则提供了许多重要见解。

二、日本民事诉讼法的立法成果以及立法动向

2016年日本民事诉讼法领域并未发生重大的修法、立法活动。学界在这一年对民事诉讼中的所有领域都进行了一定程度的整理和思考，但更重要的是对《家事事件程序法》施行3年来的现状以及将来的问题进行了一个比较大范围的深入的讨论。

首先，从体例以及条文的分布来看，家事审判程序在前，家事调解程序在后，且家事调解程序大量类比适用家事审判程序的规定。然而在实际操作中，家事调解不仅在家事审判之前进行，而且家事调解处理的案例数量远远大于家事审判案件的数量。因而，对于家事事件程序法的研究和探讨也就自然而然地以家事调解为中心展开了。

在家事调解的程序进行上，首先进入视野的是申请书提交。在此次修改中，原则上要求将申请书送达对方当事人，以起到程序保障的作用。在实际的法院调解中，法院通过定型化的文书，由当事人进行相应问题的内容填写甚至是以选择的方式进行申请书的制作。此外，根据具体案件，法院并不当然地向对方当事人送达申请人的申请书，以避免在案件解决前即激化矛盾。当然，定型化的申请书不仅能便利当事人的填写，也便利了对方当事人对申请人意图的理解和掌握。同时，为了防止定型化的申请书内容过于简单，法院也在不断充实申请书中的内容，在绝对定型化的问题最后也设有可以由当事人自由阐述和表达的自由问题；同时，还在申请事项说明书、进行照会回答书等环节配合调解委员、调查官等进行不断的补充工作。从现阶段而言，申请书无论是内容还是具体使用方式乃至与后续调解审判工作的配合都可以说比较成熟，也基本上形成了全日本统一的版本。此外，通过定型化的申请书向对方当事人送达，使得对方当事人可以更为全面地掌握和了解申请人的要求，也使得调解工作有了很重要的变化。在以前的调解工作中，第一次调解基本都属于听取双方意见、了解具体案件的强度较低的工作。而在进行这样的申请书送达之后，第一次调解工作就可以全负荷地展开了，甚至出现了不少一次调解就解决问题的案件，从效率上来说也更为有利。同样，为了实现信息的共通共有、效率最大化以及程序透明，条文修改还体现在调解的最初以及最后要求双方当事人同时当场进行相应程序说明上。

在促进调解双方的合意达成上，法条要求法官以及调解委员要不断努力、最终实现该目标。因而，法院同调解委员分别从各自的方面进行了相应工作的展开。法院在总结既有经验的基础上，归纳了遗产分割案件的审理模式、有未成年子女的调解模式，甚至还制定了婚姻费用、抚养费算定表以及疑难案件计算表等规范化的表格。但各种案件有着各种案件的不同之处，即便是相同案件，当事人本身也有不同，因而从具体从事调解工作的调解委员那里，确实也很难实现一个绝对模式化的调解

模式，只能尽可能地对一些工作程序进行归纳、整理和总结。当然，在调解过程中，最主要体现在以下四点上：①调解委员与当事人之间的关系；②活用基于法条规定的程序说明活动进行劝解工作；③基于调解委员会进行的事实认定的说明和说服工作；④为了达成合意的最终帮助和调整工作。由于调解案件众多，而法官在时间上也确实无法做到参与到每一件调解案件中来，因而，确实只能通过调解委员进行最优化的调解工作来促成当事人双方的合意。

当调解无法达成的时候，案件就将进入到审判程序，从调解进入到审判的案件，在日本家事程序上称为代替调解的审判。代替调解的审判适用范围扩大到了别表第二案件，即主要包括婚姻费用分担、财产分割等涉及财产类的案件。但同时较之所有调解案件而言只占到 1.8% 左右，案件数并不十分多。这些案件一般分为三类："合意型"案件、"缺席型"案件、"不一致型"案件。"合意型"案件最典型的例子就是合意能够形成，但却有一些无法形成调解的情况产生，比如电话会议达成离婚，但却因为距离遥远无法前来，等等。还有也包括其实能够形成合意，但因为感情上的原因就是不愿意达成调解，反而心理上更期待审判作出这样判决的案件。"缺席型"顾名思义，一方缺席，法院根据记录等综合考量事实关系进行审判。"不一致型"自然就是指双方当事人对于最终的解决方案无法达成一致意见，最常见的在抚养费等案件中，双方可能对于数额有一定的差距，那么法官一般会取一个中间值进行审判，一般很少会被提出异议。当然，如果法官在事实认定后觉得某一方的数值更为合理，也当然会进行相应的审判，而不完全进行一种折中处理。

最后，在调解与审判的关系上，还需要进一步厘清。尤其在代替调解的审判中，调解阶段所生成的资料，并不是当然会在审判程序中使用，这也是当事人程序保障的需要。然而，若不是当事人自认，而是经过事实调查程序首先在调解程序中出现的资料，比如家裁调查官的调查形成的材料，在此次修法中被明确允许在审判程序中使用。尤其在实务中大量存在着本来就不想要进行调解，因而在前置调解程序中故意使得调解无法达成的情况，那么在调解程序中提交的或者调查的资料当然就会被移交到审判程序中使用。

此外，如今日本家事调解案件中最受学界以及实务界关注的主要是非监护权人的面会交流案件等与孩子利益相关的案件。在这些案件中，如何更好地对孩子的意思进行掌握是最为重要的点，因而家裁调查官无论在调解还是审判工作中都应更为积极主动地介入。此外，还导入了孩子的程序代理人制度，这个程序代理人如何跟家裁调查官更好地协作、如何同孩子的父母亲处理好关系，在以后积累了一定的案件经验之后才能更好地总结和归纳。

以上是关于《家事事件程序法》施行 3 年来的一些问题点讨论的简要介绍。除此之外，今年日本民诉学界还有一件大事就是松本博之教授的 70 岁纪念，民诉学界为其出版了一本纪念文集，全面归纳和总结了当前民诉学界主要的学术争点所在。但由于其所涉及范围过广，在此不再赘述。

第三节 外国行政诉讼法的最新发展[1]

一、外国行政诉讼法的研究动态

2016 年域外行政法学研究呈现出了重视行政程序理论、加强对区域性行政法体系的关注、跨学科联系紧密化、地域分布集中化的趋势。就具体内容而言，主要表现为以下特点：[2]

1. 研究重心从实体理论探讨转向行政程序理论。例如，通过行政参与理论来研究行政程序。有学者认为谈到现代行政程序，两点不容忽视：①公众参与一直是行政法的基石。许多行政程序需要参与，行政参与以及基本的规范理论是建立合法的行政国家的一种方式，这已成为一种共识。②利益集团主导着这种参与。然而，利益集团的支配地位在很大程度上容易被忽视。通常的行政法研究很少指明在所依赖利益集团的影响下，所声称的参与价值。利益集团是行政决策过程的主要参与者，利益集团不仅仅是个人公民，还包括游说机构人员等。该研究者认为："研究密切利益群体对理解行政参与的价值至关重要，而这种研究并会最终带来行政参与理论的革新。"该研究介绍了行政参与的相关概念，并通过二级参与来描述利益集团的内部运作。它表明二级参与使每个行政参与复杂化并且由此引发出的许多做法。[3] 还有学者直接论述了普通行政法的衰落和行政程序法的兴起。[4]

2. 加强对区域性行政法体系的关注。例如，有美国学者开始重点研究印第安纳州的行政法。行政机构的工作涉及每个印第安纳州人的生活。行政机构之所以有着广泛的影响，因为他们实施立法、准司法和执行任务时，多元化和复杂的法律问题经常出现。虽然印第安纳法院已经制定了行政法适用的原则性规定，但法院仍然需要决定这些原则是否得到了适当的应用。因此，该调查文章的目的是提供一个概览：印第安纳州的法院是如何处理、完善、扩展这些行政裁决案件中的原则使用标准的，以及对最近的决定中存在的问题进行评论。[5] 还有学者的文章专门讨论加利福尼亚

---

[1] 本部分执笔人：高家伟教授，杨天波同学协助执笔。

[2] 本文借助 Heinonline 数据库检索 2016 年期间所发表的以 "Administrative Law" 和 "Administrative Procedure" 为主题的文章，在这些样本中，经过筛选进行了初步总结。

[3] See Miriam Seifter, "Second – Order Participation in Administrative Law", *UCLA Law Review* 63 UCLA L. Rev. (2016).

[4] See Sam Kalen, "The Death of Administrative Common Law or the Rise of the Administrative Procedure Act", *Rutgers University Law Review* 68 Rutgers U. L. Rev. (2015 ~ 2016).

[5] See Tabitha L. Lbalzer, "Survey of Indiana Administrative Law", *Indiana Law Review* 49 (2015 ~ 2016).

州行政法中的许可撤销问题。[1]

3. 行政法学研究注重融入全球化视角。例如，有美国学者从全球化的角度，研究公共合同。有学者在研究中认为，根据新兴全球行政管理中的法律原则和秩序，行政法也受到全球化的冲击。因而需要发展一种新的理论方法，以适应全球化这一主题，从而打破与纯粹国内政府签订的旧计划，塑造一个全面的有关公共合同的法律。[2]

二、外国行政诉讼法的实施动态

1. 塞尔维亚颁布新"行政程序法"。[3] 2016 年 2 月 29 日，塞尔维亚颁布了新"行政程序法"，该法将于 2016 年 3 月 9 日生效并于 2017 年 7 月 1 日起适用，但法律生效后 90 天（即 2016 年 6 月 7 日）开始实施的某些规定除外。

本法制定的目的在于提升本国行政立法水平以期与欧洲标准相一致。其中一个主要的目的是使公共行政适应公民的需要，提供必要的服务，保证他们的生活质量，带来更高效、高质的公共利益和个人利益，同时也有助于改善商业环境和法律确定性。另一个主要目的是使行政程序现代化，使其更简单和更有效率。通过增加新的解决方案，更有效地实现公共利益，以及公民和法律实体在行政事务中的利益。在规定的规范化、逻辑化和系统化方面，简化语言，目的在于在司法中更好地理解和适用法律。

新的"行政程序法"与其以前的行政程序法相比，在许多方面都有所改进：

（1）显著扩大了行政程序法的适用范围。除了旧法第 3 条规定的规则外，特别法律的规定必须符合法律的基本原则。该修正案明确了某些事项，这些事项所涉及的是由特别法律在某些行政领域所规定的，而行政程序法中没有规定的内容。而这些特殊法律的规定只有在它并不减少双方当事人的权益和法律利益的情况下才具有效力。

以前的"行政程序法"只规定了发布行政文件和公共文件的程序，新法则规定了政府和非政府机构在其他形式的行政程序方面的义务——提供保证文件、行政协议，采取行政行动和提供公共服务。这种相当广泛的法律适用范围，很大程度上有助于法律的确定性。

（2）引进的新内容与原则。关于行政程序的一般原则，引入了新的条款以及扩大了现有条款的内容。

合法性原则的概念得到了扩充，现在被称为合法性和可预测性原则。也就是说，

---

[1] See Jacob Reinhardt, "Default License Revocation in California Administrative Law", *Golden Gate University Law Review* 46 (2016).

[2] See Bruno Ariel Rezzoagli: "Public Contracts and Global Market: An Approach from the XXI Century Administrative Law", *Brazilian Journal of Public Policy*, Vol. 6, Issue 1 (January ~ July 2016), pp. 39 ~ 52. Rezzoagli, Bruno Ariel 6 Braz. J. Pub. Pol'y 39 (2016).

[3] See Jankovic Popovic and Mitic: "Law on general administrative procedure", http://www.lexology.com/library/detail.aspx? g=993d301e-9f5b-4e0a-94fa-417344e59a5b.

主管当局现在有义务合法和可预测地采取行动，这意味着在行政事项中，主管当局必须在相同或类似的行政事项上考虑以前的决定。虽然它似乎引入了法律先例的规则，但这个原则实际上并没有这样做。其目的是提高有关各方的法律确定性，并使行政惯例尽可能协调和统一，以便公共行政能够具备开展活动的必要条件。与普通法系统的区别是：在作出决定时，行政机构不依赖先例，而是依靠统一的行政实践。如果在特定情况下有理由偏离以前的做法，则必须另外说明。

（3）规定了主管当局对保存在官方记录中数据的义务和责任。主管当局有义务审查、获得和处理所保存官方记录中决定性事实的所有数据，这一规定在新法中已明确被确立为一条准则。新法规定了禁止行政机构要求当事人提交的数据种类和行政机关有责任保存的数据种类，也规定了保留官方记录但未能向行政机构提供所要求数据的官员的相应责任。即授权人员未能保存依据审查当事人所获得的关于事实认定所必需的数据，以便形成正式保存的记录，未能保存和处理此类数据的，或未能提供此类数据的，在法律规定的 15 天或另一段时间内，处以 5000 ~ 50 000 第纳尔（RSD）的罚款。法律规定的获取信息和个人数据的方式应依法受到保护。

（4）单一行政点。在一个地点或单一行政点统一提供服务是新法律的另一个新要素。也就是说，通过引入单一行政点，而不是联系多个不同的行政机构，或在同一机构内对某一权利或几个相互连接的权利申请，启动若干相同或相关的行政程序。新法的规定能够使申请人提交单独的申请，与单个行政机构进行通信和联系，并在该申请过程结束时对该申请作出决定。新法关于组织单一行政点的方式，给申请人提供了非常灵活的解决办法，以便能够增加法律的可操作性和适应性，从而不断扩大法律适用的范围。

（5）保证文件。新法规定，可以在行政程序中提交新类型的文件——保证文件。根据解释，保证文件是一种书面文件，通过该文件向有关当局申请保证当事人的状况。在保证文件的提交期间，如果不发生新情况的变化，可以向颁发具有特定内容的行政文件的主管部门提交申请，请求发布该行政文件。虽然这是新行政程序法中的一个新内容，但该文件在塞尔维亚法律制度或法律实践中并不是新的内容，它已被证明是实现行政法法律确定性的最佳手段之一。因此，保证文件也降低了在行政事项上提出上诉的情况，从而减少了二次审查机构的工作量，进而减少了整个行政部门的工作量。它的另一个优势是提高法律环境的可预测的水平，这一规定可以在将来应用在建筑许可证的发放上，以及电力生产商的特权地位的获得上。该法规定，除法律规定的情况外，主管当局有义务按照保证文件签发行政文件。

（6）行政机关和相对人之间的通信规则（电子通信特别规则）。新法在行政机关和相对人之间引入了新的沟通方式。在颁布这些规定时，立法者的意图是使沟通更有效率和更灵活。行政机关和相对人之间的沟通方式，新法对书面往来进行了定义，除了书面通信（通过常规邮件/交付）外，还包括通过电子手段进行的通信。交付作为一种通知形式，间接或公开的——通过在主管当局的网站或公告板上或在官方公报、日报或其他适当方式上张贴文件；但是，公共交付在选择方式上受到法律的限制。也就是说，公共交付的适用仅限于：①当没有其他可行的交付形式时；②如果正在执行的事项涉及交付机构所不知道的人；③如果以其他方式交货不可能或不适当；④由法律确定的其他情况。

有关电子通信的条款规范了行政机关和各方之间这种高效率的通信形式。电子通信不是在每种情况下都适用，只有当与主管当局进行电子通信的一方先前已同意此类通信方式时，或者如果它是由单独的规则提供的，方可适用。即行政机关在其网站上张贴关于主管部门和当事方之间的电子通信选择，当事人可以向主管当局提交电子文件或者主管当局向各方发送电子文件这样的信息时，电子通信这种方式才可以被选择。与电子通信有关的所有其他问题将受规制电子通信、电子商务、电子签名的法律以及将来规范电子管理领域的法律的约束。

（7）启动程序的方式。有关起诉程序方式的变更区分两种情况：①当程序在启动之前，已经确认涉及当事人的利益时，在这种情况下，行政机关可以采取行动来启动程序；②当程序在启动之前，没有涉及当事人的利益时，在这种情况下，当一方被告知有关的起诉文件时，行政程序就可以启动。立法者采纳这一解决办法的目的是更有效地保护当事人的利益，即保护当事人的基本程序权利和当事人的积极参与。这种解决方案也将增加程序的成本效益，因为它有助于避免决定的废止，从而重新启动相同的程序。

（8）法律救济。新法第 147~150 条引入了新的法律救济方式——申诉。这种法律救济方式可以适用于行政机关对行政协议违约，或未采取行政行动、未提供公共服务的情况。但在具体适用时，只有在申诉人没有其他可用的法律救济办法时才可适用。申诉涉及的采取行政行动的主体，其合法性或权威性属于可以受到申诉和质疑的范畴，新法将该条引入法律，以便在行政机关不遵守行政文件的情况下为当事人提供更好的法律保护。当事人可以针对申诉的决定提出上诉，上诉的结果取决于决定机关的权威裁决。

在法律开始实施时，尚未完成的行政程序将根据旧法律的规定完成。如果一审中行政机关的决定被撤销，进一步的程序将按照现有规定执行。其他法律的规定将在 2018 年 6 月 1 日之前与该法律相一致。

2. 保加利亚行政诉讼法修正案引入 "行政合同"。[1] 2016 年 9 月 8 日，保加利亚通过了 "行政诉讼法" 最后修正案，从而将 "行政合同" 引入保加利亚法律体系。随着这项重要立法的通过，保加利亚议会表明，公共关系的安定和实现是具有高度公共利益的重要优先事项，这项规定将有助于个人和行政机关之间行政纠纷的解决。

法案的解释性备忘录中明确指出，明确规定行政合同对于特许权程序、公共采

---

〔1〕 See Cameron McKenna：" Bulgarian law introduces the administrative contract"，http：// www. lexology. com/library/detail. aspx？ g = 235d55e1 – 3171 – 4ddb – 8ad1 – 6a59077fb745.

购、健康保险制度等的正常运作是必要的。新法将确保这些合同的合法履行，从而更好地保护国家的公共利益和欧盟成员国的利益。

行政合同的一般特点和适用范围：

（1）新法中首次定义了"行政合同"。行政合同是一种正式协议，内容必须满足法定的要求，包括合同期限，以及在某些紧急情况下，合同可以在行政程序中结束。行政机关是行政合同中的一方，由行政机关确定最初合同的内容、条款和后果。

（2）行政合同可以包含一个初步执行的条款，如果具有保护公共利益的必要，针对合同的初步执行可以提出上诉。由于情况的重大变化，有可能修改行政合同，如果行政机关拒绝，作为个人的行政合同的另一方可以终止合同。同时，允许行政机关单方面终止行政合同，以保护公共利益。撤销行政合同的理由类似于个人法律行为的规定——缺乏行为能力，不遵守法律规定的形式，违反实体法，严重违反程序规范和违反法律的目的。

（3）行政合同可能在法庭上存在争议，但这种争议不会妨碍合同继续执行。法院必须在2个月内对上诉作出裁决，除非特别法律另有规定。

保加利亚通过的"行政程序法"修正案，为具有重要公共利益的公私合同关系提供了更可靠的保护，如私有化合同、特许权合同、公共采购和项目融资合同等。

第四节 外国证据法的最新发展[1]

长期以来，美国联邦证据规则咨询委员会对证据规则的修订一直保持着审慎的态度。正如担任咨询委员会报告人二十余载的福特汉姆大学法学院教授 Daniel Capra 所言，修订证据法的成本极高，因为有经验的法官和律师需要熟识现行法，实际操作中其往往没有多余时间去临时查阅资料。证据规则的任何修订都会给律师、法官乃至整个法律系统造成理解上的错位，施加重新学习的负担。因此，除非是万不得已，美国联邦证据规则不会轻易被修改。[2] 上次修法生效发生于2014年12月1日，仅对规则801（d）（1）（B）——非传闻陈述的定义和803（6）~（8）——传闻例外规定进行了微调。[3]

与立法上的保守形成鲜明对比的是：美国法学理论与实务界关于证据规则批判与改进的讨论从未停止过。近年来，各方热议的焦点集中于新兴的电子证据问题，

---

〔1〕 本部分执笔人：中国政法大学证据科学研究院汪诸豪副教授。

〔2〕 Daniel Capra, Electronically Stored Information and the Ancient Documents Exception to the Hearsay Rule: Fix It Before People Find Out About It, 17 Yale J. L. & Tech 1 (2015), 12.

〔3〕 Fed. R. Evid. 801 (d) (1) (B) 和 Fed. R. Evid. 803 (6) -(8)。对比版本参见：Christopher B. Mueller and Laird C. Kirkpatrick: 2013 Federal Rules of Evidence with Advisory Committee Notes and Legislative History, Wolters Kluwer Law & Business (2013).

尤其是电子化存储信息（electronically stored information，简称"ESI"）。自 2014 年以来，每年举行两次的联邦证据规则咨询委员会修法研讨会议议题均集中于对废除规则 803（16）——古旧文件之传闻例外规定及修订规则 902——自我鉴真规则的可行性进行探讨，以应对日常案件审理中数量日益增长、形态呈现多样化的电子证据问题。[1] 2015 年联邦证据规则咨询委员会对外发布了《关于废止规则 803（16）——古旧文件传闻例外规定以及修订规则 902 以便允许通过专家认证的方式来对某些电子证据类型进行鉴真的提案》，接受公众的建议。[2] 2016 年 9 月 13 日，上述两条修法提案均获得美国联邦司法会议常务委员会的批准，并被移送至美国联邦最高法院。截至目前，联邦最高法院对上述两项提案尚在审议之中。一经获得联邦最高院的批准，上述修法提案将于 2017 年 5 月 1 日前移送美国国会。国会对其有修改或否决权。若国会无异议，上述两条修订案将于 2017 年 12 月 1 日正式生效。[3]

一、提议废除美国《联邦证据规则》规定 803（16）

本轮关于电子证据（具体来说 ESI）的修法尝试并非空穴来风。对此，联邦证据规则咨询委员会报告人 Daniel Capra 教授 2015 年发表在《耶鲁法律与技术评论》"电子化存储信息与古旧文件之传闻例外规定：在人们发现漏洞前修复好规则"一文中有相关详细阐述。[4]

互联网上第一篇网页文章发布于 1991 年。早期网页上的内容描述虽然不多，但事实性言论很快就在互联网上蔓延开来并迅速泛滥，随时都可以对其进行回溯检索。而今，全球每天有超过 1000 亿封电子邮件被发送，1000 万个新的静态网页被加载到互联网之中。仅 2016 年内，全世界范围内生成的电子信息量相当于迄今为止所有人类书籍记载信息总和的 300 万倍。[5]

最早期的网络电子通讯记录距今已有 20 年，而根据美国《联邦证据规则》的规

---

〔1〕 参见：*Advisory Committee on Rules of Evidence*，Los Angeles，California（October 21，2016）；*Advisory Committee on Evidence Rules*，Alexandria，VA（April 29，2016）；*Advisory Committee on Evidence Rules Meeting & Symposium*，Chicago，IL（October 9，2015）；*Advisory Committee on Rules of Evidence*，New York，NY（April 17，2015）；*Advisory Committee on Evidence Rules*，Durham，NC（October 24，2014）；*Advisory Committee on Evidence Rules*，Portland，ME（April 4，2014）．

〔2〕 参见：Recent and Proposed Amendments to the Federal Rules - Annual Report 2015（美国联邦法院系统网址：http：//www. uscourts. gov/statistics - reports/recent - and - proposed - amendments - federal - rules - annual - report -2015，最后访问日期：2017 年 3 月 20 日）．

〔3〕 参见：Recent and Proposed Amendments to the Federal Rules - Annual Report 2016（美国联邦法院系统网址：http：//www. uscourts. gov/statistics - reports/recent - and - proposed - amendments - federal - rules - annual - report -2016，最后访问日期：2017 年 3 月 20 日）．

〔4〕 Daniel J. Capra，Electronically Stored Information and the Ancient Documents Exception to the Hearsay Rule：Fix It Before People Find Out About It，17 Yale J. L. & Tech 1（2015）．

〔5〕 Daniel J. Capra，Electronically Stored Information and the Ancient Documents Exception to the Hearsay Rule：Fix It Before People Find Out About It，17 Yale J. L. & Tech 1（2015）．

定，文件保存满 20 年即被视为"古旧"。《联邦证据规则》中关于"古旧文件"有两条规定。其中之一是规则 803（16）。基于规则 803（16）——古旧文件传闻例外的规定，保存满 20 年的电子载体内事实性言论内容在法庭审理中一经提出，便很可能直接具有可采性。具体而言，根据规则 803（16）的规定，原本作为传闻证据应被审判法官排除的文件，若生成于 20 年前或更早时期，且提出该文件的案件当事方能够展示文件非赝品（即鉴真，authentication），该"古旧文件"即可作为一项传闻例外而予以采纳。[1]

美国《联邦证据规则》中关于"古旧文件"的另一条规定是规则 901（b）（8）——"古旧文件或数据汇编证据"的鉴真。根据规则 901(b)（8），只要文件能满足三个条件：①看上去没有伪造的迹象；②存放在理应存放之处；③提交时已保存至少 20 年，该文件即满足鉴真标准（standards of authenticity），可被法官视作非赝品。[2] 换句话说，美国联邦法院的鉴真证明标准是很低的，仅需证明至能够令一位理性人相信眼前所示文件的确是其所指的程度（a showing sufficient for a reasonable person to believe that the document is what the proponent says it is）。

基于以上两项《联邦证据规则》中的"古旧文件"规定，只要一份文件能满足规则 901(b)（8）的鉴真要求或满足规则 901 或 902 中其他任一条鉴真理由，且保存超过 20 年，那么该文件中的任何言论性陈述（assertive statement）均可被审判法官采纳为真。正如美国联邦第三巡回法院在 *Threadgill v. Armstrong World Industries*, Inc. 一案的判决书中所述："一旦一份文件满足了古旧文件的要求，根据《联邦证据规则》803（16），其将自动成为传闻规则的例外。"[3] 这种将文件本身的非赝品性（鉴真）等同于传闻可采性的做法显然不妥。文件经鉴真也不等于文件内容真实可靠，这是两码事。

那么问题出在哪儿？归根结底就是因为规则 803（16）简单地将古旧文件本身的非赝品性等同于该文件内容中传闻陈述的可采性，而未对古旧文件内容的可靠性进行任何保障性规制。相较之下，规则 803 中其他所有传闻例外规定或多或少均含有关于传闻内容可靠性的间接保障。

随着时间的推移，越来越多的电子通讯记录会满足上述"古旧文件"20 年标准。而基于现行法，这些可轻易复原提取的电子数据存档内包含的所有事实性言论将在庭审中很可能获得可采性，而仅仅就是因为其保存了 20 年或更长时间。试想规则 803（16）诞生之初，要想完好地保存一份纸质文件长达 20 年或更长时间确非易事。其保存成本高，且在一定程度上说明了文件的重要性。而今电脑或移动终端乃至虚拟云盘中存储着海量的电子信息，其中任何一份无关紧要的文件或可连同其他

---

〔1〕　Fed. R. Evid. 803（16）.

〔2〕　Fed. R. Evid. 901（b）（8）.

〔3〕　928 F. 2d 1366, 1375（3d Cir. 1991）.

所有文件以几乎毫无成本的方式完好无损地被保存长达 20 年或更久时间。想必这种景象并非当年规则 803（16）起草者可以想象，其亦违背了规则 803（16）的设计初衷。联邦证据规则咨询委员会看到了上述问题的严重性与紧迫性，自 2014 年起积极准备相应修法提案，废除规则 803（16）势在必行。如上文所述，一经美国国会批准通过，该项修订最早将于 2017 年 12 月 1 日起生效。

二、提议修改美国《联邦证据规则》规定 902，新增 902（13）和（14）

2015 年 4 月在纽约市召开的联邦证据规则咨询委员会春季修法研讨会上，委员会全体一致通过修改《联邦证据规则》规定 902——自我鉴真（即无须通过外部证据如证人证言，来认定文件的非赝品性），新增规则 902（13）和（14）的提案。规则 902（13）将允许有关专家通过出具认证书的方式来对机器生成的电子数据进行鉴真，而无须再出庭作证。规则 902（14）将对从电子设备、存储媒介或文件中提取的副本鉴真采取上述同样方式。上述两项新增规则的设计思路类同于现有《联邦证据规则》规定 902（11）和（12）——允许奠基证人（foundation witness）通过认证书的方式来对商业记录（business record）进行鉴真。

规则 902 自我鉴真规定两项新增子项提案有一共同目标，即简化某些特定类型电子证据的鉴真程序。根据现行法规则 901 对"鉴真程序"的规定，该些电子证据也可能顺利通过鉴真，但需要通过传唤证人出庭作证的方式来完成鉴真。证据规则委员会意识到这两项自我鉴真新增子项中涉及的电子证据类型很少会被卷入有效的鉴真争议中，然而基于现行法，该电子证据提出方又不得不传唤证人出庭进行鉴真，造成不菲的开支和不便——且往往对方律师最终会承认其非赝品。[1]

上述两项自我鉴真的新增提案，采用了规则 902（11）和（12）中对待商业记录的同样处理方式，实际上是将对文件真实性提出异议的负担交由对方当事人。根据规则 902（11）和（12），商业记录可以通过认证书的方式予以鉴真，但对方当事人保有对该认证书及其所示记录进行挑战的"公平机会"。

2016 年 8 月 22 日，在与美国范德比尔特法学院证据法教授 Edward K. Cheng 的一次公开访谈对话中，联邦证据规则咨询委员会报告人 Daniel Capra 教授在谈及最近的《联邦证据规则》修法提案时表示，上述提案的设计初衷并非对理论、学术或规则达到理想状态的追求，而是完全基于现实的需要，考虑到方方面面的权益、关切和需求之后，平衡折中出来的现实中最可行的做法。不求高深、精密、完美，但求有效。[2]

---

[1] 参见：Reporter's Memorandum Regarding Proposal to Add Subsections (13) and (14)（March 15, 2016），Advisory Committee on Evidence Rules, Alexandria, VA（April 29, 2016），p. 126.

[2] Excited Utterance Podcast Episode 1, hosted by Professor Edward K. Cheng, Vanderbilt University Law School – Daniel Capra – Electronically Stored Information and the Ancient Documents Exception（August 22, 2016），available at http：//www. excitedutterancepodcast. com/listen/2016/8/22/daniel – capra（最后访问时间：2017 年 3 月 20 日）。

附　录[1]

2016 年论文统计

学科	年份	论文题目	论文作者	报刊来源	论文期次
刑事诉讼法	2016	米兰达规则五十周年的纪念与省思	刘磊	比较法研究	2016 年第 6 期
刑事诉讼法	2016	刑事庭审实质化与审判方式改革	熊秋红	比较法研究	2016 年第 5 期
刑事诉讼法	2016	论脆弱证人作证制度	张吉喜	比较法研究	2016 年第 3 期
刑事诉讼法	2016	深化司法改革与刑事诉讼法修改的若干重点问题探讨	陈光中唐彬彬	比较法研究	2016 年第 6 期
刑事诉讼法	2016	法官、检察官员额制改革的限度	陈永生白冰	比较法研究	2016 年第 2 期
刑事诉讼法	2016	刑事误判治理中的社会参与——以美国无辜者计划为范例	李奋飞	比较法研究	2016 年第 1 期

[1]　本部分资料由中国政法大学诉讼法学研究院资料室何锋研究馆员主持，各位教授指导的部分博士生和硕士生参与收集和整理：张可、刘曹祯、郭锴、张益南、张维周、孙伟杰、史书一、鲁谷辰、李振洋。

续表

学科	年份	论文题目	论文作者	报刊来源	论文期次
刑事诉讼法	2016	诱惑侦查及其合法性认定——法国模式与借鉴意义	施鹏鹏	比较法研究	2016 年第 5 期
刑事诉讼法	2016	论口供补强规则的展开及适用	向燕	比较法研究	2016 年第 6 期
刑事诉讼法	2016	英国被告人认罪制度研究	郑曦	比较法研究	2016 年第 4 期
刑事诉讼法	2016	关于"完善认罪认罚从宽制度"的几个理论问题	顾永忠	当代法学	2016 年第 6 期
刑事诉讼法	2016	"认罪认罚从宽"改革的理论反思——基于刑事速裁程序运行经验的考察	陈瑞华	当代法学	2016 年第 4 期
刑事诉讼法	2016	以审判为中心：解读、实现与展望	陈卫东	当代法学	2016 年第 4 期
刑事诉讼法	2016	论庭前会议功能失范之成因——从庭前会议决定的效力切入	吉冠浩	当代法学	2016 年第 1 期
刑事诉讼法	2016	中国传统的慎杀理念与死刑控制	吕丽	当代法学	2016 年第 4 期
刑事诉讼法	2016	侦审关系侧面之审判中心主义的形式与实质	孙远	当代法学	2016 年第 4 期
刑事诉讼法	2016	鉴定人出庭作证制度实证研究	陈邦达	法律科学（西北政法大学学报）	2016 年第 6 期
刑事诉讼法	2016	论我国刑事司法职权配置下侦查权的定位——以"刑事错案"问题为出发点	胡德葳 董邦俊	法律科学（西北政法大学学报）	2016 年第 6 期

学科	年份	论文题目	论文作者	报刊来源	论文期次
刑事诉讼法	2016	重大刑事案件中精神病人处遇程序透视与重构	贺小军	法律科学（西北政法大学学报）	2016 年第 4 期
刑事诉讼法	2016	刑事证人证言的可信性问题研究——以美国证据法中的证人弹劾制度为视角	强卉	法律科学（西北政法大学学报）	2016 年第 3 期
刑事诉讼法	2016	论未成年人刑事司法的社会支持体系	宋志军	法律科学（西北政法大学学报）	2016 年第 5 期
刑事诉讼法	2016	鉴定意见概念之比较与界定	苏　青	法律科学（西北政法大学学报）	2016 年第 1 期
刑事诉讼法	2016	我国刑事诉讼中"以审判为中心"的基本理念	张栋	法律科学（西北政法大学学报）	2016 年第 2 期
刑事诉讼法	2016	解决刑事纠纷的双重方案：基于模型建构的分析	何　挺	法商研究	2016 年第 1 期
刑事诉讼法	2016	终身监禁的法律性质及适用	黎宏	法商研究	2016 年第 3 期
刑事诉讼法	2016	论刑法中的精神病辩护规则——以美国法为范例的借鉴	郭自力	法学	2016 年第 1 期
刑事诉讼法	2016	辩护律师核实证据问题研究	韩　旭	法学家	2016 年第 2 期
刑事诉讼法	2016	DNA 鉴定意见的证明分析与规则创设	吕泽华	法学家	2016 年第 1 期

学科	年份	论文题目	论文作者	报刊来源	论文期次
刑事诉讼法	2016	非法讯问与监控式讯问机制——以公安机关侦查讯问为中心的考察	马静华	中国检察官	2016 年第 3 期
刑事诉讼法	2016	羁押必要性审查制度实效研究	谢小剑	法学家	2016 年第 2 期
刑事诉讼法	2016	论我国刑事被告人受审能力的制度补位	贺红强	法学论坛	2016 年第 5 期
刑事诉讼法	2016	论审判中心主义对重构诉审关系的影响	马永平	法学论坛	2016 年第 5 期
刑事诉讼法	2016	构建统一刑事司法数据库的可行性及其路径选择	王洁	法学论坛	2016 年第 1 期
刑事诉讼法	2016	论坦白制度的理论根基	吴占英	法学论坛	2016 年第 5 期
刑事诉讼法	2016	论技术侦查中的隐私权保护	谢登科	法学论坛	2016 年第 3 期
刑事诉讼法	2016	控制下交付与诱惑侦查的边界及其勘定	邓立军	法学评论	2016 年第 6 期
刑事诉讼法	2016	证据法的理性传统与理论维度——威廉·特文宁的证据理论解读	吴洪淇	法学评论	2016 年第 5 期
刑事诉讼法	2016	慎微：压力型刑事司法"情法两尽"的思考	许健	法学评论	2016 年第 4 期

续表

学科	年份	论文题目	论文作者	报刊来源	论文期次
刑事诉讼法	2016	论审判中心主义视角下刑事冤错案防范机制建构 ——以湖北高院六年175件刑事再审发改案件为样本的实证分析	杨凯	法学评论	2016 年第 2 期
刑事诉讼法	2016	亲告罪追诉机制的困境与出路	蔡可尚	法学杂志	2016 年第 10 期
刑事诉讼法	2016	刑事申诉听证制度研究	陈卫东 赵恒	法学杂志	2016 年第 1 期
刑事诉讼法	2016	英国刑事庭前程序的发展及对我国的启示	邓陕峡	法学杂志	2016 年第 9 期
刑事诉讼法	2016	关于刑事冤案再审程序的几个问题——以刑事冤案应当专设再审程序为研究重点	顾永忠	法学杂志	2016 年第 1 期
刑事诉讼法	2016	刑事案件另案处理概念及其适用范围再议——以《关于规范刑事案件"另案处理"适用的指导意见》为参照	胡之芳	法学杂志	2016 年第 9 期
刑事诉讼法	2016	被害人特殊体质司法现状的刑法理论分析	蒋太珂	法学杂志	2016 年第 1 期
刑事诉讼法	2016	上级检察院领导与下级检察院依法独立办案关系研究	李刚	法学杂志	2016 年第 9 期

续表

学科	年份	论文题目	论文作者	报刊来源	论文期次
刑事诉讼法	2016	刑事强制医疗程序中"精神病人"之司法判定	李娜玲	法学杂志	2016 年第 8 期
刑事诉讼法	2016	从念斌案看禁止双重危险原则在我国的确立	李玉华	法学杂志	2016 年第 1 期
刑事诉讼法	2016	论我国刑事案件速裁程序的构建	刘昂	法学杂志	2016 年第 9 期
刑事诉讼法	2016	在押服刑人员未成年子女救助体系的构建与完善	刘红霞	法学杂志	2016 年第 4 期
刑事诉讼法	2016	美国量刑证明标准的变迁、争议及启示	吕泽华	法学杂志	2016 年第 2 期
刑事诉讼法	2016	实体法与程序法双重视角下的认罪认罚从宽制度研究	谭世贵	法学杂志	2016 年第 8 期
刑事诉讼法	2016	我国搜查与扣押制度的完善——从中美搜查与扣押制度比较研究谈起	王弘宁	法学杂志	2016 年第 7 期
刑事诉讼法	2016	审判中心主义视野下职务犯罪侦查模式之转型	王向明 张云霄	法学杂志	2016 年第 4 期
刑事诉讼法	2016	我国职务犯罪侦查法治化探讨	王贞会	法学杂志	2016 年第 4 期
刑事诉讼法	2016	以审判为中心对检察环节非法证据排除工作的影响及其应对	魏建文	法学杂志	2016 年第 5 期
刑事诉讼法	2016	论刑事司法规律	杨宇冠	法学杂志	2016 年第 3 期

学科	年份	论文题目	论文作者	报刊来源	论文期次
刑事诉讼法	2016	刑事自辩权探究	康黎	法制与社会发展	2016 年第 3 期
刑事诉讼法	2016	论审查逮捕程序的诉讼化	闵春雷	法制与社会发展	2016 年第 3 期
刑事诉讼法	2016	论刑事诉讼模式及其中国转型	谭世贵	法制与社会发展	2016 年第 3 期
刑事诉讼法	2016	证据排除抑或证据把关：审查起诉阶段非法证据排除的实证研究	吴洪淇	法制与社会发展	2016 年第 5 期
刑事诉讼法	2016	印证证明的理性构建——从刑事错案治理论争出发	杨继文	法制与社会发展	2016 年第 6 期
刑事诉讼法	2016	检察委员会在案件办理活动中的角色定位及职能设置	张伟 杨菁	法制与社会发展	2016 年第 3 期
刑事诉讼法	2016	审判中心与控辩平等	张保生	法制与社会发展	2016 年第 3 期
刑事诉讼法	2016	完善分工负责、互相配合、互相制约原则——以"推进以审判为中心的诉讼制度改革"为视角	张泽涛	法制与社会发展	2016 年第 2 期
刑事诉讼法	2016	从证据收集看审前羁押——基于 A 市的实证研究	熊谋林	华东政法大学学报	2016 年第 2 期
刑事诉讼法	2016	"近亲属证人免于强制出庭"之合宪性限缩	张翔	华东政法大学学报	2016 年第 1 期

学科	年份	论文题目	论文作者	报刊来源	论文期次
刑事诉讼法	2016	供述自愿性审查判断模式实证研究——兼论非法供述排除难的成因与解决进路	孔令勇	环球法律评论	2016 年第 1 期
刑事诉讼法	2016	再论物证	裴苍龄	环球法律评论	2016 年第 1 期
刑事诉讼法	2016	英国诉权化量刑模式的发展演变及其启示	彭文华	环球法律评论	2016 年第 1 期
刑事诉讼法	2016	论检察权配置的自缚性	孙皓	环球法律评论	2016 年第 6 期
刑事诉讼法	2016	美国的自白任意性规则及借鉴	王景龙	环球法律评论	2016 年第 1 期
刑事诉讼法	2016	刑事法律援助之社会向度——从"政府主导"转向"政府扶持"	谢澍	环球法律评论	2016 年第 2 期
刑事诉讼法	2016	中国古代诉讼证明问题探讨	陈光中 朱卿	现代法学	2016 年第 5 期
刑事诉讼法	2016	扰乱法庭秩序罪的修订：以律师为视角的评判	陈兴良	现代法学	2016 年第 1 期
刑事诉讼法	2016	论刑事诉讼中勘验、检查笔录的证据能力	宋维彬	现代法学	2016 年第 2 期
刑事诉讼法	2016	现行犯：一个亟待解释的法律概念	吴宏耀	现代法学	2016 年第 1 期

续表

学科	年份	论文题目	论文作者	报刊来源	论文期次
刑事诉讼法	2016	中美刑事错案中司法鉴定致错的比较研究	董凯	政法论丛	2016 年第 5 期
刑事诉讼法	2016	走向理性化的派驻检察室制度	胡常龙	政法论丛	2016 年第 3 期
刑事诉讼法	2016	审判中心主义视野下我国刑事证明模式的重塑	王守安 韩成军	政法论丛	2016 年第 5 期
刑事诉讼法	2016	论以审判为中心的诉讼制度改革——以诉讼职能为视角	谢佑平	政法论丛	2016 年第 5 期
刑事诉讼法	2016	论"审判中心主义"下的审前程序控制——以"隐性超期羁押"为切入点	杨晓静 周晓武	政法论丛	2016 年第 3 期
刑事诉讼法	2016	"以审判为中心"的新型侦诉审模式的构建	黄硕	政法论丛	2016 年第 5 期
刑事诉讼法	2016	我国公诉案件程序变更之正当性研究	娄超	政法论丛	2016 年第 5 期
刑事诉讼法	2016	从旧与从新：刑事再审之程序法适用论	宋志军	政法论丛	2016 年第 4 期
刑事诉讼法	2016	刑事案件律师庭外造势若干法律问题研究	方娟	政法论坛	2016 年第 2 期
刑事诉讼法	2016	刑事诉讼地方性试点改革成功的必要条件	郭松	政法论坛	2016 年第 1 期

续表

学科	年份	论文题目	论文作者	报刊来源	论文期次
刑事诉讼法	2016	腐败利益链的成因与阻断 ——十八大后落马高官贪腐案的实证分析	何家弘 徐月笛	政法论坛	2016 年第 3 期
刑事诉讼法	2016	论当事人和解与刑事附带民事诉讼程序的衔接	刘少军	政法论坛	2016 年第 1 期
刑事诉讼法	2016	构筑" 以审判为中心"诉讼制度诸要件的思考	石莹莹	政法论坛	2016 年第 1 期
刑事诉讼法	2016	不强迫自证其罪条款之实质解释论纲	孙 远	政法论坛	2016 年第 2 期
刑事诉讼法	2016	以效率为价值导向的刑事速裁程序论纲	汪建成	政法论坛	2016 年第 1 期
刑事诉讼法	2016	多元刑事司法模式共存语境中的量刑基准研究	王林林	政法论坛	2016 年第 3 期
刑事诉讼法	2016	审查逮捕社会危险性评估量化模型的原理与建构	王贞会	政法论坛	2016 年第 2 期
刑事诉讼法	2016	刑民交错案件的类型判断与程序创新	于改之	政法论坛	2016 年第 3 期
刑事诉讼法	2016	审判中心背景下审前侦诉关系之重塑	张小玲	政法论坛	2016 年第 3 期
刑事诉讼法	2016	拒绝提供恐怖主义犯罪、极端主义犯罪证据罪正当性反思——以刑事程序权利保障为视角	艾明	政治与法律	2016 年第 8 期

续表

学科	年份	论文题目	论文作者	报刊来源	论文期次
刑事诉讼法	2016	当事人和解的公诉案件诉讼程序之立法论批判	孙远	政治与法律	2016 年第 6 期
刑事诉讼法	2016	亲属免证：究竟是谁的权利——以亲属免证特权权属为基点的展开	覃冠文	政治与法律	2016 年第 1 期
刑事诉讼法	2016	论刑事被追诉人的有效辩护权	汪家宝	政治与法律	2016 年第 4 期
刑事诉讼法	2016	论刑事庭审实质化的庭外制度保障	王强之	政治与法律	2016 年第 9 期
刑事诉讼法	2016	人民陪审员制度改革与犯罪构成体系的修正	周长军 马勇	政治与法律	2016 年第 7 期
刑事诉讼法	2016	认罪认罚从宽制度研究	陈卫东	中国法学	2016 年第 2 期
刑事诉讼法	2016	论检察指令权的实体规制	杜磊	中国法学	2016 年第 1 期
刑事诉讼法	2016	以审判为中心背景下的刑事辩护突出问题研究	顾永忠	中国法学	2016 年第 2 期
刑事诉讼法	2016	非法证据排除规则的中国范式——基于 1459 个刑事案例的分析	易延友	中国社会科学	2016 年第 1 期
刑事诉讼法	2016	论以审判为中心完善刑事案卷移送方式	霍艳丽 余德厚	法律适用	2016 年第 12 期
刑事诉讼法	2016	论我国追诉时效终止制度的溯及力	许佳	法律适用	2016 年第 11 期

学科	年份	论文题目	论文作者	报刊来源	论文期次
刑事诉讼法	2016	认罪认罚从宽制度实施问题研究	陈光中	法律适用	2016 年第 11 期
刑事诉讼法	2016	论认罪认罚案件的证明标准	孙　远	法律适用	2016 年第 11 期
刑事诉讼法	2016	论程序性从宽处罚——认罪认罚从宽处罚的第三条路径探索	白月涛 陈艳飞	法律适用	2016 年第 11 期
刑事诉讼法	2016	认罪认罚从宽制度中量刑规范化的全流程实现——以海淀区全流程刑事案件速裁程序试点为研究视角	游涛	法律适用	2016 年第 11 期
刑事诉讼法	2016	论人民法院"全面推开司法责任制改革"的几个问题	胡仕浩	法律适用	2016 年第 11 期
刑事诉讼法	2016	司法责任制下审判团队的制度功能及改革路径	马渊杰	法律适用	2016 年第 11 期
刑事诉讼法	2016	刑事速裁程序改革中的三重关系	陈卫东 胡晴晴	法律适用	2016 年第 10 期
刑事诉讼法	2016	刑事诉讼目的与构造理论论争问题探究	孙维蔓	法律适用	2016 年第 10 期
刑事诉讼法	2016	基于程序违法的刑事二审发回重审制度探究——以《刑事诉讼法》第 227 条第（5）项为视角	蔡雨薇	法律适用	2016 年第 10 期

学科	年份	论文题目	论文作者	报刊来源	论文期次
刑事诉讼法	2016	澳大利亚公益诉讼制度的新发展与启示	林娜	法律适用	2016 年第 7 期
刑事诉讼法	2016	环境民事公益诉讼程序问题研究以不同环境利益的交织与协调为切入点	肖建国 宋春龙	法律适用	2016 年第 7 期
刑事诉讼法	2016	我国环境公益诉讼制度的司法实践与反思	孙茜	法律适用	2016 年第 7 期
刑事诉讼法	2016	公正审判权的国际标准与中国实践	熊秋红	法律适用	2016 年第 6 期
刑事诉讼法	2016	立案登记制下我国民事诉讼制度的再探讨	钮杨 冀宗儒	法律适用	2016 年第 4 期
刑事诉讼法	2016	贿赂犯罪非法口供排除规则实证分析	胡嘉金	法律适用	2016 年第 8 期
刑事诉讼法	2016	论我国刑事涉案财物执行中的案外人救济	蒋晓亮	法律适用	2016 年第 8 期
刑事诉讼法	2016	审判权和执行权"深化内分"模式研究	曹凤国	法律适用	2016 年第 8 期
刑事诉讼法	2016	论犯罪地的确定——兼论庭前审查程序的实质化	孙远	法律适用	2016 年第 8 期
刑事诉讼法	2016	审判引导侦查实证研究与改进路径	杨亮 周军	法律适用	2016 年第 8 期

学科	年份	论文题目	论文作者	报刊来源	论文期次
刑事诉讼法	2016	司法改革背景下刑事二审庭审实质化问题思考——以刑事二审审判权的运行实践为出发点	李婷	法律适用	2016 年第 7 期
刑事诉讼法	2016	刑事庭审方法的分段式检讨与续造	高伟	法律适用	2016 年第 6 期
刑事诉讼法	2016	大陪审团：制约公诉权的司法民主制度	胡岩	法律适用	2016 年第 6 期
刑事诉讼法	2016	论刑事速裁量刑观——从"认罪认罚"到"从快从宽"的内在逻辑	叶圣彬	法律适用	2016 年第 6 期
刑事诉讼法	2016	公正审判权的国际标准与中国实践	熊秋红	法律适用	2016 年第 6 期
刑事诉讼法	2016	刑事审判程序繁简分流与公正审判	刘静坤	法律适用	2016 年第 6 期
刑事诉讼法	2016	司法管理与审判权的公正运行	施鹏鹏	法律适用	2016 年第 6 期
刑事诉讼法	2016	量刑证据及规则实证研究——以某区基层检察院量刑建议工作为视角	陈冬	法律适用	2016 年第 5 期
刑事诉讼法	2016	法院分案系统的检视与重构——以 X 法院刑事案件分配为例	王小新	法律适用	2016 年第 4 期
刑事诉讼法	2016	关于庭审录音录像改革的探索与思考——以浙江、上海、深圳法院庭审录音录像改革为例	刘淑丽	法律适用	2016 年第 4 期

续表

学科	年份	论文题目	论文作者	报刊来源	论文期次
刑事诉讼法	2016	关于北京海淀全流程刑事案件速裁程序试点的调研——以认罪认罚为基础的资源配置模式	北京市海淀区人民法院课题组 鲁为 范君 廖钰 李静	法律适用	2016 年第 4 期
刑事诉讼法	2016	刑事速裁程序量刑协商制度若干问题研究——基于福建省福清市人民法院试点观察	郑敏 陈玉官 方俊民	法律适用	2016 年第 4 期
刑事诉讼法	2016	关于刑事案件速裁程序试点若干问题的思考	最高人民法院刑一庭课题组 沈亮	法律适用	2016 年第 4 期
刑事诉讼法	2016	刑事速裁程序：从"经验"到"理性"的转型	樊崇义	法律适用	2016 年第 4 期
刑事诉讼法	2016	商业秘密刑事案件鉴定意见审查要点之解析	唐震	法律适用	2016 年第 4 期
刑事诉讼法	2016	论环境诉讼中的环境损害请求权	鄢斌 吕忠梅	法律适用	2016 年第 2 期
刑事诉讼法	2016	在线纠纷解决机制与我国矛盾纠纷多元化解机制的衔接	程琥	法律适用	2016 年第 2 期

续表

学科	年份	论文题目	论文作者	报刊来源	论文期次
刑事诉讼法	2016	以实现诉讼费制度功能为视角论我国诉讼费制度改革	冉崇高	法律适用	2016 年第 2 期
刑事诉讼法	2016	讯问录音录像的若干证据法问题研究	王彪	法律适用	2016 年第 2 期
刑事诉讼法	2016	我国环境公益诉讼单一模式及比较视域下的反思	杜群、梁春艳	法律适用	2016 年第 1 期
刑事诉讼法	2016	在排除与采信之间：讯问录音录像瑕疵的检视与改造——基于 463 份裁判文书的实证分析	刘君瑜 肖慧	法律适用	2016 年第 1 期
刑事诉讼法	2016	以审判为中心的诉讼制度改革与质证制度之完善	杨宇冠 刘曹祯	法律适用	2016 年第 1 期
刑事诉讼法	2016	历史视角下的我国法官管理制度改革	王 舒	法律适用	2016 年第 2 期
刑事诉讼法	2016	构建我国环境公益诉讼生态修复机制实证研究——以昆明中院的实践为视角	袁学红	法律适用	2016 年第 2 期
刑事诉讼法	2016	从形式到实质：刑事辩护对裁判结果影响力研究——以 C 市 Y 中院近 3 年 198 名被告人的律师辩护为样本	欧明艳 黄晨	法律适用	2016 年第 1 期

学科	年份	论文题目	论文作者	报刊来源	论文期次
刑事诉讼法	2016	司法改革框架下的"硬件升级":我国法院刑事法庭空间布局的再探索——以平衡"权"与"利"为切入点	邹宇婷 丘志新	法律适用	2016 年第 1 期
刑事诉讼法	2016	论刑事司法理念的发展与刑事冤错案防范机制建构——以 175 件再审改判发回案件法律文书的实证分析为视角	杨凯 黄怡	法律适用	2016 年第 1 期
刑事诉讼法	2016	论上诉不加刑原则实践中的问题及对策	徐建新 方彬微	法律适用	2016 年第 2 期
刑事诉讼法	2016	论民事诉讼中电子数据证据庭前准备的基本建构	毕玉谦	法律适用	2016 年第 2 期
刑事诉讼法	2016	日本《刑事诉讼法》2016 年修改动态	闻志强	国家检察官学院学报	2016 年第 6 期
刑事诉讼法	2016	刑事涉案财物管理制度改革	葛 琳	国家检察官学院学报	2016 年第 6 期
刑事诉讼法	2016	刑事立案监督实证研究	雷鑫洪	国家检察官学院学报	2016 年第 6 期
刑事诉讼法	2016	刑事定罪证明标准类型的哲学辨析	周洪波	国家检察官学院学报	2016 年第 5 期
刑事诉讼法	2016	刑事强制医疗的程序转换	王志坤	国家检察官学院学报	2016 年第 5 期
刑事诉讼法	2016	我国行为保全制度借鉴模式探讨	李 曼	国家检察官学院学报	2016 年第 5 期

续表

学科	年份	论文题目	论文作者	报刊来源	论文期次
刑事诉讼法	2016	论我国检察权的属性	王守安 田 凯	国家检察官学院学报	2016 年第 5 期
刑事诉讼法	2016	检察权内部监督机制研究	杨春福	国家检察官学院学报	2016 年第 5 期
刑事诉讼法	2016	既判力时间范围制度适用的类型化分析	林剑锋	国家检察官学院学报	2016 年第 4 期
刑事诉讼法	2016	证人的不被强迫自证其罪权	陈学权 郭 恒	国家检察官学院学报	2016 年第 4 期
刑事诉讼法	2016	检务公开现状评估与完善建议	高一飞	国家检察官学院学报	2016 年第 4 期
刑事诉讼法	2016	检察指令权的程序性规制	杜 磊	国家检察官学院学报	2016 年第 4 期
刑事诉讼法	2016	大数据在职务犯罪侦查模式转型中的应用	胡志风	国家检察官学院学报	2016 年第 4 期
刑事诉讼法	2016	公安机关办理刑事案件指标执法之检察监督	重庆市南岸区人民检察院课题组	国家检察官学院学报	2016 年第 3 期
刑事诉讼法	2016	非法证据排除与取证合法性审查	毕惜茜	国家检察官学院学报	2016 年第 2 期
刑事诉讼法	2016	"具体"的诉讼请求	王学棉	国家检察官学院学报	2016 年第 2 期
刑事诉讼法	2016	刑事诉讼涉案财物的救济机制	李亮	国家检察官学院学报	2016 年第 3 期
刑事诉讼法	2016	我国检察一体保障制度的完善	邓思清	国家检察官学院学报	2016 年第 2 期

学科	年份	论文题目	论文作者	报刊来源	论文期次
刑事诉讼法	2016	检察机关提起公益诉讼有关问题	徐全兵	国家检察官学院学报	2016 年第 3 期
刑事诉讼法	2016	检察机关审查起诉中的证据运用	王一俊	国家检察官学院学报	2016 年第 2 期
刑事诉讼法	2016	和解制度所涉实体及程序问题研究	刘学在	国家检察官学院学报	2016 年第 2 期
刑事诉讼法	2016	刑事法律援助实证研究	刘方权	国家检察官学院学报	2016 年第 1 期
刑事诉讼法	2016	以审判为中心的认识误区与实践难点	张建伟	国家检察官学院学报	2016 年第 1 期
刑事诉讼法	2016	军事司法的建构基础与类型化分析	胡锦光 胡大路	国家检察官学院学报	2016 年第 1 期
刑事诉讼法	2016	检察官参与命案现场勘验制度研究	王守安	国家检察官学院学报	2016 年第 1 期
刑事诉讼法	2016	韩国影子陪审团评议过程实证研究	［韩］李哉协等 著 何挺 译	国家检察官学院学报	2016 年第 1 期
刑事诉讼法	2016	电子数据庭审证据调查模式识辨	毕玉谦	国家检察官学院学报	2016 年第 1 期
刑事诉讼法	2016	"以审判为中心"视野下的诉讼关系	卞建林 谢澍	国家检察官学院学报	2016 年第 1 期
刑事诉讼法	2016	"刑事附带民事责任"的证伪与建议	蒋凌申	国家检察官学院学报	2016 年第 3 期
刑事诉讼法	2016	美国律协《刑事司法标准》之《有罪答辩标准》评析	祁建建	中国刑事法杂志	2016 年第 5 期

学科	年份	论文题目	论文作者	报刊来源	论文期次
刑事诉讼法	2016	刑事速裁程序的司法再造	李本森	中国刑事法杂志	2016 年第 5 期
刑事诉讼法	2016	审判中心主义背景下出庭公诉的对策研究	李勇	中国刑事法杂志	2016 年第 5 期
刑事诉讼法	2016	检律关系冲突的定位、探源与出路——以西南地区某检察院为例	周一志 刘光辉	中国刑事法杂志	2016 年第 5 期
刑事诉讼法	2016	刑事诉讼财产保全制度论要	吴光升	中国刑事法杂志	2016 年第 4 期
刑事诉讼法	2016	监视居住适用情况调研报告	张智辉 洪流	中国刑事法杂志	2016 年第 3 期
刑事诉讼法	2016	刑事证明标准的维度分析	刘晓丹	中国刑事法杂志	2016 年第 3 期
刑事诉讼法	2016	羁押必要性审查制度实践运行审视	郭冰	中国刑事法杂志	2016 年第 2 期
刑事诉讼法	2016	现行犯视角下的拘留扭送制度	吴宏耀	中国刑事法杂志	2016 年第 1 期
刑事诉讼法	2016	论公诉裁量权的运行与程序性控制	武晓慧	中国刑事法杂志	2016 年第 1 期
刑事诉讼法	2016	侦查阶段刑事错案防范之侦查理念、行为与制度构建	穆书芹	中国刑事法杂志	2016 年第 1 期
刑事诉讼法	2016	法国审前羁押制度研究	施鹏鹏 王晨辰	中国刑事法杂志	2016 年第 1 期
刑事诉讼法	2016	证据概念否定论——从证据概念到证据法基本概念体系	孙远	中国刑事法杂志	2016 年第 2 期

续表

学科	年份	论文题目	论文作者	报刊来源	论文期次
刑事诉讼法	2016	刑事速裁程序试点实证研究	赵恒	中国刑事法杂志	2016 年第 2 期
刑事诉讼法	2016	起诉书中"法律套语"现象的刑法反思	石经海 密齐深	中国刑事法杂志	2016 年第 1 期
刑事诉讼法	2016	陪审制兴衰考	王涛	中国刑事法杂志	2016 年第 1 期
刑事诉讼法	2016	分案审理下前案裁判对后案裁判的预断影响及其防范——以欧洲人权法院凯瑞蒙诉德国案为例	高一飞 韩利	中国刑事法杂志	2016 年第 1 期
司法制度	2016	论独立统一涉案财物管理中心的建立	李玉华	法制与社会发展	2016 年第 3 期
司法制度	2016	法院人员分类管理体制与机制转型研究	王禄生	比较法研究	2016 年第 1 期
司法制度	2016	如何设计司法？法官、律师与案件数量比较研究	张千帆	比较法研究	2016 年第 1 期
司法制度	2016	电子法院：由内部到外部的构建	王福华	当代法学	2016 年第 5 期
司法制度	2016	论印证与心证之融合——印证模式的漏洞及其弥补	蔡元培	法律科学（西北政法大学学报）	2016 年第 3 期
司法制度	2016	论人权的自我正当化及其负面后果	伍德志	法律科学（西北政法大学学报）	2016 年第 4 期
司法制度	2016	中国"法治大跃进"批判	姚建宗 侯学宾	法律科学（西北政法大学学报）	2016 年第 4 期

续表

学科	年份	论文题目	论文作者	报刊来源	论文期次
司法制度	2016	司法批复衰落的制度竞争逻辑	侯学宾	法商研究	2016 年第 3 期
司法制度	2016	论我国法官的角色定位	黎晓露	法商研究	2016 年第 3 期
司法制度	2016	错案责任追究的主体研究	陈海峰	法学	2016 年第 2 期
司法制度	2016	当前审判独立不足原因之考辨——从审判独立的逻辑前提说起	周赟	法学	2016 年第 1 期
司法制度	2016	司法责任制改革中的法官问责——兼评《关于完善人民法院司法责任制的若干意见》	周长军	法学家	2016 年第 3 期
司法制度	2016	论作为人权的习惯权利	谢晖	法学评论	2016 年第 4 期
司法制度	2016	论人权主流化	张万洪	法学评论	2016 年第 6 期
司法制度	2016	司法制度变迁的知识学动力——从子产"铸刑书"说起	张正印	法学评论	2016 年第 2 期
司法制度	2016	省统管法院人财物：剖析与前瞻	左卫民	法学评论	2016 年第 3 期
司法制度	2016	论大数据时代背景下我国检务公开信息化平台建设	吴俊明 高 丽	法学杂志	2016 年第 5 期
司法制度	2016	我国法院司法解释制度的反思与完善	徐凤	法学杂志	2016 年第 5 期
司法制度	2016	我国司法公开的主要障碍及其保障探析	闫博慧	法学杂志	2016 年第 4 期

续表

学科	年份	论文题目	论文作者	报刊来源	论文期次
司法制度	2016	关于军事法院体制改革问题的思考	张建田	法学杂志	2016 年第 2 期
司法制度	2016	传统中国司法文明及其借鉴	张中秋	法制与社会发展	2016 年第 4 期
司法制度	2016	司法权的外部边界与内部配置	傅郁林	法制与社会发展	2016 年第 2 期
司法制度	2016	司法确认程序何以生成的制度史分析	刘加良	法制与社会发展	2016 年第 1 期
司法制度	2016	司法人员分类管理改革的制约因素及其破解	强梅梅	法制与社会发展	2016 年第 2 期
司法制度	2016	一审法院的主要职责就是查清案件事实	孙佑海	法制与社会发展	2016 年第 2 期
司法制度	2016	司法改革背景下的三机关相互关系问题探讨	王敏远	法制与社会发展	2016 年第 2 期
司法制度	2016	司法职权配置的目标和原则	朱孝清	法制与社会发展	2016 年第 2 期
司法制度	2016	我国司法职权配置的现实困境与优化路径	徐汉明 王玉梅	法制与社会发展	2016 年第 3 期
司法制度	2016	员额制改革背景下的法官约束与激励机制	陈晓聪	华东政法大学学报	2016 年第 3 期
司法制度	2016	英国大宪章对罗马法的继受与创新	陈鹏飞	环球法律评论	2016 年第 4 期
司法制度	2016	中国独立行使审判权制度的历史考察	田夫	环球法律评论	2016 年第 2 期

学科	年份	论文题目	论文作者	报刊来源	论文期次
司法制度	2016	司法裁判中法官利益衡量的展开——普通法系下的实践及其启示	王虹霞	环球法律评论	2016 年第 3 期
司法制度	2016	法官责任制的定位与规则	崔永东	现代法学	2016 年第 3 期
司法制度	2016	以案定编与法官员额的模型测算	屈向东	现代法学	2016 年第 3 期
司法制度	2016	论人大监督司法的范式转换	杨柳	政治与法律	2016 年第 4 期
司法制度	2016	从立案审查到立案登记:法院在社会转型中的司法角色	陆永棣	中国法学	2016 年第 2 期
司法制度	2016	错案责任追究与豁免	朱孝清	中国法学	2016 年第 2 期
司法制度	2016	最高法院司法解释效力研究	王成	中外法学	2016 年第 1 期
民事诉讼法	2016	论民事保全错误损害赔偿责任的归责原则——兼论《民事诉讼法》第 105 条与《侵权责任法》第 5 条的关系	肖建国 张宝成	法律适用	2016 年第 1 期
民事诉讼法	2016	民事迟延裁判治理转型	任重	国家检察官学院学报	2016 年第 3 期
民事诉讼法	2016	民法上补充责任的诉讼形态研究	肖建国 宋春龙	国家检察官学院学报	2016 年第 2 期
民事诉讼法	2016	辨识与解析:民事诉讼专家辅助人制度定位的经纬范畴	毕玉谦	比较法研究	2016 年第 2 期

续表

学科	年份	论文题目	论文作者	报刊来源	论文期次
民事诉讼法	2016	论指导性案例的"参照"效力及其裁判技术——基于对已公布的42个民事指导性案例的实质分析	曹志勋	比较法研究	2016年第6期
民事诉讼法	2016	论争点效之比较法源流与本土归化	丁宝同	比较法研究	2016年第3期
民事诉讼法	2016	诉讼实施权配置的模式构建	黄忠顺	比较法研究	2016年第4期
民事诉讼法	2016	从诉之效力位阶看民事案件受理制度	杨会新	比较法研究	2016年第3期
民事诉讼法	2016	释明权行使的要件及效果论——对《证据规定》第35条的规范分析曹云吉	曹云吉	当代法学	2016年第6期
民事诉讼法	2016	立案形式审查中的事实主张具体化	曹志勋	当代法学	2016年第1期
民事诉讼法	2016	共有物分割之诉审理的若干问题	房绍坤	当代法学	2016年第5期
民事诉讼法	2016	我国电子诉讼的实践发展与立法应对	侯学宾	当代法学	2016年第5期
民事诉讼法	2016	论无独立请求权第三人的识别与确定——以"有法律上的利害关系"的类型化分析为中心	刘东	当代法学	2016年第2期
民事诉讼法	2016	电子诉讼潮流与我国民事诉讼法的应对	刘敏	当代法学	2016年第5期
民事诉讼法	2016	论民事诉讼模式理论的方法论意义及其运用	刘哲玮	当代法学	2016年第3期

续表

学科	年份	论文题目	论文作者	报刊来源	论文期次
民事诉讼法	2016	论中国民事诉讼的理论共识	任重	当代法学	2016 年第 3 期
民事诉讼法	2016	家事纠纷法院调解实证研究	汤鸣	当代法学	2016 年第 1 期
民事诉讼法	2016	民事诉讼管辖：原理、结构及程序的动态	王亚新	当代法学	2016 年第 2 期
民事诉讼法	2016	论当事人主义诉讼模式在我国法上的新进展	许可	当代法学	2016 年第 3 期
民事诉讼法	2016	诉讼体制或模式转型的现实与前景分析	张卫平	当代法学	2016 年第 3 期
民事诉讼法	2016	再论督促程序电子化改革的重点	周翠	当代法学	2016 年第 6 期
民事诉讼法	2016	和解：程序法与实体法的双重分析	周建华	当代法学	2016 年第 2 期
民事诉讼法	2016	民事执行机构改革的深度透析	黄忠顺	法律科学（西北政法大学学报）	2016 年第 4 期
民事诉讼法	2016	我国民事诉讼中当事人真实陈述义务之重构	纪格非	法律科学（西北政法大学学报）	2016 年第 1 期
民事诉讼法	2016	民事拘传适用对象的再甄别——以《民诉法解释》第 174 条为靶标	李喜莲	法律科学（西北政法大学学报）	2016 年第 5 期
民事诉讼法	2016	人民陪审员角色冲突与调适	刘方勇	法律科学（西北政法大学学报）	2016 年第 2 期

续表

学科	年份	论文题目	论文作者	报刊来源	论文期次
民事诉讼法	2016	论民事诉讼登记立案的文本之"困"与实践之"繁"	曲昇霞	法律科学（西北政法大学学报）	2016 年第 3 期
民事诉讼法	2016	我国民事诉讼程序事项二阶化审理构造论——兼论民事立案登记制的中国化改革	唐力 高翔	法律科学（西北政法大学学报）	2016 年第 5 期
民事诉讼法	2016	论新《民诉法》第 34 条对涉外协议管辖的法律适用	吴永辉	法律科学（西北政法大学学报）	2016 年第 5 期
民事诉讼法	2016	论民事重复起诉的识别及规制——对《关于适用〈中华人民共和国民事诉讼法〉的解释》第 247 条的解析	夏璇	法律科学（西北政法大学学报）	2016 年第 2 期
民事诉讼法	2016	仲裁机构法律功能批判——以国际商事仲裁为分析视角	杨玲	法律科学（西北政法大学学报）	2016 年第 2 期
民事诉讼法	2016	指导性案例裁判要旨概括方式之反思	孙光宁	法商研究	2016 年第 4 期
民事诉讼法	2016	论民事诉讼中当事人恒定原则的适用	刘敏	法商研究	2016 年第 5 期
民事诉讼法	2016	唐力：诉讼调解合意诱导机制研究	唐力	法商研究	2016 年第 4 期
民事诉讼法	2016	论诉讼标的与请求权规范之竞合——以旧诉讼标的理论的两岸实践为视点	郗伟明	法商研究	2016 年第 3 期

续表

学科	年份	论文题目	论文作者	报刊来源	论文期次
民事诉讼法	2016	民事诉讼法学方法论	张卫平	法商研究	2016 年第 2 期
民事诉讼法	2016	2015 年中国环境民事公益诉讼的实证分析	巩固	法学	2016 年第 9 期
民事诉讼法	2016	论强化法院对涉众案件执行转接破产程序的职权干顶——基于 2011 年至 2014 年沈阳市两级法院执行不能案件的分析	郭洁	法学	2016 年第 2 期
民事诉讼法	2016	论虚假诉讼的厘定与规制——兼谈规制虚假诉讼的刑民事程序协调	洪冬英	法学	2016 年第 11 期
民事诉讼法	2016	我国民事证明责任分配理论重述	胡学军	法学	2016 年第 5 期
民事诉讼法	2016	诉讼时效效力模式之选择及立法完善	杨巍	法学	2016 年第 6 期
民事诉讼法	2016	环境污染侵权因果关系证明责任之再构成——基于 619 份相关民事判决书的实证分析	张挺	法学	2016 年第 7 期
民事诉讼法	2016	不对称管辖协议的合法性辨析	张利民	法学	2016 年第 1 期
民事诉讼法	2016	生态破坏的司法救济——基于 5792 份环境裁判文书样本的分析	张忠民	法学	2016 年第 10 期

续表

学科	年份	论文题目	论文作者	报刊来源	论文期次
民事诉讼法	2016	虚假诉讼罪的法教义学分析	李翔	法学家	2016 年第 6 期
民事诉讼法	2016	民事再审发回重审的独立特质及双重限制模式构建	李潇潇	法学家	2016 年第 3 期
民事诉讼法	2016	契约司法：一种可能的基层审判制度塑造	刘星	法学家	2016 年第 3 期
民事诉讼法	2016	我国人民陪审员制度运行实证研究——以中部某县级市为分析样本	刘方勇 廖永安	法学家	2016 年第 4 期
民事诉讼法	2016	论我国民事检察权的运行方式与功能承担	杨会新	法学家	2016 年第 6 期
民事诉讼法	2016	民事立案登记制度的法理省思	蔡虹 李棠洁	法学论坛	2016 年第 4 期
民事诉讼法	2016	分置、合并与转向：程序关系之维的案外人异议之诉	韩波	法学论坛	2016 年第 4 期
民事诉讼法	2016	论执行力对诉的利益的阻却——以公证债权文书为中心的分析	黄忠顺	法学论坛	2016 年第 4 期
民事诉讼法	2016	形成权诉讼与形成之诉关系辨析	李辉	法学论坛	2016 年第 1 期
民事诉讼法	2016	论诉讼程序与督促程序的两线并行模式	欧元捷	法学论坛	2016 年第 2 期

续表

学科	年份	论文题目	论文作者	报刊来源	论文期次
民事诉讼法	2016	论执行力主观范围的扩张及其正当性基础	肖建国 刘文勇	法学论坛	2016 年第 4 期
民事诉讼法	2016	论环境民事公益诉讼裁判的执行——"天价"环境公益诉讼案件的后续关注	张辉	法学论坛	2016 年第 5 期
民事诉讼法	2016	执行和解制度的再认识	张卫平	法学论坛	2016 年第 4 期
民事诉讼法	2016	判决的既判力与司法公信力	王国龙	法学论坛	2016 年第 4 期
民事诉讼法	2016	刍论我国民事诉讼委托代理制度的几个问题	邓和军	法学评论	2016 年第 5 期
民事诉讼法	2016	论争议可仲裁性司法审查之启动程序	于喜富	法学评论	2016 年第 3 期
民事诉讼法	2016	诉讼标的理论的新范式——"相对化"与我国民事审判实务	陈杭平	法学研究	2016 年第 4 期
民事诉讼法	2016	实证视角下契合民意与法治的诉讼调解	梁平	法学杂志	2016 年第 7 期
民事诉讼法	2016	论诉讼担当的制度缘由	李峣	法学杂志	2016 年第 3 期
民事诉讼法	2016	环境公益诉讼原告利益的维度——以环保民间组织为视角	李天相	法学杂志	2016 年第 8 期
民事诉讼法	2016	反垄断私人诉讼的证据开示制度研究	厉潇逸	法学杂志	2016 年第 8 期

学科	年份	论文题目	论文作者	报刊来源	论文期次
民事诉讼法	2016	虚假民事诉讼的形成机制与风险控制——从经济视角分析	杨锦炎	法学杂志	2016 年第 6 期
民事诉讼法	2016	第三人撤销之诉原告适格问题研究	张兴美	法学杂志	2016 年第 6 期
民事诉讼法	2016	人民陪审实践：法治中国语境下的考量与反思——基于上海三区法院陪审运行之研究	郑成良 李文杰	法学杂志	2016 年第 11 期
民事诉讼法	2016	传统无讼理念与当代多元化纠纷解决机制的完善	邹亚莎	法学杂志	2016 年第 10 期
民事诉讼法	2016	环境损害司法救济的困境与出路	周珂 林潇潇	法学杂志	2016 年第 7 期
民事诉讼法	2016	反思指导性案例的援引方式——以《〈关于案例指导工作的规定〉实施细则》为分析对象	孙光宁	法制与社会发展	2016 年第 4 期
民事诉讼法	2016	诱导型调解：法院调解的一个解释框架	汪永涛 陈鹏	法制与社会发展	2016 年第 5 期
民事诉讼法	2016	民事审判权与执行权的分离研究	肖建国	法制与社会发展	2016 年第 2 期
民事诉讼法	2016	我国双重代表诉讼制度架构研究	樊纪伟	华东政法大学学报	2016 年第 4 期

续表

学科	年份	论文题目	论文作者	报刊来源	论文期次
民事诉讼法	2016	诚实信用原则适用的美国经验——《美国联邦民事诉讼规则》第11条的透视与启示	李曼	华东政法大学学报	2016年第3期
民事诉讼法	2016	人权法对国际民事管辖权的影响——基于《欧洲人权公约》第6（1）条之适用	黄志慧	环球法律评论	2016年第1期
民事诉讼法	2016	环境公益诉讼被告的局限及其克服	张忠民	环球法律评论	2016年第5期
民事诉讼法	2016	隐名的指导案例——以"指导案例1号"为例的分析	孙维飞	清华法学	2016年第4期
民事诉讼法	2016	论判决理由与判决原因的分离——对司法虚饰论的批判	杨贝	清华法学	2016年第2期
民事诉讼法	2016	民事指导性案例：质与量的考察	周翠	清华法学	2016年第4期
民事诉讼法	2016	环境公益诉讼激励机制的法律构造——以传统民事诉讼与环境公益诉讼的当事人结构差异为视角	陈亮	现代法学	2016年第4期
民事诉讼法	2016	第二审程序的反诉：制度建构与理念变迁——兼评《民诉法解释》第328条	唐玉富	现代法学	2016年第5期
民事诉讼法	2016	德日必要共同诉讼"合一确定"概念的嬗变与启示	段文波	现代法学	2016年第2期

学科	年份	论文题目	论文作者	报刊来源	论文期次
民事诉讼法	2016	既判力相对性原则在我国制度化的现状与障碍	林剑锋	现代法学	2016 年第 1 期
民事诉讼法	2016	民事庭前会议：规范解读、法理分析与实证考察	熊跃敏 张润	现代法学	2016 年第 6 期
民事诉讼法	2016	论临时救济中的第三人——以我国涉诉民商事临时救济为视角	张文亮	现代法学	2016 年第 1 期
民事诉讼法	2016	裁判文书说理的法理分析	黄现清	政法论丛	2016 年第 1 期
民事诉讼法	2016	追加当事人制度的理论追问与程序构建	刘哲玮	政法论丛	2016 年第 6 期
民事诉讼法	2016	论环境民事公益诉讼调解之适用	曲昇霞	政法论丛	2016 年第 3 期
民事诉讼法	2016	我国行业调解的困境及其突破	熊跃敏 周杨	政法论丛	2016 年第 3 期
民事诉讼法	2016	诉讼实施权配置的基本范畴研究	黄忠顺	政法论坛	2016 年第 3 期
民事诉讼法	2016	"有独立请求权"的类型化分析——以民事诉讼法第 56 条第 1 款为中心的研究	刘东	政法论坛	2016 年第 1 期
民事诉讼法	2016	民事询问权研究	史飚	政法论坛	2016 年第 2 期
民事诉讼法	2016	法律制度的功能及其异化——人民调解制度演变史	王丹丹	政法论坛	2016 年第 6 期

续表

学科	年份	论文题目	论文作者	报刊来源	论文期次
民事诉讼法	2016	论我国环境民事公益诉讼中的"赔偿损失"	李兴宇	政治与法律	2016 年第 10 期
民事诉讼法	2016	民事诉讼滥诉治理的法理思考	王猛	政治与法律	2016 年第 5 期
民事诉讼法	2016	我国环境诉讼的专家证人制度构建	谢伟	政治与法律	2016 年第 10 期
民事诉讼法	2016	证明责任理论的证据语境批判	许尚豪	政治与法律	2016 年第 11 期
民事诉讼法	2016	虚假诉讼类型化研究与现行法规定之检讨——以法院裁判的案件为中心	张艳	政治与法律	2016 年第 7 期
民事诉讼法	2016	民事证明责任分配的实质性原则	胡东海	中国法学	2016 年第 4 期
民事诉讼法	2016	提高民事诉讼证明标准的理论反思	霍海红	中国法学	2016 年第 2 期
民事诉讼法	2016	论民事诉讼突袭性裁判的防止：以现代庭审理论的应用为中心	杨严炎	中国法学	2016 年第 4 期
民事诉讼法	2016	论民事司法成本的分担	王福华	中国社会科学	2016 年第 2 期
民事诉讼法	2016	回归法的立场：第三人撤销之诉的体系思考	任重	中外法学	2016 年第 1 期
民事诉讼法	2016	小额诉讼与福利制度	王福华	中外法学	2016 年第 1 期
行政诉讼法	2016	美国社区听证的衰落与重振	黄凤兰	比较法研究	2016 年第 1 期

学科	年份	论文题目	论文作者	报刊来源	论文期次
行政诉讼法	2016	美国司法机构职能外包的质疑和回应——聚焦"政府固有职能"	蒋红珍	当代法学	2016 年第 1 期
行政诉讼法	2016	我国行政诉讼简易程序检视——以新《行政诉讼法》第 82 条为中心	葛先园	法律科学（西北政法大学学报）	2016 年第 2 期
行政诉讼法	2016	破解暴力型精神病人管束困局刍议——基于三部法律联动的视角	潘侠	法学论坛	2016 年第 3 期
行政诉讼法	2016	检察机关提起公益诉讼的现实困境与对策研究	白彦	法学杂志	2016 年第 3 期
行政诉讼法	2016	论行政诉讼补救判决的适用条件	陈思融	政治与法律	2016 年第 1 期
行政诉讼法	2016	新《行政诉讼法》实施后重作判决适用探析	刘欣琦	政治与法律	2016 年第 5 期
行政诉讼法	2016	认真对待行政行为适用法律瑕疵——基于当下我国行政判决的实证考察	柳砚涛	政治与法律	2016 年第 2 期
行政诉讼法	2016	美国公立高校学生申诉权保障的理论与实践——兼论我国高校学生申诉权的保障与校内申诉制度的完善	孙波	政治与法律	2016 年第 6 期

学科	年份	论文题目	论文作者	报刊来源	论文期次
行政诉讼法	2016	对未送达行政行为作出撤销判决还是确认未生效——基于第 38 号指导案例及相关案例的思考	杨登峰	政治与法律	2016 年第 3 期
行政诉讼法	2016	论不当行政行为的司法救济——从我国《行政诉讼法》中的"明显不当行政行为"谈起	张峰振	政治与法律	2016 年第 1 期
行政诉讼法	2016	新《行政诉讼法》实施对行政行为理论的发展	章志远	政治与法律	2016 年第 1 期
行政诉讼法	2016	论我国环境公益诉讼的发展方向：基于行政权与司法权关系理论的分析	王明远	中国法学	2016 年第 1 期
行政诉讼法	2016	论行政诉讼补救判决的请求权基础	陈思融	中外法学	2016 年第 1 期
行政诉讼法	2016	诉权告知与行政诉讼起诉期限——基于裁判文书的规范分析	黄涧秋	行政法学研究	2016 年第 1 期
行政诉讼法	2016	行政诉讼的裁判基准研究——以契税客体内含的私法规则为中心	虞青松	行政法学研究	2016 年第 4 期
行政诉讼法	2016	公益诉讼试点的若干重大实践问题探讨	杨解君 李俊宏	行政法学研究	2016 年第 4 期

学科	年份	论文题目	论文作者	报刊来源	论文期次
行政诉讼法	2016	行政诉讼功能变迁与路径选择——以法与治的关系为主线	谭宗泽 杨靖文	行政法学研究	2016 年第 4 期
行政诉讼法	2016	行政纠纷解决机制研究	刘莘 刘红星	行政法学研究	2016 年第 4 期
行政诉讼法	2016	行政通令诉讼制度研究——法国经验评析	张莉	行政法学研究	2016 年：第 4 期
行政诉讼法	2016	行政复议制度改革的地方实践和立法建议——基于《行政诉讼法》修改对行政复议制度的影响	朱晓峰	行政法学研究	2016 年第 5 期
行政诉讼法	2016	行政诉讼类型法定化之反思——基于比较法分析的视角	龙非	行政法学研究	2016 年第 6 期
行政诉讼法	2016	我国行政诉讼立案登记制的实质意涵与应然面向	梁君瑜	行政法学研究	2016 年第 6 期
行政诉讼法	2016	行政诉讼规范性文件附带审查的认知及其实现机制——以陈爱华案与华源公司案为主的分析	徐肖东	行政法学研究	2016 年第 6 期
行政诉讼法	2016	论工伤认定行政诉讼案件中的举证责任	王东伟	证据科学	2016 年第 1 期
行政诉讼法	2016	自下而上改革：对行政诉讼"和解撤诉"的检视——以诉讼参与人的选择评价为视角	梁潇	河北法学	2016 年第 4 期

学科	年份	论文题目	论文作者	报刊来源	论文期次
行政诉讼法	2016	功能主义视阈下的行政机关负责人出庭应诉制度	喻少如	法学评论	2016 年第 5 期
行政诉讼法	2016	论行政行为"明显不当"	何海波	法学研究	2016 年第 3 期
行政诉讼法	2016	行政程序违法的司法审查标准	王玎	华东政法大学学报	2016 年第 5 期
行政诉讼法	2016	检察机关参与行政公益诉讼理论与实践的若干问题探讨	秦前红	政治与法律	2016 年第 11 期
行政诉讼法	2016	比例原则视角下税务诉讼"双重前置"之审视	付大学	政治与法律	2016 年第 1 期
行政诉讼法	2016	"滥诉"之辩：信息公开的制度异化及其矫正	梁艺	华东政法大学学报	2016 年第 1 期
行政诉讼法	2016	生态损害公益索赔主体机制的构建	竺效	法学	2016 年第 3 期
行政诉讼法	2016	2014～2015 年行政诉讼制度改革——以《行政诉讼法》修改和实施为中心	李培磊	行政法学研究	2016 年第 2 期
行政诉讼法	2016	环保法庭的困境与出路——以环保法庭的受案范围为视角	张式军	法学论坛	2016 年第 2 期
行政诉讼法	2016	政府特许经营项目运行中的行政纠纷及其解决机制——一种框架性分析	高俊杰	当代法学	2016 年第 2 期
行政诉讼法	2016	结构主义视域下行政复议与行政诉讼关系新论——兼论二元发展关系下行政复议制度的重构	林泰	法学评论	2016 年第 2 期

续表

学科	年份	论文题目	论文作者	报刊来源	论文期次
行政诉讼法	2016	政府信息公开领域起诉权的滥用和限制——兼谈陆红霞诉南通市发改委政府信息公开案的价值	耿宝建 周觅	行政法学研究	2016 年第 3 期
行政诉讼法	2016	错置的焦点：经复议案件被告规则修改检讨	毕洪海	华东政法大学学报	2016 年第 3 期
行政诉讼法	2016	行政行为违法性继承的中国图景	成协中	中国法学	2016 年第 3 期
行政诉讼法	2016	论财产公示行为的行政诉讼法规制	高轩	法学论坛	2016 年第 3 期
行政诉讼法	2016	复议机关共同被告制度之检视	沈福俊	法学	2016 年第 6 期
行政诉讼法	2016	行政规范性文件司法审查权的实效性考察	余军 张文	法学研究	2016 年第 2 期
行政诉讼法	2016	信息公开申请和诉讼滥用的司法应对——评"陆红霞诉南通市发改委案"	沈岿	法制与社会发展	2016 年第 5 期
行政诉讼法	2016	论环境公益诉讼制度的立法顺序	王曦	清华法学	2016 年第 6 期
行政诉讼法	2016	专利行政诉讼审判结果及其影响因素分析——基于 2004～2013 年中国专利行政诉讼数据的实证研究	梁正 尹志锋	知识产权	2016 年第 10 期
行政诉讼法	2016	政府信息不存在诉讼之证明责任分配探析	郑涛	清华法学	2016 年第 6 期

续表

学科	年份	论文题目	论文作者	报刊来源	论文期次
行政诉讼法	2016	论行政公益诉讼的宪法基础——以传统行政诉讼模式的合宪性危机为线索	朱学磊	现代法学	2016 年第 6 期
行政诉讼法	2016	一并审理民行争议案件的审判规则——对修改后的《行政诉讼法》第六十一条的理解	郭修江	法律适用	2016 年第 1 期
行政诉讼法	2016	行政协议案件审理规则——对《行政诉讼法》及其适用解释关于行政协议案件规定的理解	郭修江	法律适用	2016 年第 12 期
行政诉讼法	2016	规范性文件的合法性要件——首例附带性司法审查判决书评析	朱芒	法学	2016 年第 11 期
行政诉讼法	2016	社会团体法人自治与司法审查的实证研究	蔡立东 刘思铭	法学杂志	2016 年第 12 期
行政诉讼法	2016	非行政许可审批司法审查问题研究	程琥	行政法学研究	2016 年第 1 期
行政诉讼法	2016	行政法上不确定法律概念的具体化	王贵松	政治与法律	2016 年第 1 期
行政诉讼法	2016	行政机关与第三人共同致害的责任分担	张亮	国家检察官学院学报	2016 年第 1 期
行政诉讼法	2016	论行政诉讼中暂时权利保护制度的完善——以司法裁量标准的建构为中心	季晨溦	北方法学	2016 年第 1 期
行政诉讼法	2016	专车服务：制度创新抑或违法行为？	张冬阳	清华法学	2016 年第 2 期

续表

学科	年份	论文题目	论文作者	报刊来源	论文期次
行政诉讼法	2016	上位法规定不明确之规范性文件的效力判断——基于66个典型判例的研究	俞祺	华东政法大学学报	2016年第2期
行政诉讼法	2016	于艳茹诉北京大学案的法律评析	湛中乐 王春蕾	行政法学研究	2016年第3期
行政诉讼法	2016	行政诉讼在社会治理创新中的功能与实现——以《行政诉讼法修正案草案》社会纠纷解决制度创新功能为中心	王立新	河北法学	2016年第6期
行政诉讼法	2016	论执行结果除去判决	陈菲	河北法学	2016年第6期
行政诉讼法	2016	案例指导制度的行政法意义	王天华	清华法学	2016年第4期
行政诉讼法	2016	论新《行政诉讼法》的三维国家意志	贾永健	河北法学	2016年第7期
行政诉讼法	2016	新《行政诉讼法》实施一年回顾与展望	耿宝建	法律适用	2016年第8期
行政诉讼法	2016	行政案件跨行政区域集中管辖与行政审判体制改革	程琥	法律适用	2016年第8期
行政诉讼法	2016	复议机关为共同被告的审判问题研究	王雪梅	法律适用	2016年第8期
行政诉讼法	2016	新《行政诉讼法》中几种特殊类型诉讼的判决方式	侯丹华	法律适用	2016年第8期
行政诉讼法	2016	雾霾应急的中国实践与环境法理	陈海嵩	法学研究	2016年第4期

学科	年份	论文题目	论文作者	报刊来源	论文期次
行政诉讼法	2016	德国行政程序法法典化的发展	[德] 迪尔克·埃勒斯 著 展鹏贺 译	行政法学研究	2016 年第 5 期
行政诉讼法	2016	学位授予的学术标准与品行标准——以因违纪处分剥夺学位资格的诉讼纷争为切入点	于志刚	政法论坛	2016 年第 5 期
行政诉讼法	2016	行政公益诉讼制度的新发展	薛志远 王敬波	法律适用	2016 年第 9 期
行政诉讼法	2016	复议机关作共同被告行政案件的司法审查进路——从诉讼标的理论出发	葛翔	东方法学	2016 年第 5 期
行政诉讼法	2016	行政事实认定中不确定法律概念的解释	于立深	法制与社会发展	2016 年第 6 期
行政诉讼法	2016	非刑事司法赔偿中的若干重大法律问题——对《最高人民法院关于审理民事、行政诉讼中司法赔偿案件适用法律若干问题的解释》的理解	司法解释起草小组	法律适用	2016 年第 11 期
行政诉讼法	2016	审理行政协议案件若干疑难问题研究	程琥	法律适用	2016 年第 12 期
行政诉讼法	2016	证据的内涵与依法取证——以行政处罚证据的收集为分析视角	江国华 张彬	证据科学	2016 年第 6 期
行政诉讼法	2016	涉及科学不确定性之行政行为的司法审查——美国法上的"严格检视"之审查与行政决策过程的合理化的借鉴	刘东亮	政治与法律	2016 年第 3 期

续表

学科	年份	论文题目	论文作者	报刊来源	论文期次
行政诉讼法	2016	域外行政法学研究追踪（2013～2014）——基于 Heinonline 数据库的分析	江国华 韩玉亭	行政法学研究	2016 年第 2 期
行政诉讼法	2016	行政法上的不确定法律概念	王天华	中国法学	2016 年第 3 期
行政诉讼法	2016	行政行为瑕疵的自然补正	张峰振	法学评论	2016 年第 4 期
行政诉讼法	2016	"反多数难题"在中国：法院有权审查地方性法规吗	马得华	政治与法律	2016 年第 10 期
行政诉讼法	2016	论"不予适用"：一种消极的司法审查——以《行政诉讼法》第 63 条和 64 条为中心的考察	马得华	环球法律评论	2016 年第 4 期
行政诉讼法	2016	迈向欧盟统一行政程序法典：背景、争议与进程	彭錞	环球法律评论	2016 年第 3 期
行政诉讼法	2016	论行政决策合法性审查的制度构建	张淑芳	政法论丛	2016 年第 1 期

2016 年著作统计

学科类别	著作名称	著作作者	出版社	出版日期
刑事诉讼	中国证据法治发展报告	张保生 常林	中国政法大学出版社	2016 年 5 月
刑事诉讼	辩护的艺术——如何成为最成功的辩护律师	弗朗西斯·韦尔曼	中国法制出版社	2016 年 10 月
刑事诉讼	司法改革与中国刑事证据制度的完善	龙宗智	中国民主法制出版社	2016 年 1 月
刑事诉讼	刑事诉讼的前沿问题（第五版）	陈瑞华	中国人民大学出版社	2016 年 3 月
刑事诉讼	刑事证据问题研究	陈卫东	中国人民大学出版社	2016 年 12 月
刑事诉讼	刑事诉讼法修改后的司法解释研究	王敏远	中国法制出版社	2016 年 5 月
刑事诉讼	死刑案件中辩护律师的指定与辩护表现指引——规则与评注	吴宏耀 石家慧	中国政法大学出版社	2016 年 8 月
刑事诉讼	重构诉讼体制——以审判为中心的诉讼制度改革	王敏远	中国政法大学出版社	2016 年 4 月
刑事诉讼	行进中的中国刑事诉讼：尚权刑事诉讼年度发展报告 2015	吴宏耀 郭烁	人民日报出版社	2016 年 7 月
刑事诉讼	完善人权司法保障制度研究	杨宇冠	中国人民公安大学出版社	2016 年 9 月
刑事诉讼	诉讼法学研究（第 20 卷）	卞建林	中国检察出版社	2016 年 8 月
刑事诉讼	中国诉讼法治发展报告（2015）	卞建林	中国政法大学出版社	2016 年 7 月

续表

学科类别	著作名称	著作作者	出版社	出版日期
刑事诉讼	法治工作方式	陈光中	清华大学出版社	2016 年 5 月
刑事诉讼	法治思维与法治理念	陈光中 唐玲	清华大学出版社	2016 年 7 月
刑事诉讼	法治工作素养及养成	陈光中	清华大学出版社	2016 年 5 月
刑事诉讼	刑事辩护的理念	陈瑞华	北京大学出版社	2016 年 12 月
刑事诉讼	传统使命的现代转型：诉权保障理念、制度与程序	叶楠平	法律出版社	2016 年 6 月
刑事诉讼	诉讼费用制度专题实证研究	廖永安	法律出版社	2016 年 11 月
刑事诉讼	刑事诉讼制度与刑事证据	张丽卿	中国检察出版社	2016 年 9 月
刑事诉讼	修改后的刑事诉讼法实施情况调查与研究	卞建林	中国检察出版社	2016 年 5 月
刑事诉讼	涉外刑事证据规则研究	温克志	中国政法大学出版社	2016 年 11 月
刑事诉讼	没收犯罪所得程序法制与实务	李杰清	中国检察出版社	2016 年 9 月
刑事诉讼	新刑诉·新思维	王兆鹏	中国检察出版社	2016 年 9 月
民事诉讼	反垄断争议的仲裁解决路径	林燕萍	法律出版社	2016 年 6 月
民事诉讼	强制执行专题分析	张俊	知识产权出版社	2016 年 3 月
民事诉讼	民事诉讼法学：规范的逻辑	胡夏冰	法律出版社	2016 年 11 月
民事诉讼	民事诉讼原理与实务	邓岩	中国政法大学出版社	2016 年 1 月
民事诉讼	民事公益诉讼理论问题研究	白彦	北京大学出版社	2016 年 4 月

续表

学科类别	著作名称	著作作者	出版社	出版日期
民事诉讼	民事诉讼制度专题实证研究	廖永安	中国人民大学出版社	2016 年 4 月
民事诉讼	民事诉前证据收集制度研究	许少波	社会科学文献出版社	2016 年 9 月
民事诉讼	民事诉讼法学：分析的力量	张卫平	法律出版社	2016 年 11 月
民事诉讼	民事诉讼案件审判实务	王儒靓	法律出版社	2016 年 9 月
民事诉讼	民事诉讼询问权研究	孙邦清 史飚	中国政法大学出版社	2016 年 8 月
民事诉讼	现代社会与审判——民事诉讼的地位和作用	［日］田中成明	北京大学出版社	2016 年 8 月
民事诉讼	环境民事公益诉讼的理论与实践探索	陈小平	法律出版社	2016 年 10 月
民事诉讼	第三人撤销之诉研究	张丽丽	知识产权出版社	2016 年 8 月
民事诉讼	民事再审事由研析	冯浩	中国法制出版社	2016 年 8 月
民事诉讼	诉权理论的中国阐释	蔡肖文	中国政法大学出版社	2016 年 5 月
民事诉讼	民事诉讼文书样式	沈德咏	人民法院出版社	2016 年 7 月
民事诉讼	刑、民诉讼证明制度比较研究	李丽峰	法律出版社	2016 年 7 月
民事诉讼	民事再审程序：从立法意图到司法实践	孙祥壮	法律出版社	2016 年 7 月
民事诉讼	最高人民法院民事诉讼司法观点全集	杜万华	人民出版社	2016 年 5 月
民事诉讼	民事判决理由研究	王合静	法律出版社	2016 年 6 月
民事诉讼	传统使命的现代转型：诉权保障理念、制度与程序	叶榅平	法律出版社	2016 年 6 月

学科类别	著作名称	著作作者	出版社	出版日期
民事诉讼	调解沟通艺术：用 DISC 性格分析工具辅助调解中的当事人沟通	刘爱君	中国政法大学出版社	2016 年 5 月
民事诉讼	中华人民共和国民事诉讼法规范总整理：民事诉讼法实用手册	葛伟军	法律出版社	2016 年 4 月
民事诉讼	商事仲裁实务精要	林一飞	北京大学出版社	2016 年 4 月
民事诉讼	民事诉讼制度精解	哈书菊 于锐	知识产权出版社	2016 年 3 月
民事诉讼	民事诉讼法原理与案例教程	舒瑶芝	厦门大学出版社	2016 年 3 月
民事诉讼	国际商事仲裁中的话语与实务：问题、挑战与展望	［英］维杰·K.巴蒂亚（Vijay K. Bhatia）	北京大学出版社	2016 年 3 月
民事诉讼	民事执行实务操作指南	鲁桂华	法律出版社	2016 年 3 月
民事诉讼	民事执行文书样式与制作指南	鲁桂华	法律出版社	2016 年 3 月
民事诉讼	中国行政诉讼与公法救济	王雅琴	人民法院出版社	2016 年 2 月
民事诉讼	民事模拟审判理论与实务	吕兴中	法律出版社	2016 年 2 月
民事诉讼	域外证券群体诉讼案例评析	章武生	法律出版社	2016 年 2 月
民事诉讼	行政诉讼法原理与实务	欧元军	中国政法大学出版社	2016 年 2 月
民事诉讼	新行政诉讼法司法解释实务解析与裁判指引	殷清利	法律出版社	2016 年 1 月
行政诉讼	行政诉讼实务教程	尚海龙 韩锦霞	中国民主法制出版社	2016 年 9 月

续表

学科类别	著作名称	著作作者	出版社	出版日期
行政诉讼	行政执法检察监督论	谢鹏程	中国检察出版社	2016 年 2 月
行政诉讼	行政调解概论	王伟民	安徽人民出版社	2016 年 6 月
行政诉讼	行政处罚与羁押制度改革研究	陈泽宪	中国政法大学出版社	2016 年 10 月
行政诉讼	日本公益法律制度概览	王振耀	法律出版社	2016 年 10 月
行政诉讼	行政程序法典化研究	姜明安	法律出版社	2016 年 9 月
行政诉讼	行政罚法	陈清秀	法律出版社	2016 年 9 月
行政诉讼	行政诉讼法	陈清秀	法律出版社	2016 年 9 月
行政诉讼	行政给付诉讼研究	熊勇先	法律出版社	2016 年 8 月
行政诉讼	行政诉讼制度专题研究：中德比较的视角	刘飞	法律出版社	2016 年 8 月
行政诉讼	民国时期行政权力制约机制研究：以南京国民政府行政审判制度为例	谢冬慧	法律出版社	2016 年 8 月
行政诉讼	《人民检察院行政诉讼监督规则（试行）》理解与适用	最高人民检察院民事行政检察厅	中国检察出版社	2016 年 7 月
行政诉讼	专利行政诉讼案件法律重述与评论	任晓兰	知识产权出版社	2016 年 7 月
行政诉讼	非诉行政执行制度研究	向忠诚 邓辉辉	中国政法大学出版社	2016 年 4 月
行政诉讼	企业如何赢下海关行政诉讼	晏山嵘	中国法制出版社	2016 年 3 月
行政诉讼	环境公益诉权研究	谢伟	中国政法大学出版社	2016 年 2 月
行政诉讼	涉外仲裁裁决司法审查：原理与实践	宋建立	法律出版社	2016 年 1 月

续表

学科类别	著作名称	著作作者	出版社	出版日期
行政诉讼	法官如何思考：刑事审判思维与方法	臧德胜	法律出版社	2016 年 1 月
行政诉讼	行政诉讼法理论与实务（第三版）	江必新	法律出版社	2016 年 12 月
行政诉讼	中华人民共和国行政执法程序条例（建议稿）及立法理由	王万华	中国人民公安大学出版社	2016 年 11 月
行政诉讼	行政机关负责人出庭应诉指南	耿宝建	法律出版社	2016 年 10 月

2016 年教材统计

学科类别	年份	教材名称	教材作者	出版社	出版日期
刑事诉讼	2016	刑事诉讼法（第 5 版）	龙宗智	高等教育出版社	2016 年 4 月
刑事诉讼	2016	刑事诉讼法（第六版）	陈光中	北京大学出版社	2016 年 1 月
刑事诉讼	2016	刑事诉讼法学（第四版）	樊崇义	法律出版社	2016 年 7 月
行政诉讼	2016	行政法与行政诉讼法	贺奇兵	中国政法大学出版社	2016 年 8 月
民事诉讼	2016	民事诉讼法学	李　爽	中国政法大学出版社	2016 年 8 月
民事诉讼	2016	民事诉讼法学（第四版）	常　怡	中国政法大学出版社	2016 年 9 月
民事诉讼	2016	民事诉讼法学（第二版）	邵　明	中国人民大学出版社	2016 年 11 月
民事诉讼	2016	民事强制执行法学（第二版）	董少谋	法律出版社	2016 年 11 月
民事诉讼	2016	仲裁法（第三版）	江伟 肖建国	中国人民大学出版社	2016 年 8 月
行政诉讼	2016	行政法与行政诉讼法（基础与应用全国高等学校法学系列教材）	许莲丽	清华大学出版社	2016 年 7 月
民事诉讼	2016	民事诉讼法教程	王学棉 蒲一苇	北京大学出版社	2016 年 7 月
行政诉讼	2016	行政法与行政诉讼法	温晋锋 徐国利	南京大学出版社	2016 年 6 月

学科类别	年份	教材名称	教材作者	出版社	出版日期
行政诉讼	2016	行政诉讼法（第二版）	何海波	法律出版社	2016 年 3 月
民事诉讼	2016	民事诉讼法（第四版）	张卫平	法律出版社	2016 年 3 月
民事诉讼	2016	民事诉讼法（第十版）	齐树洁	厦门大学出版社	2016 年 3 月
民事诉讼	2016	民事诉讼法学（第四版）	蔡虹	北京大学出版社	2016 年 1 月
民事诉讼	2016	民事诉讼法学（第三版）	李浩	法律出版社	2016 年 2 月
行政诉讼	2016	行政法与行政诉讼法	黄先雄	中南大学出版社	2016 年 11 月
行政诉讼	2016	行政法与行政诉讼法（第二版）	韩凤然	高等教育出版社	2016 年 3 月

2016 年项目统计

学科类别	年份	项目名称	项目类型	主持人
刑事诉讼	2016	刑事庭审实质化的理论与实践	中国法学会 2016 年度部级法学研究自选课题	熊焱
刑事诉讼	2016	庭审实质化视角下死刑量刑程序改革研究	中国法学会 2016 年度部级法学研究一般课题	陈群
刑事诉讼	2016	中国死刑的司法限制适用：路径与限度	中国法学会 2016 年度部级法学研究一般课题	陈海平
刑事诉讼	2016	强制医疗执行监督实证研究	2016 年度最高人民检察院检察理论研究一般课题	陈梦琪
刑事诉讼	2016	庭审实质化视角下死刑量刑程序改革研究	2016 年度国家法治与法学理论研究专项项目	陈群
刑事诉讼	2016	强制医疗的程序规制研究	2016 年度国家社科基金年度一般项目	陈绍辉
刑事诉讼	2016	环境行政执法与刑事司法衔接机制的检察监督研究	2016 年度最高人民检察院检察理论研究一般课题	程兰兰
刑事诉讼	2016	以审判为中心的证据制度改革研究	中国法学会 2016 年度部级法学研究一般课题	戴长林
刑事诉讼	2016	司法鉴定立法研究	2016 年度国家法治与法学理论研究项目	邓甲明
刑事诉讼	2016	刑事对物之诉研究	2016 年度国家社科基金年度青年项目	高洁
刑事诉讼	2016	多元化刑事陪审模式实证研究	2016 年度教育部人文社会科学研究青年基金项目	郭倍倍
刑事诉讼	2016	"以审判为中心"背景下的刑事指控体系构建	2016 年度最高人民检察院检察理论研究重点课题	韩筱筠 李奋飞

学科类别	年份	项目名称	项目类型	主持人
刑事诉讼	2016	二元视角下附条件不起诉制度研究	2016年度国家法治与法学理论研究项目	何挺
刑事诉讼	2016	电子诉讼立法研究	2016年度国家社科基金年度重点项目	贺荣
刑事诉讼	2016	认罪认罚从宽处理机制研究	2016年度国家社科基金年度一般项目	贺江华
刑事诉讼	2016	认罪认罚从宽制度的中国模式及其完善	2016年度中国法学会部级法学研究重点课题	胡铭
刑事诉讼	2016	环境行政执法与刑事司法的衔接问题研究	2016年度教育部人文社会科学研究青年基金项目	周兆进
刑事诉讼	2016	警察出庭作证制度的落实问题研究	2016年度国家法治与法学理论研究项目	姬艳涛
刑事诉讼	2016	职务犯罪侦查部门办案组织构建	2016年度最高人民检察院检察理论研究一般课题	蒋昱程
刑事诉讼	2016	刑事诉讼法律责任研究	2016年度国家社科基金年度一般项目	兰跃军
刑事诉讼	2016	死刑案件裁判文书说理困境与出路研究	2016年度教育部人文社会科学研究规划基金项目	雷小政
刑事诉讼	2016	"以审判为中心"背景下的刑事诉讼证据审查	2016年度最高人民检察院检察理论研究一般课题	李勇
刑事诉讼	2016	审判中心主义视角下刑事涉案财物处理机制研究	2016年度国家社科基金年度青年项目	李扬
刑事诉讼	2016	以"审判为中心"背景下的刑事指控体系构建	2016年度最高人民检察院检察理论研究一般课题	李爱君
刑事诉讼	2016	刑事申诉案件诉讼化改造问题研究	2016年度最高人民法院司法研究重大课题	李建明
刑事诉讼	2016	延长侦查羁押期限问题研究	2016年度最高人民检察院检察理论研究一般课题	李卫国

学科类别	年份	项目名称	项目类型	主持人
刑事诉讼	2016	独立统一涉案财物管理中心建立的论证与设计研究	2016 年度国家社科基金年度重点项目	李玉华
刑事诉讼	2016	强制医疗检察监督研究	2016 年度最高人民检察院检察理论研究一般课题	栗向霞
刑事诉讼	2016	检察机关提起公益诉讼制度诉前程序研究	2016 年度最高人民检察院检察理论研究重点课题	刘华
刑事诉讼	2016	非羁押强制措施适用难题破解	2016 年度国家法治与法学理论研究一般项目	刘梅湘
刑事诉讼	2016	认罪认罚从宽程序性处理机制规范化研究	2016 年度国家法治与法学理论研究一般项目	刘少军
刑事诉讼	2016	刑事庭审证据调查规则研究	2016 年度国家社科基金年度项目	龙宗智
刑事诉讼	2016	"以审判为中心"背景下的刑事诉讼证据审查	2016 年度最高人民检察院检察理论研究一般课题	陆而启
刑事诉讼	2016	认罪认罚制度中检察职能发挥问题研究	2016 年度最高人民检察院检察理论研究重点课题	吕天奇
刑事诉讼	2016	"以审判为中心"背景下的刑事诉讼证据审查	2016 年度最高人民检察院检察理论研究一般课题	马贵翔
刑事诉讼	2016	"以审判为中心"背景下的刑事指控体系构建	2016 年度最高人民检察院检察理论研究重点课题	闵春雷
刑事诉讼	2016	"以审判为中心"背景下证人出庭作证的公诉应对	2016 年度最高人民检察院检察理论研究一般课题	欧秀珠
刑事诉讼	2016	认罪认罚从宽制度中的检察职能发挥	2016 年度最高人民检察院检察理论研究一般课题	潘科明
刑事诉讼	2016	认罪认罚处理机制研究	2016 年度国家社科基金年度一般项目	祁建建
刑事诉讼	2016	"以审判为中心"刑事诉讼改革检察实证研究	2016 年度最高人民检察院检察理论研究一般课题	盛美军

续表

学科类别	年份	项目名称	项目类型	主持人
刑事诉讼	2016	刑事一体化下的认罪认罚从宽制度研究	2016 年度中国法学会部级法学研究自选课题	石经海
刑事诉讼	2016	我国刑事诉讼转型中的协商性司法研究	2016 年度中国法学会部级法学研究自选课题	孙记
刑事诉讼	2016	纪检监察和刑事司法的办案标准与程序衔接机制研究	2016 年度国家社科基金年度一般项目	孙曙生
刑事诉讼	2016	少数民族刑事程序权利保障研究	2016 年度国家社科基金年度一般项目	塔娜
刑事诉讼	2016	"以审判为中心"背景下的刑事指控体系构建	2016 年度最高人民检察院检察理论研究课题	陶建军
刑事诉讼	2016	轻微刑事犯罪速裁程序研究	2016 年度中国法学会部级法学研究自选课题	王洁
刑事诉讼	2016	刑事庭审实质化问题研究	2016 年度最高人民法院司法研究重大课题	王海萍左卫民
刑事诉讼	2016	我国境外追赃法律制度完善研究	2016 年度国家社科基金年度一般项目	王俊梅
刑事诉讼	2016	我国刑事庭审质证规则研究	2016 年度国家社科基金年度一般项目	王晓华
刑事诉讼	2016	刑事诉讼中的鉴定意见质证制度研究	2016 年度上半年中国法学会后期资助项目	王跃
刑事诉讼	2016	"以审判为中心"背景下的举证质证方式改革	2016 年度最高人民检察院检察理论研究一般课题	韦晓一
刑事诉讼	2016	两岸刑事执行比较研究	2016 年度最高人民检察院检察理论研究重点课题	邬勇雷
刑事诉讼	2016	刑事案件"诉前会议"制度研究	2016 年度中国法学会部级法学研究自选课题	吴高庆
刑事诉讼	2016	司法责任制与检察一体化	2016 年度最高人民检察院检察理论研究一般课题	谢小剑

学科类别	年份	项目名称	项目类型	主持人
刑事诉讼	2016	疑难案件中法官决策的认知风格研究	2016年度国家法治与法学理论研究中青年项目	谢小瑶
刑事诉讼	2016	"以审判为中心"背景下的举证质证方式改革	2016年度最高人民检察院检察理论研究一般课题	言文静
刑事诉讼	2016	美国警察拍身搜查规则研究——以特里盘查为视角	2016年度国家法治与法学理论研究项目	杨曙光
刑事诉讼	2016	杨万明：刑事速裁程序立法问题研究	2016年度中国法学会部级法学研究一般课题	杨万明
刑事诉讼	2016	审判中心主义效力研究	2016年度国家社科基金年度一般项目	杨正万
刑事诉讼	2016	公民参与审查起诉制度研究	2016年度最高人民检察院检察理论研究重点课题	叶肖华
刑事诉讼	2016	特赦制度化、法制化问题研究	2016年度国家社科基金年度一般项目	阴建峰
刑事诉讼	2016	大数据在检察工作中的运用及风险防范——以职务犯罪侦查为视角	2016年度最高人民检察院检察理论研究一般课题	俞波涛 刘品新
刑事诉讼	2016	审前未羁押判实刑交付执行难问题实证研究	2016年度最高人民检察院检察理论研究一般课题	张生
刑事诉讼	2016	职务犯罪跨国追赃机制建构研究	2016年度国家社科基金年度一般项目	张阳
刑事诉讼	2016	强制医疗检察监督研究	2016年度最高人民检察院检察理论研究一般课题	张爱艳
刑事诉讼	2016	认罪认罚从宽制度中的检察职能发挥	2016年度最高人民检察院检察理论研究一般课题	张晨
刑事诉讼	2016	有效辩护研究	2016年度国家社科基金后期资助项目	张佳华
刑事诉讼	2016	法官员额制的系统化改革研究	2016年度国家社科基金年度一般项目	张进德

续表

学科类别	年份	项目名称	项目类型	主持人
刑事诉讼	2016	"以审判为中心"背景下的刑事指控体系构建	2016 年度最高人民检察院检察理论研究一般课题	张玉鲲
刑事诉讼	2016	审判中心主义视角下刑事涉案财物处理机制研究	2016 年度国家法治与法学理论研究项目	张泽涛
刑事诉讼	2016	虚假诉讼的刑法规制问题研究	2016 年度国家法治与法学理论研究项目	赵冠男
刑事诉讼	2016	"以审判为中心"背景下职务犯罪案件侦查阶段证明标准体系研究	2016 年度最高人民检察院检察理论研究自筹课题	赵钧
刑事诉讼	2016	"以审判为中心"视角下的公诉制度研究	2016 年度最高人民检察院检察理论研究重点课题	周庆平
刑事诉讼	2016	审判中心主义视角下侦讯录像效能提升路径研究	2016 年度中国法学会部级法学研究一般课题	朱奎彬
司法制度	2016	建设智慧型法院问题研究	2016 年度最高人民法院司法研究重大课题	陈立斌
司法制度	2016	法官培养机制问题研究	2016 年度最高人民法院司法研究重大课题	崔亚东
司法制度	2016	审判中心主义改革与证据法调控	2016 年度教育部人文社会科学研究青年基金项目	樊传明
司法制度	2016	法官认知风格对司法裁判的影响	2016 年度国家法治与法学理论研究项目	范凯文
司法制度	2016	最高人民法院巡回法庭的运行机制、法政功能以及改革经验的可复制性评估	2016 年度中国法学会部级法学研究自选课题	方乐
司法制度	2016	检察机关办案程序"诉讼化"改革的理论与实证研究	2016 年度中国法学会部级法学研究自选课题	封安波
司法制度	2016	综合性司法改革示范法院样板研究：以前海法院为对象	2016 年度最高人民法院司法研究重大课题	龚稼立 闻长智

续表

学科类别	年份	项目名称	项目类型	主持人
司法制度	2016	完善最高人民法院巡回法庭体制和工作机制研究	2016年度最高人民法院司法研究重大课题	郭伟清
司法制度	2016	人民法院内设机构改革	2016年度最高人民法院司法研究重大课题	郭彦
司法制度	2016	审判中心视域下的司法假定方法检验研究	2016年度教育部人文社会科学研究青年基金项目	韩振文
司法制度	2016	人民陪审员主要进行事实认定实证研究	2016年度中国法学会部级法学研究一般课题	胡云红
司法制度	2016	司法责任制与检察一体化问题研究	2016年度最高人民检察院检察理论研究一般课题	黄武
司法制度	2016	检察机关内设机构设置的规律与原则	2016年度最高人民检察院检察理论研究重点课题	金石
司法制度	2016	司法责任制背景下的检察官业绩评价体系研究	2016年度最高人民检察院检察理论研究一般课题	孔凡学
司法制度	2016	检察委员会与办案责任制关系研究	2016年度最高人民检察院检察理论研究一般课题	兰志伟
司法制度	2016	国家治理视野下我国司法运行模式变迁研究	2016年度教育部人文社会科学研究青年基金项目	李文军
司法制度	2016	司法责任制与检察一体化	2016年度最高人民检察院检察理论研究一般课题	李学军
司法制度	2016	司法解释和案例指导理论与实务问题研究	2016年度最高人民法院司法研究重大课题	梁明远
司法制度	2016	人民陪审员制度改革试点的跟踪研究	2016年度国家社科基金年度一般项目	刘方勇
司法制度	2016	检察委员会与办案责任制关系研究	2016年度最高人民检察院检察理论研究一般课题	刘兆欣
司法制度	2016	司法改革背景下人民法院审判组织运行机制研究	2016年度最高人民法院司法研究重大课题	鲁桂华

学科类别	年份	项目名称	项目类型	主持人
司法制度	2016	跨行政区划检察院设立模式研究	2016年度最高人民检察院检察理论研究重点课题	陆建强
司法制度	2016	司法责任豁免与错案责任追究制研究	2016年度教育部人文社会科学研究青年基金项目	马骏
司法制度	2016	省级统管改革背景下人民法院的管理体制研究	2016年度最高人民法院司法研究重大课题	蒙晓阳
司法制度	2016	变迁社会的司法证成模式研究	2016年度国家法治与法学理论研究中青年项目	宋旭光
司法制度	2016	少数民族地区双语司法问题研究	2016年度最高人民法院司法研究重大课题	索达
司法制度	2016	检察机关提起公益诉讼制度诉前程序研究	2016年度最高人民检察院检察理论研究一般课题	田效录 高建伟
司法制度	2016	京津冀协同发展的司法服务与保障问题研究	2016年度最高人民法院司法研究重大课题	卫彦明
司法制度	2016	法官惩戒委员会与法院纪检监察制度的衔接研究	2016年度最高人民法院司法研究重大课题	吴剑平
司法制度	2016	跨行政区划法院案件管辖制度研究	2016年度最高人民法院司法研究重大课题	吴在存
司法制度	2016	涉及公民人身及财产权益的行政强制措施的检察监督研究	2016年度最高人民检察院检察理论研究一般课题	肖天奉
司法制度	2016	指导性案例适用机制研究——以中国裁判文书网为平台的考察	2016年度教育部人文社会科学研究青年基金项目	谢绍静
司法制度	2016	供给侧改革背景下相关司法对策研究	2016年度最高人民法院司法研究重大课题	许前飞 孙晋
司法制度	2016	判决书中非理性因素的运用与限制	2016年度国家法治与法学理论研究中青年项目	杨贝
司法制度	2016	法治供给侧改革与强化法律监督	2016年度最高人民检察院检察理论研究重点课题	杨克勤

续表

学科类别	年份	项目名称	项目类型	主持人
司法制度	2016	人民法院接受人大监督理论与实践问题研究	2016年度最高人民法院司法研究重大课题	杨万明
司法制度	2016	检察官入额标准与程序研究	2016年度最高人民检察院检察理论研究重点课题	于天敏
司法制度	2016	上海合作组织反恐怖主义司法合作机制研究	2016年度最高人民检察院检察理论研究一般课题	袁胜育
司法制度	2016	审判权与法院司法行政事务管理权的关系研究	2016年度最高人民法院司法研究重大课题	张坚
司法制度	2016	构建中国特色案例制度的综合系统研究	2016年度国家社科基金重大项目	张骐
司法制度	2016	边疆民族地区与周边国家司法协助问题研究	2016年度最高人民法院司法研究重大课题	张学群
司法制度	2016	当代中国法院功能的实证研究	2016年度国家法治与法学理论研究项目	郑智航
司法制度	2016	跨行政区划检察院设立模式研究	2016年度最高人民检察院检察理论研究重点课题	朱斌
司法制度	2016	"互联网+"时代的电子取证问题研究	中国法学会2016年度部级法学研究一般课题	朱节中
民事诉讼	2016	虚假诉讼防控机制实证研究	2016年度教育部人文社会科学研究规划基金项目	蔡彦敏
民事诉讼	2016	检察机关督促纠正违法行政行为制度研究	2016年度最高人民检察院检察理论研究一般课题	田凯
民事诉讼	2016	民事诉讼间接证明研究	2016年度国家社科基金年度一般项目	包冰锋
民事诉讼	2016	民事诉讼中的争点整理与简化协议	2016年度国家法治与法学理论研究项目	包冰锋
民事诉讼	2016	新范式下的民事诉讼标的理论研究	2016年度国家法治与法学理论研究项目	陈杭平

续表

学科类别	年份	项目名称	项目类型	主持人
民事诉讼	2016	鉴定纠纷及其解决机制 ——基于民事司法鉴定的实践逻辑	2016 年度中国法学会部级法学研究自选课题	陈如超
民事诉讼	2016	审判团队模式实证研究	2016 年度中国法学会部级法学研究青年调研课题	丁朋超
民事诉讼	2016	虚假诉讼检察监督实践问题研究	2016 年度中国法学会部级法学研究青年调研课题	范卫国
民事诉讼	2016	滥用诉权问题的规制研究	2016 年度最高人民法院司法研究重大课题	葛晓燕
民事诉讼	2016	公益诉讼实施状况评估与对策建议	2016 年度中国法学会部级法学研究青年调研课题	黄忠顺
民事诉讼	2016	执行时效研究	2016 年度国家法治与法学理论研究项目	霍海红
民事诉讼	2016	证券诉讼实施状况研究及完善建议	2016 年度中国法学会部级法学研究自选课题	罗恬漩
民事诉讼	2016	民事司法中的类推适用问题的研究	2016 年度教育部人文社会科学研究青年基金项目	钱炜江
民事诉讼	2016	登记立案背景下的先行调解制度研究	2016 年度中国法学会部级法学研究自选课题	王阁
民事诉讼	2016	中国民事诉讼中的法定证据规则研究	2016 年度国家社科基金年度一般项目	吴泽勇
民事诉讼	2016	金融创新审判实务问题的研究	2016 年度最高人民法院司法研究重大课题	席建林
民事诉讼	2016	民事裁判文书说理实证研究	2016 年度中国法学会部级法学研究自选课题	夏克勤
民事诉讼	2016	民事诉讼重复起诉规制问题研究	2016 年度国家社科基金年度一般项目	许尚豪
民事诉讼	2016	"立案登记制"后民事案件受理制度研究	2016 年度国家法治与法学理论研究项目	杨会新

学科类别	年份	项目名称	项目类型	主持人
民事诉讼	2016	庭审中心视角下的审前准备程序研究	2016年度中国法学会部级法学研究一般课题	杨会新
民事诉讼	2016	再审制度与审级制度衔接研究	2016年度国家法治与法学理论研究项目	杨秀清
民事诉讼	2016	人民陪审员参审职权改革实证研究	2016年度中国法学会部级法学研究自选课题	杨艺红
民事诉讼	2016	新型合议庭改革研究	2016年度国家法治与法学理论研究项目	杨艺红
民事诉讼	2016	隐性高利贷纠纷的裁判困境与适用利益衡量之公共政策表达	2016年度教育部人文社会科学研究规划基金项目	袁继红
民事诉讼	2016	民事诉讼中法官调查取证权研究	2016年度中国法学会部级法学研究自选课题	袁中华
民事诉讼	2016	检察机关提起公益诉讼制度诉前程序研究	2016年度最高人民检察院检察理论研究一般课题	张彬
民事诉讼	2016	立案登记制改革背景下诉讼服务中心建设的研究	2016年度最高人民法院司法研究重大课题	张斌
民事诉讼	2016	诉调对接问题研究	2016年度最高人民法院司法研究重大课题	朱江
行政诉讼	2016	行政协议司法审查的原理与制度研究	2016年度教育部人文社会科学研究规划基金项目	张旭勇
行政诉讼	2016	公益诉讼裁判既判力问题研究	2016年度国家法治与法学理论研究项目	常廷彬
行政诉讼	2016	我国行政诉讼立案登记制良性运行研究	2016年度国家社科基金年度一般项目	常晓云
行政诉讼	2016	行政诉讼法修改后实施效果研究	2016年度国家法治与法学理论研究一般项目	程琥
行政诉讼	2016	行政诉讼功能模式研究	2016年度国家社科基金后期资助项目	邓刚宏

学科类别	年份	项目名称	项目类型	主持人
行政诉讼	2016	回族聚居区宗教权威人士参与行政诉讼调解制度研究	2016 年度国家社科基金年度青年项目	何磊
行政诉讼	2016	跨行政区划法院组织体系与管辖制度研究	2016 年度国家法治与法学理论研究重点项目	胡仕浩
行政诉讼	2016	"十三五"时期行政检察工作发展	2016 年度最高人民检察院检察理论研究重点课题	贾小刚
行政诉讼	2016	行政协议案件审理中疑难问题研究	2016 年度最高人民法院司法研究重大课题	卢祖新 谭宗泽
行政诉讼	2016	行政诉讼判决效力理论与实证研究	2016 年度国家社科基金年度青年项目	马立群
行政诉讼	2016	司法判解视阈下的近代行政诉讼制度研究	2016 年度国家法治与法学理论研究项目	宋智敏
行政诉讼	2016	规范性文件的附带审查研究	2016 年度中国法学会部级法学研究一般课题	汪海鹏
行政诉讼	2016	行政过程中的法定程序与正当程序研究	2016 年度国家法治与法学理论研究项目	于立深
行政诉讼	2016	新行政诉讼法对行政复议法修改的影响研究	2016 年度国家法治与法学理论研究中青年项目	郑磊
行政诉讼	2016	行政强制措施检察监督研究	2016 年度最高人民检察院检察理论研究一般课题	周伟
行政诉讼	2016	行政协议司法审查的原理与制度研究	2016 年度教育部人文社会科学研究规划基金项目	张旭勇
行政诉讼	2016	行政罚款裁量权的司法控制实证研究	2016 年度教育部人文社会科学研究规划基金项目	陈太清
行政诉讼	2016	公益诉讼裁判既判力问题研究	2016 年度国家法治与法学理论研究项目	常廷彬
行政诉讼	2016	我国行政诉讼立案登记制良性运行研究	2016 年度国家社科基金年度一般项目	常晓云

学科类别	年份	项目名称	项目类型	主持人
行政诉讼	2016	行政诉讼法修改后实施效果研究	2016年度国家法治与法学理论研究一般项目	程琥
行政诉讼	2016	行政诉讼功能模式研究	2016年度国家社科基金后期资助项目	邓刚宏
行政诉讼	2016	回族聚居区宗教权威人士参与行政诉讼调解制度研究	2016年度国家社科基金年度青年项目	何磊
行政诉讼	2016	跨行政区划法院组织体系与管辖制度研究	2016年度国家法治与法学理论研究重点项目	胡仕浩
行政诉讼	2016	"十三五"时期行政检察工作发展	2016年度最高人民检察院检察理论研究重点课题	贾小刚
行政诉讼	2016	行政协议案件审理中疑难问题研究	2016年度最高人民法院司法研究重大课题	卢祖新 谭宗泽
行政诉讼	2016	行政诉讼判决效力理论与实证研究	2016年度国家社科基金年度青年项目	马立群
行政诉讼	2016	司法判解视阈下的近代行政诉讼制度研究	2016年度国家法治与法学理论研究项目	宋智敏
行政诉讼	2016	规范性文件的附带审查研究	2016年度中国法学会部级法学研究一般课题	汪海鹏
行政诉讼	2016	行政"诿责"法律规制研究	2016年度中国法学会部级法学研究一般课题	刘启川
行政诉讼	2016	行政过程中的法定程序与正当程序研究	2016年度国家法治与法学理论研究项目	于立深
行政诉讼	2016	新行政诉讼法对行政复议法修改的影响研究	2016年度国家法治与法学理论研究中青年项目	郑磊
行政诉讼	2016	行政协议司法审查的原理与制度研究	2016年度教育部人文社会科学研究规划基金项目	张旭勇
行政诉讼	2016	行政罚款裁量权的司法控制实证研究	2016年度教育部人文社会科学研究规划基金项目	陈太清

续表

学科类别	年份	项目名称	项目类型	主持人
行政诉讼	2016	公益诉讼裁判既判力问题研究	2016 年度国家法治与法学理论研究项目	常廷彬
行政诉讼	2016	我国行政诉讼立案登记制良性运行研究	2016 年度国家社科基金年度一般项目	常晓云
行政诉讼	2016	行政诉讼法修改后实施效果研究	2016 年度国家法治与法学理论研究一般项目	程琥
行政诉讼	2016	行政诉讼功能模式研究	2016 年度国家社科基金后期资助项目	邓刚宏
行政诉讼	2016	回族聚居区宗教权威人士参与行政诉讼调解制度研究	2016 年度国家社科基金年度青年项目	何磊
行政诉讼	2016	跨行政区划法院组织体系与管辖制度研究	2016 年度国家法治与法学理论研究重点项目	胡仕浩
行政诉讼	2016	"十三五"时期行政检察工作发展	2016 年度最高人民检察院检察理论研究重点课题	贾小刚
行政诉讼	2016	行政协议案件审理中疑难问题研究	2016 年度最高人民法院司法研究重大课题	卢祖新 谭宗泽
行政诉讼	2016	行政诉讼判决效力理论与实证研究	2016 年度国家社科基金年度青年项目	马立群
行政诉讼	2016	司法判解视阈下的近代行政诉讼制度研究	2016 年度国家法治与法学理论研究项目	宋智敏
行政诉讼	2016	规范性文件的附带审查研究	2016 年度中国法学会部级法学研究一般课题	汪海鹏
行政诉讼	2016	行政"诿责"法律规制研究	2016 年度中国法学会部级法学研究一般课题	刘启川
行政诉讼	2016	行政过程中的法定程序与正当程序研究	2016 年度国家法治与法学理论研究项目	于立深
行政诉讼	2016	新行政诉讼法对行政复议法修改的影响研究	2016 年度国家法治与法学理论研究中青年项目	郑磊

学科类别	年份	项目名称	项目类型	主持人
行政诉讼	2016	行政协议司法审查的原理与制度研究	2016 年度教育部人文社会科学研究规划基金项目	张旭勇
行政诉讼	2016	行政罚款裁量权的司法控制实证研究	2016 年度教育部人文社会科学研究规划基金项目	陈太清
行政诉讼	2016	公益诉讼裁判既判力问题研究	2016 年度国家法治与法学理论研究项目	常廷彬
行政诉讼	2016	我国行政诉讼立案登记制良性运行研究	2016 年度国家社科基金年度一般项目	常晓云
行政诉讼	2016	行政诉讼法修改后实施效果研究	2016 年度国家法治与法学理论研究一般项目	程琥
行政诉讼	2016	行政诉讼功能模式研究	2016 年度国家社科基金后期资助项目	邓刚宏
行政诉讼	2016	回族聚居区宗教权威人士参与行政诉讼调解制度研究	2016 年度国家社科基金年度青年项目	何磊
行政诉讼	2016	跨行政区划法院组织体系与管辖制度研究	2016 年度国家法治与法学理论研究重点项目	胡仕浩
行政诉讼	2016	"十三五"时期行政检察工作发展	2016 年度最高人民检察院检察理论研究重点课题	贾小刚
行政诉讼	2016	行政协议案件审理中疑难问题研究	2016 年度最高人民法院司法研究重大课题	卢祖新 谭宗泽
行政诉讼	2016	行政诉讼判决效力理论与实证研究	2016 年度国家社科基金年度青年项目	马立群
行政诉讼	2016	司法判解视阈下的近代行政诉讼制度研究	2016 年度国家法治与法学理论研究项目	宋智敏
行政诉讼	2016	规范性文件的附带审查研究	2016 年度中国法学会部级法学研究一般课题	汪海鹏
行政诉讼	2016	行政"诿责"法律规制研究	2016 年度中国法学会部级法学研究一般课题	刘启川

续表

学科类别	年份	项目名称	项目类型	主持人
行政诉讼	2016	行政过程中的法定程序与正当程序研究	2016 年度国家法治与法学理论研究项目	于立深
行政诉讼	2016	新行政诉讼法对行政复议法修改的影响研究	2016 年度国家法治与法学理论研究中青年项目	郑磊

2016 年各高校诉讼法学博士学位论文统计

北京大学				
宋维彬	男	刑事诉讼法学	陈永生	刑事笔录证据研究
郭晶	男	刑事诉讼法学	陈永生	刑事诉讼进程调控机制研究
北京师范大学				
林群丰	男	民事诉讼法学	柴荣	南京国民政府土地法律制度研究
刘宇	男	民事诉讼法学	张桂红	TPP 贸易体制下知识产权强保护法律问题研究
李瑾	女	刑事诉讼法学	宋英辉	未成年人刑事案件社会调查制度化研究
阿不都米吉提	男	刑事诉讼法学	宋英辉	少年司法视野下的附条件不起诉制度研究
李洪杰	男	刑事诉讼法学	刘广三	存疑不起诉制度研究
汪枫	男	刑事诉讼法学	刘广三	论刑事 DNA 证据
复旦大学				
吴承栩	男	证据法学	马贵翔	刑事证人出庭保障制度研究
陈树森	男	民事诉讼法	章武生	我国案例指导制度研究
华东政法大学				
王强之	男	刑事诉讼法学	叶青	中国刑事庭审实质化研究
清华大学				
王怡萍（台湾）	女	民事诉讼法学	张卫平	民事诉讼诚信原则比较研究
四川大学				
张 峰	男	刑事诉讼法学	万 毅	检察职权优化配置研究
邓立军	男	刑事诉讼法学	龙宗智	程序视野下的控制交付
武汉大学				
郝晶晶	女	民事诉讼法学	赵 钢	婚姻诉讼程序研究

娄超	女	刑事诉讼法学	娄超	刑事诉讼客体研究
刘欣琦	女	行政诉讼法学	林莉红	行政诉讼释明制度研究
田志娟	女	行政诉讼法学	林莉红	社会自治组织行政行为司法审查路径研究
陈菲	女	行政诉讼法学	林莉红	司法变更权研究
李敬	女	行政诉讼法学	林莉红	行政诉讼证据协力义务研究
王沁	女	行政诉讼法学	林莉红	行政机关提起行政诉讼法律问题研究——以土地使用权出让合同纠纷为例
刘芳	女	民事诉讼法学	占善刚	民事诉讼担保制度研究
傅贤国	男	民事诉讼法学	赵钢	我国案外第三人异议诉讼制度研究
西南政法大学				
秦勤	女	民事诉讼法学	廖中洪	民事检察权研究
赵盛和	男	民事诉讼法学	唐力	诉讼上抵销制度研究
胡轶	男	民事诉讼法学	李祖军	民事诉讼中的行政先决问题研究
罗发兴	男	民事诉讼法学	廖中洪	第三人撤销之诉适用问题研究
杨朝永	男	民事诉讼法学	汪祖兴	民事审判合议制度研究
刘海洋	男	民事诉讼法学	李祖军	民事诉讼证明类型化研究
宋汉林	男	民事诉讼法学	汪祖兴	民事执行请求权研究
孙志伟	男	刑事诉讼法学	孙长永 龙宗智	刑事审判中的言词原则研究
许乐	男	刑事诉讼法学	孙长永	非法证据排除程序研究
陈在上	男	刑事诉讼法学	孙长永	侦查阶段律师辩护权研究
王晨辰	女	刑事诉讼法学	孙长永	论法国刑事证据自由原则及其限制
吴仕春	男	刑事诉讼法学	高一飞	审判权运行机制改革研究——以刑事审判权运行为视角
王跃	男	刑事诉讼法学	孙长永	刑事诉讼中的鉴定意见质证制度研究

李红辉	男	刑事诉讼法学	孙长永	地方刑事审判职能转型研究——以东莞地区的实践为基础
邓陕峡	女	刑事诉讼法学	龙宗智	我国刑事庭前会议研究
厦门大学				
马文	女	刑事诉讼法学	卞建林	刑事简易程序研究
梅中伟	男	民事诉讼法学	齐树洁	新疆穆斯林纠纷解决习惯法研究
赵景顺	男	民事诉讼法学	齐树洁	民事诉讼契约研究
吴应甲	男	民事诉讼法学	齐树洁	我国环境公益诉讼主体多元化研究——以民事原告资格为中心的考察
李世宇	女	民事诉讼法学	张榕	选择性司法之规制研究——以民事司法行为为研究基础
林毅坚	女	民事诉讼法学	张榕	中国法官多面性之研究——以科层型程序下的法官定位为基础
何德超	男	民事诉讼法学	齐树洁	诉讼标的理论与程序权保障——以台湾地区司法实践为中心
陈冰	女	民事诉讼法学	齐树洁	民事诉讼强制答辩制度研究
陈利红	女	民事诉讼法学	张榕	民事案件管理机制研究
浙江大学				
王廷婷	女	刑事诉讼法学	胡铭	社会治理与刑事司法的合作模式
中国人民大学				
程晓璐	女	刑事诉讼法学	陈卫东	未成年人刑事检察政策研究
刘东	男	民事诉讼法学	肖建国	第三人撤销之诉研究
彭霄	男	证据法学	何家弘	非法证据排除规则及其适用问题研究
张小敏	女	证据法学	何家弘	量刑证据制度研究
王燃	女	证据法学	何家弘	大数据侦查研究
朱梦妮	女	证据法学	李学军	证据辩护论
张金玲	女	刑事诉讼法学	戴玉忠	非法证据排除程序研究

曹炜	男	行政法与行政诉讼法	胡锦光	我国上下级法院关系研究——以宪法第一百二十七条第二款为中心
黄硕	男	行政法与行政诉讼法	杨建顺	法国行政法院的审查权限研究
中国人民公安大学				
张晏植	男	刑事诉讼法学	刘万奇	刑事诉讼法律规范适用的法理学分析——以法律思维传统为视角
廉波	男	刑事诉讼法学	樊学勇	证据法视角下的疑罪研究
张思尧	男	刑事诉讼法学	李玉华	反腐执纪司法衔接问题研究
中国政法大学				
董林涛	男	刑事诉讼法学	汪海燕	刑事公诉制度研究
白思敏	男	刑事诉讼法学	卞建林	刑事诉讼法律解释研究
许慧君	女	刑事诉讼法学	卞建林	犯罪构成与诉讼证明
袁红	女	刑事诉讼法学	卞建林	我国未决羁押制度研究
薛向楠	女	刑事诉讼法学	陈光中	逮捕制度研究
李涛	女	证据法学	王进喜	论作为证据的司法判决
陈子楠	男	刑事诉讼法学	杨宇冠	刑事庭前会议制度研究
陈辐宽	男	刑事诉讼法学	卞建林	检察权依法独立行使保障问题研究
王晓红	女	刑事诉讼法学	樊崇义	审判中心下证据运用研究
覃冠文	男	刑事诉讼法学	顾永忠	巡回法庭制度研究
刘文化	男	刑事诉讼法学	樊崇义	刑事诉讼文明视角下的侦查程序研究
刘梦蕾	女	民事诉讼法学	宋朝武	刑事附带民事诉讼问题研究——以台湾地区诉讼实务为视角
徐灿	男	刑事诉讼法学	陈光中	无罪推定研究
谢仁杰	男	民事诉讼法学	宋朝武	医疗纠纷诉讼外解决机制之研究——以台湾地区为视角
李贞遒	女	民事诉讼法学	宋朝武	网络司法拍卖之研究

包献荣	男	刑事诉讼法学	刘玫	刑事诉讼直接言词原则研究
刘　辰	女	刑事诉讼法学	樊崇义	论侦查监督——以构建我国侦查监督体系为中心
宋寒松	男	刑事诉讼法学	卞建林	侦查权的科学配置与监督制约